아산재단 연구총서 제435집

# 한국 경제발전의 문화적 기원

## 추격성장, 발전국가 그리고 문화적 혼종성

한국 경제발전의 문화적 기원: 추격성장, 발전국가 그리고 문화적 혼종성

This Edition was published by Jipmoondang Publishing Co. in 2018, Seoul, Korea.

아산재단 연구총서 제435집

# 한국 경제발전의 문화적 기원

## 추격성장, 발전국가 그리고 문화적 혼종성

김명수

집문당

**김명수(金明秀)** 한양대학교 영어영문학과 졸업
미국 뉴욕주립대학교(버팔로) 사회학과 졸업
미국 브라운대학교 대학원 사회학과 졸업(사회학 석사, 박사)
현재 한양대학교 언론정보대학 정보사회학과 교수

아산재단 연구총서 제435집

**한국 경제발전의 문화적 기원**
**추격성장, 발전국가 그리고 문화적 혼종성**

2018년 12월 20일 1판 1쇄

저 자 | 김명수
발행인 | 임동규
발행처 | **집문당**
등 록 | 1971. 3. 23. 제300-2012-69호
주 소 | 03134 서울시 종로구 돈화문로 82 집문당빌딩 5층
영업부 | (02)743-3192~3 팩스(02)742-4657
sale@jipmoon.co.kr
편집부 | (02)743-3096~7 팩스(02)743-0227
edit@jipmoon.co.kr
홈페이지 | www.jipmoon.co.kr

ISBN 978-89-303-1802-0 94300
978-89-303-1500-5(세트)

**가격 20,500원**

이 도서의 국립중앙도서관 출판시도서목록(CIP)은 e-CIP홈페이지(http://www.nl.go.kr/ecip)와 국가자료공동목록시스템(http://www.nl.go.kr/kolisnet)에서 이용하실 수 있습니다.
(CIP제어번호: CIP2018038735)

# 머리말

아이 하나를 키우는 데 온 마을이 필요하다는 말이 있다. 아이는 부모의 사랑으로 태어난다고 하지만, 형제자매와 친구, 친지와 마을 공동체 사람들의 아낌없는 사랑과 보살핌이 없이는 제대로 살아갈 수 없기 때문이리라. 한 권의 책이 세상에 나오는 일도 그러한 것 같다. 많은 사람들에게 여러 단계마다 다양한 형태로 도움을 받았다. 빚을 갚겠다고 시작한 일로 오히려 빚을 잔뜩 지게 되었으므로 이 자리를 빌려 고마움을 표시하고 싶다.

이 책의 연구주제는 한국사회의 전략적 행위자이자 제도로서, 국가는 경제발전이나 저발전 과정에서 문화와 어떤 조건하에 어떻게 상호작용하면서 어떤 결과를 산출하는가를 살펴보는 것이다. '국가의 경제적 역할'이라는 이 책의 주요 관심이 필자의 브라운 대학 박사학위 논문 주제인 만큼 30년이 넘은 오랜 숙성기간을 갖고 있는 셈이다. 국가의 경제적 역할에 대한 필자의 관심은 논문 지도교수였던 피터 에반스(Peter Evans)와 디트릭 루쉬마이어(Dietrich Rueschemeyer)로부터 비롯되었다. 당시 시카고 대학의 티다 스카치폴(Theda Skocpol) 교수와 함께 미국 사회과학연구협의회(SSRC: Social Science Research Council)의 'Bringing the State Back In' 프로젝트를 주관하고 있던 이들은, 1980년대 초반 폭압성에만 국한되어 있던 필자의 국가에 대한 인식지평을 확장시켜주었으며 나아가 전략적 행위자이자 제도로서 국가가 수행하는 다른 측면도 동시에 볼 것을 환기시켜 주었다. 당시에도 국가의 경제적 역할에 대한 사회학적 관심은 전혀 새로운 것이 아니었다. 다만 국가기구가 막강한 사회경제적 세력이나 계급의 이해를 단순히 수렴하거나 대변하는 것만이 아니라 하나의 행위자이자 제도로서 나름의 고유한 목적을 세우고 이를 수행할 수 있는 개연성, 즉 국가 자율성을 인정하는 이들의 국가에 대한 인식은 새로운 것으로서 나의 지적 호기심을 한껏 자극하였었다.

더불어, 미대륙 반대편인 시애틀의 워싱턴 대학에 있으면서도 필자의 논문지도위원회(committee)에 기꺼이 참여해 주었던 브루스 커밍스(Bruce Cumings) 교수의 코멘트는 필자에게 엄청난 감정적, 지적 파장을 야기하였다. 당시 『한국전쟁의 기원』을 막 출간하였던 그는 한국에서 국가의 경제적 역할을 분석하기 위해서는 역사적 조건으로서 일제 식민통치 유산이 어떻게 발전국가의 형성에 작용했는지를 반영해야 한다는 당시로서는 '충격적'인 요구를 했었다. 식민지시기에 일어난 근대화의 함의를 엄밀하게 분석할 학문적, 감정적 준비가 미처 되어 있지 않은 상황이어서 필자는 이 문제를 본격적으로 제기하고 천착해 나가는 대신 단지 역사적 사실만을 배경으로 나열하는 선에서 잠정적으로 절충을 했었다. 그 후로 한국사회에서는 식민통치의 연속성이나 불연속성에 대한 논의가 봇물 터지듯이 쏟아져 나와 학계의 중심적 이슈가 되었지만, 필자에게는 여전히 머릿속에서만 맴도는 화두로 남아 있었다.

이 책의 주제인 한국 경제발전 과정에서 작용한 국가역할의 문화적 기원에 대한 탐구는 바로 이러한 해묵은 빚을 덜어내려는 시도이다. 식민통치 유산의 연속성이나 불연속성에 대한 논의는 이미 상당히 축적되어 있으므로 이를 되풀이하는 대신에, 여기서는 식민통치의 유산이 구체적으로 작동하는 메커니즘을 규명하는 데 초점을 맞추었다. 이 연구는 식민통치의 유산이 전통문화와 중첩되면서 혼종문화적 요소를 구성하였으며, 국가기구는 여기에 배태되어 경제적 역할을 수행해 왔다고 전제한다. 그리고 국가가 주도한 추격적 경제성장이 갖고 있는 가능성과 한계, 그리고 이러한 성장방식이 현재와 앞으로 어떤 발전적 함의를 갖고 있는지를 분석하기 위해서 먼저 역사적으로 형성된 혼종문화의 성격을 규명해 보고, 전략적 행위자이자 제도로서 국가가 어떻게 문화적 조건 속에서 구속되어 왔나, 혹은 어떤 조건에서 이를 자원으로 활용하려는 능동적인 시도를 해왔나를 역사제도주의적 분석 도구를 활용하여 살펴보았다.

돌이켜 보면, 그 시점 그 장소에 내가 에반스, 루쉬마이어, 커밍스 교수와 함께 있었다는 것이 나에게는 커다란 행운이었다. 그들은 논문 챕터 원고를 건네받자마자 빨갛게 코멘트로 도배한 뒤 되돌려 주면서 다음 챕터를 재촉할 정도로 지적 호기심이 충만한 학자로서의 성실성을 보여주었을 뿐만이 아니라 후학을 인도하는 학문적 선배로서의 투철한 소명의식도 몸소 실천해 보여준 진정한 스승들이었다. 커밍스 교수는 필자의 최종 논문심사에 참석하기 위해 미대륙을 횡단하는 수고를 마다하지 않았다. 당시에 이들이 보여준 성실성과 이들에게 받은 지적 자극에 감동한 나머지 필자는 후일 내가 만약 후학을 갖게 된다면 그대로 되갚을 것이라고 다짐한 바 있으며, 그때의 결심을 실천하기 위해 미흡하나마 지금까지 나름 노력을 기울여 왔다. 그들과의 만남은 내 인생의 경로가 설정되었던 '결정적 계기'(the critical juncture)였으며, 나는 그 경로에 의존하여 오늘까지 그저 흘러왔을 뿐이다.

이 연구의 구상단계에서 함께 제주도 세미나에 참석했던 후학들은 이후로도 여러 가지 방식으로 도움을 주었다. 김재봉, 신현구 박사, 이용수 박사, 장기영 박사, 이태정 박사, 그리고 한양대 대학원 박사과정생 소근주는 부분적으로 혹은 전체적으로 원고를 읽고 수정을 제안하거나 비평을 해주었다. 김자영 박사는 그림을 그리고 표를 작성해 주었으며, 처음부터 끝까지를 여러 차례 오가며 맞춤법이나 문장, 통계수치 그리고 내용상의 오류를 바로잡아주었다. 이들은 실질적 도움을 주었을 뿐 아니라 틈틈이 단체 위로방문을 통해 오랜 작업기간으로 지쳐 있는 필자의 사기를 진작시켜 주곤 하였다. 이 제자들에게는 항상 내가 준 것보다 훨씬 더 많은 것을 되돌려 받는 것 같아 미안하고 고맙다.

이 책은 새롭게 구성되고 새로이 쓰였으나 부분부분 이미 학술지나 학술대회에서 발표하였던 논문들이 다양한 정도로 활용되었다. 제2장 "경제발전과 내재적 관점에서 본 문화"는 『문화경제연구』(2010, 13권 2호)에 실린 "한국의 추격적 경제성장과 문화적 복잡성"에서 발췌하여 재구성한 것이다. 제3장 "전략적 행위자로서 국가"는 한국비교사회연구회 편 『동아시아의 성공과 좌절』(1998, 전통과 현대)에 실리고, 교수신문사 편 『열린지성』(1999, 가을・겨울호)에 재수록된 "'시장'의 신화와 '국가'의 오해: 신자유주의 정치경제학 비판"을 바탕으로 재구성한 것이다. 제9장 "경제개발 5개년 계획과 발전국가의 형성" 및 제10장 "중화학공업화와 발전국가의 실패"는 한국사회학회 편 『80년대 한국사회의 비판적 인식』(1990, 나남)에 실린 "종속적 산업화에서 국가의 역할"에서 발췌하여 재구성하였다. 제12장 "세계화와 한국기업의 다국적화"는 『한국과 국제정치』(2004, 20권 2호)에 출판된 "한국 기업의 다국적화: 경제사회학적 해석"에서, "한류와 문화 산업화"는 『한국사회학』(2015, 35권 2호)에 수록된 "'한류'만들기: 역사제도주의적 해석"에서, 그리고 "지능정보통신기술 산업화" 부분은 *Asia Review*(2018, Vol. 7 No. 2)에 실린 "Making and Unmaking of a Developmental State: Institutional Innovation and Change of the Korean State"

에서 발췌하여 수정, 보완한 것이다. 이상의 글들은 출판되기 전에 한국비교사회학회, 한국사회학회 주관 학술대회 및 서울대 아시아연구소(SNUAC) 주관 워크숍에서 발표되고 토론되었다. 양종회, 김혁래, 장경섭, 이수훈, 유석춘, 김호기, 조대엽, 국민호, 김두식, 윤상우, 전상인, 김은미, 조성남, 심영희, 김성국, 김영수 교수 등이 여러 단계에서 여러 가지 방식으로 토론과 논평, 격려를 해주었다. 김현희, 정일준, 진승권, 김동로, 신광영, 김병수, 김철규 교수들과는 10여 차례가 넘는 비교역사분석독회 모임을 가졌으며 상호발제와 격의 없는 토론을 통해 역사제도주의적 이론 및 분석 개념의 날을 가다듬을 수 있었다. 존경하는 선배교수이자 동료인 전성우 교수는 근대화에 대한 결정적인 해석의 준거점을 제공해 주었을 뿐 아니라 이 책의 출발점부터 마지막까지 응원과 격려를 아끼지 않았다. 김두섭 교수 역시 언제나 든든한 후견인이 되어 주었다. 같은 학과의 안병철, 윤영민, 백현미 교수는 필자가 연구에 전념할 수 있는 바탕을 마련해 주었다. 같은 대학 다른 전공의 이종수 교수와 문영숙 교수는 점심식탁에서 지루했을 사회학적 서사를 참을성 있게 들어주면서 모럴 서포트를 아끼지 않았다. 이 밖에도 이 자리에서 열거하지 않은 학술공동체의 여러 분들에게도 빚이 있으며 마음으로부터 감사를 드린다. 이처럼 수많은 선배와 동료, 후학들이 나누어 준 건설적인 제안과 비판적인 논평을 모두 수용할 수 없었으므로, 아직 남아 있는 문제점과 모자란 점은 오롯이 필자의 몫이라는 것은 더 말할 나위가 없다.

아산사회복지재단은 수없이 되풀이되는 연구기간 연장에도 한마디 불평도 없이 무한 신뢰를 갖고 기다려 주었으며 물심양면의 지원을 아끼지 않았다. 이제서야 깊은 감사를 드린다. 전정아 씨를 비롯한 집문당의 편집진은 거듭되는 대폭적인 원고 수정 요구를 너그럽게 이해해주고 꼼꼼히 처리해주어 고맙다.

끝으로, 결코 짧지 않은 기간 동안 공부한다는 핑계로 가족의 일원으로서 여러 가지 의무를 회피하였음에도 이해하고 인내해주신 작고하신 아버님과 투병 중이신 어머님, 형제자매를 비롯한 가족 구성원들에게 고맙다는 말씀을 드리고 싶다. 아빠가 눈에 보이지 않는 괴물들과 격전을 벌이는 동안 주원과 지아는 대학에 입학하고 졸업하였으며, 주원은 유리와 새로운 가정을 이루었다. 아이들에게 내 인생에 와주어서 고맙다는 말을 하고 싶다. 아내 진이는 내가 마침내 이 일을 끝낼 것이라는 근본적인 믿음을 갖고 오랜 기간 지치지 않고 지켜봐 주었다. 그녀에게 이 책을 바친다.

2018년 7월

김명수

## | 차 례 |

# | 표 차례 |

## 그림 차례

# 서론

# 서 론

한국은 20세기의 마감을 2년여 앞둔 시점에서 '환란'(換亂)과 뒤이은 경제위기, 그리고 그 여파로서 사회적 위기를 맞아 혹독한 시련을 치렀다. 외세의 강점과 식민지배로 시작한 20세기를 또 다른 외세들의 점령과 분단, 동족간의 골육상쟁과 휴전, 군사 쿠데타, 그리고 획기적인 경제성장과 같은 파란만장한 우여곡절을 겪다가 마침내 IMF라는 외세를 '초대'하는 것으로 마무리 지은 셈이다. 참으로 기구한 20세기였다. 이제 21세기에는 우리도 더 이상 외부 환경의 도전에 무방비로 노출되어 흔들리는 취약한 국가가 아니라, 이를 유연하게 흡수하면서 성장과 복지라는 당위적인 국가목표를 역동적으로 실현해 나갈 수 있는 유능한 국가를 재정립해야 한다는 것이 누구도 부인할 수 없는 시대적 명제가 되었다.

돌이켜 보면, 1950년대 서구의 지식인이나 언론들은 당시 한국의 정치경제적 상황을 '쓰레기통'(dustbin)이나 '배스킷 케이스'(basket case)로 아무 거리낌 없이 묘사하였다. 배스킷 케이스란 제1차 세계대전 당시 손발이 모두 절단된 병사를 물 양동이에 담아 옮겼던 데서 유래한 말로서 자기 몸뚱이조차 스스로 주체할 수 없어 남에게 전적으로 의존할 수밖에 다른 도리가 없는 사람이나 조직체를 의미한다. 한국전쟁 이후 미국의 구휼적 원조프로그램에 전적으로 의존하여 근근이

유지해 나가던 그 당시 한국을 빗대어 표현한 것이다. 과연 쓰레기통에서 장미는 필 것인가? 이 질문은 1955년 10월 8일자 영국의 타임스(*The Times*)에 게재된 한국에 관한 특집기사 제목이다.1) 한국이 쓰레기통이라는 은유는 유엔한국재건위원회(UNKRA: United Nations Korean Reconstruction Agency)의 특별조사단 단장이었던 인도인 메넴이 작성한 한국 방문보고서 중 '한국에서 민주주의나 경제발전을 바라는 것은 마치 쓰레기통에서 장미꽃이 피기를 기대하는 것보다 더 어렵다'라는 문구에서 빌려온 것이다.

이러한 모멸적인 평가에 대하여 그 당시 한국의 지식인들은 암묵적 시인을 할 수밖에 다른 도리가 없었다. 소설가 정비석은 다음과 같이 말하였다.

> 그러나 그처럼 모욕적인 언사에 민족적인 분개를 느끼면서도 '그러면 대한민국은 쓰레기통이 아니라 백화만발하는 화원이냐'라고 반문한다면 거기에 대해 서슴지 않고 '그렇다!'라고 대답할 사람은 그다지 많지 못하리라. 솔직히 말해서 누가 만약 나에게 그런 질문을 던졌다면 나는 우리나라가 아직 쓰레기통의 신세를 면하지 못하고 있음을 부끄러운 대로 시인하는 수밖에 없을 것 같다. 나뿐 아니라 대다수의 인사들이 그 때 처칠의 말을 암묵리에 시인했던 것도 사실이었다.2)

그리고 '왜 이다지도 못 살아야 하는지'에 대한 이유를 잘 알면서도 이를 어찌하지 못하는 현실에 대하여 '슬픈 체념'을 할 뿐이었다. 이들을 더욱 절망스럽게 한 것은 이러한 자신의 무력함과 외세에 대

---

1) "Will a rose blossom out of the dust bin?" *The Times*(1955.10.8).
2) 정비석, "장미와 쓰레기통."(동아일보, 1956.9.14).

한 의존이 일시적인 것이 아니라 역사적인 것이라는 자각이었다. 수필가 이어령은 주체성이 없이 구원을 청하는 행위는 '도움을 청하는 것'이 아니라 '살려달라고 애원하는 것'이며 우리 민족이 이러한 구원의 개념을 갖고 역사적으로 수없이 많은 위기를 넘겨 왔고, 당시 미국의 원조도 그 일환이라고 보았다. "오늘날 미국은 한국의 원조를 '밑 빠진 독에 물을 퍼붓는 것'이라고 비유한다. 경제원조가 아니라 '먹여 살리는 행위'라고 피차가 다 그렇게 생각하고 있다"(이어령 1963: 42).

그러던 한국은 1960년대 최빈국에서 출발하여 정치, 경제, 그리고 사회문화적으로 우여곡절을 겪으면서도 발전을 거듭해 왔으며 마침내 선진국의 문턱에 당도하였다.[3] 한국은 2015년 기준으로 무역량에서 전 세계 9위 정도의 규모를 갖고 있다.[4] 세계무역기구(WTO)에 따르면, 한국의 수출규모는 5,269억 달러로 중국, 미국, 독일, 일본, 네덜란드에 이어 전 세계 순위 6위이다(연합뉴스, 2016.2.18). 4위인 일본과는 981억 달러 차이이다. 무역흑자는 2009년 당시 전지구적 경제위기에도 불구하고 400억 달러를 기록하였으며, 2013년에는 440억 달러, 그리고 2014년에는 472억 달러, 2015년에는 920억 달러로 규모를 확대해 왔다.[5] 수출주력 품목의 구성도 총 수출액이 1억 달

---

3) 일반적으로 경제성장(economic growth)은 한 나라가 일정 기간에 생산하고, 분배하고 지출한 재화 및 서비스의 총액인 국민총생산(GNP)이나 국내총생산(GDP)의 증가로, 그리고 경제발전(economic development)은 지속적인 경제성장과 복지의 확대를 의미하지만, 여기서는 엄밀한 구분 없이 교차 사용할 것이다. 한편 사회발전(social development)은 경제적 발전, 정치적 민주화, 그리고 사회문화적 발전을 포괄하는 넓은 개념으로 사용할 것이다.

4) 한국의 무역규모는 1967년 10억 달러를 넘어선 후, 1974년에 100억 달러, 1988년에 1,000억 달러, 2005년에는 5,000억 달러, 2011년에 1조 달러, 그리고 2014년에는 사상 최대치인 1조 982억 달러를 달성하는 등 유례없이 빠른 속도로 성장해 왔다.

5) 2009년 1월~11월 한국의 무역흑자는 377억 달러, 일본은 241억 달러였다(한국

러를 처음으로 넘겼을 때인 1964년도에는 어패류, 합판, 면직물, 철광석, 의류 등 1차 산업이나 노동집약적 경공업 제품이 주종을 이루었으나, 5,500억 달러에 달하였던 2013년에는 반도체, 선박, 석유제품, 자동차, 석유화학, 일반기계 등 정보통신 및 중화학 제품으로 변화하였다. 2014년 기준으로 세계시장 점유율에서 반도체(67%)와 조선(34%)은 1위, 자동차, 석유화학, 철강은 5위를 차지하였다(중앙일보, 2015.8.17).[6] IMF의 추산에 따르면, 2016년 기준 1인당 국내총생산(GDP)은 2만 7,197달러이며, 이는 세계 185개국 중에서 28위에 해당된다. 이러한 경제발전의 성과가 70년대 두 차례에 걸친 세계적인 '오일쇼크'의 충격, 80년대 국내의 정치적 격변과 경제위기, 그리고 1997년의 환란과 2008년 세계적 경제위기 등 수없이 많은 국내외적, 그리고 정치경제적으로 어려운 우여곡절을 거치면서도 지속되어 온 점에서 더욱 인상적이다.

한국은 이제 받은 것을 되돌려 줄 정도가 되었다.[7] 한국은 2009년 11월 경제협력개발기구(OECD) 산하 원조 공여국들의 모임인 개발원조위원회(DAC) 회원국으로 가입하였다.[8] 한국은 식민지의 역사적 경

---

경제, 2010.1.1).

6) 한국의 삼성전자는 2009년 당시 매출 136조 원과 영업이익 10조 9,000억 원을 달성, 소니, 도시바, 파나소닉(구 마스시타) 등 일본의 거대 전자업체 9개사의 이익을 다 합친 것보다 더 컸으며, 매출액 규모는 헝가리의 GDP와 맞먹었다(중앙일보, 2012.4.13).

7) 한국이 1945년부터 1999년까지 받아들인 무상원조 규모는 139억 7,600만 달러다. 이 중 정부 간 협력을 통해 이뤄진 공적개발원조(ODA)는 127억 7,600만 달러이며, 미국이 55억 4,200만 달러, 일본이 50억 5,200만 달러, 독일이 8억 3,500만 달러를 공여하였다(중앙일보, 2011.7.18).

8) 한국은 세계경제규모 10위권이면서도 원조규모가 국민총소득(GNI)의 0.09%로 DAC 회원국 평균 0.3%에 못 미치나 장차 2015년까지 0.25%로 올리는 조건으로 가입하였다.

험을 가지면서도 경제원조 수혜국에서 경제원조 공여국으로 전환한 최초의 나라가 되었고, 이 점은 한국의 "발전 역사상 가장 긍지를 가질만한 성과"로 간주해도 좋을 것이다.[9] 한걸음 더 나아가 한국은 2012년 4월 IMF의 재원확충을 위해 150억 달러를 지원하였다(동아일보, 2012.4.21). 한국의 기획재정부 장관은 유럽지역도 한국을 비롯한 비유럽지역 및 나라들의 노력에 부응하여 "역내 시장안정을 위한 적극적 노력을 기울여야 한다"고 주문하였다. 기획재정부는 한국이 1997년 외환위기 당시에는 구제금융을 받았는데 "이제는 글로벌 위기해결에 주축을 맡아 큰 의미가 있다"고 자평하였다.

이처럼 한국이 지난 20세기의 후반세기를 거치면서 이룩한 경제적 성과는 어떤 기준을 통해 보더라도 괄목할 만한 것이다. 그리고 더욱 놀라운 것은 한국이 경제적 발전과 함께 상당한 수준의 정치적 발전도 함께 이루었다는 점이다. 영국의 경제전문지 「이코노미스트」는 2010년에 발간한 『민주주의 지수 2010』(*Democracy Index* 2010)에서 전 세계 167개국의 민주주의 정도를 평가하였는데 한국은 26개국과 더불어 '온전한' 민주주의 범주에 속하였다.[10] 마침내 한국 민주주의는 그동안 민주주의를 유보하기 위해 한국적 특수 상황을 강변하면서 걸치고 있었던 '한국적 민주주의'라는 '한여름 외투'를 벗어버리고, 서구

---

9) 후카가와 유키코, "선진 대한민국의 출발"(조선일보, 2009.12.10).

10) 이코노미스트지의 '민주주의 지수 2010'에 따르면, 지수 8.0 이상은 온전한 민주주의 범주에 속한다. 한국은 8.11점으로 20위이며 8.16점으로 19위인 영국 다음에 위치한다. 일본은 8.08점으로 22위, 미국은 8.18점으로 17위이며, 1위는 9.8점을 취득한 노르웨이였다(*Democracy Index* 2010: 3). 여기서 민주주의는 자유롭고 공정한 선거, 시민적 자유, 투명하고 최소한이나마 효율성을 갖춘 정부, 충분한 정치참여의 보장과 민주적인 정치문화 등과 같은 요인들을 필요조건으로 삼아 측정하였으며, 종합적 지수에 따라 온전한 민주주의(full democracies), 결손 민주주의(flawed democracies), 혼합형 레짐(hybrid regimes), 그리고 권위주의 레짐(authoritarian regimes)으로 분류하였다(*Democracy Index* 2010: 3).

인들의 보편적인 기준에서 보아도 '온전한 옷'을 입게 되었다.[11] 그리하여 현재 시점에서 한국의 정치적, 경제적 발전의 성과는 한국에서 경제발전과 민주주의를 기대하는 것은 연목구어(緣木求魚)라 하였던 1950~60년대 서구 지식인들의 평가가 지극히 현상추수적이고 국면적인 단견이었음을 뚜렷하게 증명하는 것이다.

이제 어느 누구도 더 이상 한국을 배스킷 케이스나 쓰레기통, 또는 밑 빠진 독으로 비하할 수 없게 되었다. 더욱이 21세기에 접어들면서 한국은 그동안의 정치적, 경제적 발전을 바탕으로 문화 부문에서도 나름대로 가시적인 성과를 내기 시작하였는데, 한류(Hallyu: Korean Wave)가 바로 그것이다. 한류는 누구도 예기치 못한 가운데 1990년대 후반 동아시아에서 일어나 전지구적으로 확산되어 온 한국 대중문화 및 파생상품의 향유·소비 경향을 말한다. 한류는 일시적 유행에 그칠 것이라는 예상을 거듭 부정하면서 하나의 독특한 글로벌 트랜드로 자리를 잡고 지속되어 왔다.[12] 한류가 지속됨에 따라 한류를 구성하는 대중문화의 장르도 다양화되었다. 최초의 한류는 TV 드라마에서 시작하였으나 이제는 K-Pop을 중심으로 영화, 비디오 게임, 음식, 애니메이션, 패션, 한국어, 한국 관광 등 전 분야로 확산되고 있다. 애초에 중국에서 발원한 한류는 지역적으로도 확산되어 일본, 대만, 홍콩

---

11) 한국은 2010~2014년 기간 동안 매년 민주주의 지수 8.0 이상을 기록하며 온전한 민주주의 범주에 속하다가 2015년(7.97)과 2016년(7.92)에는 결손 민주주의 범주로 강등되었다. 한국은 '민주주의 지수 2016'에서 20위인 일본(7.98), 21위 미국(7.98)과 이탈리아(7.98), 그리고 24위 프랑스(7.92)와 함께 7.92로서 '결손 민주주의'(flawed democracy) 범주에 속하였다.

12) 유튜브(YouTube)는 2011년 12월 K-Pop(Korean Pop) 페이지를 처음으로 개설하였는데, 이는 23개의 독자적인 음악 장르 중 하나가 되었다는 의의를 갖는다. 구글 코리아(Google Korea)의 평가에 따르면, 2011년은 K-Pop이 '일시적 유행이 아니라 전지구적 흐름(a global trend)의 하나로 당당하게 서는 첫 해'였다.

등 동아시아 그리고 베트남, 필리핀, 태국 등 동남아시아, 중앙아시아, 중동, 중남미를 거쳐, 마침내 현대 대중문화의 종주국을 자처하는 유럽과 미국까지 거의 전 세계 지역으로 확산되어 왔다.13)

1950년대 당시 한국의 막막한 현실에 대해 '슬픈 체념'을 할 수밖에 없었던 한국 지식인들의 시점에서 보면, 이제 정치적, 경제적 발전과 아울러 전지구적으로 확산되어가는 한류의 풍경은 상상하기 힘들 정도로 놀라운 것이다. 그러나 사실 이것은 우리가 역사적으로 정치경제적, 문화적 변방에 위치해 있다는 자의식 속에서 언젠가는, 어떤 형태로든 남으로부터 존중받기를 학수고대하면서 꿈꾸어 왔던 아주 오래된 기대가 전혀 예기치 못한 방식으로 실현된 것이리라.

대체 한국에서 무슨 일이 있었는가? 어떻게 한국은 세계의 최빈국에서 가장 역동적인 국가로 거듭나게 되었는가? 그리하여 '누더기'(rag)에서 '양탄자'(rug)로, '배스킷 케이스'에서 '모델 케이스'(model case)로 변신하게 되었는가? 과연 한국의 경제발전을 비롯한 정치적, 사회적, 문화적 발전을 어떻게 설명할 수 있을 것인가? 한국의 발전모델이 다른 개발도상국들에게 어떤 교훈을 줄 수 있는가? 이러한 이론적, 정책적 질문들이 1980~90년대 국제 사회과학계에서 활발한 토론의 주제가 된 것도 자연스러운 일이었다.

---

13) 2011년 당시 전 세계 235개국에서 유튜브 동영상을 통해 K-Pop 비디오를 조회한 수치는 23억 회를 기록하였다(중앙일보, 2012.1.2). 2012년에 발표된 싸이(Psy)의 '강남스타일'은 32억 조회수를 기록하며 5년간 1위를 차지하였다. 2018년 현재 K-Pop은 국내외 구분이 없는 제작 방식과 해외 공연을 염두에 두는 '3세대 한류' 단계로 진화했다. 한국인, 대만인, 일본인으로 구성된 트와이스(Twice)는 일본의 10대-20대로부터 높은 인기를 얻고 있으며, 미국 빌보드차트 1위를 연거푸 차지한 방탄소년단(BTS)은 미국 전역과 유럽 투어를 성황리에 진행하고 있다. 특히 방탄소년단의 활약에 대해 미국의 경제 잡지 포브스(Fobes)는 "한국뿐만 아니라 팝 음악계 전체에 의미 있는 일"이라는 평가를 내리고 있다(Herman, 2018).

적어도 1997년 외환위기 이전까지 사회과학계에서는 한국의 괄목할 만한 경제발전이 '시장'보다는 '발전국가'가 주도적으로 역할을 수행한 수출지향적 경제발전 전략의 성공, 역사적, 문화적 조건으로서 교육에 대한 열의, 그리고 가족에 대한 효도, 조직과 집단적 권위에 대한 순응, 국가에 대해 충성 등 전통적인 유교 가치관이 작용한 것이라는 점에 대해 대체로 동의하였다.[14] 그리고 한국과 유사한 유교 문화적 전통과 냉전체제의 지정학적 환경 속에서 급속한 경제성장을 경험한 타이완, 싱가포르, 홍콩을 함께 묶어 동아시아의 '네 마리의 작은 용'(the Four Little Dragons)으로 범주화하였다. 이런 속도로 간다면 머지않은 장래에 한국이 선진 산업국의 대열에 진입할 것이라는 전망에 대해 자타가 크게 이견이 없었다. 한국인들도 스스로를 대견해 하였다. 그리하여 한국은 90년대 초 선진국 클럽으로 알려진 OECD에 서둘러 가입하면서 국제사회에서의 '노블레스 오블리주'(noblesse oblige)를 '예행연습'하기도 하였다.[15]

그러나 1997년 말 당시 동남아시아에서 발발하여 한국사회를 쓰나미처럼 엄습한 외환위기와 뒤이은 경제위기는 이제까지의 낙관적이던 전망을 비관적인 것으로 돌려놓은 분수령이 되었다. 한국이

14) World Bank는 1995년에 『*East Asian Miracle*』이라는 보고서를 출간하였다. 정통 신고전파 경제학적 발전론을 표방하는 세계은행 경제학자들까지도, 내부적 논란이 있음에도 불구하고, 동아시아의 괄목할 만한 경제발전을 설명하기 위해서는 '시장'이 아니라 '국가'의 선도적인 역할을 인정할 수밖에 없었다(Wade, 2001). 신광영(1999)은 동아시아에서 산업화의 성공요인을 권위주의적 발전국가와 아시아적 가치, 그리고 세계화의 덕분으로 돌리는 것을 '3가지 신화'로 비판하고 이러한 '무리한 일반화'와 '낭만적 사고'의 폐해를 지적하고 있다.

15) 이는 일종의 '예기적 사회화'(anticipatory socialization)로서 OECD 가입을 주도한 정부는 각종 규제철폐 등 세계화 시대의 선진국 정부가 취해야 할 정책들을 규범적으로 '학습'하여 실천하였고, 언론도 적극 부응하여 선진국 국민들의 의식구조 및 행동양식에 대한 특집들을 내보내고 국민들이 이를 본뜰 것을 유도하였다.

IMF에 당시로서는 역사상 최대 규모의 구제금융을 요청할 정도로 심각한 환란과 경제위기를 맞자 이제까지 한국의 경제발전에 대해 호의적인 평가를 내리던 학계 및 국제기구들은 가계, 기업, 정부 등 한국 자본주의의 모든 경제주체들의 의식구조 및 가치관, 그리고 제도와 일반화된 관행에 대해 총체적 비판을 가하기 시작하였다. 그때까지 성공의 조건으로 열거되던 한국사회의 문화적 덕목(virtues)들이 악덕(vices)으로 탈바꿈하여 이제는 실패의 조건으로 지목되었다. 지금까지 가족 및 친족, 친구 등 끈끈한 1차 집단 관계망과 국가 및 소속 집단, 그리고 조직의 권위에 대한 순응적 태도와 같이 나름의 신뢰를 바탕으로 거래비용을 낮추면서 한국적 경쟁력의 원천으로 간주되어 오던 유교 전통 문화적 덕목들은 이제 합리적인 시장의 작동을 저해하는 '패거리 집단주의'(cronyism)의 문화적 바탕으로 매도되었다. 이러한 맥락에서 IMF는 구제금융의 '선제조건'(conditionality)으로서 이제까지 전통 문화적 가치를 반영하던 관행을 폐기할 것, 그리고 '시장의 최대한과 국가의 최소한'이라는 신자유주의적 신념을 구현하여 발전국가식 개입을 철회하는 동시에 시장의 작용을 최대한으로 확대하는 장기적 '구조조정의 이행'과 단기적 '안정화 시책'을 시행할 것을 한국 정부에 요구하였다(Wade, 2001). 당시 부도위기에 몰린 한국 정부는 전통적 요소의 '거세'를 포함하여 국가의 적극적인 경제적 역할을 대폭 후퇴시키는 '조건'을 받아들여 구제금융을 들여왔고, IMF의 감시 아래 신자유주의적 구조조정을 수행하였다(김명수, 1999). 이를 계기로 1980년대 제5공화국 이래 서서히 해체의 길에 들어섰던 한국 발전국가는 급속히 신자유주의국가(the neo-liberal state) 경로로 접어들게 되었다.[16)]

16) 당시 한국국가의 성격이 무엇인지에 대해서는 논란의 여지가 있다. 구제금융의 대

이처럼 한국 경제발전의 부침을 설명하는 데서 전통적인 문화와 발전국가의 개념이 쓰이는 방식은 '양날의 칼'(two-edged sword)이었다. 성공을 설명할 때는 성공의 요인으로서 그리고 실패를 설명할 때는 실패의 요인으로서 양쪽의 경우를 모두 설명하는 데 동원되었다. 모든 것을 설명하는 것은 사실 아무 것도 설명하지 않는 것이다. 그리하여 한국의 경제발전이나 또는 저발전 과정에서 작용한 전통적인 문화와 발전국가의 역할에 대하여 기존의 사회과학 이론들은 설명의 여지를 크게 남겨두고 있다. 과연 한국의 경제발전 과정에서 문화와 국가는, 제각기 어떤 위치에서, 어떤 역할을 수행한 것인가? 이 질문이 이 연구의 출발점이다.

한편, 이제까지 이루어진 발전국가 주도의 따라잡기식 추격성장 방식은 절대빈곤을 해소하고 총량적 경제 규모를 급속하게 성장시키는 데서는 효율적이었지만, 사회구성원들의 삶의 질을 골고루 높이고 행복을 증진시키는 것과 같은 경제성장의 궁극적인 목적을 실현하는 데서는 역진적이며 오히려 상대적 박탈감을 증폭시켜 온 것으로 드러났다.

2016년 OECD가 발표한 '더 나은 삶의 질'(Better Life Index) 조사를 보면 한국은 10점 만점에 5.84점으로 조사대상 38개국 중 28위를 차지했다. 한국은 2012년 24위에서, 2013년 27위로 떨어졌으며 2016년에는 28위로 내려갔다. 덴마크(7.53), 스위스(7.51), 아이슬란드(7.50) 그리고 노르웨이(7.50)가 상위권을 차지했으며, 한국과 비슷한 국가로는 헝가리(5.15), 포르투갈(5.12), 그리스(5.03)가 있었다. 한편

---

가로서 IMF가 한국에 요구한 기업구조조정, 재벌개혁, 자본자유화 등은 신자유주의적 경제구조를 지향하는 구조조정 정책이지만 독점이나 과점을 견제하는 경쟁정책, 사회적 공적 부조, 농업 및 중소기업 등 낙후부문에 대한 지원 등은 2차대전 이후 독일의 경제정책 모델인 '질서자유주의적' 요소도 여전히 포함하고 있다는 것이다(육성철, 2001 참조).

세계적 사회과학자단체의 학술프로젝트인 '세계가치관조사'(WVS: World Value Survey, 2010~2014)에 따르면 한국인들은 '보편적으로 다른 사람을 신뢰하는가'라는 질문에 26.3%만이 '그렇다'고 응답했다. 조사가 이뤄진 전체 60개국 중 신뢰수준이 가장 높은 국가는 66.1%를 기록한 네덜란드였으며, 다음으로 중국(60.3%), 스웨덴(60.1%) 수준이었다. 조사국 중 22위를 차지한 한국과 유사한 신뢰수준을 지닌 국가로는 쿠웨이트(28.5%)와 러시아(27.8%)가 있었다.

더욱이 급속도로 경제성장을 이룩한 한국사회의 구성원들은 기진맥진해 있다. 일에 매진하는 한국 직장인의 87%는 '탈진증후군'(burnout syndrome)의 위험에 빠질 가능성이 큰 것으로 분석되었다(아주경제, 2011.7.5). OECD 통계(2015년 기준)를 보면 한국 근로자의 평균 근로시간은 연간 2,113시간으로 OECD 34개 회원국 평균(1,766시간)보다 347시간, 스웨덴(1,612시간)보다 501시간이 많았다(세계일보, 2016.9.5). 국내 근로자는 OECD 평균보다 43일 더 일한 셈이다. 한국 근로자의 연간 근무시간은 OECD가 통계 작성을 시작한 2000년 이래 7년간 1위 자리를 고수하다가, 2008년 이래 멕시코에 양보하여 2위 자리를 유지하고 있다. 그렇다고 해서 경제적 보상이 충분하거나 공정하다고 생각하는 것도 아니다. OECD 선진국인 미국, 독일, 일본과 비교할 경우, 한국 근로자는 미국 근로자(노동시간 1,790시간, 시간당 실질임금 32.80달러)보다 연간 40.4일 더 일하지만 시간당 임금은 47.8%에 그친다. 독일 근로자보다 연간 92.8일 더 일하지만 시간당 실질임금은 47.8%, 일본 근로자와 비교하면 49일 더 일하는 반면 실질임금은 75.3%에 불과하였다(한국일보, 2016.8.15). 한국의 상대적 빈곤수준은 OECD 국가들 중에서 최악이다. 한국은 OECD 회원국 가운데 저소득층의 평균 소득과 빈곤선의 격차가 가장 큰 것으로 나타났다. 빈곤선은 최소한의 생활을 유지하는 데 필요한 소득을 지칭하는 것으로 이 값과 저소득층 평균소득의 격차가 클수록 빈부 격차가 크다는 의미이다.[17] 하버드 대학의 마이클 샌델 교수의 저서 『정의란 무엇인가』 영문판은 전 세계적으로 10만 권 정도 팔린 반면 한국어판은 120만 권이 넘게 팔렸다고 한다.[18] 이는 현 시점 한국인들의 정의와 공정성에 대한 폭발적인 관심을 반영한다.

이처럼 퇴보적 내용을 갖는 경제성장이 장기적으로 지속되면서 여러 가지 '사회해체적 증후'가 나타나고 있다. 현재 한국사회는 세계 최고 수준의 자살률과 저출산율 보유라는 심각한 문제에 직면해 있다. 이 자료들은 한 사회의 재생산 및 지속가능성과 직결되는 것들이다. 통계청의 2015년 사망원인통계에 따르면 한국의 자살률은 10만 명당 26.5명이다. 1980년대 7~8명 수준을 유지하던 자살률이 IMF 사태를 맞게 된 1998년에 18.4명을 기록한 이래 줄지 않고 지속적으로 증가해 왔다. 특히 2003년 22.6명이던 자살률은 세계적 경제위기를 맞은 2009년에 31.0명으로 증가한 이래, 2010년 31.2명, 2011년 31.7명을 유지하다가 2015년 26.5명을 기록했다. OECD 국가들의 평균치인 11.2명의 거의 3배에 근접하는 수준이다. 한국은 12년째 OECD 회원국 중 자살률 1위를 고수하고 있다. 자살은 10대와 20대, 30대의 경우 사망원인 1순위가 되었으며, 특히 65세 이상 노년층의 자살률은 80명에 달하고 있다.

이와 대조적으로 한국은 세계 최저 수준의 출산율을 기록하고 있

17) 한국내 빈곤선(중위소득 60%) 이하 수입을 올리는 저소득층의 평균 소득은 빈곤선보다 47%가 낮았다. 빈곤선을 100만 원으로 가정하면 저소득층의 평균 소득은 53만 원에 그친다는 것이다. 빈곤층의 비중도 20.59%로 다섯 중에서 하나가 저소득층이었다(경향신문, 2011.10.25).

18) 김수길, "경제민주화…," 중앙일보(2012.7.18).

다. 한국의 합계출산율은 1965년 6.0명에서 점차 하락하여 1970년 4.5명, 1985년 1.6명을 거쳐 2001년 1.3명으로 초저출산사회에 접어들었다.[19] 그리고 2005년에는 1.08명으로 역사상 최저의 출산율을 기록하였다. 기존의 산아제한정책 및 산아자율정책에서 출산장려정책을 펴기 시작한 후에도 계속 떨어진 출산율은 2015년 현재 1.24명에 그쳐 2001년 이후 15년째 초저출산국(합계출산율 1.3명 이하인 국가)에 머물고 있다. 저출산이 지속되면 장기적으로는 노동공급이 감소하여 성장잠재력이 약화된다. 연금적자 확대로 국가재정이 악화되고 젊은 세대의 부담이 가중되는 등 사회 전체의 부작용을 초래할 것으로 예상된다(최숙희, 2005). 더욱이 '사회적 사실'(social facts)로서 출산율의 상징적 의미를 자기가 몸담고 있는 사회에 대한 주관적 평가지수라 할 때, 세계 최저 수준의 출산율이 장기적으로 지속되고 있다는 사실은 자기가 살고 있는 현재나 예상되는 미래의 한국사회를 자녀에게 권하고 싶지 않은 부모의 비중이 세계에서 가장 높다는 것을 의미한다.[20] 따라서 세계 최고 수준의 자살률과 최저 수준의 출산율을 보이고 있는 현재 한국사회는 바로 구성원들에 의해 여지없이 거부(veto) 당하고 있는 셈이다.

과연 한국사회는 이대로 지속가능할 것인가? 위에서 살펴보았듯이,

---

19) 합계출산율은 한 여성이 가임기간(15~49세) 동안 낳는 평균 자녀수를 가리킨다. 보건사회연구원의 추산에 의하면 최소한 출산율이 1.80명 정도가 되어야 적정인구를 유지할 수 있다(보건사회연구원, 2012). 출산을 지원하는 가족수당, 보육비, 양육비, 육아휴직비 등 가족관련 재정지출 규모는 2009년 국내총생산(GDP) 대비 0.3%로서 이는 OECD 평균 2.1%의 7분의 1 수준에 불과하며 회원국 중 최하위를 기록하고 있다(전홍기혜, 2009).

20) '사회적 사실'은 사회학자 뒤르켐(Emil Durkheim)의 개념으로서 사망률이나 이혼율, 출산율처럼 개인의 밖에 존재하면서 개인의 행동양식이나 사고를 규제하는 그 사회의 집합의식(collective conscience)이다.

그동안 한국사회의 급속한 경제 성장은 비록 절대적 빈곤은 해소하였으나, 사회구성원 대다수의 행복을 증진시키는 것과는 무관하게, 사회구성원들 사이의 신뢰를 악화시키는 방향으로, 삶의 질을 향상시키는 것과는 역방향으로 그리고 상대적으로 불공정한 경제적 성과의 배분으로 이루어진 것이다. 무기력한 현실에 대해 슬픈 체념을 하면서 긴 세월을 보냈던 한국인들은 이제 상대적으로 부강해진 국가 경제력에 걸맞게 개인적 자존감을 세우고 행복을 향유해야 하지 않은가? 경제적으로 윤택해진 삶이 행복을 보장해주지 못하는 이유는 무엇인가? 왜 한국의 경제는 이렇게 양적 팽창과 질적 빈곤이라는 열악한 내용을 갖고서 사회 해체적인 방향으로 돌진해 온 것인가? 한국 경제발전의 내용이 특정한 방향으로 설정되는 과정에서 문화는 어떤 계기에, 어떤 기제(mechanism)를 통해, 어떻게 영향을 미쳐왔는가? 과연 한국 경제발전의 문화적 기원이 무엇인지를 탐색하는 것이 이 연구의 핵심 질문이다.

이제 발전국가의 '해체'와 신자유주의국가로의 '대체'가 본격적으로 시도된 지 20년이 지난 현재 발전국가는 더 이상 한국 사회발전의 핵심적인 독립변수가 아니다. 그렇다고 신자유주의 국가가 대안이 된 것도 아니다. 한국의 국가는 지난 시기 '선성장 후분배' 이데올로기 아래에서 국내외 자본을 동원하는 한편 노동자 및 농민의 희생을 담보로 경제성장 부문에서 괄목할 만한 성과를 내던 발전국가의 전형(archetype)이었다. 그러던 한국의 국가는 지대추구에 유능한 약탈국가를 거쳐, 이제 해야 할 일을 하지 않고 해서는 안 되는 일을 되풀이하는 무능한 '시지프스 국가'(the Sisyphean state)와 같은 '탈발전국가 증후군'(post-developmental state syndrome)을 갖고 있다. 이렇게 무기력한 국가를 통해서는 더 이상 '파이'의 크기를 키우지도 못할 뿐 아니라 정당한 몫의 분배를 요구하는 다양한 사회경제적 세력들에게 공정하게 파이를 나누어 줄 수 있으리라는 기대도 할 수 없을 것이다. 더욱이 한국의 국가는 전지구적, 국지적 수준에서 위험이 일상화되어 가고 있는 '위험사회'(risk society)에서 선제적으로나 사후적으로 위험을 관리하고 처리하는 유기적 행위자(corporate actor)이자 제도로서의 국가능력도 심각하게 결여하고 있음을 드러냈다. 2014년 세월호 침몰사건 당시에 보여준 한국 국가의 무기력한 위기관리 능력은 2015년 메르스(중동호흡기증후군, MERS: Middle East Respiratory Syndrom) 사태의 대응과정에서 재확인되었다. 그리고 2016년 말에 드러나 국회에서 대통령탄핵으로 이어진 이른바 '민간인에 의한 국정농단' 사건은 한국 국가의 자율성과 수행능력의 현주소를 적나라하게 드러낸 사례라고 할 수 있다.[21] 이렇게 취약한 한국사회의 지배구조(governance structure)는 치밀한 후속적 대비도 없이 '성급하게' 발전국가를 해체하고, 역시 충분한 준비도 없이 '설익은' 신자유주의 국가로 대체하는 과정에서 일어나고 있는 '부조응'으로 볼 수 있을 것이다. 과연 이제까지 누적되어 온 발전국가 및 혼종문화적 조건들은 현재의 국가형태 및 지배구조, 정책적 행태를 가져온 제도적 변화(institutional change) 과정에 어떻게 작용한 것인가? 현재 당면과제로서 경제성장과 복지확충이라는 상충적이면서 상보적인 시대적 과제를 가지고 사회발전을 유능하게 수행하기 위해 국가기구의 제도적 변환이 필요하다면 이를 구축하는 조건이 무엇인지를 모색하는 것이 이 연구가 갖는 정책적 함의가 될 것이다.

이 연구에서 추구하는 핵심적인 문제를 요약하면 다음과 같다. 누

---

21) 이 연구가 마무리된 시점에서 발발하여 진행된 이 사태는 추후 별도의 집중적인 분석이 필요하다.

구도 예기치 못했던 한국의 경제발전을 어떻게 설명할 수 있는가? 한국의 문화와 국가는 경제발전과 어떤 관계를 갖고 있는가? 역사적으로 한국 사회의 문화는 언제, 어떻게 하나의 제도이자 행위자인 국가와 상호작용하여 한국 경제발전의 방향 및 내용을 구성해 왔는가? 즉 한국 경제발전 과정에서 작용한 문화의 위치와 역할은 무엇인가? 나아가 현재 당면한 과제인 성장과 복지라는 상충적이고 상보적인 시대적 과제를 유능하게 수행하기에 적합한 지배구조를 구축하는 데 있어 이 연구는 어떤 함의를 갖고 있는가?

이 연구는 경제발전 과정에서 작용하는 국가 및 문화의 역할이라는 오래된 질문을 역사제도주의적 시각(historical institutional perspective)을 통해 새롭게 접근할 것이다. 역사제도주의적 관점에서 한국의 경제발전이라는 현상을 제대로 분석하기 위해서는 먼저 어떤 계기로, 다른 시점이 아닌 그 시점에서 국가주도에 의한 수출중심 경공업 산업화 경로가 설정되었으며, 이를 역동적으로 추진하는 과정에서 어떻게 전략적 행위자로서 발전국가가 형성되었고, 어떤 계기에 중화학공업화라는 산업구조적 변환(conversion)이 일어났으며, 그 결과 하나의 제도로서 발전국가가 어떻게 해체되었는지 살펴보아야 한다. 무엇보다도 중요하게, 이러한 역사제도적 역동성이 현재 시점에서의 한국 사회발전 문제를 이해하고 정책적으로 처방을 내리는 데 있어 어떤 함의를 갖고 있는지 파악해야 한다.

이 연구에서 분석적으로 살펴볼 중심적인 연구가설은 한국 발전국가의 수립과 특성, 그리고 발전국가가 주도한 추격성장의 특징적 양상을 가져오게 한 중요한 요인이 한국문화의 혼종성이라는 것이다. 주지하는바, 한국의 경제발전은 1960년대 수출주도 경공업 중심 산업화로 시작하여 1970년대 중화학공업화를 통한 산업구조 심화, 1990년대 중후반부터 시도된 세계화의 일환으로서 다국적 기업화, 한류에서 비롯된 문화산업화, 정보통신산업화 등 시계열적이고 중첩적인 산업화 경로를 통해 지속되어 왔다. 1960년대 초 대다수 국민들이 농업에 종사하던 농업국에서 갑자기 경공업 중심 산업화로 경로를 변경하게 된 계기는 쿠데타로 집권한 군사정부가 가시적인 경제적 성과를 산출하고 이를 통해 초헌법적인 집권 정당성을 시급하게 확보하려고 했던 것이었다. 군사정부가 일련의 경제개발 5개년 계획을 수립하고 이를 시행착오를 거듭하며 실행해 나가는 과정에서 발전국가가 구축되었다.

역사제도주의적 시각에서 볼 때, 한국 경제발전의 '결정적 계기'(the critical juncture)는 일련의 경제발전 계획을 수립하고 수행하는 과정에서 '발전국가'(the developmental state)가 형성된 것이다. 한국 발전국가의 제도적, 행태적 독특성은 바로 발전국가를 구성하는 요소들이 역사적으로 형성된 혼종문화(hybrid culture)에 배태(embeddedness)되어 있다는 점에서 비롯되었다. 역사적으로 한국의 문화는 조선시대 지배 이데올로기로서 유교문화의 전일화로부터 일제시대 전통 유교적 교리의 파편화와 식민지 근대성의 편의적 이식, 미군정 시기의 탈식민화, 전쟁과 휴전 그리고 권위주의적 통치와 같은 다양한 정치, 사회, 경제적 계기들을 거치면서 혼종성(hybridity)을 중첩시켜 왔다. 이렇게 역사적으로 형성된 한국의 혼종문화는 1960년대 군사정부가 설정한 국가주도 추격성장을 수행하는 과정에서 발전국가가 형성되는 기능적 조건으로 작용하였다. 보다 구체적으로 말하면, 군사정부의 전략적 행위자들은 추격성장 전략으로서 일련의 경제개발 5개년 계획을 세우고, 수출주도 경공업중심 산업화 경로를 설정하여 추진, 실행하는 과정에서 한국의 발전국가를 형성할 수 있었으며, 이 발전국가를 통하여 아주 다양하고 풍부하면서 상호 모순적이기도 한 혼종문화의 구성요소들을 전략적 자원으로 동원할 수 있었다. 그리고 한국 발전국가에 의해 '수단과 방법을 가리지 않고' 추진된 추격성장은 한국 혼종문화의 중요한 구성요소인 '결과만능적 목적합리주의'에 의해 정당화되었다.

오늘날 한국사회에서 목도할 수 있는 사회해체적 증후군은 추격성장시기 결과만능주의적 효율성을 추구하였던 발전국가가 주도한 경제발전이 야기한 결과이다. 이제 사회구성원 대다수가 행복하지 않은, 그래서 자기 사회를 비토하는 사회문화적 결과를 가져오는 사회발전 모델은 지속가능하지 않다. 더욱이 발전국가 이후 탈발전국가 증후로서 순차적으로 등장한 약탈국가와 시지프스 국가에게서도 사회해체적 경향을 극복할 새로운 발전 모델을 기대할 수 없을 것이다. 그리하여 이제 끊임없이 재편되어 가는 전지구적 경제질서 속에서 '수단과 방법을 가려가며' 경제성장을 추진하면서 동시에 복지확충을 실현해야 하는, 즉 '나누면서 성장해야 하는'(growth with equity) 지속가능한 사회발전 모델을 보장하는 지배구조(governance structure)로 변환하는 데 필요한 조건을 모색하는 것이 이 연구의 실천적 목적이다.

여기서 특기할 점은 한국 발전국가의 기원을 혼종문화적 배태에서 찾고 있는 이 연구의 입장은 식민지근대화론에서 주장하는 한국 발전국가의 일제 식민지 기원설과 대치하고 있다는 것이다. 식민지근대화론에 따르면 한국의 발전국가는 일제가 식민지시기에 만들어 식민통치기구로 활용하다가 광복 이후 '동면상태'에 들어가 있던 것을 군사정부가 필요에 의해 재활성화(reactivate)한 것으로서 연속성을 강조한다(Kohli, 2004). 한국의 발전국가가 문화적 진공상태에서 수립된 것이 아니라 문화에 배태되어 발생하였기 때문에 현재의 시점에서 볼 수 있는 발전국가의 여러 속성 중에서 일부를 과거 식민통치기구에서 찾아볼 수 있는 것은 당연하지만, 이를 식민통치의 직접적인 유산으로 환원시켜 보는 것은 너무 '순진하고 기계적인'(naive and mechanic) 역사인식으로서 '기능주의적 오류'(functionalist fallacy)의 위험이 따른다. 이 연구에서는 국가의 능력을 고정적인 상수(constants)가 아니라 변인(variable)으로 간주한다. 발전국가를 구성하는 핵심적 요소들인 국가 자율성 및 수행능력은 잠재되어 있는 것을 되살릴 수 있는 것이 아니라, 구체적인 정책의 입안과 실행과정에서 다양한 국내외 세력들과 호혜적이거나 갈등적 상호작용을 거듭하면서 형성되거나 소멸되는, 즉 '오고 가는'(come and go) 역동적인 자질인 것이다(Nettle, 1968; Skocpol, 1985). 이 연구는 한국의 발전국가가 일제 식민통치의 유산이 연속성을 갖고 재발현된 것이라기보다는 식민통치의 유산까지도 가용자원으로 포함하는 한국의 혼종문화에 배태되어 형성되었다는 입장을 견지할 것이다. 그리하여 이 연구의 결과가 타당한 만큼 한국 발전국가의 기원을 일제 식민통치 기구와의 연속성에서 찾고 있는 식민지 근대화론이 갖고 있는 '기능주의적 오류'가 수정될 수 있을 것으로 기대한다.

이 연구의 구성은 다음과 같다. 제I부는 이론적 배경과 분석범주를 도출하기 위한 것이다. 한국의 발전국가는 추격성장을 수행하는 과정에서 형성되어 산업구조를 심화시키다가, 마침내 해체의 길로 들어서게 되었다. 이러한 발전국가의 형성과 활약, 해체는 역사적으로 구성된 한국의 혼종문화에 배태되어 일어났다. 따라서 국가가 사회경제적 세력과의 갈등적이거나 혹은 호혜적인 상호작용을 통해 수행하는 경제적 역할과 이 역동적 관계가 배태되어 있는 장(field)으로서 문화의 속성을 파악하고 분석하기 위해 적절한 틀(frame)이 필요하다. 먼저 경제발전 과정에서 작용하는 국가 및 문화에 대한 선행연구를 비판적으로 검토한 뒤 이 연구에서 활용할 분석 개념들을 재구성하고, 구체적인 연구 질문들을 도출해 분석틀을 마련할 것이다.

제1장에서는 경제발전 과정에서 작용하는 국가와 문화에 대한 이론적 배경과 선행연구를 비판적으로 검토한다. 제2장에서는 경제성장과 문화의 관계를 새로운 시각에서 분석하기 위해 당사자 입장에서 보는 내재적 문화의 개념을 재구성한다. 제3장에서는 문화에 배태되어 있는 하나의 제도이자 문화를 자원으로 동원할 수 있는 전략적 행위자로서 국가의 개념을 재구성한다. 제4장에서는 한국 경제발전의 문화적 기원과 발전국가 이후에 대한 함의를 탐색하기 위해 앞선 이론적 논의와 검토를 바탕으로 이 연구의 분석틀을 마련한다.

이러한 분석틀은 이제까지 혼종문화에 배태되어 추격성장을 주도하다가 한계에 봉착해 붕괴상태에 있는 발전국가에 대한 이해뿐 아니라, 이를 바탕으로 당면한 시대적 과제인 경제발전과 함께 복지를 수행하는(growth with welfare) '복지발전국가'(the welfare developmental state)의 수립 및 지속을 가능케 하는 제도적, 문화적 조건에 대한 이해를 넓히는 데 도움이 될 것이다.

제II부는 1960년대 이래 한국 경제발전의 문화적 조건으로서 작용한 혼종문화가 어떻게 역사적으로 구성되었는지를 살펴보는 경험적인 분석으로 구성되었다. 제5장은 조선의 유교문화와 도덕경제 체제의 특징을 살피고, 제6장은 일제 식민지시기에 형성된 혼종문화와 식민지 조선 경제의 지정학적 배태를 분석하며, 제7장은 미군정시기 및 정부수립기 탈식민지 혼종문화의 중첩적 형성과 한국경제의 세계자본주의 체제로의 편입을 살펴본다. 제8장에서는 역사적으로 형성된 한국 혼종문화의 특성을 정리해 본다.

제III부는 한국 발전국가의 형성과 구체적 역할을 수출주도 경공업화와 산업구조 심화 계획으로서 중화학공업화, 그리고 노동의 동원과 통제 사례들을 통해 살피고, 여기서 작용한 혼종문화의 역할을 분석한다. 제9장은 추격성장을 위한 경제개발 5개년 계획의 수행과정 분석을 통해 발전국가가 형성되는 과정을 살피고, 제10장은 산업구조의 심화 시도였던 중화학공업화 과정을 통해 발전국가가 약화되고 해체되는 역설적 과정을 분석한다. 제11장은 추격성장 및 발전국가 형성의 조건이자 결과로서 혼종문화의 역할을 분석하고, 보다 구체적으로 혼종문화가 어떻게 노동의 동원, 통제, 그리고 배제의 기제로 활용되었는지 살펴본다.

제IV부 제12장에서는 발전국가 이후 탈발전국가 시기 한국 사회에 등장한 지대추구적 약탈국가와 시지프스 국가의 경제적 역할에 대해 분석한다. 이제까지 축적된 한국 발전국가와 혼종문화의 경로의존적 유산이 어떤 방식으로 현재 한국사회에 구조화되어 있으면서 국가 및 산업부문의 전략적 행위자들을 포함한 한국사회 구성원들에게 '기회와 억압' 요인으로 작용하고 있는지를 1990년대 중반 이래 시작된 한국 기업의 다국적화, 문화산업화 그리고 지능정보통신 산업화 사례에 대한 개괄적인 분석을 통해 살펴본다.

결론에서, 이제 시대적 과제로 대두된 성장과 복지를 동시에 아우를 수 있는 한국 사회의 지속가능한 발전(sustainable development)을 위해 주어진 제도적, 문화적 조건들을 전략적 자원으로 동원할 수 있는 '복지발전국가'(the welfare-developmental state)로의 제도적 변환 조건에 대해 탐색해 볼 것이다.

# I. 경제발전과 발전국가 그리고 혼종문화

# I. 경제발전과 발전국가 그리고 혼종문화

"보수주의의 중심적 신념(central truth)은 정치가 아니라 바로 문화가 한 사회의 성공을 결정한다는 것이다. 자유주의의 중심적 신념은 정치가 문화를 바꿀 수 있으며 문화자체의 굴레로부터 한 사회를 구해낼 수 있다는 것이다"1)

—패트릭 모이니한(Patrick Moynihan)

"최근의 역사학적, 인류학적으로 뚜렷한 연구성과에 따르면 인간사회의 경제는 대개 사회적 관계 속에 녹아(embedded) 있었다. 인간은 물질적 재화를 소유하려는 개인적 이해를 지키기 위해 행동하지 않는다; 인간은 자신의 사회적 위치, 사회적 주장, 사회적 자산을 보호하기 위해 행동한다. 인간은 사회적 목적에 기여하는 한에서 물질적 재화에 가치를 부여한다. 생산과정이나 분배과정이 재화의 소유에 따른 구체적인 경제적 이해와 결부되어 있는 것은 아니다; 그러한 (생산이나 분배) 과정의 매 단계는 (궁극적으로 필수적인 단계를 거치도록 보장하는) 사회적 이해에 걸맞게 조직되었다. 이러한 사회적 이해가 소규모 수렵 채취 사회와 광대한 전제군주 사회에서 매우 다를 것이다. 그러나 어느 경우에나 경제체제는 비경제적 동기 위에서 작동할 것이다.2)

—칼 폴라니(Karl Polanyi)

---

1) Harrison, 2000에서 재인용.

2) Polanyi, 1957: 46(필자 번역).

한국의 경제발전 과정에서 문화는 어떤 역할을 수행하였는가? 역사적으로 국가는 어떤 문화적 조건 속에서 경제의 방향을 설정하고 내용을 구성해 왔는가? 주지하는 대로 한국은 1960년대 초반 국가의 주도로 '추격적'(catch-up) 경제성장을 시작한 이래 지금까지 여러 가지 우여곡절을 거듭하면서도 경제성장을 지속해 왔다. 이러한 국가주도 방식의 경제발전을 가능하게 한 문화적 조건은 무엇인가?

사실 이러한 질문이 전혀 새로운 것은 아니다. 그러나 이제까지 한국사회에서 일어난 역사적 경제발전, 혹은 저발전을 설명하는 데서 문화는 저발전 상태에 있을 때는 저해요인으로, 그리고 성장할 때는 기여요인으로 동원되어 '양가적'(兩價的; ambivalent)으로 사용되어 왔다. 또한 문화라는 요인은 그 잠재적 역할(latent function)이 충분히 설명되지 못한 채 그저 지나치면서 언급되는 수준에서 활용되거나, 아니면 설명이 생략된 채 '블랙박스'(black box)에 넣어졌다.

다음 제1장에서는 경제발전 과정에서 작용한 문화의 역할을 설명하는 기존의 이론적 논의를 비판적으로 검토한다. 제2장에서는 문화의 위치와 역할에 대한 새로운 개념화를 시도할 것이다. 제3장에서는 스스로 독자적인 목적을 세우고 이를 달성하기 위해 문화적 자원을 동원할 수 있는 전략적 행위자이자 제도로서 국가를 개념화한다. 이러한 경제발전과 문화, 그리고 국가에 관한 개념적, 이론적 논의를 바탕으로 도출된 이 연구의 분석틀이 제4장에 제시되어 있다.

# 제1장 경제발전과 문화 그리고 국가

이제까지 한국 경제발전 과정에서 작용하는 문화의 역할을 어떻게 설명해 왔는지 검토하면서 기존의 개념화가 갖는 문제점과 한계를 살펴보자. 먼저 자본주의 경제발전과정에서 작용하는 문화의 역할에 대한 이론적 논의를 편의상 '문화중심론'과 '정치경제중심론'으로 나누어 보겠다.

문화중심론(culture-centered theories)으로 묶이는 이론들의 공통점은 한 사회의 문화를 경제발전 혹은 저발전의 가장 중요한 '원인'(cause)으로 취급한다는 것이다. 이는 문화를 독립변수로 간주하는 관점이며 근대화론 및 식민지근대화론, 유교자본주의론, 그리고 신근대화론 등이 대체로 여기에 속한다.

반면 정치경제중심론(political economy-centered theories)은 경제발전 혹은 저발전의 원인을 문화보다는 하나의 사회에서부터 세계자본주의 체제에 이르는 다양한 수준의 정치경제적 구조가 작용한 결과로 보는 관점이다. 이는 문화를 종속변수로 보는 관점이며, 종속론 및 종속적 발전론, 세계체제론, 국가중심적 발전론 등이 대체로 여기에 속한다.

## 1. 문화중심론

### 1) 근대화론(Modernization Theories)

일찍이 베버(Weber)는 서구 자본주의의 '기원'(origin)에 관한 고전적 논의에서 신교윤리의 역할에 주목하였다. 한편으로는 합리적 계산에 의한 자본축적과 투자 및 경제활동이 근간이 되는 자본주의 정신과 다른 한편으로는 근면, 검소, 절약에 의한 부의 축적이 구원의 징표로 간주되는 신교윤리가 '선택적 친화력'(elective affinity)을 갖고 있었던 '서구'에서 자본주의가 '발생'한 것으로 보았다. 이러한 독특한 문화적 바탕 때문에 다른 곳이 아닌 바로 서구에서 자본주의가 발생한 것이다.

베버의 논지를 현대적인 맥락에서 응용한 것이 근대화론(modernization theory)이다. 근대화론은 제2차 세계대전 종전 후 동서 양 진영으로 양분된 국제 정치군사적 구조 속에서 서방진영의 새로운 맹주(hegemon)로 등장한 미국이 새로이 국제정치의 장에 대거 등장한 신생독립국들을 자기 진영으로 유치하여 묶어두기 위해 경제개발원조와 함께 패키지(package)로 제공한 경제발전 교본의 성격을 갖고 있다(Portes, 1978; So, 2000 참조). 근대화론이 가졌던 이론적 관심의 출발점은 왜 저발전 지역인 비서구는 발전지역인 서구와 다른가이다. 근대화론은 서구 자본주의의 발전과 여타 지역의 저발전의 원인을 각각의 지역이 갖고 있는 문화적 요인으로 설명한다. 예컨대 호셀리츠(Hoselitz, 1960)는 파슨스의 행위유형(pattern variables)을 발전시켜 서구사회들에서는 보편적(universalistic), 감정중립적(affective-neutral), 성취적(achieving), 구체적(specific)인 근대적 행위유형이 지배적이며, 이와 대칭적으로 전통사회에서는 개별적(particularistic), 감정적(affective), 귀속적(ascriptive)이고 모호한(diffuse) 전통적 행위유형이 지배적이라고 주장한다. 이러한 근대적 행위유형과 전통적 행위유형의 이념형적 대비에서 양 지역의 자본주의적 발전 격차의 원인을 찾는다. 근대화된 사회의 구성원들에게서 일반적으로 찾아볼 수 있는 근대적 행위유형은 자본주의적 경제발전을 발생시키거나 촉진하는 조건이며, 이에 대한 논리적 대칭으로서 전통적 행위유형은 당연히 이를 저지하거나 저해하는 조건으로 간주된다.

그리하여 근대화론은 저발전 사회가 경제발전을 이뤄내기 위해서는 근대화를 해야 하며, 이러한 근대화의 길에서 '걸림돌'로 작용하는 전통적 가치 및 행위유형을 버리고 대신 근대적 가치와 행위유형을 받아들여야 한다는 정책적 제안을 한다. 전후 초토화된 서구의 경제발전 과정에서 핵심적인 문제는 '재건'(reconstruction)인 반면 비서구의 문제는 '건설'(construction)이며, 따라서 비서구의 경제발전 문제는 서구의 문제를 해결하는 데 효과적이었던 마샬플랜(Marshall Plan) 식의 경제원조만으로 충분한 것이 아니라 이에 연계된 문화 개조 프로그램이 필요하다는 것이었다. 이처럼 근대화론은 전후 세계질서 재편 과정에서 새로이 구축된 진영의 맹주로서 미국이 자국의 국무성 주도로 역사학, 정치학, 경제학, 사회학 등 인문사회과학계를 총체적으로 참여시켜 지정학적 전략의 정책적 실천을 목적으로 마련한 프로그램이라 할 수 있다(Portes, 1978; So, 2000).

### 2) 식민지근대화론(Colonial Modernization Theories)

근대화론의 맥락에서 보면, 식민통치가 피식민지의 전통문화에 가한 여러 형태의 훼손도 근대화를 위한 '필요악'으로 간주할 수 있다(김명수, 1997 참조). 이 점에 국한해서 보면 맑스(Marx)도 크게 다르지 않다(1979: 219-222). 일찍이 맑스는 비록 영국의 식민통치가 인도사회에 파괴와 고통을 가져왔지만 궁극적으로 인도를 '아시아적 사회'(Asiatic society)의 침체상태에서 벗어나게 하고 서구사회와 같은 자본주의적 발전이 가능한 기반을 조성할 수 있는 역동성을 가져다 줄 것으로 보았다. 맑스는 1853년 당시 영국에 머물면서 미국의 뉴욕 헤랄드 트리뷴(New York Herald Tribune)에 기고한 일련의 기사에서 영국의 임무를 다음과 같이 기술하였다. "영국은 인도에서 이중적인 임무를 수행해야 한다. 하나는 낡은 아시아적 사회를 종식시키는 파괴적인 것이며 또 하나는 아시아에 서구적 사회의 물질적 기초를 까는 창조적인 것이다." 그리하여 맑스는 "영국은 인도사회의 모든 (전통사회의) 골격을 파괴하였으며," 또 "철도는 인도에서 근대산업의 선봉장"이 될 것이므로 인도에서 머지않아 산업혁명이 일어날 것으로 예상하였다.

맑스가 '창조적 파괴'라는 식민통치의 역설적인 역할을 강조했다면, 근래의 근대화론자들은 제국주의의 '파괴적' 속성보다는 '건설적' 유산을 강조한다. 그리하여 식민지배는 철도 및 통신, 항만건설 등 사회간접자본 시설의 설치, 교육, 금융제도의 설립, 그리고 근대적 관료제도의 도입 등을 통해 전통사회의 근대화에 기능적인 역할을 '결과적으로' 수행했다고 본다. 비서구사회가 이러한 식민통치의 '근대적' 유산을 상속하고서도 오늘날 발전하지 못하고 침체되어 있다면 이는 아직도 '전통적' 요소가 여전히 온존하기 때문이라는 기능주의적 해석을 한다.

한국에서 일제 식민통치 유산의 기능적 역할을 인정하는 여러 갈래 '식민지근대화론'도 같은 맥락에 위치한다. 이는 일찍이 커밍스, 맥나마라, 에케르트, 그리고 콜리 등과 같은 서구에서 활동하는 한국학 연구자들이 일제 식민통치가 식민지 조선에서 행한 근대화 역할을 본격적으로 부각하면서 시작되었다(Cumings, 1981, 1984a; McNamara, 1990; Eckert, 1991; Kohli, 1994, 2004). 예컨대 에케르트(Eckert, 1991)는 '고창 김씨' 연구를 통해 일제시기 한국의 전통적 농업지주가 근대적 산업자본가로 전환하는 계기를 보여주었다. 나아가 이들은 한국 경제발전의 기원을 일제 식민통치에서 찾는다. 콜리(Kohli, 1994, 2004)는 1960년대 이래 한국의 경제성장을 주도한 한국 발전국가의 기원을 일제 식민통치시기에 식민지공업화를 주도하였던 식민통치기구인 총독부에서 찾고 있으며, 해방 후 제1, 2공화국 하에서는 잠재되어 있다가, 3공화국 시기에 재활성화되었다고 본다. 커밍스(Cumings, 1981, 1984b)는 한국의 국가가 은행을 통해 재벌기업들을 지원하는 방식은 일제시기 총독부가 일본 본토의 재벌들을 식민지에 초대하여 국영은행을 통해 지원한 경험을 되살린 것으로 본다.

국내 일부 경제사학자들도 이와 같은 맥락에서 왕성한 연구 활동을 전개하고 있다(김홍식, 1997; 안병직, 2001; 차명수 2006; 이영훈, 2007; 김낙년, 2011). 김홍식(1997) 등은 일제는 '토지조사사업'을 통해 소유권이 애매모호한 전근대적인 토지 소유방식을 불식하고 근대적인 소유권을 확립함으로써 식민국가는 세원을 확보하는 효과를 얻은 대신 식민지는 비로소 농업에서도 자본주의적 시장거래 관계가 가능하게 '근대화'되었다고 본다. 더욱이 이 사업은 조선인들로부터 저항을 유발하는 '수탈' 방식이 아니라 '합리적' 방식을 통해 갈등을 최소화하면서 순조롭게 진행되었다고 주장한다. 나아가 일제는 관개시설과 농업기술의 확대를 포함하는 산미증식계획의 수행을 통하여 농업생산성을 높였으며, 공업화계획을 통하여 식민지 수준으로서는 상당히 높은 정도의 경제성장을 거두었다고 평가한다(김낙년, 1994; 2006; 2011). 식민지근대화론은 일제 식민지시기에 이루어진 경제성장과 산업화, 도시화, 관료제화는 일제의 식민지 경영의 일환이었지만 결과적으로 식민지근대화를 가져왔으며, 이는 추후 1960년대 이래 한국의 급속한 경제성장과 인적, 물적, 제도적 '연속성'을 갖고 있다고 주장한다.

### 3) 유교자본주의론(Confucian Capitalism Theory)

한편 비서구 지역에서는 유일하게 서구 수준의 자본주의 경제발전을 이룩한 일본과 이를 뒤이어 괄목할 만한 경제성장을 이룬 동아시아의 사례는 근대화론에 중요한 수정을 가하는 계기가 되었다. 즉 자본주의적 경제발전은 서구 수준의 근대성만을 전제조건으로 하는 것이 아니며, 전통사회의 문화적 요소를 간직하고서도 성취할 수 있다는 것을 보여주었다. 일찍이 벨라(Bellah, 1957)는 일본의 문화적 요소 중에서 서구의 신교윤리와 '기능적으로 같은'(functional equivalence) 역할을 한 도쿠가와 시대 일본 종교의 역할을 재조명한 바 있다.

최근의 유교자본주의론은 한국 및 동아시아의 자본주의 발전에서 작용한 유교윤리의 역할을 강조한다(Tu Wei-Ming, 1996; 유석춘, 1997; 국민호, 1999, 2007). 이 시각은 서구 자본주의의 '기원'에 대한 신교윤리의 역할을 원용하여 한국 및 동아시아의 자본주의적 '발전'에서 작용한 유교윤리의 역할을 강조한다.[1] 유교문화적 전통을 공유하고 있

1) 한편 투 웨이밍(Tu Weiming) 등에 의해 주창된 '아시아적 가치론'(Asian Value)은 싱가폴판 유교자본주의론이다. 싱가폴에서 급속한 경제성장을 가져온 정신적 가치로서 '아시아적 가치'란 민족 구성상 중국인 중심의 유교를 전면에 내세울 수

는 이들 동아시아 사회에서 공통적으로 찾아볼 수 있는 근면, 검소, 절약, 교육에 대한 강조, 국가에 대한 신민적 복종과 같은 유교윤리가 동아시아 자본주의적 경제성장과 친화력을 갖고 있다고 본다. 이들은 마치 신교윤리가 서구에서 했던 것과 같이 유교윤리가 어떻게 사회적 합리화에 기여하였는지(이형균, 2000), 그리고 유교윤리 중에서 '효'의 종교적 역할이 어떻게 신교윤리의 역할과 유사한지에 대해 논의하고 있다(유석춘 · 최우영 · 왕혜숙, 2005). 그러나 이들은 전통적인 유교윤리가 '하나의 전체 체계'(as a whole system)로서가 아니라 '파편화된' 요소로서 동아시아식 자본주의 발전에서 선택적으로 작용한 역할을 강조하고 있다.

한국의 유교자본주의론자들은 한국 자본주의 경제발전의 성과를 설명하기 위하여 전통문화의 여러 요소 가운데 근대적 윤리지향과 기능적으로 같은 값을 갖는 요소를 발췌하면서 전통의 '연속성'을 강조한다. 반면, 콜리, 맥나마라, 에케르트, 커밍스와 같은 서구에서 활동하는 한국학 연구자들은 한국의 경제발전에서 전통문화의 연속성보다는 '단절'을, 그리고 일제식민통치의 '연속성'을 본격적으로 부각시키고 있다는 점에서 유교자본주의론자들과 대조된다(Cumings, 1981, 1984a, 1984b; McNamara, 1990; Eckert, 1991; Kohli, 1994, 2004).

#### 4) 신근대화론(Neo-Modernization Theories)

새천년에 접어들어서 신자유주의적 세계질서의 확산에 발맞추어 경제발전과정에서 문화의 역할을 중심적인 것으로 보려는 '문화중심

---

없어서 그렇지 실질적으로는 유교적 가치에 다름이 아니다(김명수, 2000).

적 발전 패러다임'(culture-centered paradigm of development)을 구축하려는 노력이 진행되었다(Harrison and Huntington, 2000). 헌팅턴을 주축으로 한 "문화가 중요하다"(culture matters) 프로젝트에 립셋(Lipset), 파이(Pye)와 같은 과거 근대화론 학자들뿐 아니라, 삭스(Sacks), 후쿠야마(Fukuyama), 잉글하트(Inglehart), 랜디스(Landes), 투웨이 밍(Tu Wei Ming) 등 세계적인 지명도를 갖고 있는 정치학, 경제학, 사회학, 역사학자들이 대거 참여하였다.

이들은 명시적으로 문화를 경제발전의 독립변수이거나 설명요인으로 삼는다는 점에서 근대화론과 공통적인 가정을 갖고 있다(Harrison, 2000: xv). 그러나 이들은 문화가 경제발전을 저해하는 경우에 한하여 문화를 종속변수로 삼아 설명을 시도하는 것과 같은 분석상의 유연성을 갖고 있다는 점에서 근대화론과 차이가 있다. 또한 근대화론에 대한 비판의 초점이 되어 온 전통과 근대의 이분법적 행위유형을 명시적으로 사용하지 않고, 그 대신 해리슨(Harrison, 2000)처럼 발전지향적(development-prone) 문화 대 발전저항적(development-resistant) 문화, 포터(Porter, 2000)처럼 생산적 경제문화(productive economic culture) 대 비생산적 경제문화(unproductive economic culture), 그리고 후쿠야마(Fukuyama, 2000)처럼 고신뢰사회 대 저신뢰사회와 같은 비교적 계량화가 가능한 이분법을 사용하고 있다.

그러나 분석의 결론은 근대화론과 같다. 그들은 "가난에 대한 가장 성공적인 해결책은 그 사회 내부에 있다"는 내인론(內因論)을 암묵적으로 공유한다(Landes, 2000: 12). 이러한 시도는 이미 활력이 떨어진 '근대화' 개념 대신에 '문화'를 되불러와 앞에 세우는 '신근대화론'(neo-modernization) 수립운동이라고 볼 수 있다.

## 2. 정치경제중심론

정치경제중심론은 경제적 발전 혹은 저발전의 가장 핵심적 요인을 하나의 사회에서 세계자본주의체제에 이르는 다양한 수준의 정치경제적 구조의 작용에서 찾으며, 그 결과로서 문화를 종속변수로 간주하는 관점이다. 저발전론의 시발점이었던 종속론을 비롯하여 종속적 발전론, 세계체제론, 그리고 국가중심적 발전론 및 발전국가론 등이 대체로 여기에 속할 것이다.

근대화론이 발전과 저발전의 설명요인으로서 문화의 영향력을 강조하였다면, 이에 대하여 '거울 이미지'(mirror image)를 가지면서 좌우 대칭적으로 대립하였던 종속론(dependency theory)은 어떻게 역사적-구조적으로 제도화된 정치경제적 요인이 서구의 발전과 비서구의 경제적 저발전, 그리고 그 결과로서 비서구 지역에 저발전 문화를 가져왔는지에 관심을 집중하였다.[2] 이 관점에서 보면, 문화는 경제발전의 독립변수가 아니라 종속변수이며, 설명요인이 아니라 설명대상이다. 발전된 서구사회에서 발견되는 '근대적' 행위유형은 근대화론에서 보듯 발전의 '원인'이라기보다는 '결과'이다. 즉 서구의 독특한 근대적 행위유형이 자본주의적 경제발전을 불러온 것이 아니라, 식민지 저발전 사회와 유기적으로 연관되어 시작된 서구의 자본주의 산업화와 도시화가 '근대적' 행위유형을 구성해 왔다고 간주한다. 서구의 근대적 행위유형은 자본주의 산업화와 이와 맞물려 변화된 사회정치 제도를 작동시키는 소프트웨어(software)인 셈이다.

---

2) 비록 오늘날 종속론은 이론의 발상지인 남미에서조차 거론되지 않을 정도로 형해화되었지만, 저발전사회의 '입장에서' 발전과 저발전의 문제를 본격적으로 조망하기 시작하였다는 점에서 종속론의 역사적, 이론사적 의의는 여전히 살아있다(임현진, 1997 참조).

따라서 종속론적 관점에서 보면, 서구의 자본주의는, 근대화론이 설명하듯이 그 독특한 문화의 힘에 의해 독자적으로(저발전 사회와는 무관하게) 발전하였다기보다는 저발전 사회와의 유기적 관계 속에서, 저발전 사회의 '희생을 바탕'으로 발전한 것이다. 즉 서구의 발전과 비서구의 저발전은 '시차의 문제'가 아니라 '동전의 앞뒷면'처럼 '동시적인 현상'인 것이다(So, 2000).

대다수 저발전 사회들은 20세기 초에 도달할 때까지 거의 대부분이 서구 열강의 식민지로 편입되었고, 서구의 근대성과 근대적 제도는 아직 충분한 산업화와 도시화를 경험하지 않은 식민지 사회의 전통 위에 다양한 구성과 정도로 외삽적(外揷的)으로 덧씌워졌다. 저발전 사회들은 식민지 권력의 필요에 의해 외부에서 삽입된 근대성과 근대적 제도가 전통적 요소와 서로 '탈구'(脫臼; disarticulate)되어 갈등하는 이중적 혹은 다중적인 구조를 형성하게 되었다(Baran, 1957). 일반적으로 서구에서는 사회의 내부적 필요에 의한 근대화가 점진적으로 일어난 것과는 대조적이다. 그리하여 저발전 사회에서 찾아볼 수 있는 문화는 식민권력의 필요에 맞추어 '왜곡된' 것이므로 저발전의 '원인'이 아니라 구조적으로 불평등한 식민국과 피식민지 간의 관계와 이를 배태한 세계 자본주의체제의 작동 '결과'로 본다.

한 사회가 종속적인 상황에 있는 한 자본주의 발전이 불가능하다는 종속론에 대하여, 만약 적절한 조건이 주어진다면 종속적 상황에서도 자본주의적 경제발전이 가능하다는 '종속적 발전론'에서도 문화는 본격적인 설명요인이나 설명대상이 아니었다(Cardoso and Falletto, 1979; Evans, 1979; 임현진, 1997). 더욱이 세계자본주의체제를 하나의 분석 단위로 삼는 세계체제론에서 한 사회의 경제발전과 문화는 적절한 분석 단위가 아니므로 문제 제기조차 되지 않았다(Wallerstein, 1974;

이수훈, 1993 참조).

전략적 행위자로서 국가의 자율성을 인정하는 국가중심적 발전논의에서도 문화는 중요하게 간주되고 있지 않다. 신흥공업국의 경제발전과정에서 국가의 역할을 분석하는 발전국가론에서도 여전히 문화는 본격적인 설명요인이나 설명대상으로 취급되지 않고 '블랙 박스' (balck box) 속에 보관되어 왔다(Evans, 1995; 김명수, 1990; Kim Eun Mee, 1997; 김일영, 2000; 윤상우, 2005). 그리하여 한국의 경제발전 과정에서 발전국가가 독특한 방식으로 등장하고 활약할 수 있었던 문화적 맥락에 대한 본격적인 분석은 결여되어 있거나, 아니면 지나가면서 언급하는 정도에 그칠 뿐이다.

이들 정치경제중심적 관점이 대체로 공유하는 인식은 저발전 사회가 발전을 하기 위해서는 전통적 문화가 먼저 변화해야 하는 것이 아니라 그 사회의 정치경제적 구조와 그리고 이와 유기적으로 연계된 세계체제적 수준의 정치경제적 구조가 먼저 변화해야 한다고 본다. 그리하여 경제발전의 걸림돌로서 전통적 문화를 '제거'하고 근대성을 '이식'하는 근대화론의 처방은 실현이 불가능할 뿐 아니라 바람직하지도 않은 것으로 간주한다.

## 3. 기존 이론의 문제점과 한계

위에서 보듯, 경제발전 과정에서 작용하는 문화의 역할에 관한 두 갈래 이론적 시각은 자본주의적 경제발전을 위해 문화 및 가치관의 변동이 선행되어야 하는가 아니면 정치경제적 구조가 먼저 변화해야 하는가에 대한 실천적 처방을 놓고 정치적으로 대립하고 있다.

먼저 문화를 경제발전의 주요 요인으로 강조하는 문화중심론은 전통사회의 저발전 문제를 부지불식간에 서구중심적 입장에서 조망한다. 그리하여 전통사회의 문화는 근대화의 길에서 걸림돌로 인식되어 자본주의적 경제발전을 위해 지양되어야 하고 그 대신 근대적 문화가 이식되어야 한다고 본다.

이러한 문화중심론의 경향은 문화를 '포괄적'으로 개념화하는 데서 비롯된다. 전통적으로 문화는 내적으로 통합된 하나의 단위(a coherent unity)이며 지속적인 것으로 간주되어 왔다. 문화인류학자 테일러(Taylor, 1920)는 문화를 "지식, 신념, 예술, 도덕, 법, 관습 그리고 사회구성원으로서 인간이 습득한 버릇이나 여타 능력을 포함하는 복합적 전체(complex whole)"로 정의한다. 기어츠(Geertz, 1973)도 문화를 한 사회의 가치, 행위, 상징, 제도 및 인간관계를 포괄하는 전체적 삶의 방식으로 정의하고, 이를 파악하는 방법으로서 '빼곡한 서술'(thick description)을 제안한다. 사회학자 파슨스(Parsons, 1951)에게 문화는 사회 구성원들이 자발적으로 합의하고 있는 지배적인 가치이다. 그는 내적으로 일관적인 문화를 사회구성원들이 공유하고 있다고 가정하며 이러한 문화적 전통의 공유를 사회유지의 필수적 전제조건으로 간주한다.

이러한 포괄적 개념화에서 한 사회의 문화를 구성하는 요소들은 '상호일관성'과 '지속성'을 갖고 있으며, 사회 구성원들에게 행위의 궁극적 목적을 제시하는 방식으로 작용한다고 본다(Swidler, 1986). 그러나 문화의 포괄적 개념으로 단순한 전통사회의 문화와 사회구성원들의 행위를 기술하는 데 큰 무리가 없을지 모르나 급격한 사회변동을 거치면서 계층이나 계급, 지역적, 인종적으로 복잡하게 다분화된 현대 산업사회의 문화를 분석하는 것은 무리다. 더구나 역사적으로 식민지 경험을 통해 자기 문화의 단절과 다른 문화의 외삽(外揷) 그리고 자기 문화와 다른 문화와의 다양한 혼종적 접합 양태를 갖고 있는 대다수 탈식민지 사회현실을 충분하게 분석하기에는 너무 단조롭고 정태적이다.

그리하여 문화를 포괄적으로 개념화하며 독립변수로서의 역할을 강조하는 문화중심적 설명은 문화가 실제로 내포하기 마련인 상호모순적인 내부구성 요소들로 인하여 '양가적'(ambivalent) 해석으로 흐를 위험성을 갖는다. 즉 문화는 결과가 성공으로 나타나면 성공의 원인으로 그리고 결과가 실패로 나타나면 실패의 원인으로, 양가적인 설명에 선택적으로 활용될 수 있다. 따라서 문화중심론적 설명에서는 전통유교가 한국 경제의 상승국면에서는 성공의 요인으로, 또 침체국면과 위기 시에는 실패의 원인으로 '전천후적으로' 동원되는 것이 가능하다. 나아가 문화중심론의 결과론적 해석 경향은 식민통치를 사후적으로 정당화하는 데 활용되기도 한다. 식민지근대화론은 과거 식민지였던 한국이 저발전 상태에 있을 때는 일제 식민통치의 책임을 자임한 적이 없었고, 오로지 경제발전이 있을 경우에만 이를 책임지려 한다는 점에서 '사후적'(post hoc)이고 이중적이다.

한편 정치경제중심론은 문화중심론과 대칭적인 입장에서 정치적 해결을 우선적으로 강조하면서 문화의 역할을 상대적으로 경시한다. 비록 저발전 사회가 전통적 가치 및 저발전 상태를 유지시키는 행위유형을 갖고 있다 할지라도 이는 저발전의 '원인'이 아니라 식민통치에 의해 왜곡된 '결과'로 간주한다. 따라서 근대화론자들이 주장하듯 전통문화 대신에 근대문화를 이식한다고 해서 발전이 가능하지도 않고 바람직하지도 않다고 본다.

정치경제중심론의 한계는 저발전 사회의 '왜곡된' 문화를 가져온 정치경제적, 제도적, 구조적 요인에 대해서만 강조할 뿐이지, 일단 그 결과로서 구축된 문화가 이제는 저발전 상태를 유지, 지속, 심화시키는 역할을 수행하고 있다는 사실을 제대로 인정하려 하지 않는다. 즉 종속변수로서 문화의 수동적 역할을 인식하는 데 치중할 뿐이며, 이러한 문화가 이제는 독립변수나 매개변수로서 기존의 구조를 유지하는 데서 어떻게 작용하고 있으며, 어떤 조건하에서 어떻게 변화할 수 있을 것인지에 대한 실천적이고 역동적인 문제의식을 결여하고 있다. 따라서 저발전 사회의 경제발전을 설명하는 과정에서 문화는 단지 배경변수로서 취급되거나, 아예 블랙박스 속에 넣어져 설명이 생략된다.

과연 문화중심론에서 보듯 전통적 문화, 혹은 전통과 근대가 다양한 형태로 복잡하게 중첩된 저발전 사회의 문화는 자본주의 경제발전 과정에서 걸림돌로 작용하는가? 아니면 정치경제중심론에서 보듯 경제발전과정에서 문화의 역할을 무시해도 좋은 것인가? 독립변수로서 문화를 보는 문화중심론이 문화의 역할을 과대평가하고 있다면, 종속변수로서 문화를 보는 정치경제중심론은 문화의 영향력을 과소평가하는 경향을 갖고 있다. 이러한 경향은 두 시각 모두의 한계로 작용한다. 우리는 경제발전 과정에서 작용하는 문화의 적절한 위치 및 역할을 찾기 위하여 다음 장에서 내재적 관점에서 문화를 보는 새로운 개념화를 시도할 것이다.

# 제2장 경제발전과 내재적 관점에서 본 문화

과연 한 나라의 경제발전 과정에서 문화는 어떤 역할을 하는 것인가? 그리고 문화는 경제발전 과정에서 중요한 역할을 수행하는 전략적 행위자로서 국가와 어떤 방식으로 관련되어 있는가?

먼저 출발점에서 문화를 최소한으로 그리고 느슨하게 정의하면, 문화는 한 사회의 구성원들이 대체로 공유하고 있는 가치, 신념, 태도, 행위양식과 그 밑에 깔린 가정을 의미한다(Swidler, 1986, 2003). 사회구성원들이 내적으로 '일관된 문화'를 '공유'하고 있다고 가정하는 파슨스와는 달리 근래 들어서 사회학자들은 문화를 구성하는 요소들의 '상호 일관성'과 사회 구성원들이 문화를 '공유하는 정도'는 사회마다 또는 역사적 국면에서 매우 다양하다는 것을 지적하고 있다(Parsons, 1951; Smelser, 1992). 한 사회의 문화가 모든 시기에, 모든 부문에, 그리고 모든 계층, 계급을 불문한 사회구성원들에게 같은 정도로 영향을 주고받는다는 가정은 지극히 정태적인 것이다. 과연 한 사회의 문화적 요소가 얼마나 일관적(unified or coherent)인가, 그 사회의 구성원들은 어느 정도로 그 문화를 공유(consensus or share)하고 있는가, 그리고 문화는 구체적으로 어떤 역할을 하는 것인가는 선험적으로 가정할 수 있는 것이 아니라 경험적으로 분석되어야 한다.

나아가 단순히 현상을 '기술'(description)하기 위한 문화가 아니라 '분석'(analysis)의 도구이자 대상으로서 문화는 독립변수, 종속변수, 그리고 매개변수로서 작용한다(Alexander, 1990). 한 사회의 구성원들이 대체로 공유하는 신념이나 가치관, 행위양태로서의 문화는 사회 구성원들의 정치, 경제, 사회적 행위 및 그 사회의 경제발전에 다양한 정도로 영향을 미치는 '독립변수'로서 설명요인이 된다. 다시 사회 구성원들의 행위는 그 과정이나 결과로서 그 사회의 문화를 재생산하거나 재정의(redefine)할 것이므로 문화는 '종속변수'로서 설명의 대상이 된다. 나아가 특정 사회 구성원들이 특정한 목적을 달성하기 위한 도구로 문화를 사용하는 경우, 문화는 '매개변수'로 분석될 수 있다.

이와 같은 문화에 대한 다면적이고 역동적인(multi-faceted and dynamic) 인식은 문화를 독립변수의 위치에 두면서 그 역할을 과대평가하는 문화중심론이나 이와 대조적으로 문화를 종속변수로 간주하며 과소평가하는 정치경제중심론이 공통적으로 갖고 있는 일면성과 정태성을 극복하게 한다.

우리가 문화를 단순한 수동적인 변수가 아니라 능동적인 변수로 볼 때 비로소 저발전 사회의 경제발전 과정에서 작용하는 문화의 역할을 '타자'의 위치에 있는 선진국의 관점인 외재적(extrinsic) 관점에서가 아니라, '당사자'인 저발전국의 입장에서 보는 내재적(intrinsic) 관점에서 재조명할 수 있다. 이를 위해 종교사회학자 데이비스(Davis)와 문화사회학자 스위들러(Swidler)의 문화에 대한 개념을 통합적으로 재구성할 것이다.

## 1. '울타리'로서 문화: 전통사회의 주체적 입장에서 본 문화

종교사회학자 데이비스(Davis, 1987)는 비서구 저발전 사회의 경제발전 문제를 볼 때, 이 문제에 관한 한 '타자'인 서구 발전사회의 입장에서 볼 것이 아니라 '주체'인 전통사회의 입장에서 조망할 것을 주장한다. 베버 이래 자본주의 선진국인 서구의 시각에서는 자본주의 경제발전의 길에서 전통사회의 문화는 제거되거나 극복되어야 할 '장애물'(huddle)로 간주된다. 그러나 저발전 전통사회의 입장에서 보면 전통문화는 구성원들이 자기 사회를 보호하기 위해 능동적으로 설치한 '울타리'(barricade)인 것이다.

역사적으로 거의 모든 전통사회의 최우선적 과제는 공동체의 유지와 존속이다. 여기서 이기적 이해타산을 바탕으로 하는 경제적 관계는 공동체적 윤리와 배치된다. 그리하여 일반적으로 전통사회는 경제논리가 내포하고 있는 공동체 파괴력으로부터 사회구성원들을 보호하기 위해 종교, 주술, 도덕, 민중신앙 등을 포괄하는 문화를 울타리 삼아 경제를 가두어 놓는다. 정작 전통 사회가 두려워하는 것은 경제적 진보가 아니라 제한되지 않은 경제적, 상업적 거래관계의 확산이 파급시킬 것으로 우려되는 도덕적 문란과 사회 해체의 가능성이다. 그리하여 전통사회는 경제와 문화, 그리고 사회를 제각기 동심원 속에 배열하고 있으며, 문화를 사회방어의 울타리로 삼아 경제를 가장 깊숙한 곳에 가두어 놓고 있다.

전통사회는 바로 경제인류학자 폴라니가 지적한 것 같이 사회적 관계에 구속되어 있는 경제, 즉 '사회적 관계에 배태된 경제'를 갖고 있는 것이다.[1] 〈그림 1〉은 사회적 관계에 배태된 경제(socially-embedded

1) 그는 전통사회에서 어떻게 경제가 사회에 배태되어 있었으며, 어떻게 종교가 경제

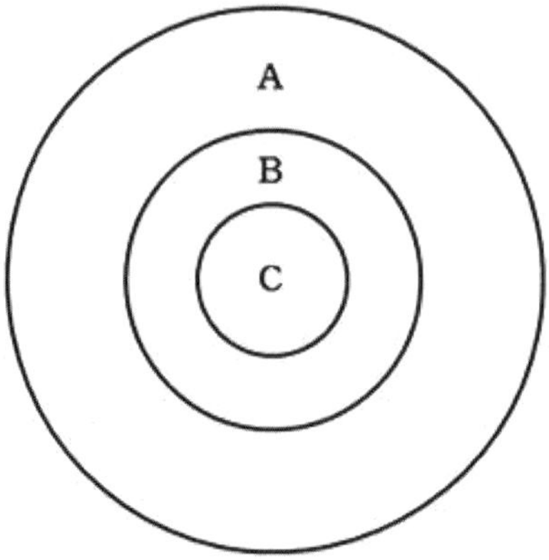


A 사회
B 울타리: 종교, 주술, 도덕, 민간신앙
C (사회적 관계에 배태된)경제

출처: Davis, 1987: 231.

〈그림 1〉 사회적 관계에 배태된 경제(socially embedded economy)

economy)를 그림으로 나타낸 것이다.

나름대로 안정적인 균형상태(equilibrium)에 있던 전통사회에서 경제적 발전이 가능한 경우는 깊숙이 갇혀있던 경제가 느슨해진 문화의 울타리를 뚫고 나와 사회적 관계에 확산될 때이다. 즉 외부의 '적'이 견고한 문화의 방벽을 부수거나, 방벽 자체가 오래되어 낡고 허약해지거나, 혹은 문화의 수호자들이 신념을 잃고 스스로 포기하는 등 여러 가지 경우에 이제까지 사회에 배태되어 사회문화적 관계에 구속되어 있던 경제적 가치와 행위가 사회에 침투하고(spill over) 확산된다. 〈그림 2〉는 '사회적 배태에서 벗어나기 시작한 경제'(socially-disembedding

로부터 사회를 방어하는 역할을 수행해왔는지 밝히고 있다. "처음부터 시장제도는 시장거래 행위가 가져다 줄 교란으로부터 현존하는 지배적 경제조직을 보호하기 위해 설치해 놓은 여러 가지 안전장치에 의해 둘러 싸여 있었다. 시장은 범위를 제한하는 동시에 주어진 좁은 한계 내에서의 활동을 보장하는 여러 가지 의식과 관행(rituals and ceremonies)을 받아들이는 대가로 안정을 보장받았다"(Polanyi, 1957: 61-62).

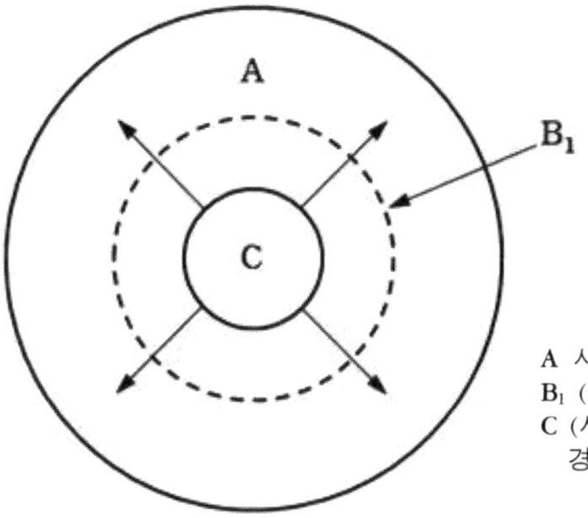


출처: Davis, 1987: 232.

〈그림 2〉 사회적 배태에서 벗어나기 시작한 경제(socially disembedded economy)

economy)를 도식화한 것이다.

이와 같은 상황이 지속되면 한때 공동체의 사회적 관계를 보호하기 위해 경제를 가두는 울타리로서 작용하던 문화가 이제 이해타산적인 경제적 관계 속에 사회를 가두는 울타리로서 작용할 수 있다.[2) ]〈그림 3〉은 이러한 '경제에 배태된 사회'(economically-embedded society) 상황을 그린 것이다.

극단적인 경우, 경제적 이해타산 관계가 '블랙홀'처럼 거의 모든 사회적 관계를 흡수하는 경우를 상정할 수 있다. 경제사회학자 베블렌(Veblen)의 개념인 '수단'으로서의 화폐가 '목적'으로 전도되면서 화폐가 그 사회가 궁극적으로 추구할 진선미의 표준이 되는, 즉 거의 모든 사회적 관계가 금전적 기준에 의해 재단되는 '금전물신화'(fetishism

---

2) 이 시각에서 보면 1970, 80년대의 이른바 레거노믹스(Reaganomics), 대처리즘(Tatcherism), 그리고 1990년대와 2000년대의 세계화와 신자유주의는 사회를 가두기 위해 동원된 경제적 논리의 방어벽으로 볼 수 있다(So, 2000 참조).

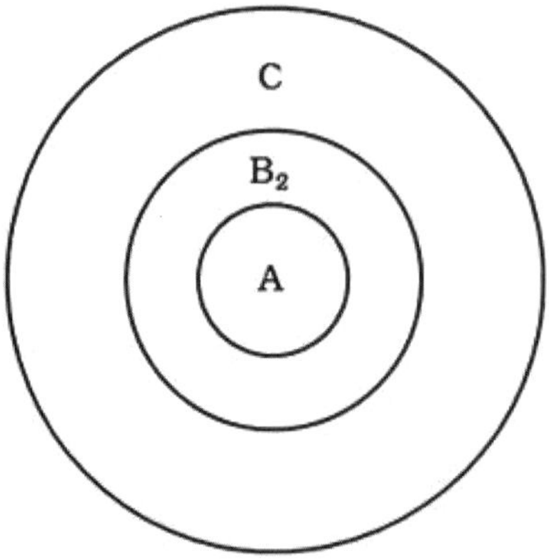


C 경제
$B_2$ 새로운 울타리: 경제발전론,
도덕적 정당화, 세계화(무한경쟁),
대처리즘, 신자유주의
A (경제적 관계에 배태된)사회

출처: Davis, 1987: 265.

〈그림 3〉 경제에 배태된 사회(economically embedded society)

of money) 경향이 지배적인 사회를 말한다. 현실에서 사회적 관계가 경제적 관계에 포섭되는 구체적인 양상과 정도는 한 사회 내에서 시간의 축을 따라 그리고 사회 간 비교사회적으로 측정될 수 있으며, 이는 각 사회의 문화적 성격에 따라 다를 것으로 예상할 수 있다.

## 2. '연장통'(tool-kit)으로서 문화: 능동적 행위자들의 행위전략을 위한 연장

데이비스(Davis, 1987)가 한 사회의 근대화 및 경제적 발전 가능성을 '억제'하고, 또 이러한 제약을 '해제'하는 메커니즘으로서 문화의 '구조'적 위치와 역할에 대하여 분석적 통찰력을 제공하고 있다면, 스위들러(Swidler, 1986)는 문화는 구성원들의 '행위'에 어떻게 영향을 끼치는가라는 근본적인 질문을 제기하면서 문화와 개인 및 집단의 행위에 주목한다. 그녀는 문화가, 파슨스가 보듯, 사회 구성원들이 구체적 상황에서 적합한 행위를 하도록 지시하는, 즉 '궁극적 목적이나 가치'를 제공하는 방식으로만 작용하는 것이 아니라고 본다. 만약 그렇다면, '행위의 목적'을 제시한 문화적 가치가 변화하였는데도 불구하고 행위유형이 여전히 지속되는 것을 설명할 수가 없기 때문이다. 스위들러에 따르면, 지속되는 것은 행위의 '목적'이 아니라 행위를 '조직하는 방식'이다.

문화는 사람들이 한 방향으로 행동하도록 지속적인 압력을 가하는 일관된 가치체계(unified system)가 아니다(Swidler, 1986). 그 대신 모든 문화는 다양하고 상충적인 요소들, 즉 상징, 의식, 이야기, 행동지침을 포함한다. 사람들은 비록 같은 가치지향을 갖고 있다 할지라도 자신이 상대적으로 '경쟁력을 지닌' 문화적 요소를 자원으로 삼아 다양하게 행위한다. 따라서, 행위는 문화의 지시나 특정인의 가치관에 의해 '수동적으로' 결정되는 것이 아니라 행위자 자신이 갖추고 있는 문화적 경쟁력(cultural competences)의 이점을 최대화하는 전략적 방식으로 '조직'된다. 그리고 문화는 바로 '능동적' 행위자들이 각기 다른 상황에서 각기 다른 문제들을 해결하기 위해 세우는 '행위전략'(strategies of action)을 구성하는 데 필요한 문화적 요소(연장)들인 상징, 이야기, 의식(rituals), 그리고 세계관 등을 정리해서 담아두는 '연장통'(tool kit)이다.

그리하여 문화는 크게 두 가지 상황에서 각기 다른 방식으로 작용한다. 먼저, 문화는 안정된 상황에서는 '지속성'을 설명한다. 이 상황에서 문화는 행위의 모델이며, 경험의 모델이다. 문화는 행위와 밀접하게 결부되어 있고, 가치는 행위유형을 조직한다. 그러나 사회적 격동기에 문화는 새로운 전략을 수립하는 역할을 한다. 개인들은 인생의 한 국면에서 그리고 집단과 사회들은 어떤 특정 역사적 국면에서 새로운 행위전략을 짜도록 강요당한다. 이러한 국면은 바로 행위의 목적을 제공하는 문화의 역할이 가장 미흡한 때이며 연장통으로서 문화가 가장 분주할 때일 것이다.

### 3. 문화적 혼종화(cultural hybridization)

연장통과 울타리로서의 문화 모델에 의하면, 역사적으로 일본을 비롯한 소수의 전통사회들은 근대화를 표방하는 제국주의적 외부 위협에 대하여 스스로 울타리를 허물고 근대화의 길을 재촉하여 성공적으로 방어한 반면, 조선을 포함한 대다수 사회들은 외부의 적에 대하여 전통문화의 울타리를 더욱 공고히 하는 방식으로 저항하였다. 그중 대다수 사회들은 마침내 제국주의 세력의 압박에 굴복하여 식민지로 전락하였고, 식민통치를 겪으면서 전통문화라는 울타리는 마침내 허물어지고 파편화되었으며, 여기에 식민통치를 원활하게 하기 위한 편의적 장치로서 근대성과 근대적 제도가 외삽적(外揷的)으로 덧씌워지는, 문자 그대로 '식민지적 근대화'(colonial modernization)의 길로 접어들게 되었다.

여기서 식민지적 근대화란 '무기력한 전통사회는 오로지 식민지화라는 외부적인 충격을 통해서만이 근대화를 시작할 수 있다'는 정체론을 의미하는 것이 아니다. '식민지적 근대'란 타자의 타율적 지배를 핵심으로 하는 '식민'과 행위 주체의 자율성을 핵심으로 하는 '근대'라는 본원적으로 모순적인 관계가 강압적으로 결합된 '형용모순'(oxymoron)이다. 이 과정에서 식민지의 전통문화는 파편화되었고, 여기에 식민자의 편의에 따라 파편화된 근대적 요소들이 물리적 결합을 하면서 중첩되고(overdetermineded) 화학적 결합을 하면서 뒤섞이는 '문화적 혼종화'(cultural hybridization)가 일어났다(Canclini, 1995).

식민지에서나 이후 탈식민지적 상황에서 일어나는 문화적 혼종화는 주체가 누구인가, 어떤 문화와 조우하는가(장형철, 2015: 80) 그리고 얼마나 오래 지속되는가에 따라 여러 가지 유형으로 구분할 수 있다. 먼저 식민통치가 수세기 동안 진행되면서 외생문화가 '내면화'(internalization)되는 혼종화를 들 수 있다. 예컨대 16세기부터 스페인과 포르투갈의 식민지였던 멕시코와 남미의 여러 나라들, 17세기 노예무역이 일어났던 아프리카나 18세기 영국에 의해 식민지화되었던 인도 등에서 볼 수 있는 혼종화 유형이다. 사이드(Said, 1978)는 오리엔탈리즘(Orientalism)이라는 개념을 통해 '서구'인들이 상상 속에서 '동양'의 이미지를 제조하고, 동양인들이 이를 내면화하면서 문명 간 헤게모니적 권력관계가 구축되는 메커니즘을 밝히고 있다. 파농(Fanon, 1952, 1963)은 식민통치 아래서의 경제적 배제와 물리적 탄압, 그리고 식민지 교육과 사회구조 속에서 어떻게 식민지인들이 식민지배자들에 대해 '선망과 증오'의 양가성(ambivalence)을 생성하게 되는지 분석하고 있다. 그는 식민지인들은 자기비하와 자기부정, 무력감으로 이어지는 자기억압(oppression)의 문화적 기제를 스스로 생성하며, 이 구조 속에서는 아무것도 성취할 수 없고, 그들이 정치적, 심리적 해방과 정체성 회복을 위해 그나마 할 수 있는 유일한 수단은 폭력적 저항뿐이라고 주장한다. 주체와 객체, 자아와 타자, 식민지배자와 피지배자가 분명하게 구분되는 이러한 '이항대립' 구조적 인식은 지배와 피지배의 위계적, 폭력적 권력구조를 가능하게 하며, 제국주의적 담론을 가능하게 한다(최종천, 2011: 395).

그러나 바바(Bhabha, 1994)는 이러한 이항대립적 양극화에 바탕하고 있는 식민담론을 비판하면서, 식민 지배자-피지배자 관계는 일정하게 고정시켜 재현할 수 없는 모호하고 유동적인 관계, 즉 양가적(ambivalent) 상태에 있다고 주장한다. 그에 따르면, 주체와 객체의 구분이 존재론적으로 구분될 수 없는 것과 마찬가지로 식민 지배자와 피지배자의 절대적 구분 역시 불가하다. 즉 주체와 타자 간의 대립구조가 문제가 아니라, 대립구조를 불가능하게 하는 '주체의 타자성'이나, 피지배자가 지배자에게 영향력을 행사할 수도 있는 '권능화'(empowerment)가 가능한 '제3의 공간'(the Third Space)을 상정할 수도 있게 한다.

한편, 혼종화의 또 다른 유형으로 19세기와 20세기 서구문화가 제국주의와 식민주의를 통해 전통사회에 침투했던 경우에서 볼 수 있는 '혼합과 저항'이 있다. 한국의 경우, 서구식 근대화에 관한 한 역시 '타자'인 일본이 조선에 대한 식민통치의 편의를 위해 자신들도 아직 미처 내면화하지 못한 근대성과 근대적 문물을 36년이라는 상대적으로 단기간 동안 식민지 조선사회에 파편적으로 삽입한 결과로서 문화적 혼종화가 형성된 것이다. 그리하여 식민지 조선에서는 인도나 아프리카, 라틴아메리카에서 수백 년에 이르는 장기간에 걸쳐 '화학적'으로 내면화된 식민지배와 피지배 관계에 의해 형성된 것과는 다른 유형의 '물리적' 혼종화가 형성되었다고 볼 수 있다. 즉 맥락에서 유리되어 파편화된 근대적 요소들이 이미 파편화된 전통 사회문화적인 요소들과 중첩되어 누적되는 방식으로 혼종화가 일어났다고 볼 수 있다. 유선영(1997: 85-94)은 같은 황인종인 일본인에 의한 한국인에 대한 식민지배를 '황색 식민지'로 개념화하고 있다. 이는 기존 식민주의 이론이 바탕을 둔 흑인 대 백인의 이항적 대립구조와 구별되는 것으로서, 현실적으로는 황인에 의한 황인의 식민화라는 형식을 갖지만, 심리차원에서는 백인(실제로는 백인의 근대화를 차용한 황인)에 의한 황인의 식민화가 진행되었다고 본다. 개화기와 일제시기에 걸쳐 한국인들은 일본에 대해서는 적대와 반목으로 점철된 대립으로, 그리고 미국에 대해서는 친근감과 호의에 바탕한 모방으로 제각기 대조적으로 반응하면서, 식민자인 일본보다는 미국에 우월적 지위를 부여하고 동일시의 준거로 삼았다.[3)]

한국의 탈식민지화 과정이 미군정의 주도에 의해 진행되면서 점령지 통치를 위해 편의적으로 파편화한 미국식 근대성이 중첩되었고, 곧이어 수립된 권위주의적 민간정부의 행태와 함께 한국 혼종문화는 복잡성이 더욱 가중되었다. 이러한 한국문화의 혼종적 복잡성이 내포하고 있는 실천적 함의는 연장통으로서 문화의 구성을 다양하게 하고, 전략적 행위자들이 활용할 수 있는 가용 문화자원을 풍부하게 하는 역설적인 결과를 가져왔다는 것이다.

다음 장에서는 경제발전이라는 목적을 수립하고 이를 수행하기 위하여 문화를 '전략적인 자원'으로 동원하면서 산업구조를 전환시키는 능력을 가질 수 있는 제도이자 전략적 행위자로서 '국가'(the state)를 분석적으로 조명할 것이다.

3) 당시 일본 총독부 관리들의 다음과 같은 우려는 이를 잘 반영한다. "미국과 유럽이 조선의 정신영역을 담당하고 있음에 비해 일본은 이 부분에 대해 아무 일도 하고 있지 않으며 조선인들이 독립을 위해 미국의 도움을 기대하면서 일본에 대해 뿌리 깊은 증오심을 갖고 있다"(Moriya, 1924: 17-18; 유선영, 1997: 94에서 재인용).

# 제3장 경제발전과 전략적 행위자로서 국가

우리는 자본주의 국가의 경제적 역할을 어떻게 이해할 수 있을 것인가? 산업화와 경제발전 과정에서 국가의 능동적 역할을 지목하는 것은 더 이상 새로운 것이 아니다. 그러나 모든 경우에서 국가의 개입이 성공하는 것은 아니며, 과연 국가가 어디에, 어떤 방식으로, 그리고 어느 정도로 개입하는 것이 효율적인 것인지에 대한 논란의 여지는 매우 크다. 신고전파 경제학 내에서도 국가의 적극적인 개입을 옹호하는 '발전경제학'의 입장에서부터 국가의 경제적 개입은 국가실패(state failure)를 가져오며, 심지어 시장실패(market failure)의 상황에서도 국가의 역할은 부적절한 것으로 간주하는 '공공정책론'에 이르기까지 매우 다양한 스펙트럼을 갖고 있다.

다음에서는 경제발전 과정에서 인적, 물적 자원뿐 아니라 혼종문화의 구성요소들을 자원으로 동원할 수 있는 중요한 전략적 행위자이자 제도로서 국가를 조명해 본다. 국가의 자율성과 수행능력, 국가의 문화적 성향, 그리고 국가의 경제적 역할에 관한 다양한 이론적 입장과 경험적 연구들을 살펴볼 것이다.

## 1. 국가 자율성과 수행능력

먼저 자본주의 국가의 성격에 대한 다원주의(Pluralism)적 시각은 국가가 국내 강력한 사회 · 경제세력의 요구를 중립적인 위치에서 조정·중재한다고 본다(Dahl, 1961; Carnoy, 1983 참조). 한편 신맑스주의적(Neo-Marxist) 입장에서는 국가가 사회의 지배세력인 자본가 계급의 분파적 이해(예컨대 중소기업에 반하는 재벌기업의 이해)를 도구주의적(instrumental)으로 대행하거나, 또는 자본주의 체제유지라는 자본가 계급의 구조적 이해(structural interest)를 궁극적으로 보장한다고 본다(Miliband, 1969; Poulantzas, 1975). 그러나 다원주의적 관점이나 신맑스주의적 관점은 모두 자본주의 사회에서 국가기구가 국가 나름의 '고유한' 독자적 목적을 갖고서 이를 실현하기 위해 정책을 수립하고 수행할 수 있는 가능성, 즉 '국가 자율성'(autonomy of the state)의 가능성을 배제한다는 점에서 공통적이므로, 이들을 '사회중심적'(society-centered) 관점으로 볼 수 있다.[1)]

이 연구에서 취하고 있는 국가-중심적(state-centered), 신제도주의적 입장에서는 국가기구가 국내외 사회경제 세력의 단순한 매개나 조정 중재자로서뿐만 아니라, 경우에 따라서는 스스로 그 자체의 독자적인 목적을 수립하고 실행할 수 있는 개연성(Probability)을 가진 관료제적 조직이자 전략적 행위자로 간주한다(Evans and Stephens, 1988).[2)] 베버

1) 다원주의 이론이나 신맑스주의 이론과 같은 '사회중심적'(society-centered) 관점에 따르면 국가는 사회세력의 이해를 반영할 뿐이다. 따라서 국가는 나름의 고유한 이해를 가질 수 있다는 '자율성'을 인정하는 '국가중심적'(state-centered) 입장과 대립한다(Skocpol, 1985).

2) 여기서 국가 자율성은 구조주의 신맑스주의자들이 말하는 '상대적 자율성'(relative autonomy)을 의미하지 않는다. 구조주의자들은 설령 '자본주의 국가'가 자본가의

의 정의에 따르면, 국가(the state)는 어느 특정한 지리적 영역 안에 위치하고 있는 개인이나 조직에 대해서 구속력이 있는 결정을 내릴 수 있는 권한을 갖고 있는, 또 필요하다면 강제력을 사용하여 그 결정을 수행할 수 있는 일련의 조직들이다. 이러한 베버주의적 국가의 개념을 출발점으로 삼을 때 국가는 나름의 고유한 이해를 갖고 독자적인 목적을 세우며 또 이를 추구할 가능성을 가진 '제도 및 행위자'로 인식할 수 있다(Rueschemeyer and Evans, 1985; 김명수, 1991: 150 참조).

국가의 성격 또한 다원주의자나 신맑스주의자들의 주장처럼 연역적으로 추론될 수 있는 것이 아니라, 개별 국가가 처한 세계적 수준의 정치적 · 군사적 · 경제적 맥락에서 다른 국가들과의 역동적인 관계를 통해서, 동시에 의미 있는 사회집단이나 계급세력과의 역동적인 상호작용을 통하여 역사적으로 형성된다고 본다(Rueschemeyer and Evans, 1985). 이 관점은 국가가 강력한 사회경제적 세력의 이해와 구별되는 '독자적인' 목적을 수립할 수 있는 개연성으로서 '국가 자율성'(state autonomy)과 아울러 이를 수행하기 위하여 정치 · 사회 · 경제적 과정에 효과적으로 개입할 수 있는 정도로서 '개입능력'(intervening capacity), 그리고 그 사회의 정치적, 사회경제적, 산업적 구조전환을 가져올 수 있는 힘으로서 '변환능력'(transforming capacity)을 분석개념으로 활용한다.[3)]

국가의 자율성과 수행능력은 항상 고정적인 자질이 아니라 역사의

---

이해에 반하는 '자율적' 행위를 하더라도 이는 궁극적으로 '자본주의 체제'를 보호하면서 자본가 전체의 이해에 복무하기 때문에 '상대적'인 것으로 본다. 이러한 환원주의적 개념화는 구조주의자들을 '기능주의적 오류'(functional fallacy)에서 벗어날 수 없게 하는 한계를 갖는다.

3) 정치학자 우정은은 국가의 개입능력과 변환능력에 '집행력'(enforcing capacity)을 포함시켜 '국가강도'(state strength)의 구성요소로 삼고 있다(Woo, 1991).

다양한 국면에서 국내외 사회경제적 집단이나 계급세력과의 역동적인 관계를 통하여, 또 국가기구 내부의 구조적 특성에 따라 그 정도가 달라지는 상대적 변인(variable)이다(Skocpol, 1985). 국가는, 국가-중심적 관점에서 주장하듯, 국방과 전쟁의 수행, 그리고 생산양식이나 산업구조의 전환과 같이 매우 드문 경우에, 단순히 사회경제적 세력의 이해를 반영하는 것이 아닌 국가 나름의 독자적 이해를 수립하고 실제로 수행할 수 있다는 점에서 '절대적' 자율성을 가질 수 있다. 그러나 일상적으로는 자본주의 국가의 경제적 역할이 다양한 사회경제적 세력과의 상호작용 속에서 이루어지기 때문에 사회세력과 유리된 '절대적' 자율성의 상황보다는, 신제도주의 관점에서 말하는, 국가-사회 시너지(state-society synergy)를 가져올 수 있는 국가 자율성의 상황이 더욱 빈번하다. 예컨대 한 사회의 산업발전 과정에서 에반스(Evans, 1995)가 개념화한 '사회로부터 유리되지 않았으나 사회에 포섭되지 않은, 그리하여 사회에 배태된 국가자율성'(societally embedded state autonomy)의 존재와 역할이 중요하다.

나아가 국가는 사회문화적 진공 속에 존재하지 않는다. 따라서 어느 특정 국면에서 국가가 어떤 방식으로 어떤 특성을 갖는 문화적 바탕에 배태되어 있는지 그리고 국가 나름의 어떤 고유한 목적을 수립하였으며 이를 실현하기 위해 어떤 문화적 요소를 전략적 자원으로 동원하였는지, 그 결과는 무엇이고 향후 문화는 어떤 발전적 함의를 갖고 있는지에 대하여 경험적으로 확인해야 한다.

## 2. 국가의 문화적 성향

국가의 자율성은 사회 안팎의 강력한 계급이나 사회경제적 세력과의 권력관계를 나타낸다. 그리고 수행능력은 국가가 사회경제적 과정에 정책적으로 개입하여 산업구조 및 사회구조를 변환시킬 수 있는 관료제적 기구(bureaucratic apparatus)로서 능력을 의미한다. 따라서 개별 국가는 국면마다 자율성과 수행능력의 다양한 조합을 가질 것이고 이에 따라 여러 가지 '국가 성향'(tendencies of the state)을 갖게 된다(Rueschemeyer and Evans, 1985; Kim, 1987). 일반적으로 국가는 '지배의 도구'로서, '유기적 행위자'로서, '사회갈등의 장(場)'으로서 그리고 '보편적 이해의 수호자'로서 여러 가지 '성향'(tendencies)을 가질 수 있다.

먼저 지배도구(instrument of domination)로서 국가의 성향은 국가 단위기구 간의 상호관계, 또 강력한 지배계급이나 계급의 분파와 국가 간의 관계에 의해 결정된다(Stepan, 1978). 다양한 역사적 국면에서 지배도구로서 특정 국가의 성향은 다음과 같은 다양한 이론적 관점을 통해 경험적으로 확인이 가능하다. 먼저 다원주의적 관점에서 보듯, 특정국가가 절차적으로 중립적이면서 사회 여러 세력 간의 자율적이고 경쟁적인 이해 수렴과정을 거친 구속력을 갖는 요구를 국가정책에 어느 정도 반영되도록 보장하고 있는가? 혹은 신맑스주의자들이 보듯, 어느 특정 계급이나 사회 세력집단의 도구로서 국가의 전면적인 강제력, 행정력, 사법력이 그 계급이나 집단의 배타적 지배에 어느 정도로 사용되고 있는가? 또한 국가-중심론자들이 보듯, 국가가 계급세력을 포함한 시민사회로부터 어느 정도의 독자성을 갖고 있으면서, 정책수행 과정 및 결과에 국가 고유의 이해를 얼마나 관철시킬 수 있는가? 이처럼 다양한 지배도구로서 국가의 성향은 선험적이 아니라 경험적으로 확인되어야 한다. 한국사회의 경우 어느 특정 역사적 국면에서 현상적으로 나타나는 지배도구로서 국가의 성향은 이러한 이론적 분석범주들 중 하나이거나 다양한 정도의 조합일 것이다.

우리는 국가가 마치 하나의 유기체(organic corporation)처럼 일관되게 행동할 것이라고 선험적으로 기대하지만 실제로 국가는 행정기구, 사법기구, 강제기구 등 여러 부문의 국가기구로 구성되어 있기 때문에 어떤 역사적 국면에서 어느 특정국가가 어느 정도로 '유기적 행위자'(a corporate actor)의 성향을 갖고 있는가 하는 것은 경험적으로 확인해야 할 문제이다. 국가관료들은 시민사회의 구성원들과 구별되는 그들 나름의 고유한 '집단의식'(*esprit de corps*)을 형성할 것으로 기대할 수 있으며, 국가기구 내 각 부문 조직들 역시 고유한 조직 이해를 바탕으로 독특한 조직문화를 가질 것으로 예상된다. 전략적으로 중요한 위치에 있는 정치적 지도자나 국가 관료들이 국가기구의 여러 부문을 유기적으로 통제할 수 있는 정도는 개별 국가에 따라, 또 이들 국가가 처한 역사적 시간의 축을 따라 다양하게 나타날 것이다. 가장 극단적으로 단합된 행위자로서 국가의 성향은 파시스트(Fascist) 국가에서 찾아볼 수 있을 것이다. 한국사회에서도 일제시기의 식민국가나 제3, 4공화국 정권의 국가기구에서 이러한 유기적 성향이 가장 두드러지게 나타났다고 할 수 있다.

'사회갈등의 장'(an arena of social conflict)으로서 국가의 성향도 실재한다. 지배적이든 피지배적이든 다양한 사회경제 세력들은 국가기구를 그들의 배타적 이해를 관철하기 위한 수단으로 이용하려고 끊임없이 침투를 시도한다. 극단적인 경우 다양한 사회경제적 세력들이 국가기구의 내부에 각기 자리 잡고 있는 '발칸반도 상황'(Balkanization)을 초래할 수도 있다. 또한 국가기구의 각 부문들이 갖고 있는 고유한 이해가 상호보완적인 유기체적 성향을 갖는 대신에 상호갈등적으로 작용하는 '부처 할거(割據)주의'(departmentalization) 상황을 상정할 수 있다. 한국의 경우 미군정 시기, 제2공화국 시기, 그리고 유신정권 말기의 국가기구에서 이러한 조직문화적 성향을 찾아볼 수 있다.

마지막으로, '보편적 이해의 수호자'(a guardian of general interest)로서 국가의 문화적 성향을 들 수 있다. 대외적인 국가주권의 수호, 국내의 치안유지, 그리고 개인 및 집단의 정치, 사회, 경제적 활동을 원활하게 보장해 주는 제도의 마련 및 유지는 어떤 국가라도 수행해야 할 최소한의 역할이다. 이는 국가 정당성(legitimacy)의 근거이다. 여기서 타국의 군사적 위협으로부터 자국의 주권과 영토를 수호하는 것은, 어느 특정 사회경제 세력이나 계급의 배타적 이해를 초월하는, 사회구성원의 보편적 이해에 속하는 것이며 국가가 담당하는 고유의 영역이라는 점에서 논란의 여지가 크지 않다. 그러나 어느 특정 국면에서 치안의 유지, 혹은 특정 제도의 마련 및 시행에 대한 국가의 역할이 보편적 이해보다는 어느 특정 계급이나 집단의 이해를 의도적이거나 결과적으로 보장한다는 논란의 여지는 항상 있다. 국가의 정당성이 흔들리는 지점이다. 이 지점에서 국가 권력자들은 국가의 특정 정책이나 행위가 사회구성원들의 보편적인 이해를 대변하는 것이라는 점을 설복시켜서 그들로부터 자발적인 동의와 참여를 유발하기 위해 '수호자의 외투'를 걸칠 필요가 있다. 역사적으로 한국의 모든 정권이, 진정성과 구체적 실천 여부를 떠나서, '북진통일', '민족중흥', '경제개발', '부국강병', '반공', '정의사회 구현', '보통사람 시대', '문민정부', '국민의 정부', 그리고 '참여정부'와 같은 시대정신을 나름대로 반영하는 구호들을 표방하는 것은 여타 시민사회, 경제적 세력들과 구분되는 '보편적 이해 수호자'로서 국가의 '독보적' 입지를 스스로 입증해야 하는 부담(burden of proof)에서 비롯되었다고 볼 수 있다. 즉 국가가 시민사회로부터 '자발적 동의에 바탕한 지배', 즉 헤게모니(hegemony)의 근거를 확보하기 위한 전략의 일환인 것이다.

이상과 같은 국가의 사회문화적 성향은 상호모순적이며 모두 함께 그리고 동시에 존재하지는 않는다. 예컨대 보편적 이해의 수호자로서 국가의 성향은 배타적 계급지배 도구로서의 성향과 모순되며, 유기적 행위자로서의 성향은 사회갈등 장으로서의 성향과 상호모순될 것이다. 따라서 어느 한 국가의 총체적 성향은 이러한 상호 모순적인 성향들이 국가 구조 안에서, 또 사회구조 전체와의 관계에서, 그리고 역사적 시간의 축과 구조적 상황의 축에서 어떻게 결합되는가에 따라서 복합적으로 다양하게 나타날 것이다. 이 연구에서 우리는 이러한 국가의 여러 성향들이 국가의 자율성 및 수행능력과 어떤 조건 아래에서, 어떤 계기에, 어떻게 상호작용하면서 중첩되고 교차되는지 확인해 볼 것이다. 이에 앞서 국가의 경제적 역할에 관한 다양한 이론적 입장을 살펴본다.

## 3. 국가의 경제적 역할:[4] 신자유주의 국가 vs. 발전국가

### 1) 신자유주의 국가(지대추구 국가, 혹은 약탈국가)

먼저 신고전파(Neoclassical) 경제학이 '신봉'하고 있는 시장과 국가의 적절한 관계는 다음과 같다. 국가를 포함하는 개별적인 경제주체는 '자유시장'에서 효용극대화와 이윤극대화의 원리에 따라 최적행위를 수행하며, 그 결과로서 자원의 최적배분이 이루어진다. 시장이 각

4) 이 부분의 주요 내용은 김명수(1999)에 많이 의존하였다.

개인의 자발적인 경제행위의 자유를 '최대한'으로 보장할 수 있도록 국가는 '최소한'으로 개입해야 한다. 국가의 적절한 일은 물리적 하부구조, 법률, 거시경제적 안정, 교육 같은 사적부문이 맡기 어려운 공공재(public goods)를 제공하는 것에 그쳐야 한다.

신고전파 경제학에서 국가의 역할은 '최소한'일지라도 경제성장에 필수적이다(North, 1990: 20). 여기서 국가의 행위는 '중립적'인 것으로 단순히 가정된다. 이는 경험적 분석의 결과라기보다는 선험적 가정이다. 신고전파 경제학에서 국가는 경제적 분석에서 외부적인 것으로 간주되어 분석되지 않은 채 블랙박스에 남겨지기 때문이다. 그러나 신고전파 경제학에서 파생된 신자유주의 정치경제학(neo-liberal political economy)은 국가행위가 '경제학적으로' 분석되지 않은 채 남겨두기에는 너무 심각한 부정적 결과를 갖고 있다고 주장한다. 그리하여 신자유주의 정치경제학은 경제학적 분석의 표준적 방법인 '개인의 합리적 선택'(individual optimization)을 적용하여 국가의 행위에 대한 분석을 시도한다(Srinivasan, 1985: 41).

국가에 대한 신자유주의 정치경제학적 분석의 요점은 다음과 같다. 국가행위 파악의 핵심은 직업관료 및 정치관료로 구성되는 국가 구성원들과 후원자들 간의 교환관계이다. 국가 구성원들은 권력을 유지하기 위해 정치적 후원자들을 필요로 하며, 이를 유지하기 위해 후원자들에게 충분한 유인을 제공해야 한다. 그리하여 보조금, 저리의 정책융자, 진입규제, 일자리, 관급계약, 수입쿼터, 관세특혜 등의 형태로, 혹은 규칙제정권을 이용해 후원자 집단에게 '지대'(rent)를 제공한다. 이러한 '직접적으로 비생산적인 이윤추구'(DUP: directly unproductive profit-seeking) 행위의 높은 수익은 생산적 활동을 압도한다(Bhagwati, 1982). 국가의 경제개입은 항상 지대의 여지가 있기 때문에 정부의 특혜를 얻기 위해 벌이는 경쟁, 즉 '지대추구'(rent-seeking) 행위가 만연하게 만든다(Krueger, 1974). 그리하여 국가의 개입은 지대추구의 노력이 정상적인 시장행위를 능가하는 위험을 발생시킨다. 그 결과 시장경제의 위축을 가져오는 '정부실패'(government failure)를 초래한다. 관료들은 스스로 자신들의 몫을 챙기기도 한다. 정부 관료직에 대한 진입경쟁은, 부분적으로, 지대를 위한 경쟁이다(Krueger, 1974: 293). 이처럼 지대에 몰두하는 '지대추구 국가'(the rent-seeking state), 혹은 '약탈국가'(the predatory state)의 문제는 정치지도자나 국가관료들이 개인적 수준에서 수행하는 합리적인 지대추구 행위가 사회 전체 수준에서의 합리성을 해치고 있다는 것이다(Levi, 1981). 그리하여 경제적 효율과 역동성은 감소한다. 이러한 국가개입의 부정적 효과를 방지하기 위해 국가의 역할은 최소한으로 축소되어야 하고, 가능하면 국가의 기능은 시장기능에 의해 대체되어야 하며, 심지어 국방까지도 민간에 의해 대체될 수 있다고 주장한다(Auster and Silver, 1979: 102).

보다 세련된 신자유주의적 시각을 갖고 있는 '공공선택'(public choice) 이론은 정부행위에 대한 경제학적 분석을 바탕으로 정부는 시장보다 더욱 불완전하며 실패의 위험이 더욱 크다는 점을 강조한다(Buchanan, 1982). 이는 다음과 같은 이유에서 그렇다. 정부의 활동은 정부를 구성하는 구성원들, 즉 정치지도자나 관료들의 행위 결과이다. 개별적인 경제주체의 행위가 조정되고 이들 간에 자발적인 거래가 이루어지는 시장이 불완전하듯 정부의 기능 및 활동도 불완전하다.[5] 따라서

5) 스티글리츠는 정부의 본원적 한계를 다음과 같이 지적한다. 첫째, 정부의 의사결정 담당자들은 시장의 경제주체와 마찬가지로 제한된 정보를 갖고 있다. 둘째, 정부관료는 공공의 이익보다는 자신의 효용을 극대화하는 경향을 갖는다. 이는 공공기업의 비효율성에서 잘 드러난다. 셋째, 관료주의의 자유재량권에 대한 입법적 규제의 한계가 있다(Stiglitz, 1989).

시장실패를 교정하기 위한 정부의 개입은 본래 의도와는 달리 오히려 자원배분의 왜곡과 비효율성을 더욱 악화시킬 위험이 있다. 그리하여 이들은 시장이 '완전'하므로 '작은 정부'를 역설하는 것이 아니라, 시장의 실패가 정부의 실패보다 비용이 적게 들기 때문에 이를 선호한다. 그들은 국가의 적절한 역할을 시장의 원활한 작동을 위한 규칙을 제정하고 이를 집행하는 것에서 찾았다. 즉 경기의 규칙을 정하고 이를 집행하는 '중립적인 심판자'의 역할에 그치는 것이다. 가장 중요한 규칙으로 통화체계의 유지 및 재산권의 보장을 들고 있다. 특히 재산권의 확립 없이는 시장거래가 이루어질 수 없다고 본다.

시장이 미성숙한 저발전국의 상황에서도 국가의 개입은 역기능적이라는 신자유주의 정치경제학의 비판은 다음과 같은 경험적 근거를 바탕으로 한다. 첫째, 1950~60년대 국가가 적극적으로 추진한 수입대체 산업화는 국제 경쟁력을 신장시키지 못하고 단지 국가의 지속적 지원을 필요로 하는 비효율적 산업화로 결말이 났다(Little, Scitovsky, and Scott, 1970). 둘째, 저발전국에서 국가개입의 확대는 지대추구 행위를 조장했으며, 이로 인해 경제행위자들이 생산적인 활동에 몰두하는 것이 아니라 정부보조금의 확대배정이나 보호를 위해 정부에 대한 로비에만 열중하도록 유도하였다(Bauer, 1972, 1984; Krueger, 1974; Lal, 1983). 심지어 국가관료들이 스스로 지대추구에 참여하여 특정 산업정책을 수립하는 경우도 있다. 바르드한(Bardhan, 1984)은 인도의 관료들과 기업가들 간의 지대추구 경쟁이 전통적인 도시와 농촌 간의 발전 격차와 상호작용하여 인도 발전의 발목을 잡고 있다고 주장한다. 합리적 선택의 시각에서 아프리카의 농업정책을 분석한 베이츠(Bates, 1981)의 연구 역시 정부실패의 선명한 예를 보여 주고 있다. 그의 분석에 의하면 아프리카 국가들이 표면적으로는 농업발전을 표방하면서 시장에 적극 개입하지만, 실제로는 국가관료들이 도시와 농촌의 엘리트들로부터 자신의 정치적 지지를 이끌어 내는 방편이자 자신들의 사적 이해를 추구하는 수단으로 시장개입을 활용하였다. 이러한 지대추구적인 약탈 국가의 정책이 바로 관료 자신들과 지지 세력들에게 배당된 지대를 최대화하는 효과적 수단이 된 것이다.

한마디로 신자유주의 정치경제학은 저발전 상황에서 시장실패는 근원적으로 시장기제에 내재하는 것이 아니라 지대추구적 국가의 그릇된 정책이 시장을 왜곡시키기에 일어났다고 본다. 그리고 '정부실패'의 비용이 '시장실패'의 비용보다 훨씬 크고 심각한 결과를 야기했다고 주장한다. 이와 같은 이론적, 경험적 근거를 바탕으로 신자유주의 정치경제학은 발전도상국의 경제성장 과정에서도 '최대한'의 시장과 '최소한'의 국가개입이 '최적의 결과'를 가져올 것이라고 주장한다. 이러한 '신자유주의 국가'(the neo-liberal state)의 적절한 역할은 바로 자유시장의 작동을 보장하는 것에 그쳐야 한다고 주장한다. 그리하여 신자유주의 지대추구 국가와 약탈국가는 '동전의 앞뒷면'이다.

국가의 행위에 대한 경제학적 분석으로서 신자유주의적 시각은 비록 발전국이나 저발전국의 정치경제적 현상에 대해 명쾌한 이론적 설명을 제공하고 있지만 다음과 같은 한계를 갖고 있다. 첫째, 신자유주의 정치경제학은 제도적 수준의 조직으로서 국가기구를 개인적 수준으로 환원하여 '몰사회적'(asocial)으로 파악한다. 신자유주의 정치경제학에서는 조직으로서의 국가 행위를 구성원인 관료들이 개인적 수준에서 합리적으로 선택한 행위의 결과로 본다.[6] 이러한 국가에 대한 환원론적 인식은 국가의 행위에 대한 경제학적 분석의 폭과 깊이를

6) 제도로서 국가를 분석할 것을 주장하는 놀쓰(North) 중심의 신제도주의 경제학도 이 점에서는 마찬가지이다(김명수, 1999 참조).

심각하게 제한한다. 즉 집단으로서 관료들이 독특하게 형성하는 '동료의식'(esprit de corps), 관료조직 간의 경쟁과 갈등 및 협동관계, 국가 자율성의 정도로 표출되는 관료집단과 지배적 사회경제적 세력과의 연계방식 등 관료 개인들의 행위로 환원될 수 없는 '제도이자 행위자'로서 국가가 산출하는 다양한 사회학적 변수들이 편리하게 무시된다. 그 대신 국가기구는 단순하게 합리적 개인으로서 관료들이 자기의 개인적 이해를 실현하기 위해 이용하는 '지배도구'로만 인식될 뿐이다. 그러나 국가는 정치지도자 및 정치적 관료(politically-appointed bureaucrat)뿐 아니라 직업관료(permanent bureaucrat)들로 구성되며, 국가의 행위는 이들 '관료들의 개별적 행위의 총합'(the sum of total number of bureaucrats) 이상의 것을 포함한다.

둘째, 신자유주의 정치경제학은 시장과 국가를 이분법적이고 '상호배타적'으로 구분한다. 시장은 '효율적'으로 자원을 배분하는 기능을 본원적으로 갖고 있고, 이에 반해 국가는 '비효율적' 관료 집단으로 선험적으로 전제된다.[7] 따라서 시장이 불완전한 것은 국가가 개입한 결과로 규정된다. 이러한 이분법적 인식은 시장과 국가 간의 관계를 '제로섬'(zero-sum)이나 '네거티브섬'(negative-sum)으로 보며 '포지티브섬'(positive-sum)적인 관계를 볼 수 있는 가능성을 원천적으로 봉쇄시킨다. 그리하여 현실적으로 확인되는 국가-시장 시너지(synergy)의 가능성을 무시하며 '효율적'인 국가개입의 조건을 파악하여 실현시킬 수 있는 여지를 없앤다.

신자유주의 정치경제학의 국가에 대한 환원적, 이분법적 인식의 종

7) 시장이 분석되지 않고 단순히 가정되고 있다는 점은 신자유주의 정치경제학만의 고유문제가 아니다. 경제학 일반에서 시장이 경험적으로 분석되고 있지 않다는 지적에 대해 Bell(1980), Lie(1997)의 논문을 볼 것.

합적 효과는 과도한 추상화(abstraction)의 문제를 가져와 국가의 경제적 역할에 관한 신자유주의적 분석이 명쾌하고 '절약적'이기는 하나, 정태적이고 '몰역사적'(ahistorical)이게 만든다. 그리하여 신자유주의 정치경제학은 국가가 발전을 앞세우고 경제에 개입하면서 발전은 고사하고 지대추구만 조장하면서 사회를 정체시키고 있는 아프리카나 인도의 현실적 사례를 적절하게 설명하지만, 지대추구 행위가 있음에도 불구하고, 바로 국가개입의 결과로 괄목할 만한 경제성장을 거둔 동아시아의 경험을 설명하는 데 어려움을 겪는다. 한국을 포함하는 동아시아 신흥 공업국들의 발전 과정에서 국가의 강력한 개입이 핵심적 역할을 수행했다는 것은 이제 일반화된 사실이다. 그러나 동아시아 내에서도 국가의 역할이 동질적인 것은 아니었다. 예컨대 한국의 재벌집중적 산업구조와 대만의 중소기업 중심의 산업구조는 각기 다른 국가의 개입방식의 결과이며, 사회경제 및 정치적 효과도 판이하게 다르다. 그리하여 국가개입의 방향 및 효율성 그리고 효과는 선험적, 일반적으로 정의되기에는 너무 복잡한 것으로서 별도로 경험적 분석을 통해 확인해야 할 것이다.

### 2) 발전국가

사실 국가와 시장 사이의 포지티브섬적인 관계에 대한 사회학적 인식은 오래된 것이다. 역사적으로 국가의 강력한 역할은 시장형성의 전제조건이었으며, 현재에 와서도 시장의 안정 및 전환, 산업화, 그리고 산업의 구조조정 과정에서 필수적인 것으로 간주되어 왔다(김명수, 2000 참조). 그리고 '사회학적 상상력'을 풍부하게 가진 정치학, 경제학, 사회학자들은 오래전부터 이를 잘 인식하고 있었다. 그러나 신고전파 경제학, 혹은 신자유주의 정치경제학은 이러한 역사적 사실에 무관할 수 있다는 점에서 몰역사적인 것이다.

일찍이 베버(Weber)가 지적하였듯 역사적으로 자본주의적 시장기제 형성에서 국가의 강력한 역할은 필수적 전제조건이었다(Collins, 1980). 폴라니(Polanyi, 1957)에 따르면, 근대 유럽의 초기 국가 권력의 행사가 시장경제를 제한하였고 역동적인 시장경제는 바로 국가의 제약이 사라지면서 비롯되었다는 자유주의적 신념(맑스주의 역시)은 국가와 시장의 역사적 관계를 호도(糊塗)하는 것이다. 즉 시장의 '탄생'을 둘러싼 '영웅신화'인 셈이다. 실제로 국가는 자본주의 사회에서, 전자본주의 사회에서와 마찬가지로, 시장의 형성 등 경제행위를 규정하는 결정적인 역할을 수행해 왔다.[8)]

또한 경제사가 거쉔크론(Gerschenkron, 1962)은 '후발적 산업화' 과정에서 국가의 개입은 필수적이었음을 선명하게 보여주고 있다. 그에 의하면 한 국가의 경제개입 성격은 그 나라의 상대적 지위에 따른다. 선발 영국의 산업화는 점진적이었으며 국가의 역할도 제한적이었다. 그러나 이러한 선진 영국의 산업화 과정은 후발국들의 모델이 될 수 없었다. 날로 벌어지는 선후발국 사이의 발전격차는 후발국들로 하여금 영국과는 다른 산업화 경로를 택하도록 만들었다. 독일, 이탈리아, 러시아 등은 점진적 산업화 대신에 곧바로 자본집약적이고 규모의 경제를 요하는 근대적 산업부문으로 직행하였다. 이들 후발국들의 경우 자본은 축적되어 있지 않았고 자본가 계급은 취약했다. 그리하여 국

8) 플릭스타인은 시장을 그 사회의 독특한 정치적-문화적 구조를 반영하는 사회적 구조물(social construction)로 본다(Fligstein, 1996). 시장의 창출은 재산권, 지배구조, 통제관념(conceptions of control), 교환규칙 문제에 대한 사회적 해결책을 함축하기 때문이다. 따라서 시장형성은 '국가형성'(state building)의 중요한 부분이다.

가가 시장을 '대체'하면서 자본가 대신 산업화를 '추진'하게 되었다. 자발적 산업화의 경우 국가의 역할은 간접적인 것이었으나, 후발국의 경우 국가기구는 자원의 형성과 배분에 관여하였고, 기업을 세우거나 경영할 정도로 직접적이고 적극적으로 개입하였다. 역시 후발국인 일본에서 국가는 명치유신 이후 스스로 기업가, 금융가, 경영자 역할을 자임하였으며, 이러한 '발전국가'(the developmental state)의 적극적 역할은 군국시대를 거쳐 2차대전 이후까지 지속되었다(Johnson, 1982).

후후발국에 속하는 한국과 대만 등 동아시아 신흥공업국들의 경험은 국가의 경제적 역할에 관한 새롭고 풍부한 논의의 장을 여는 중요한 계기가 되었다(Amsden, 1979, 1989; Gold, 1986; Haggard, 1986; White ed., 1988; Gereffi and Wyman eds., 1990; Wade, 1990; Woo, 1991; Evans, 1995; Hobson and Weiss, 1995). 이들의 연구가 경제학, 정치학, 사회학 등 학문적 배경이 다양함에도 불구하고 암묵적, 명시적으로 공유하고 있는 공통적 입장은 산업화 과정에서 국가의 역할이 결정적이므로 이를 분석의 중심에 둘 필요가 있다는 것이다. 이들에게 신자유주의식의 시장과 국가 간 제로섬적인 관계설정은 너무 '순진'한 것일 뿐 아니라 '틀린' 것이었다. 동아시아의 발전은 신자유주의자들이 해석하듯 자유시장과 자유무역 원칙에 충실한 것이 아니라 국가의 강력한 개입이 주가 되고 시장기제가 보조적으로 혼합된 '정치화된 시장경제'(politicized market economy) 체제였다(Wade, 1990).

정치경제학자 앰스덴(Amsden, 1989)은 경제적 후발국이 기존 기술축적을 활용할 수 있는 이점을 갖고 있다는 거센크론의 고전적 명제인 '경제적 후진의 이점'(advantage of economic backwardness)을 더욱 발전시켜 한국의 산업화를 '후발산업화'(late industrialization)의 모델로 설정하고 있다. 역사적으로 산업화에 늦게 뛰어든 나라일수록 국가의 역할은 증대된다. 국가 간 경쟁상황에서 앞선 나라들을 '따라 잡아야'(catch up) 하기 때문이다. 영국을 앞에 둔 미국과 독일, 그리고 다시 이들을 앞에 둔 일본, 그리고 이를 뒤이은 한국과 대만의 산업화 과정이 이러한 경향을 잘 드러낸다. 이러한 '따라잡기 프로젝트'에서 국가의 능력은 충분조건이 아니라 필요조건이며, 이러한 자질을 갖추지 않고서는 후발국에서 산업화가 거의 불가능하다. 후발산업화 과정에서 국가는 어떻게 효율적으로 경제에 개입할 수 있는가? 후발 산업화 국가의 적절한 역할은 투자환경의 조성을 위해 의도적으로 상대적 가격을 '왜곡'(wrong)시키는 시장력을 '조정'(manipulate)하는 것이며, 이는 후발산업화의 일반적 모델이고 한국(그리고 대만)도 예외가 아니었다. 이러한 방식의 국가개입이 성공하기 위해서는 상당한 정도의 국가 자율성과 수행능력을 필요로 한다.

나아가 에반스(Evans, 1995)는 후발국이 새로운 산업으로 세계시장에서 '생존공간'(niche)을 확보하는 데서 국가의 적절한 역할이 무엇인가를 탐색한다. 그는 1970~80년대 한국, 인도, 브라질의 '정보기술'(IT: information technology) 부문의 발전과정에 대한 비교제도적, 경제사회학적 분석을 통해 국가의 효율적 역할을 탐구하고 있다. 여기서 한국의 국가는 가장 성공적인 사례였다. 이처럼 효율적인 국가의 역할을 가능하게 한 국가의 구조적 조직 및 국가-사회 간의 관계는 무엇인가? 그는 한국에서, 신자유주의 정치경제학자들이 저발전국에서 일반적으로 관찰한 지대추구적 '약탈국가'(predatory state)와는 달리, 조직적으로 응집력이 있으며 상대적으로 유능한 '발전국가'를 발견하였다. 한국의 발전국가는 사적부문에 대해 자율성을 갖으나 고립적이지는 않은 밀접한 연계, 즉 '배태적 자율성'(embedded autonomy)을 갖고 있다고 평가한다. 이러한 자율성은 '국가기구와 사회를 엮는 사회적 연결망으로서 목표와 정책에 대한 끊임없는 협상과 재협상을 위한 제도적 통로를 제공'한다. 따라서 배태적 자율성은 후발 산업화 과정에서 핵심적인 국가와 산업엘리트 사이의 공통 프로젝트 발전 및 수행에 필수적이다. 배태적 자율성을 갖춘 한국의 국가는 IT 산업의 '산파'(midwife)이자 '경영자'(husbandry) 역할을 수행할 수 있었다. 반면 인도와 브라질의 경우, 국가는 조직적 응집력과 배태적 자율성을 결여하였고, 국가는 '규제자'(custodian)와 '생산자'(demiurge)의 역할을 수행하였으며, IT 산업을 발전시키는 데 실패하였다.

앰스덴과 에반스의 한국에 대한 연구는 국가의 경제개입이 신자유주의 정치경제학의 연역적인 모델에서 자동적으로 도출되듯 모든 저발전 또는 발전도상 사회에서 정부실패와 시장실패라는 부정적인 결과를 가져오는 것이 아니라는 점을 뚜렷이 보여준다. 경제에 개입하는 국가의 성격은 아프리카의 많은 나라들의 경우처럼, 그리고 신자유주의 경제학자들이 일반화하는 것처럼, 관료들이 지대추구에만 열중하는 '약탈국가'일 수도 있고, 반면에 동아시아의 경우처럼 산업기반 형성 및 산업구조의 전환에 효율적으로 개입할 수 있는 '발전국가'일 수도 있는 것이다.

이들의 연구는 국가의 개입 그 자체에 대한 선험적 평가가 얼마나 비생산적인 것인지, 그리고 생산적이고 효율적인 개입의 조건들을 파악하는 것이 얼마나 긴요한 발전 정책적 함의를 갖는 것인지를 잘 드러내고 있다. 그리하여 과연 국가가 경제에 개입하는 것이 효율적인가 비효율적인가 하는 질문은 '비효율적'인 것이며, 그 대신 국가가 효율적으로 개입하는 것을 가능하게 하는 제반 역사적-구조적, 문화적, 제도적 조건들을 탐색하는 것이 더욱 효율적이라는 점을 말하고 있다.

# 제4장 한국의 경제발전과 발전국가, 그리고 혼종문화: 역사제도주의적 접근

이 장에서는 경제발전에서 작용하는 문화와 국가에 대한 이제까지의 비판적 논의를 정리하고 이를 바탕으로 이 연구에서 활용할 분석틀을 구성하며, 경험적 분석 범주 및 연구가설을 마련하고자 한다.

## 1. 내재적 관점에서 본 문화

우리가 문화의 속성을 '연장통'이라고 보면, 문화는 사회구성원 모두가 따라야 하는 행위지침 이상의 것이다. 사회 구성원들은 비록 사회구조적 안정기에는 문화의 지침에 따라 행동하는 다소간 수동적인 행위자라 할지라도, 급격한 사회구조적, 문화적 변동을 겪고 있는 과정에서는 필요에 따라 문화의 위치를 전략적으로 설정하며, 문화의 구성요소를 취사선택하고, 동원하면서 변화시킬 수 있는 능동적인 행위자가 될 수 있다. 여기서 문화란 행위자들이 자신들의 행위전략을 유리하게 구성하기 위하여 자원을 끌어내오는 저장고이다. 이러한 개념화에서 행위자는 수동적인 문화의 중독자에 그치는 것이 아니라 상황에 따라서 문화를 자원으로 활용하는 능동적인 전략적 행위자(strategic actor)들이다.

또한 문화가 '울타리' 역할을 수행한다고 보면, '한 사회가 경제발전을 하는 데서 전통문화는 장애물이며 이를 제거해야 한다'는 근대화론의 명제는 저발전국의 '저발전' 문제를 당사자의 입장이 아니라 타자인 발전국의 입장에서 진단하고 처방을 내리고 있다는 점에서 '타당하지 않은 것'(invalid)이다. 그 대신 역사적으로 어떻게 전통사회의 전략적 행위자들은 경제적 이해타산 관계가 전통사회 구성원들의 사회적 관계를 포섭하면서 공동체를 해체하는 위협을 차단하기 위해서 문화를 울타리 삼아 사회를 보호해 왔는가, 어떤 계기로 울타리로서 전통사회의 문화적 속성이 변화하고 그 역할이 이완되어 마침내 '사회에 배태되었던 경제'(socially-embedded economy)가 고삐 풀리게 되었는가, 이러한 '문화적 변환'(cultural transformation)은 새로이 변화된 국면에서 새로운 전략적 행위자들이 시도하는 경제발전에 어떤 함의(implication)를 갖고 있는가, 그리고 이제 '경제에 배태된 사회'(economically-embedded society)는 어떤 다양한 사회문제들을 야기하고 있는가라는 질문들이 '타당한 것'(valid)이다.

연장통과 울타리로서 문화 모델에 의하면, 조선은 근대화가 가져올 공동체 파괴 효과에 대해 전통문화의 울타리를 더욱 공고히 하는 방식으로 저항하였으며, 마침내 제국주의 세력에 굴복하여 식민지가 되었고, 식민통치를 겪으면서 전통문화의 울타리가 허물어지고 파편화되는 것을 경험하였다. 이처럼 파편화된 전통문화에 식민지 권력의 필요에 따라 편의적으로 발췌된 근대성과 근대적 제도가 외삽(外揷)되는 방식으로 '식민지 근대화'(colonial modernization)와 함께 '문화적 혼종화'(cultural hybridization)가 진행되었다.

식민지시기에 이루어진 근대화, 즉 식민지 근대화란 타자의 타율적 지배를 핵심으로 하는 '식민'과 행위주체의 자율성을 핵심으로 하는

'근대'라는 본원적으로 모순적인 관계를 결합하려는 폭압적인 시도이다. 우리는 식민지시기에 근대화가 일어나지 않았다고 부인하기보다는, 식민지시기에 일어난 근대화가 식민자의 편의에 따라 파편화시킨 전통문화와 역시 피식민지인의 필요와 자율적 의사와 무관하게, 즉 '온전한 의미의 근대'라는 맥락에서 유리된 채, 발췌된 근대적 요소들을 물리적으로 결합시키면서 어떤 성격의 문화적 혼종화를 가져왔으며, 이것이 현재 우리에게 어떤 함의를 갖고 있는지에 대해 보다 깊게 천착하는 것이 더욱 중요하다.

현재 시점에서 한국의 혼종문화는, 한편으로는 조선시대 말기에 파편화된 전통적 유교문화와 다른 한편으로는 일제의 식민통치 및 미군정이라는 외삽적 근대화의 교섭 결과로서 식민지 근대성과 탈식민지 문화, 그리고 민간 및 군부의 권위주의 문화와 이후 탈권위주의 문화가 서로 '중첩되어 결정'(overdetermination)되었다고 할 수 있다.[1] 이러한 특성을 갖는 혼종문화는 한국 발전국가의 형성과정에서 그리고 발전국가가 주도한 경제발전의 독특한 성격과 내용에 어떻게 작용하였으며, 발전국가 이후 탈발전국가 시기인 현재 국가와 기업, 시민사회 간의 관계에 어떤 함의를 갖고 있는가?

1) 중첩결정(overdetermination), 혹은 중층결정은 프로이드(Freud)의 개념으로서 몇 개의 사고들이 복합적으로 응축되어 단일 이미지를 낳는 과정을 의미한다. 알튀세(Althusser)는 이 개념을 사회에 적용하여 사회구성체의 다양한 영역에서 존재하는 다양한 모순이 결합된 것으로서 보았다. 여기서 각 모순은 전체와 분리될 수 없고, 전체 구조에 의해 모순이 결정되거나 각기 모순이 전체를 결정하기도 한다(고영복, 2000 참조).

## 2. 전략적 행위자로서 국가

역사적으로 볼 때, 어느 한 사회의 전통문화가 경제발전과 상호 모순되는 배타적 관계를 본원적으로 갖고 있는 것은 아니다. 역사의 어느 특정 국면에서 문화는 그 사회의 전략적 행위자들이 필요에 따라서 경제발전을 '억제'하기 위해 능동적으로 선택하고 동원한 울타리로서 작용하지만, 다른 국면에서는 경제발전을 '촉진'하기 위한 전략적 자원으로서 동원될 수도 있는 것이다. 따라서 경제적 발전을 억제하거나 혹은 촉진하기 위해 문화를 도구적으로 활용하는 전략적 행위자이자 제도로서 국가의 성격과 경제적 역할을 역사구조적 맥락에서 경험적으로 파악하는 것이 중요하다.

아래 〈그림 4〉는 국가의 자율성과 수행능력, 그리고 지배적인 문

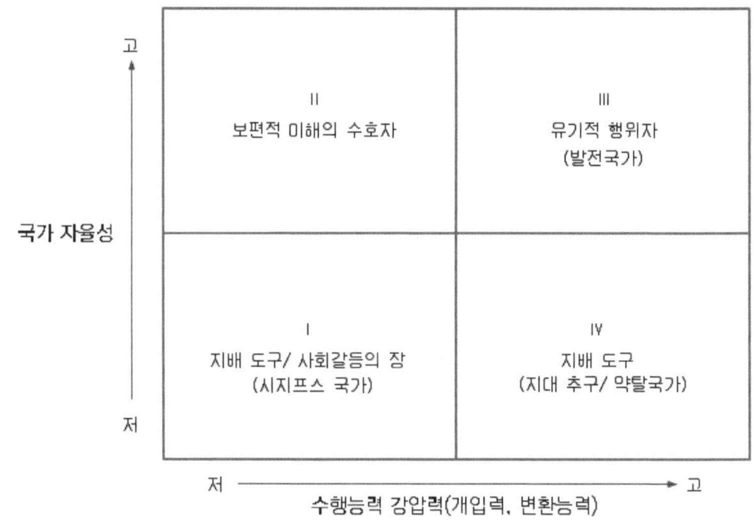


〈그림 4〉 국가의 자율성, 수행능력, 그리고 지배적인 문화적 성향

화적 성향 간의 개념적 관계를 그린 것이다.

먼저 편의상 유형 II에서 시작해 보자. 유형 II 국가는 구조적으로 높은 국가 자율성이 주어졌으나 국가기구의 관료제적 수행능력(강압력, 개입력, 변환능력)이 낮은 상황이다. 정부수립 초기나 쿠데타에 의한 군정의 초기 상황이 여기에 해당될 수 있다. 이 국면에서는 어떤 정권이든 진정성이나 구체적 실현 여부를 떠나 '보편적 이해의 수호자로서 국가'를 내세우면서 정당성(legitimacy)을 확보해야 하는 부담을 갖기 마련이다. 대개는 '구호'(lip-service)만 외치는 것에서 그칠 수도 있고, 스스로 심각하게 받아들여 구체적인 정책을 마련하기도 하지만 국가기구의 유능한 수행능력의 뒷받침이 없는 상황에서는 그나마 출발점에서 확보하였던 자율성마저도 약화될 가능성이 큰 과도기적 상황이다.

유형 III 국가는 강한 정도의 자율성과 수행능력을 갖춘 경우이다. 사회의 지배세력이나 피지배세력으로부터 상대적으로 자율적인 위치에서 국가 스스로 고유한 목적을 수립할 수 있으며, 이를 수행하기 위해 정치, 사회, 경제적 과정에 효과적으로 개입하여 성과를 산출할 수 있는 수행능력을 갖춘 국가가 이 범주에 속한다. 유기적 행위자로서 성향이 큰 발전국가가 대표적으로 이 범주에 포함될 것이다.

유형 IV 국가는 수행능력은 갖추었으나 국가 자율성이 약한 국가이다. 국가 수뇌, 정치인이나 관료들이 공공의 이해가 아닌 사적인 이해에 바탕하여 국가의 정책적 결정을 내리고, 국가기구가 강압력과 개입력을 활용하여 이를 실행하는 경우, 유능한 '지대추구적 약탈국가'가 될 가능성이 크다. 적나라한 지배도구로서 국가의 성향이 두드러질 가능성이 크다.

유형 I 국가는 약한 정도의 국가 자율성과 약한 정도의 수행능력이

조합된 경우이다. 비록 산업구조를 변환할 만한 수행능력은 없는 국가라 할지라도 최소한의 강압력과 어느 정도의 개입능력은 갖추고 있다. 이러한 조합을 가진 국가기구는 정치인이나 관료들이 지대(rent)를 추구하는 도구로 이용하기 십상일 뿐 아니라, 지배·피지배 집단을 막론하고 다양한 사회경제적 세력들이 적극적으로 침투하여 사적 이해추구를 시도하는 '지배도구'이자 '사회갈등의 장(場)'이 되기 쉽다. 국가능력의 약화로 인해 지대추구조차 효과적으로 수행하지 못하는 무기력한 '시지프스 국가'[2](the Sisyphean state)도 이 유형에 포함될 것이다.

## 3. 역사제도주의적 접근

이 연구는 역사적으로 중요한 사건이나 제도의 형성이 왜 그 곳에서, 그 시점에 일어났으며, 어떤 맥락에서 제도화되고 정당화되어 지속되고, 어떻게 변화하는가라는 질문을 던지고 있다. 그리하여 이 연구는 특정 역사적 국면에서, 다른 경로가 아닌 특정 경로를 택해 제도화되는 맥락적 조건에 관심을 갖고 있으며 이를 추구하기 위해 역사제도주의적 접근을 취하고 있다(Pierson and Skocpol, 2002).

전통적으로 제도주의적 관점은 인간의 행위를 규제하는 공식적인 제도의 규범적인 측면에 관심을 집중해 왔다. 제도의 정의도 인간행위를 제한하는 공식적인 구조로 한정 짓고 분석의 범위를 제도 자체

---

2) 시지프스(Sisyphus)는 그리스 신화에 등장하는 인물로서 코린트(Corinth)의 왕이다. 그는 속임수와 임기응변에 능하고 자기 능력을 과시하면서 교만하였다. 신은 이에 대한 벌로 큰 돌을 언덕위로 굴려 올려놓는 순간 다시 떨어지고 이를 다시 올려야 하는 일을 영원히 되풀이하는 벌을 내렸다. 시지프스는 불필요한 일을 끝없이 되풀이하는 사람을 일컫는다.

및 제도의 규범적인 역할에 한정해 왔다. 그러나 이러한 제도주의적 관점이 현대사회의 정치, 경제, 사회적 삶을 규정하거나 이들로부터 영향을 받아 변화하는 제도의 역동적인 역할을 분석하는 데 크게 미흡하다는 비판이 끊임없이 제기되어 왔고, 이러한 비판을 건설적으로 수용하여 새롭게 등장한 것이 신제도주의적 관점이다(Pierson and Skocpol, 2002).

신제도주의는 제도에 대하여 상당히 폭이 넓은 정의와 분석 범위를 갖고 있다. 신제도주의에서 제도(institution)는 공식적인 제도뿐 아니라 비공식적인 제도, 문화, 이데올로기, 아이디어, 관습, 심지어 풍문까지도 포함한다(Pierson and Skocpol, 2002). 여기서 제도는 개인 및 집단의 이해와 선택을 제한하는 독립변수이자 동시에 개인 및 집단의 행위에 의해 생성되거나 변화하는 종속변수로 간주된다. 행위자들은 역사의 산물이지만 동시에 역사의 생산자이기도 하다. 지금까지 신제도주의적 관점은 합리적 선택 제도주의(rational-choice institutionalism), 사회학적 제도주의(sociological institutionalism) 그리고 역사제도주의(historical institutionalism)의 3가지로 발전해 왔지만 점차 상호교차적인 경향을 보이고 있다. 이 연구에서는 특히 역사제도주의적 관점에 주목하고자 한다(Rueschemeyer and Stephens, 1997; Thelen, 1999; Mahoney, 2000; Mahoney and Rueschemeyer, 2003).

역사제도주의적 관점의 핵심적 분석개념은 '결정적 국면'(critical juncture)과 '경로의존'(path-dependant)이다. 먼저 어떤 사건이 단속적인 에피소드로 그치느냐 아니면 지속적으로 일어나 제도화되느냐 하는 것은 이 사건이 어떠한 후속적인 조치들과 함께 '경로의존적 자기강화 메커니즘'(path-dependant self-reinforcing mechanism)을 갖느냐에 달려 있다. 여기서 특정 유형이 미래에도 지속되게 하는 '환류 메커니즘'(feedback mechanism)의 방아쇠를 당기는 사건이 바로 결정적 국면이다(Pierson and Skocpol, 2002: 6). 그리고 경로의존은 어떤 한 시점에서의 선택이 '긍정적 환류' 혹은 '자기강화적' 역동성을 가지면서 결과적으로 다음 선택과정이 제한되는 경향을 말한다(Pierson, 2000; Mahony, 2000). 경로의존은 초기단계에는 비교적 작은 자극에도 크게 좌우되는 '초기 조건의 민감성'을 갖지만, 일단 행위자들이 어떤 경로를 선택하여 어느 정도 지속하면 처음에 선택한 경로를 거스르기가 매우 힘들어진다. 초기에는 교차선택 가능성이 커 보였던 대안(alternatives)들도 점차 택하기가 만만치 않아진다. 따라서 결정적 국면 직후에 진행된 사건이나 과정들이 경로의존에서 결정적으로 중요해 진다. 경로의존은 초기의 '우발적'이고 사소한 권력차이가 점차 자기강화적 과정을 거치며 조직과 제도에 내재화되어 확대 재생산되는 경향을 설명할 수 있다. 또한 한번 경로의존적 경향을 자극했던 애초의 사건이 사라진다 해도 그 경향은 지속되는 속성을 갖는다.[3] 즉 특정한 제도를 가져오는 데 작용한 힘과 이를 지탱하는 힘이 다를 수 있으며, 따라서 현재적 결과로부터 과거의 원인을 유추할 수 없는 불가역성(irreversibility)이 있다.

결정적 국면과 경로의존을 분석적 개념으로 활용하는 역사제도주의적 관점은 이러한 과정이 시계열적으로 진행되는 '제도적 맥락'(institutional context)을 중시한다. 역사적 과정에서 어떤 사건이 다른 사건에 앞서느냐 아니면 뒤에 오느냐라는 순서는 경로의존의 진행 및 결과에서 결정적 차이를 가져오기 때문에 '타이밍'(timing)과 '순서'(sequence)가 중요해진다.

---

3) 이러한 경로의존의 속성은 중요한 기능을 수행하기 때문에 구조가 형성되고 큰 권력이 주어진다는 기능주의적 설명에 대한 대안이 될 수도 있다.

〈표 1〉 제도변화의 유형

| 구분 | 대체 (Displacement) | 중첩 (Layering) | 표류 (Drift) | 전환 (Conversion) |
|---|---|---|---|---|
| 구제도의 제거 | o | x | x | x |
| 구제도의 방치 | - | x | o | x |
| 구제도 영향/시행의 변동 | - | x | o | o |
| 신제도의 도입 | o | o | x | x |

출처: Mahoney and Thelen(2010: 16).

한편 제도는 변화무쌍한 환경의 도전에 대하여 또는 내부적 구성 요소의 변화에 따라 여러 가지 변환 메커니즘을 통해 응전하며 진화한다. 그리하여 '상호강화적 환류'(mutually reinforcing feedback)를 가져왔던 메커니즘도 조건의 변화에 따라 언제든 '상호약화적 환류'(mutually undercutting feedback) 메커니즘으로 변환될 가능성이 상존한다(Rueschemeyer and Evans, 1985; kim, 1990). 마호니와 텔렌(Mahoney and Thelen, 2010: 15-17)은, 이 연구가 제12장에서 활용하고 있듯이, 역사제도주의적 관점에서 제도변화의 유형과 이행 조건에 대한 유용한 모형을 제시하고 있다. 이들에 따르면 제도 변환의 유형은 〈표 1〉에서 보는 바와 같이 신제도의 도입과 구제도의 처리에 따라 대체, 전환, 중첩, 그리고 표류로 구분할 수 있다.

먼저 '대체'(displacement)는 기존의 구제도(*ancient regime, old rules*)가 신제도에 의해 교체되는 경우를 말한다. 혁명, 개혁적 쿠데타, 혹은 전면적 개혁에 따르는 구제도의 급격하고 전면적인 붕괴와 신제도의 교체 상황을 들 수 있다. '전환'(conversion)은 구제도가 공식적인 변화 없이 남아 있지만 해석이나 적용방식의 변화가 다른 정책 효과를 낳는 경우이다. 여기서 제도와 행위 간 간격의 크기는 제도에 본원적으로 내재하는 모호성을 적극적으로 활용하는 행위자에 달려 있다. 대체와 전환의 변화 유형은 공통적으로 반대세력(veto power)의 크기가 그다지 크지 않은, 혹은 국가 자율성의 정도가 상대적으로 높은, 정치적 상황에서 찾아보기 쉬울 것이다. 전환은 어느 정도 국가의 행정 능력을 필요로 하지만 대체의 경우 그것이 필요조건은 아니다.

'중첩'(layering)은 수정, 개정, 추가를 포함하는 새로운 제도가 기존의 제도에 첨가되어 기존 제도의 작동방식에 변화가 초래되는 경우를 의미한다. '표류'(drift)는 비록 제도는 공식적인 변화 없이 남아 있지만 외재적 조건의 변화에 따라 다른 결과가 야기되는 경우이다. 또한 외부적으로 변화무쌍한 상황에서 전략적 위치에 있는 행위자가 아무런 제도적 대처를 행하지 않아서 초래된 결과 역시 '표류'에 속할 것이다. 표류와 중첩은 대체와 전환과는 달리 강력한 비토집단이 존재하는, 혹은 국가 자율성의 정도가 상대적으로 낮은, 정치상황에서 일어나기 쉽다.

## 4. 이 연구의 중심문제와 구성: 한국 발전국가의 형성과 변환

이 연구를 통해 탐구해 볼 중심적인 문제는 다음과 같다. 조선시대 유교문화의 전일적 지배, 일제시대 유교적 교리의 파편화와 식민지적 근대성 형성, 그리고 식민지 공동체의 파편화, 미군정 시기의 '이중주권적' 탈식민지화 과정, 그리고 이후 민간 및 군사 권위주의적 통치와 같은 다양한 역사적 계기와 국면들을 거치면서 한국의 문화는 혼종성을 중첩시켜 왔다. 이 연구의 제5, 6, 7, 8장에서 이러한 혼종문화의 역사적 형성과정을 살펴본다. 여기서 전략적 행위자로서 국가권력의 담당자들은 어느 특정 국면에서 주어진 역사적, 구조적 조건 속에서 자신들에게 던져진 과제를 해결하기 위해 어떤 전략적 자원을 동원하여 해결하기를 시도하였는가 그리고 그 결과로서 어떤 문화적 요소들이 연장통에 중첩적으로 누적되어 '고도'의 혼종문화를 구성하게 되었는지 주목할 것이다.[4)]

어느 한 사회의 문화가 고도의 혼종성을 갖고 있다는 것은 특정한 역사적 국면에서 전략적 행위자들이 동원 가능한 문화적 자원이 개인, 집단, 혹은 사회적 수준에서 매우 다양하며 풍부하다는 것을 함축한다. 우리는 역사적으로 우여곡절을 많이 겪은 사회일수록 아주 다양하고 풍부한 문화적 자원들이 축적된 혼종문화를 가질 개연성이 크다는 역설적인(paradoxical) 가정을 할 수 있다.

바로 이러한 혼종문화에 배태된 1960년대 초반 한국의 군사정권은 국가가 주도하는 추격적 성장전략을 수립하였고, 이를 수행하는 과정에서 국내외 인적, 물적, 이데올로기적 혼종문화 자원을 온갖 수단과 방법을 통해 동원할 수 있었으며, 그 결과 괄목할 만한 경제성장을 거두면서 '발전국가'를 형성할 수 있었다.

한국의 역사적 경험을 역사제도주의적 제도변화의 틀에서 보면, 쿠데타로 집권한 군사정부는 추격성장을 구상하고, 입안, 시도하면서 과거의 수입대체산업 위주 산업정책을 수출지향적 국가주도 산업정책들로 '대체'하는 데 성공하였으며, 시행착오를 거듭하면서도 여러 가지 제도적 창안들을 도입하면서 마침내 국가 자율성과 개입력이 서로를 강화하는 '상호강화환류 메커니즘'(mutually reinforcing feedback mechanism)을 하나의 '경로'(path)로 설정하는 데 성공하였다. 이런 의

4) 문화 혼종성의 정도는 문화적 요소간 결합의 복잡성(complexity) 정도로 측정할 수 있을 것이다. 구성요소의 복잡성은, 겔-만에 따르면, 어떤 상태를 묘사하는 데서 소용되는 문장의 길이로 측정될 수 있다(Gell-Mann, 1994). 만약 어떤 상태를 기술하는 데서 문장이 길어지거나 여러 문장을 사용해야 한다면 이는 복잡성의 정도가 높고, 단순하다면 단순성의 정도가 높은 것이다.

미에서 경제개발 5개년 계획은 한국 발전국가 수립의 '결정적 계기'였다. 그러나 한국의 발전국가가 산업구조 심화 계획으로서 입안하고 시행한 중화학공업화는 과도한 국가개입으로 인하여 국가 자율성이 약화되고 뒤를 이어 수행능력도 약화되는 '상호약화환류 메커니즘'(mutually undercutting feedback mechanism)으로 전환되는 계기가 되었으며, 이는 결국 영구적 통치를 기도하던 정권의 몰락과 발전국가의 붕괴를 초래하였다.

이처럼 발전국가의 구성요소인 높은 정도의 국가 자율성과 수행능력은 영속적인 것이 아니다. '왔는가 하면 가는' 변인적(variable) 속성을 갖고 있다. 국가의 문화적 성향도 마찬가지로 국면에 따라 변환하는 역동적인 자질이다. 한국사회에서 추격성장 시기에 '구성적으로 형성된'(constitutively structured) 발전국가는 특정시기에 발생, 지속, 그리고 해체되는 시간구속적(time-bounding) 속성을 갖고 있는 제도이다. 따라서 이 연구의 결과가 타당한 만큼 한국의 발전국가를 역사적으로 잠재되어 있던 일제 식민통치기구의 유산이 재현된 것으로 보는 식민지근대화론의 '연속성' 주장은 매우 '기계적이고 환원적인'(mechanic and reductionistic) 역사인식의 소산이라는 점이 자명해질 것으로 기대할 수 있다.

발전국가가 '공식적'으로 해체된 이후 탈발전국가(post-developmental state) 시기에 한국사회에는 여러 형태의 퇴행적 발전국가 증후들(symptoms)이 순차적으로 나타났다. 높은 정도의 자율성과 수행능력을 갖추었던 발전국가가 사회경제적 과정에 당사자로서 깊숙이 개입하면서 사회경제 세력들이 국가기구를 자신들의 이해를 실현할 도구이자 장으로 간주하여 침투를 시도하였으며, 이들 사적 이해추구가 성공한 만큼 국가의 자율성이 급격하게 저하되면서 신자유주의 경제학자들이 말하는 '지대추구적 약탈국가'(the rent-seeking predatory state)로의 변환이 일어났다. 이어서 국가 자율성뿐 아니라 수행능력도 현저히 저하되어 지대추구 능력까지도 의문시될 정도로 총체적 무기력 상태에 빠진 시지프스 국가로의 퇴행까지도 의심할 수 있다.

아래 〈그림 5〉는 이제까지의 논의를 도식화한 것으로, 한국 발전국가의 발생과 지속, 붕괴 그리고 탈발전국가 시기 퇴행적 발전국가 증후들의 순차적 등장과 같은 국가 변환과정이 나타나 있다. 발전국가에서 탈발전국가로의 변환과정에서 국가 자율성과 수행능력의 양축에서 작용하였을 이행 메커니즘들을 특정하고자 하였다.

이 연구의 제9장에서는 경제개발 5개년 계획을 입안하고 수행하는 과정에서 한국의 국가가 어떻게 발전국가로 변환하는 결정적 계기를 갖게 되었는가를 분석한다. 여기서 발전국가 수립과정은, 식민지근대

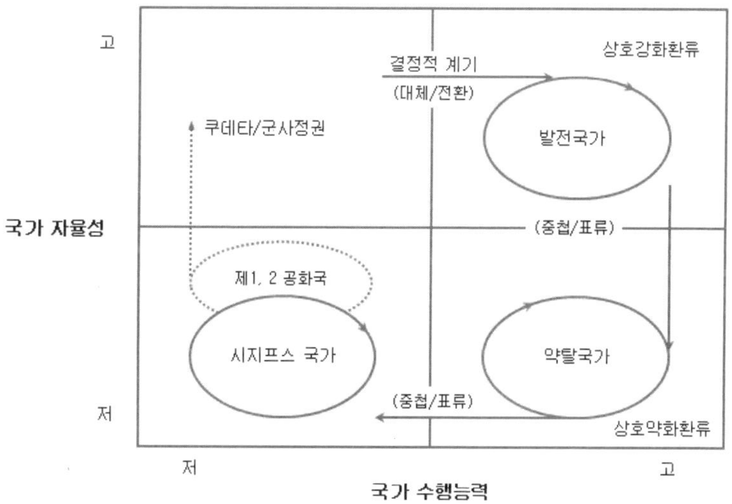


〈그림 5〉 발전국가의 형성과 붕괴, 탈발전국가로의 변환

화론이 주장하듯, 단순히 잠재되어 있던 국가능력을 재활성화시키는 것이 아니었음이 잘 드러날 것이다. 제10장에서는 중화학공업화 과정에서 드러난 발전국가의 가능성과 한계를 분석하였다. 제11장에서는 한국 발전국가의 형성 및 지속 조건으로서 혼종문화의 작용을 살펴본다.

제12장에서는 세계화와 기업의 다국적화, 한류와 문화산업화 그리고 지능정보산업화 등 1990년대 중반 이래 한국에서 시도된 다양한 산업화 사례들을 발전국가 이후 탈발전국가 시기에 순차적으로 등장한 퇴행적 발전국가들의 경제적 역할을 통해 살펴본다.

결론에서 이 연구 결과의 요약과 함께, 이제 한국사회가 경제성장과 복지를 동시에 추구하는 지속가능한 지배구조로 제도적 변환을 시도할 때 필수적으로 고려해야 할 조건들을 탐색한다. 이러한 변환 과정에서 역사적으로 형성된 혼종문화가 갖고 있는 현재적 함의와 향후 과제를 모색해 본다.

# II. 한국 경제발전의 조건으로서 혼종문화의 역사적 형성

# II. 한국 경제발전의 조건으로서 혼종문화의 역사적 형성

"백성들이 말업(末業)을 좇아 밭에서 일하지 않고 단 음식 먹고 좋은 옷을 입는 자가 날로 많아지고 있습니다. 이에 날마다 옥송(獄訟)이 일어나고 간사하고 속이는 바가 극심하여 풍속이 점점 박정(薄情)해지고 있습니다."[1)]

—중종실록

"다른 방책이란 없고 위력(威力)을 동반하는 문화운동뿐이다."[2)]

—조선 총독 재등실

"일본을 위해 충성했다면 우리를 위해서도 충성을 바칠 것이다"[3)]

—미군정 미국인 경무부장

---

1) 중종실록, 권27, 중종12년 正月 15책 251쪽. 여기서 말업은 상업을 말한다.
2) 3 · 1운동 이후 조선 독립 운동에 대한 대책으로서 무단통치를 문화통치로 전환하면서(재등실 문서 742; 강동진, 1984: 390에서 재인용).
3) 일제 식민통치의 말초신경이었던 식민 경찰력을 그대로 복원시키면서(Gayn, 1948: 391).

1960년대 한국에서 국가 주도에 의한 추격적 경제성장을 가능하게 하였던 문화적 조건으로서 혼종문화는 어떻게 역사적으로 형성되었는가?

우리는 한국에서 역사적으로 형성된 문화의 성격과 위상, 그리고 경제적 역할에 관하여 다음과 같은 질문을 제기할 수 있다. 역사적으로 조선의 전통 유교문화는 어떤 경제적 역할을 수행하였으며 현재적 함의는 무엇인가? 일제의 식민통치는 어떤 성격의 근대화를 가져왔는가? 식민통치의 결과로서 한국의 문화는 어떻게 혼종화되었는가? 미군정 시기 한국사회의 탈식민지화 과정과 제1, 2공화국시기 권위주의 및 탈권위주의의 정치과정은 한국사회의 문화적 혼종성을 어떻게 가중시켰는가?

먼저 제5장에서는 조선시대 유교문화의 경제적 역할을 살펴본다. 제6장에서는 일제 식민지 시기에 일어났던 타의에 의한 식민지적 근대화의 성격과 혼종문화에 대한 함의를 파악해 본다. 제7장에서는 미군정과 제1, 2공화국 시기에 진행되었던 파편적 근대화와 탈식민지화의 혼종문화적 결과와 이것의 정치사회적, 경제적 역할을 분석해 볼 것이다. 제8장에서는 이러한 역사적 계기를 거치면서 중첩적으로 구성된 한국 혼종문화의 특성을 정리한다.

# 제5장 조선의 전통문화와 도덕경제

## 1. 내재적 입장에서 본 '울타리'로서 유교문화

조선시대의 유교 엘리트인 선비들을 유교문화에 갇힌 수동적 행위자로 보는 것이 일반적이나 이는 부분적으로만 옳다.[1] 오히려 유학자인 선비들을 관료로서 혹은 재야에 머무는 사림으로서 자신들의 이상이나 이해를 실현시키기 위해 유교문화를 창출하고, 끊임없이 현실정치 속에서 재구성해 나간 적극적이고 능동적인 행위자들로 보는 것이 적절하다.

역성혁명을 통해 조선의 새로운 지배세력으로 등장한 유교 엘리트들이 추구한 '이상적' 유교국가는 유가의 핵심덕목인 충, 효, 의(義)의 가치관이 구현되는 도덕사회였다. 조선왕조 최초의 시정교서인 즉위교서(卽位敎書)는 유교국가 건설을 최대의 과제로 삼은 것으로서 중요내용을 요약하면 다음과 같다.[2] "유교의 예제(禮制)에 따라서 명나라를 천자국으로 전제하고 조선왕조의 위상을 제후국으로 설정하였다. 국학과 향교를 설치하여 유학사상에 대한 교학을 활성화하여 인재를

---

1) 조선후기에 이르러 선비의 계속적인 증가로 벼슬하지 못한 선비들이 대다수가 되었다. 따라서 선비는 관직과 관계없이 유학을 공부하는 사람을 지칭하게 되었다.

2) 조선왕조 최초의 시정교서로서 즉위교서(卽位敎書)는 유학자 정도전이 작성하고 이성계가 공포하였으며 조선왕조 경영원칙으로서 중요한 의미를 가졌다(조남욱, 2008: 178-179).

육성하며, 신유학 의례의 교본인 '주자가례'에 따라 유교전통의 관혼상제 의례를 거행하고, 유가의 핵심덕목인 충, 효, 의(義)의 가치관으로 도덕사회를 구현하며, 사회적으로 소외된 자가 없도록 '대동사회'를 이루겠다"는 것이다(조남욱, 2008: 180-181).

고려말의 사대부였던 이들 유학자-관료들은 조선의 개국과 함께 강력한 사회개혁을 시도하였으며 이를 뒷바침하는 학문체계로서 중국의 원과 명을 통해서 수입된 송대의 이학(理學)을 채택하였다. 그 이래로 이를 계승한 선비들은 유교를 개인, 가족, 집단 간의 사회적 관계, 그리고 이들 사회 구성원들과 국가, 나아가 국가 간 관계에 질서를 잡아주는 통합적인 사회구성의 원리로 체계화하였으며, 이를 유교문화로서 정착시켰다.

조선시대 유교문화의 핵심적 틀은 인성에서 이기성정(理氣性情)과 인의예지(仁義禮智), 실천윤리에서 효제충신(孝悌忠信)과 삼강오륜(三綱五倫), 종교와 의례에서 국가의 오례(五禮)와 사가의 가례(家禮) 그리고 사회체제에서는 사농공상적 신분질서와 양반관료제도로 간명하게 정리할 수 있다(최봉영, 1998: 41).

조선을 건국한 전략적 행위자로서 선비들이 지향하는 이상세계는 이학에 바탕하여 지극한 정치가 실현되는 '지치'(至治) 사회이며, 이는 군왕이 솔선하여 왕도를 실현함으로써 이루어질 수 있었다. 이러한 사회는 인간의 본성이 있는 그대로 실현되는 사회로서 모든 것이 의리에 기초하여 이루어지는데, 의리의 핵심은 인간관계, 즉 인륜에 있었다. 그들은 부자, 군신, 부부, 붕우, 장유 사이에 있는 인간관계의 본질을 이해하고 실천하는 것을 이상에 이르는 길로 보았다.

선비들은 임금을 대리하여 백성을 통치하는 치자의 역할에만 그치지 않고 백성을 교화하는 사제의 역할을 수행하였다. 선비들은 삶의 근본문제를 설명하는 형이상학적 논리를 구축하여 유교의 종교화를 기도하였다. 조상을 신으로 모실 수 있도록 의례를 정비하고, 조상에 대한 숭배가 생활 속에서 종교적 행위로 뿌리 내리도록 하였다. 불교의 승려와 무속이 수행하던 종교적 역할은 제한되고 탄압되었다. 따라서 선비집단은 정치와 종교, 학문을 통합적으로 실천하고 지도하는 역할을 담당하면서 조선의 유교문화를 주도하였다.

그러나 유교적 이념과 현실적 실천의 간극은 매우 컸다. 조선사회의 구성원리이자 통치원리로서 그리고 유교문화의 원천으로서 중국으로부터 도입된 유교의 경전과 주석은 그 자체로서 조선사회에 '곧바로 실행이 가능하고'(ready made) 수미일관된 문화적 행동강령이 아니었다. 유교의 추상적 교리는 현실의 구체적 상황에 적용되는 과정에서 끊임없이 취사선택되고, 재해석되고, 재구성되어 실천되어야 했다. 이는 선비들의 권력다툼과 자동적으로 결부되는 갈등유발적 과정이었다. 그리하여 조선의 유교는 조선 중기 이후 진행된 치열한 당쟁 속에서 명분에 대한 집착이 심화되면서 이학의 여러 갈래 중에서 주자학적 전통으로 고착화되었다.[3] 이는 중화(中華)의 정통인 명이 청에 멸망당하고 '소중화'(小中華)를 자처하는 조선이 중화의 전통을 계승해야 한다는 이유에서였다. 이학의 범주에 속하는 보다 실용성을 강조하는 육상손이나 왕양명의 양명학(陽明學)이론도 주자의 학설과 배치된다는 이유에서 배척되었다.

3) 더욱이 조선 중기에 접어들면서 선비들은 지역적 근거에 기초하여 학파를 개시하였으며, 그들의 후예를 중심으로 서원이 설립되었고, 이에 따라 지역적 연고에 기반한 붕당적 결속이 강화되면서 사림파의 내부분열이 가속화되었다. 선비들 간의 학문적 논쟁과 의례에 대한 논쟁이 정치적 권력을 다투는 당파와 연결이 되면서 선비들은 서원을 중심으로 혈연, 학연, 지연에 따라 동, 서, 남, 북인 등으로 분열을 거듭하면서 치열하게 권력을 다투었다.

## 2. 사회에 배태된 경제: '무본억말'(務本抑末) 경제체제

유교적 이상사회 건설을 국시로 삼아 조선을 개국한 유교학자-관료들은 일찍이 도덕경제적 산업정책을 통치이념으로 삼았으며, 이러한 이념은 조선 후기까지 비교적 일관되게 정책의 기조로 남아 있었다.[4] 이들은 고려 말 상업의 활성화가 권력자의 사(私)무역을 조장하는 등 사회기강과 경제적 안정을 위협하는 것을 목도하고, 건국 초기부터 사무역 금지를 포함하는 시장의 억압과 국가의 재분배 정책을 통해 정치와 민생의 안정을 추구하였다(이헌창, 2011: 461).

조선 건국의 주체들은 왕조 초기부터 농업을 근본(本業)으로 하고 상공업을 말미(末業)에 두어 억제하는 '무본억말론'(務本抑末論)을 산업정책의 기본으로 삼아 강력하게 시행하였으며, 이러한 산업정책의 결과 사농공상(士農工商)이 조선사회의 신분계층체계로 구조화되었다.

유교 엘리트들이 억말정책을 통하여 상공업을 문화적 울타리 속에 가두어 억압한 이념적 근거는 주자학의 왕도론(王道論)과 의리론(義理論)이었다(백승철, 2000: 350). 맹자의 왕도론을 내세우는 유교 엘리트들은 왕을 비롯한 국가의 이익추구 자체가 인의(仁義)에 배치되는 것으로 보았다. 군주 개인이나 국가를 막론하고 이익(利)을 추구하는 일은 도덕적으로 비난받을 일이었다. 심지어 군주가 주도하는 부국강병

---

4) 도덕경제(moral economy)란 사회구성원의 생존권 보호 및 보장, 그리고 공동체의 유지, 존속을 일차적으로 하는 경제로서, 톰슨(Thompson, 1971)과 스코트(Scott, 1977)에 의해 체계화되었다. 전통적 농촌 공동체에서는 농민들이 생계에 대한 위협을 회피하기 위하여 안정지향적(safety-first) 행위지향을 가지며, 수시로 닥치는 재난에 대비하여 여러 가지 상부상조적 생존보험(subsistance insurance) 장치를 마련하고 이에 따라 행위하는 것이 지극히 합리적인 것이다. 그리하여 이들 농민들에게는 공동체 유지를 위해서 자유시장 가격(free market price)보다 전통적인 공정한 가격(fair price)이 더욱 중요하며 사적인 이윤추구는 공동체를 파괴하는 이기적 행위로 간주된다.

책도 군주 사욕의 발로인 패도(覇道)라 규정하고, 군주의 이권개입이나 재정확보를 목적으로 하는 국가의 경제 간섭과 통제도 억제되어야 할 것으로 보았다. 또한 주자학의 의리론(義利論)에 의하면, 의(義)와 이(利)는 천리(天理)와 인욕(人慾)처럼 대립되는 개념으로서 이(利)는 의(義)에 의해 억제되어야 했다.

이러한 이념적 논리를 자신들의 정치적 입장으로 내세운 정치집단이 서인-노론이다. 이들은 군주의 사적인 부의 축적이나 국가의 적극적인 경제개입을 차단하기 위해 재부민산론(財富民散論)을 이론적 근거로 내세웠다. 이는 지배층, 특히 왕실의 재부에 대한 독점이나 국가의 경제 개입을 반대하며 군주, 국가의 역할은 현실의 경제체제를 유지, 발전시키고 그 운영과정에서 발생하는 폐단을 막는 최소한으로 제한해야 한다고 보았다. 이와 같은 왕도론과 의리관은 국가경영의 최고 책임자인 군주에게 일신의 윤리적, 도덕적 수양을 강요함으로써 군주권(君權)을 제약하는 수단으로도 기능하였다. 또한 이들은 현실의 제반 경제질서를 인정하고 유지하려는 입장에서 적극적인 상업진흥 방안이나 상업체제 개혁론을 갖고 있지 않았다(백승철, 2000: 350).

무본억말 정책에 따라 조선 정부는 상업과 시장을 억압하고, 대신 정부의 재분배기능을 강화하고자 시도하였다. 조선 정부는 민간의 이익추구가 농업을 약화시키고 풍속을 해친다고 보고 15세기 후반 출현한 농촌 정기시장을 금지하였다가, 더 이상 금지할 수 없게 되자 이를 제한적으로 허용하였다. 이렇게 시장을 억압하는 한편 중국 당나라의 조세제도인 조용조(租庸調)에 따른 재정체제를 마련하여 현물재정을 강화하였다. 조(租)는 토지를 단위로 부과되었고, 조(調)는 임토작공(任土作貢) 이념에 충실한 현물 공물제도를 수립하였으며, 용(庸)은 군역까지 포괄하는 국가에 대한 노동력 부담을 규정하였다(이헌창,

2007).[5] 조선 정부는 조용조 체제를 통해 노동력 및 토지 재분배의 효과를 기도하였다. 그리고 유교의 인정(仁政) 이념을 강화하여 기근의 구제와 농가의 안정을 위한 환곡과 같은 진휼제도를 통해 재분배 기능을 정비하였다(이헌창, 2011: 463). 그리하여 적어도 조선 전기에는 경제가 사회에 배태된 재분배 경제가 자리 잡고 있었다고 할 수 있다.

그러나 16세기에 접어들면서 조선 개국 초기부터 유교관료 엘리트들이 무본억말정책을 통하여 상업발달을 억누르면서 예방하고자 했던 우려가 현실화되기 시작하였다. 이 시기까지 효과적으로 경제적 역동성을 가두어 두었던 문화적 울타리가 안팎으로 헤이해지면서 조선정부는 이른바 '상업문제'(商業問題)에 봉착하게 되었다(백승철, 2000: 60). 다수의 농민들이 본업인 농업을 버리고 상업에 종사하는 문제가 심각하게 대두된 당시의 상황을 중종실록은 잘 나타내고 있다.

> "백성들이 末業(말업)을 좇아 밭에서 일하지 않고 단 음식 먹고 좋은 옷을 입는 자가 날로 많아지고 있습니다. 이에 날마다 獄訟(옥송)이 일어나고 간사하고 속이는 바가 극심하여 풍속이 점점 薄情(박정)해지고 있습니다. 소를 끌고 장사를 일삼으며 농사를 짓는 것을 부끄러워하며 田土(전토)가 있어도 경작하지 않습니다…"[6]

이제까지 억말론에 따라 일정한 지역에 필요한 수요만큼 제한적으로 시장을 설치하는 것을 원칙으로 삼았는데, 점차 생산력이 발전함에 따라 농업과 수공업 생산물의 상품화가 진전되고, 이에 따라 전국

---

5) 임토작공은 토질에 따라 공부(貢賦)를 정하는 것으로 각 지방의 토산물을 공물로 바치게 하는 원칙을 말한다.

6) 여기서 말업(末業)은 상업을 의미한다. 중종실록, 권27, 중종12년 正月 丁亥 15책 251쪽. 백승철(2000: 60)에서 재인용.

각 지역에서 장시(場市)가 형성, 발전하면서 이러한 원칙이 무너지고 국가의 통제를 벗어나 전국 방방곡곡에 시장이 출현하게 되었으며, 그 결과 18세기 중엽에는 전국에 시장이 1,000여 개에 달하였다(백승철, 2000: 62). 정부가 지주제(地主制)의 발달과 부역제의 모순으로 야기된 몰락농민층에 대한 근본적인 해결책을 제시하지 못하였기 때문에 정부도 장시를 인정할 수밖에 없었다.

마침내 16세기 말 임진왜란을 겪은 뒤 위기를 극복하기 위한 해결책으로서 국가재조론(國家再造論)이 대두되었고, 조선사회의 경제적 역동성을 가두어 둔 유교 문화적 울타리의 틈새가 벌어지게 된 역사적 계기가 되었다.

## 3. 무본보말론(務本補末論)과 이권재상론(利權在上論)의 등장

앞에서 살펴 본 바와 같이 조선 산업의 본업이었던 농업경제체제는 근본적으로 도덕경제에 바탕을 두고 있었다. 18세기 조선의 농업경제체제는 집약적 소농경제와 도덕적 재분배경제를 두 축으로 하였다(박이택, 2007: 66). 조선 전기에는 양반지주가 노비를 이용하여 토지를 경영하는 대경영제(作介制)가 주된 형태였으나, 조선 후기에는 노비제가 해체되고, 신분적으로 자유로운 소농들이 병작제(竝作制)의 형태로 농업을 경영하였다(박이택, 2007: 46; 김건태, 2004).[7)]

임진왜란으로 농업생산이 파탄에 이르고 농업생산만으로는 민생안정이 불가능한 실정에서 이른바 '무본보말론'(務本補末論)자들은 농업생산의 재건과 함께 상업적 이익 추구 등을 통한 다양한 산업의 육성

7) 병작제는 토지소유자인 지주와 직접적인 생산자인 농민 간에 맺는 토지임차계약 제도로서 수확을 반분하는 것이 일반적이었다.

만이 농민생활의 안정과 국가재정의 위기를 극복할 수 있는 방안으로 보았다[8](백승철, 2000: 119). 이들의 상업론은 '이권재상'(利權在上)의 논리를 바탕으로 국가가 적극적으로 상업발전의 기반을 조성하기 위하여 상업적 영농의 확대, 소금, 산삼, 은광과 같은 이익을 개발할 방안을 제시하였다.[9] 나아가 운송수단의 발전과 시장개설, 새로운 화폐의 유통을 통해 상품유통 경제를 활성화시키고, 여기서 발생하는 이익을 이용하여 전란으로 피폐한 국가를 재조(再造)할 자원으로 삼고자 하였다. 무본보말론과 이권재상론에 입각한 이들의 상업론은 대동법(大同法)의 전국적 실시, 상평통보의 주조와 전국적인 유통 등을 통해 조선 후기 상업정책에 실질적인 영향을 끼쳤다.

한편 임진왜란과 두 차례의 호란을 겪은 뒤 조선의 군주와 관료들은 국가재조(國家再造) 수준의 재정개혁을 추진하였다.[10] 영정법, 대동법, 균역법 그리고 환곡과 같은 제도가 새로이 시도되었다. 그러나 이러한 제도들의 시행 의도는 부국강병을 도모하기 위한 경제성장에 초점이 맞추어져 있는 것이 아니라 도덕경제적인 것으로서 국가재분

---

8) 예컨대 이지함은 이익의 추구가 유교가치의 실현과 배치되지 않는다고 주장하였다. 국가의 이익추구가 사익(私益)을 위한 것이 아니라 만백성을 구하기 위해 마땅히 취해야 할 이익을 취한 형태라면 이는 성인(聖人)의 권도(權道)이며, 의(義)와 이(利), 본(本)과 말(末)의 선악구별은 그것을 운용하는 사람이 누구인가에 의해 판별될 뿐이라는 전제하에 국가차원의 이재개발을 당연한 것으로 주장하였다. "대개 德은 本이고 財는 末이나 本末중 어느 한 쪽을 버리는 것은 불가하다. 本은 末을 바르게하고, 末로써 本을 바르게한 연후에 사람의 道理가 窮(궁)하지 않은 것이다"(백승철, 2000: 87)에서 재인용.

9) '이권재상론'(利權在上論)이란 국가의 주도하에 새로운 이익을 개발하고 유통을 활성화시키는 한편, 물화의 직접 장악과 판매, 화폐주조권의 확보를 통해 국가가 상품유통을 관장하고, 여기서 발생하는 이익을 재정으로 흡수하자는 논리이다.

10) 임진왜란은 전국을 황폐화시켰다. 전후 조선조 전결수는 약 30만 결로서 전전의 1/5 정도에 불과하였으며 일반민의 빈궁화와 국가재정의 파탄을 가져왔다(김혜승, 2001: 124).

배 정책의 일환이었다. 그리하여 이들 제도들은 소농들을 안정시키기 위해 조세징수액을 줄이고, 조세부담을 공평하게 하고, 각종 위험을 분산시키는 방향으로 운영되었다(박이택, 2007: 60).

대동법은 공물제도의 문제점과 폐해를 개혁하고자 17세기에 시행되었다. 그동안 공물제도는 징수관원의 농간과 상인에 의한 공물대납 행위인 방납(防納) 등에 의해 농민들에게 고통을 주는 반면 국가 재정은 쇠약해지는 결과를 가져왔다. 이헌창(2011: 464)은 대동법의 의의를 다음과 같이 정리한다. 첫째, 대동법은 현물재정에서 화폐재정으로 전환하는 계기가 되어 이후 국가는 필요한 물자와 노동력을 시장에서 조달하게 되었다. 둘째, 인두세 중심의 조세제도가 토지 단위로 부과되는 조세제도로 전환하게 되었는데, 이는 과세제도의 효율성과 공평성을 높였을 뿐 아니라 시장의 성장에 부응하는 국가재분배의 합리적 조정이었다. 셋째, 대동법은 지방 관부에 대한 인민의 부담을 상당 부분 포함함으로써 지방재정을 제도적으로 정비한 의의를 가진다.

그러나 이러한 대동법의 시행으로 조선 정부가 억상(抑商)정책을 완화하고 시장의 성장에 타협하여 재분배 정책을 조정하였다고 해서, 시장에 굴복하여 현물재정의 이념을 포기하거나 국가재분배를 통한 유교적 도덕경제의 실현이라는 국가목표를 포기한 것은 결코 아니었다(이헌창, 2011: 466). 국가 엘리트들은 시장의 성장을 부분적으로 용인하였을지라도 경제가 정치를 지배할 정도로, 국가의 경제 장악력에 손상이 갈 정도로 시장이 성장하는 것을 결코 바라지 않았으며, 사리의 추구가 유교의 도덕적 이상 실현에 방해가 되는 것을 적극 경계하였다.

환곡(還穀)은 춘경기에 쌀과 곡물을 대여해 주고 추수 후에 10%의 이자곡을 붙여 회수하는 곡물 저장 및 대부제도를 통해 소농을 구제하는 제도이다. 환곡의 규모는 18세기 초에 500만 석이었는데 18세기 말까지 1,000만 석으로 크게 증가하였다. 당시 전국의 농가 호수는 대략 170만 호로서 환곡의 호당 저장량은 평균 4석, 대부량은 평균 2.8석으로 막대한 규모였다(오일주, 1992: 83). 이 시기는 영조의 즉위 기간으로서 환곡의 확대를 통하여 재분배를 강화하고자 하였다. 그는 환곡을 확대하면서 국가와 왕실의 지출제도를 절약원칙에 따라 정비하였으며, 즉위기간 동안 전국적인 차원의 부세 감면 조치를 45차례 실시할 정도로 국가재분배 정책의 실천의지가 강하였다.

환곡은 소민보호적 국가재분배의 일환으로 운영되었다. 1756년에서 1868년까지 108년 동안 조선정부는 평균 2년에 1회 꼴로 무상으로 곡물을 분급하는 진휼사업을 시행하였다(문용식, 2001: 96). 진휼사업은 곡물이 여유 있는 곳에서 그렇지 못한 곳으로 옮기는 지역 간 이동과 손상익하(損上益下)를 의미하였다. 손상익하는 정부의 쓰임새를 줄여 진휼자금을 마련하는 것으로서 재해에 처한 사람들을 구휼하기 위해 여유 있는 사람들이 협력하여 모범을 보이는 '노블레스 오블리주'(Noblesse Oblige) 같은 것이었다. 손상익하의 모범은 왕이 자신의 비용인 내탕금을 진휼자금으로 쓰거나, 민간에서도 여유 있는 사람들의 재산을 거두어 진휼자금으로 사용하는 권분이나 공명첩을 발행하는 것에서 볼 수 있다.

한편 환곡은 18세기까지 지속적으로 증가하는 추세인 반면에 녹봉은 지속적으로 감소하였다. 녹봉총액은 15세기 초에 10~12만 석에서 17세기 중엽에는 3만 6,000석으로 격감하고, 다시 18세기 말부터 19세기 초에는 2만 4,000석으로 줄었다.[11] 1인당 환곡량은 중국

11) 德成外志子, 2007; 이헌창(2011: 468)에서 재인용.

보다 훨씬 많았으나 녹봉액은 중국이나 일본보다 훨씬 적었다. 이처럼 과도한 환곡과 과소한 녹봉은 조선정부의 도덕경제적 특성을 나타낸다고 볼 수 있다. 또한 조선이 오래전부터 중국이 해왔던 것처럼 막대한 전매이익을 남길 수 있는 소금과 철의 관리에는 소극적이면서, 방대한 환곡의 비축에 적극적이었던 것은 재정정책의 목표를 세입의 확대보다는 민생의 안정이라는 유교적 도덕경제의 실현에 목표를 두었기 때문이라는 해석이 타당하다(이헌창, 2011: 469).

## 4. 도덕경제체제의 위기와 시장경제체제로의 이행

18세기까지 비교적 안정적으로 유지되던 도덕경제체제는 19세기 들어서 위기에 빠지게 되었으며, 결정적으로 이 체제를 해체하는 계기가 되었던 것은 개항이었다. 도덕경제체제의 위기는 재정궁핍이 심화되고 환곡의 운영이 허구화되기 시작한 19세기 초부터 본격화되었다(박석윤·박석인, 1988).

먼저 과세의 대상이 되어 결세를 납부해야 할 전답면적과 단위면적당 생산성이 1870년대에 이르기까지 지속적으로 감소하는 추세에 있었다.[12] 또한 종친부 재정의 단위면적당 화폐징수액이 지속적으로 감소하여 1869년경부터는 만성적인 경상수지 적자에 빠지게 되었다(박이택, 2007). 세원의 기반을 토지에 국한하였던 무본억말적 경제체제에서 토지의 생산성 감소는 지출증가에도 불구하고 토지세의 증대를 어렵게 해 재정적자로 이어졌다.

---

12) 1744~53년간에서 1854년~63년간 평균 시기결(時起結)은 74만 5,085결에서 66만 7,917결로 10.4% 감소하였고, 실결은 69만 9,867결에서 62만 786결로 11.3%로 감소하였다(오일주, 1992: 63).

도덕경제의 근간이었던 환곡제도도 19세기에 들어서 허구화되었다. 19세기 초까지 장부상 800만 석 규모였던 환곡은 장부상으로만 존재하는 허류곡(虛留穀)의 비중이 54.4%에 달하였으며, 1840년을 전후하여 본래 설립목적인 진휼(賑恤)기능은 사라지고 재정수입 목적으로 변질되었다(문용식, 2001). 재정보충을 목적으로 하는 환곡의 증가가 인민에게 부담을 주는 것은 당연한 일이었으며, 이는 1862년 임술민란의 가장 중요한 원인이 되었다.

18세기 말과 19세기에 걸쳐 호조와 선혜청의 수입은 정체한 반면 지출은 증가하여 적자재정이 시작되었다(김재호, 2005: 30-34). 중앙정부의 지출이 증가하면서 대동미의 중앙 상납은 증가하였고, 균역법으로 지방의 재원 상당부분이 중앙으로 흡수됨에 따라 지방관청도 이를 보충하기 위해 잡역세 수입과 재정보충용 환곡을 늘리게 되었다.

조선의 재정난은 18세기 말에 시작되었는데 19세기 세도정치 시기의 정치적인 무능과 관료집단의 기강해이 및 부패로 악화되었다. 대동법은 이미 18세기 중엽 이후 정치기강의 문란으로 정상적 운영이 어려웠고, 균역법은 전정, 환정과 더불어 이른바 '3정의 문란'(三政紊亂)에 빠지게 되었다. 이에 따라 조선의 기본적인 경제체계인 국가재분배체제도 근본적 위기에 처하게 되었다.

이처럼 재분배와 시장 사이에 힘의 균형이 무너지고 국가재분배체제가 동요하는 가운데 맞이한 개항은 시장 발전에 대한 국가의 제약을 완전히 철폐하는 계기로 작용하였다. 마침내 일어난 갑오개혁은 근대적 시장경제로의 이행에 필요한 제도개혁을 포괄하는 것이었다.[13]

---

13) 경제학자 이헌창은 재정제도의 문란 가운데 합리적 조정이 있었고, 국가재분배 체제의 위기 가운데 새로운 경제체제로 나가려는 움직임이 있었다고 주장한다(2011: 470). 예컨대 환곡제도 와해의 주요요인으로 지목되는 이무(移貿)나 와환(臥還)은

조선의 경제체제 변동을 요약하면, 조선전기는 도덕경제적 재분배가 주도하는 경제였고, 18세기에는 대동법과 금속화폐에 힘입어 재정과 시장으로 통합된 경제체제가 성립하였으며, 19세기에는 재분배체제를 유지하려는 정치적 힘과 시장의 성장을 낳은 경제적 힘이 대립과 타협을 반복하다가 마침내 시장의 성장은 현물재정의 비효율성과 결합하면서 재분배체제를 서서히 시장체제의 길로 전환하게 한 것이다(이헌창, 2011: 471).

## 5. 위정척사론 대 개화론

조선 중기 율곡 이이가 제기한 경장론(更張論) 이래 두 차례의 전쟁을 거치면서 제기된 국가재조론 그리고 이용후생과 실사구시를 강조하는 학풍으로서 실학의 등장에도 불구하고 개혁은 이루어지지 않았고, 오히려 세도정치로 인하여 국력이 더욱 쇠잔해져 가면서 외세의 '쓰나미'를 맞게 되었다. 이른바 전세계적인 제국주의 팽창의 시기에 물밀듯이 밀려오는 외세의 쇄도 앞에서 대처방안을 놓고 갈등을 겪던 조선 말기는 이미 유교적 질서 및 제도에 대한 조선 내부 구성원들의 신념과 단합적인 수호의지가 상당히 분열된 시점이었다. 존왕양이(尊王攘夷)와 위정척사(衛正斥邪)의 기치 아래 외세에 대항하며 울타리를

관료기강 해이의 문제가 아니라, 환곡의 시장에 대한 반응으로서 환곡제도의 고유한 문제로부터 비롯되어 조세로 귀결되는 불가피한 과정으로 볼 필요가 있다는 것이다. 시장 기능을 활용하여 부족한 환곡 재원을 보충하는 방법으로 볼 수도 있다(문용식, 2001: 137-9). 이러한 시장조응적 제반 조치들이 법제화를 거치지 않고 관행으로 굳어져 '문란'(紊亂)으로 간주되어 왔지만, 시장의 성장에 따른 조세제도의 합리적 조정이라고 볼 수 있다는 것이다. 이렇게 보면 갑오개혁의 조세제도 개혁은 이러한 변화를 공인하여 전국적으로 시행한 것이다(이영호, 2001: 26-7, 35-6; 송찬섭, 2002: 4장).

고수하고자 하는 척사파 선비들도 있었지만, 개화파처럼 오히려 적극적으로 울타리를 풀어헤치자는 세력도 내부에서 등장하였다.

먼저 척사론자들이 외세로부터 보호하고자 했던 것은 근대적 의미의 국가주권(sovereignty)이나 민족의 자존, 혹은 민족경제의 보호 등이 아니라 주자학적 교리에 바탕을 둔 도덕적 질서와 소중화라는 위상이었다. 척사론자들은 주자학의 이기론(理氣論)을 모든 사물을 인식하는 틀로 삼아서 당시의 과학기술, 세계지리, 국제정세와 같은 지극히 현실적인 이해와 대책을 요구하는 문제들도 이주기종(理主氣從)의 추상적인 잣대로 인식하였다. 척사파는 소중화주의(小中華主義)에 따른 화이론(華夷論)적 세계관과 내수외양론(內修外攘論)에 바탕을 두었다(이동희, 1990: 382). 화이론은 중국(中華)・조선(小中華) 대 청(夷狄)・서양 및 왜(禽獸)의 기준으로 국제관계를 재단하는 것이며, 내수외양론은 내치(內治)의 중심을 군주의 극기정심(克己正心)에 두어 외부의 위협을 극복하는 것이다. 그리하여 대표적인 척사론자인 화서(華西) 이항로는 동・북은 선(善)의 땅인 데 비해 서・남은 사(私)의 땅이므로 "서・남에 위치한 서양은 인간의 도덕성, 즉 인의예지가 폐색되어... 새나 벌레가 살아가는 데는 편리하나 인간은 살 수가 없다. 그러므로 서양은 보기에는 인간과 같으나 내심은 금수와 같다"고 하였다.[14] 의병의 선봉에 섰던 면암(勉庵) 최익현도 화이론에서 의병의 의의를 찾았다.[15]

척사위정파의 이러한 경직된 대외인식은 국내정치적으로 당파적

---

14) 이항로, "尊中華," 『華西雅言』권10. 이동희(1990: 384-385)에서 재인용.

15) 최익현의 의병 포고문은 다음과 같다. "화이(華夷)의 큰 경계와 인수(人獸)의 큰 한계는 진실로 천지의 상경(常經)이며, 고금의 통의(通義)이므로 바꿀 수 없는 것이다. 중화가 된 까닭은 예의와 문물이 있기 때문이며, 문물로 밖에 나타난 것은 의관(衣冠)만한 것이 없는데, …일본놈들이 우리에게 오랑캐 옷을 입히고 머리를 깎으려 하니… 중화가 되느냐 오랑캐가 되느냐, 사람이 되느냐 짐승이 되느냐하는 판가름이 여기에 있다." 최익현, 『면암집』권16. 이동희(1990: 387)에서 재인용.

이해와 밀접하게 연결되어 있었다. 그들은 "만일 조약이 체결되어 양적(洋敵)이 밀려오면 필경 변란이 일어나 조정에는 환국(換局)이 일어나고, 서인들은 일망타진될 것이며, 남인들이 집권하여 율곡(栗谷), 우암(尤庵) 등이 문묘에서 쫓겨나고, 정자(程子), 주자(朱子)의 학설을 아무도 돌보지 않을 것"이라면서 개항을 반대하였다(이동희, 1990: 391).

한편 위정척사론과 대척점에 있던 개화사상은 조선 후기의 개혁사상인 실학파의 이용후생 정신을 이어 받은 것이었다. 김영작(1989: 152-153)은 개화사상이 적어도 갑오경장 이전까지는 군비의 강화 및 산업화에 의한 부국강병을 모색하는 양무론(洋務論)과 사회, 정치, 경제적 제도개혁을 꾀하는 변법론(變法論)을 통해 국가의 독립과 국민적 통합이라는 근대적 내셔널리즘을 실현하고자 했다는 점에서 역사적 의의를 찾고 있다. 예컨대 박규수는 강화도 조약체결 당시 자주적 개국론을 주장하였다. 이는 가치체계로서 서양을 인정하지 않는다 할지라도 국방과 같은 현실적인 문제의 해결을 위해서는 서양기술을 이용하자는 동도서기론(東道西器論)을 의미한다.

개화파들은 초기의 동도서기에서 점차 문명개화를 위한 계몽으로 활동을 넓혀갔으며, 이를 위해 1883년 우리나라 최초의 근대 신문인 「한성순보」를 창간하였다. 이 신문의 창간사에는 당시 개화파의 세계관이 잘 드러나 있다.

> 오늘날 문화가 열리고 과학이 발전하여 배가 각 대양을 달리고 전선은 제국을 연결하여… 외국인까지도 이웃사람과 같이 되었다. 우주안의 각국의 위치, 정령, 재정, 기술, 빈부생활, 인물의 선악, 물가의 저앙 등을 실어 비판적 지식을 제공함을 목적으로 한다… 독자가 근시안적이고 낡은 것에 집착하여 새로운 것을 알지 못한다면 우물안 개구리를

면하지 못할 것이다.[16)]

한성순보는 미국의 건국, 프랑스의 베트남 침공, 영국의 이집트 침략을 소개하고, 서양제국과 대립하는 나라들의 생존은 부국강병 밖에 없다는 것을 주장하였다.[17)] 개화파들은 부국강병을 추진하기 위해서는 민중의 충성심을 유도할 '국민통합'이 필요하다고 보았으며, 이를 위해 신분적 차별의 폐지, 봉건적 수탈의 제거, 군권(君權)에 대한 민권(民權)의 확대와 같은 근대적인 제도개혁이 필요하다고 보았다(김영작, 1989: 136).

1884년에 일어난 갑신정변은 개화파들의 정치적 실천으로서 정변의 중심인물들은 개화사상에 의해 결집되고 이를 운동차원으로 전개한 최초의 정치세력이었다(이동희, 1990: 394). 그들이 이제까지 주장해온 개화사상은 정강에 집약되어 있다. 먼저 정치적 개혁에는 내각제의 확립과 군권(君權)의 제한이 포함되고, 사회적 개혁에는 인민평등권의 확립과 과거제도 폐지를 통한 인재등용이, 경제적 개혁으로는 봉건적 경제수탈 및 환상미(還上米)의 영구면제를 의미하는 가렴주구의 제거 등이 포함되어 있다. 비록 갑신정변이 이러한 개혁을 뒷받침해 줄 '밑으로부터의 동원이 없었다'는 점과 '외세의존의 한계(청국의 간섭과 일본의 배신)'에 의해 실패하였으나, 봉건적 요소들의 제거를 통해 국민통합을 모색하고, 근대적 민주개혁을 지향했다는 점, 그리고 무엇보다 공리공론에 그치지 않고 정치군사적인 동원을 통하여 실행을 하였다는 점에서 역사적 의의를 갖는다.

최초의 근대적 개혁 시도였던 갑신정변이 실패로 돌아가면서 일본

---

16) 『한성순보』. 창간호. 「旬報」序」.

17) 『한성순보』. 제3호. 「亞米利加洲」.

으로 망명하였던 박영효는 정변의 실패를 회고하고 좌절된 개혁의 실현 필요성을 피력하기 위해 1888년 '조선 내정개혁에 관한 건백서(建白書)'를 발표하였다. 그는 부국강병의 필수적인 요소로 군과 민의 일체협력을 강조하고, 나아가 국내체제 개혁을 선결과제로 주장하면서, 인민과 정부의 관계를 다음과 같이 말하고 있다.[18)]

> "문명의 인민은 그 정부에 복종해야 될 의(義)와 복종해서는 안 될 의(義)를 알고, 동시에 타국의 뜻에 복종해서는 안 될 義(의)를 안다. 미개무식한 백성은 준우나태하므로 압제의 폭정을 참고 거기에 안주하고 있으나, 개명되고 도리를 아는 백성은 영특현명하고 강직의연하기 때문에 束縛之情(속박지정)에 복종하지 않고 그것을 변혁시킨다."

비록 좌절한 개혁시도였으나 갑신정변의 주도세력이었던 박영효가 갖고 있었던 민권사상은 이미 천부인권설에 바탕한 자유, 평등, 권리, 의무를 규정하는 사회계약설을 받아들이고 있었으며, 정당과 민회의 구상과 함께 입헌군주제를 구상하고 있었다(이동희, 1990: 403). 무엇보다도 청국의 조선 속방화 시도에 대한 자발적이며 근대적인 개혁 시도였다는 점에서 매우 큰 의의를 지닌다.

그러나 이러한 근대화 노력의 좌절은 10년이 지난 1894년 갑오경장이라는 외세에 의한 기형적 근대화를 불러왔다. 갑오경장은 고종 31년(1894년)부터 일본의 강압에 의해 김홍집 내각이 3년간 3차에 걸쳐 실시한 정치 · 경제 · 사회 · 문화 전반에 걸친 근대적 개혁시도이다. 갑오경장의 주요 내용은 정치적으로 청의 종주권 부인, 개국기원

---

18) 일본국 외무성 편, 1951, 『일본외교문서』 제21권; 김영작(1989: 146-155)에서 재인용.

사용, 의정부와 궁내부의 분리, 과거제 폐지, 사법권 독립, 경찰권 일원화, 지방의 23부 개편, 언론의 자유와 신교육령 등이다. 경제적으로는 재정을 탁지부에서 관장, 은본위의 화폐제도, 금납제 실시, 도량형 정비 등이며, 사회적으로는 신분제 폐지, 적서차별 폐지, 조혼 금지, 과부의 재가 허용, 고문과 연좌제 폐지 등이다. 이 개혁은 봉건적 사회제도를 청산하는 근대화의 출발점이었으나, 동시에 이를 통해 일본이 조선으로의 진출을 원활하게 하기 위한 정지작업의 성격을 갖고 있다는 점에서 기형적이었다.

이처럼 조선 말기에 물밀듯이 밀려드는 외세의 쇄도 앞에서 조선의 엘리트들은 대처방법을 놓고 크게 두 갈래로 나뉘었으며, 이들 모두 비현실적으로 순진무구하다는 결함을 공통적으로 갖고 있었다. 유교문화의 울타리 수호를 자임하는 척사파들은 자기중심적인 화이론의 잣대로 국제관계를 재단하려 하였고, 개화파들은 이상주의적 호혜론을 바탕으로 외세에 의존하였으며, 결국 두 세력 모두 외세에 의해 좌절되었다. 이렇게 내부로부터 해이해진 유교문화의 울타리를 본격적으로 붕괴시킨 결정적인 계기는 개항과 일제의 식민통치이다. 다음 장에서 살펴보겠지만, 일제 식민통치자들은 유교 문화를 식민통치의 자원으로 활용하였으며, 그 결과 유교는 제도적인 수준에서 파편화된 채 행위적 수준에서 잔존하게 되었다.

## 6. 소결: 정체인가 억제인가

조선시대의 유학자이자 관료였던 선비들은 자신들의 정치적 이상을 실현하기 위해 유교문화를 창출하고 실천하였다. 조선의 유교는 상호모순이 없는 일관된 형태(package)로 도입되거나 현실적 권력의 진공상태에서 위로부터 혹은 밖으로부터 일방적으로 주어진 것이 아니었다. 조선 역사의 특정 국면마다 선비들은 자신들의 도덕적 원칙이나, 혹은 당파적 이해에서 유교문화의 재해석을 시도하였고, 이를 실현하기 위해 노력하였으며, 이는 대개 권력투쟁의 형태로 발현되었다. 이런 점에서 조선의 선비들은 정태적인 유교문화의 소비자가 아니라 적극적인 문화의 창출자이자 담지자이며, 유교문화를 자신들의 전략적 자원으로 활용하려고 시도한 능동적 행위자들이었다.

조선의 지배 엘리트들은 유교의 도덕적 원칙이 지배하는 사회 건설을 목표로 삼아 '재분배적 산업정책'을 입안하고 지속적으로 시행하였다. 그들은 유교적 이상국가 수립이라는 목적달성을 '인정(仁政)이 이루어지는 도덕경제의 실현'에서 찾았으며, 이를 위해 유교 교리 중에서 왕도론과 의리론을 선택적으로 발췌 및 동원하여 조선사회 구조의 깊숙한 곳에 경제적 이해타산 관계를 가두어두는 문화적 '가두리'의 역할을 수행하도록 하였다. 이러한 도덕경제적 원칙은 조선 500년 동안 재정 · 경제 · 산업 정책의 근간을 이루었다. 그 결과 조선은 적어도 임진왜란 전까지는 전형적으로 '경제가 사회에 배태된'(socially-embedded economy) 도덕경제 체제를 대체로 유지할 수 있었다. 그러나 중후반기 이후부터 점차 시장이 성장하고 경제적 이해타산 관계가 정치적, 문화적 가두리를 벗어나면서 경제가 사회와 충돌, 조응, 절충하는 단계를 거쳐 마침내 개항의 계기를 통해 시장경제체제로 전환되어 갔다고 볼 수 있다.

조선은 외부 식민통치의 충격에 의해서'만'이 정체의 늪에서 빠져나올 수 있었던 무기력한 정체사회였는가? 아니면 조선은 외부의 간섭이 없는 자연상태에서 자본주의로 개화할 '맹아'를 갖고 있었으나 일제의 식민통치는 이를 좌절시켰는가?

이것이 '식민지 근대화론'과 '자본주의 맹아론'의 쟁점이다. 조선 사회가 외부의 충격에 의해서'만'이 자본주의 발전의 계기를 잡을 수 있었다는 식민지 근대화론이나 그대로 두었으면 자본주의로 발전할 싹이 있었다는 자본주의 맹아론이나 모두 '자본주의적 경제발전'을 전제로 한다. 그러나 조선은 명시적으로 그리고 일관되게 유교적 이상인 도덕경제를 표방하였으며, 경제적 발전을 국가목표로 삼은 적이 없다. 오히려 '무본억말론'을 통하여 상업에 바탕을 둔 경제관계 및 발전을 적극적으로 회피하고 억제하였다. 따라서 식민지 근대화론이나 맹아론은 이러한 철학적 신념에 찬 당사자의 입장을 고려하지 않고, 평가자의 일방적 척도로서 평가하므로 타당성(validity)의 문제가 있다. 정작 당사자들이 시도하지도 않은 자본주의적 경제발전이 없었다고 그들에게 실패의 책임을 물을 수 없다. 그 대신 조선의 국가 엘리트들이 표방하였던 이상국가 실현을 위한 노력과 결과에 대해 평가하고 현재적 함의를 도출해야하므로, 그들의 행위를 그 자체로서 보아야 할, 즉 내재적 관점을 통해서 보아야 할 이유가 여기에 있다.[19)]

19세기 말 20세기 초 조선은 심각한 경제적 위기 상황에 놓여 있었고, 그 당시 일본이나 자본주의 선진열강에 비해 '자본주의 경제적 저발전'(capitalist economic underdevelopment) 상황에 있었음은 분명한 사실이다. 그러나 이제까지 저발전에 대한 근본 원인이 '정체'(stagnant)

---

19) 자본주의 맹아론, 혹은 내재적 발전론과 식민지근대화론 사이의 논쟁점에 대해서는 정태헌(1997), 조석곤(1998)과 정연태(2002), 박섭(2009) 등이 명료하게 정리하고 있다. 이 연구에서 취하고 있는 '도덕경제적 억제론'은 역사발전법칙적 입장에서 자본주의적 발전의 맹아를 탐색하는 내재적 발전론(이홍락, 1997 참조)이나 자본주의를 당위적으로 전제하고 이를 매개한 식민통치의 역할을 '시혜적'으로 강조하는 기능론적 식민지근대화론(이영훈, 2016)과 구별된다.

인가 '억제'(restraint)인가를 따져봄이 없이 '정체'로 간주해 왔다. 정체론은 어느 사회가 사회유지 혹은 경제발전을 위해 어떤 노력도 시도할 능력을 갖추지 못하거나, 혹은 모든 노력을 경주하였음에도 불구하고 능력이 미치지 못하여 실패하는, 즉 무능력을 전제로 한다. 반면 억제론은 도덕경제적 이상을 추구하기 위해, 경제발전보다는 사회유지를 목적으로 경제적 활력을 능동적으로 억제하였으므로, 적절한 계기가 주어진다면 경제발전에 대한 잠재력이 활성화될 수 있다는 것을 전제로 한다. 저발전 현상의 근본적 원인이 정체인지 억제인지의 구분에 따라 저발전에 대한 설명과 함의도 다르고 향후 발전에 대한 전망과 처방도 다르기 때문에 이를 구분하는 것은 매우 중요하다.

이 장의 논의는 조선사회의 전략적 행위자로서 선비들이 유교적 이상사회, 즉 유교의 도덕적 원칙이 지배하는 사회를 건설하기 위하여 어떻게 도덕경제적 정책을 수립하였고, 전 왕조시기에 걸쳐서 이를 관철하고자 문화적 울타리를 구축하면서 경제적 활력을 억제해 왔는가를, 그리하여 조선사회의 경제가 어떻게 사회적 관계에 배태(embedded)되어 있었나를 잘 보여주고 있다. 도식적으로 말하면, 조선은 적어도 중기까지 〈그림 1〉(46쪽)의 전형에 가까운 사회적 관계에 배태된 경제체제를 가진 사회였으나 후기에는 〈그림 2〉(47쪽)처럼 새로운 역사적 국면으로 접어들게 되었다. 조선 후기 들어서, 마치 휴화산이 취약한 지각을 뚫고 마그마를 분출시키듯이, 이제까지 억제된 경제적 잠재력이 발현되기 시작하면서 상업문제, 시전의 성장, 무본보말론 및 이권재상론이 등장하게 되었고, 이제까지 지배적이었던 재분배경제체제가 시장경제체제와 어떻게 충돌하고 절충하게 되었는지를 잘 보여주고 있다.

근본적으로 조선 경제의 문제는 '정체'의 문제가 아니라 '억제'의 문제였다. 조선 정부의 문제는 어떻게 정체된 경제를 활성화할 것인지가 아니라, 어떻게 통제를 벗어나 과도하게 활성화되어가는 경제를 유교적 이상에 맞게 억제할 것인가였다. 한 사회에서 저발전의 근본적 원인이 정체든지 혹은 억제든지 두 가지 경우 모두 저발전이라는 현상적 결과는 같게 나타나지만, 장차 달라진 사회적 조건 속에서 사회구성원들의 발전 지향적 행위가 그 사회의 경제발전에 대해 갖는 함의는 매우 다를 것으로 예상할 수 있다. 이 장에서 분석한 조선사회의 모습은 식민지근대화론자들이 주장하는 정체론과는 거리가 멀다.

# 제6장 식민지 혼종문화의 형성과 식민지 경제의 지정학적 배태

앞 장에서 살펴보았듯이 조선말기 조선인들에 의한 자발적 근대화 시도였던 갑신정변은 외세에 의해 좌절되었다. 그 이래로 조선에서 자발적 근대화 시도는 실종되었고, 그로부터 10년 후 외세에 '의한' 또 외세를 '위한' 최초의 근대적 개혁인 갑오경장이 시작되었으며, 이는 장차 일제 식민통치시기에, 조선의 내부적 요구와는 무관하게, 일제의 필요에 따라 취사선택적으로 진행되었던 파편적 '식민지근대화'(colonial modernization)의 전주곡이었다.

도대체 근대화(modernization)란 무엇인가? 왜 한 사회가 자존의 길을 갈 것인가 아니면 굴종의 길로 갈 것인가를 좌우하는 갈림길에서 근대화의 성공여부가 결정적인가? 자발적 근대화와 타의적 근대화의 차이는 무엇인가? 식민통치하에서 일어났던 타의에 의한 파편적 근대화의 함의는 무엇인가? 그리고 일제 식민통치는 식민지 조선사회의 문화를 어떻게 혼종화시켰는가? 이러한 질문에 대한 답을 찾기에 앞서 우선 근대화와 식민지근대화의 개념을 살펴본다.

## 1. 근대화와 식민지근대화

근대는 여러 측면에서 접근할 수 있다. 먼저 사회학자 베버는 '근대화'를 합리성의 확산과정으로 보고 있다. 근대란 고도의 문명들이 부족-종족 중심의 신화적 특수주의를 극복하고, 동시다발적으로 종교적 합리주의를 창출하였던 '제1차축'과 발생론적으로 구분되는 새로운 유형의 합리주의적 세계상 및 생활양식에 바탕한 '제2차축'의 시기를 의미한다(전성우, 2005: 24-25). 근대라는 2차축의 시기에는 이전까지의 종교적 세계관과 이에 바탕한 인식론에 대한 근본적 혁신으로서 '탈주술화'가 일어나며,[1] 그 문화적 결과로서 '의미와 가치의 사유화와 파편화'가 일어난다. 즉 종교는 인간에게 필요한 또는 옳은 하나의 답으로서 '신'을 제공하지만, 근대는, 세계란 신이 질서를 잡아준 유의미한 코스모스가 아니며 '필요하고 또 옳은 모든 것'에 대해서는 우리 스스로가 판단해야 한다는 통찰에서 출발한다(전성우, 2005: 22-23). 그리하여 '근대의 탄생'은 탈주술화를 통해서 종교적 세계상이 쇠락하면서 이제 이 신적 세계에 예속되어 있었던 각각의 가치 영역 및 의미 영역들(부분-체계 또는 하위체계)이 해방되고 각각이 분리·독립 또는 분화되면서 비롯되었다(전성우, 2005: 25-26; 2006: 56). 이들 3가지 하위체계는 인지적-기술적 영역(진), 심미적-표현적 영역(미), 도덕적-실천적 영역(선)으로 구성되며, 이들은 제각기 '목적합리적' 행위, '감성적' 행위, 그리고 '가치합리적' 행위와 같은 '내적인 자기법칙성'

---

1) 베버는 '탈주술화'를 다음과 같이 정의한다(전성우, 2005: 22-23). "우리는 원하기만 한다면 언제라도 우리의 삶의 조건들에 대한 지식을 얻을 수 있다는 것, 따라서 우리의 삶에서 작용하는 어떤 힘들도 원래 신비롭고 예측할 수 없는 힘들이 아니라는 것, 오히려 모든 사물은 -원칙적으로는- 계산을 통해 지배될 수 있다는 것을 우리들이 알고 있거나 또는 그렇게 믿고 있다는 것".

을 갖는 상이한 합리성 구조와 상응한다고 본다. 여기서 '근대성'은 인간의 사고양식과 의식 수준이 도달한 '하나의 보편적 발전단계'로서 서구유럽에서 역사적으로 '발생'(originate)하였고, 이후 '근대성의 실현 방식'으로서 '여러 가지 대안'들이 다른 문화권으로 '확산'되었다.[2)]

역사적·경험적으로, 근대화는 18, 19세기 유럽에서 일어난 산업화의 경험을 바탕으로 전통적인 농업사회가 산업사회로 전환하는 과정에서 일어난 변화를 말한다(Chodak, 1973: 261). 보다 구체적으로, 산업화는 이제까지와는 다른 새로운 물질적 조건과 욕구를 창출하였고, 노동의 분화를 심화시켰다. 이는 다시 사회 내에서 새로운 역할과 조직, 행위 체계를 더욱 분화시켰고, 이들 간의 상호의존도를 더욱 증가시켰다.[3)] 산업화는 사회구성원들의 행위와 태도의 변화뿐 아니라 새로운 가치 변화를 가져왔으며, 이는 다시 산업화를 지속시키는 동기가 되었다. 이처럼 농업사회에서 산업사회로의 전환은 선진 산업기술의 발달뿐 아니라 이러한 기술을 유지하고 활용하는 데 적합한 정치적, 경제적, 사회적 배열(arrangements)의 변화를 포함하며, 이것이 바로 근대화이다(Vago, 2000: 103). 그리하여 근대화는 산업사회로의 변화에 따라 사회의 여러 층위에서 동시적으로 일어나는 변화인 공업화, 도시화, 관료제화를 포함하는 포괄적인(comprehensive) 개념이다.

보다 구체적으로, 근대화는 정치, 경제, 사회 및 문화 제도적 영역에서 일어나는 근본적이고 동시적인 변동을 의미한다. 먼저 경제적

---

2) 근대성이 서구에서만 발생하게 된 것은 하나 또는 몇 개 요소들의 특이성 자체라기보다, 잘 알려져 있듯이, 이 개별 요소들이 '선택적 친화력'이라는 특이한 결합방식으로 '역사적 조합'을 이룬데서 비롯한다.

3) 사회학자 뒤르켐은 사회가 발전함에 따라 노동이 분화되고 분화된 노동 간의 상호의존도와 상호작용의 밀도인 '도덕적 밀도'(moral density)가 높아지면 그 사회의 '유기적 결속'(organic solidarity)의 정도도 높아진다고 보았다.

영역에서는 경제적 행위의 전문성의 심화, 상품시장, 노동시장, 화폐 시장의 범위와 복잡성의 증대를 포함한다. 사회조직 영역에서는 보다 전문화된 형식의 경제적, 직업적, 공공적 행위가 집중적으로 일어나는 도시의 인구 증가 그리고 신분적, 폐쇄적 계층체계에서 경제적, 직업적, 교육적, 사회적 이동경로를 통해 사회적 상승이동 기회를 갖는 개방적 계층체계로의 변동을 의미한다(Germani, 1981: 173-195). 정치적 영역에서 근대화는 보다 다양화된 정치구조, 중앙집중적인 법적, 행정적, 정치적 행위의 점증적인 분권화, 막강한 정치권력의 다원적 그룹으로의 지속적인 확산, 전통적인 엘리트들의 약화 등을 포함한다. 문화적 영역에서 근대화는 주요 문화나 가치체계의 근본적 요소들 간 분화의 증가에 의해 특징지을 수 있다. 이는 종교, 철학, 이데올로기의 분화에 의해서, 세속화의 증가와 동시에 전통적, 문화적 엘리트들의 세력 약화에 의해서, 문자 해득률과 세속적 교육의 증가에 의해서, 또는 새로운 세속적인 지식인 계층의 등장에 의해서 일어날 수 있다.

이러한 제도적인 변화들은 개인의 태도나 인성의 변화를 촉발하여 '근대인'(modern man)으로 변환시킨다. 사회학자 잉켈레스와 스미스(Inkeles and Smith, 1974: 290)는 근대인의 특성을 다음과 같이 열거하고 있다.

1) 근대인은 충분한 정보를 바탕으로 참여하는 시민(informed participant citizen)이다.
2) 근대인은 탁월한 개인적 효능감(personal efficacy)을 갖고 있다.
3) 근대인은 극도로 독립적(independent)이며, 전통적 권위로부터 독자적(autonomous)이다.

4) 근대인은 새로운 경험과 아이디어를 맞을 준비가 되어있다. 즉, 개인은 비교적 개방적(open-minded)이며 인지적으로 유연(cognitively flexible)하다.

19세기 중엽 즈음에 국가간・체제간 무력경쟁에서 압도적 우위가 증명된 서구 근대체제는 여러 가지 방식을 통해 비서구 지역으로 확산되었다. 그 중에서 가장 일반적인 방식은 '자발적 근대화'와 '동화적 근대화'를 들 수 있다(Chodak, 1973, 267).

먼저 자발적 근대화(induced modernization)는 앞서 있는 선진 서구사회를 따라잡자는 욕구에서 서구의 근대적 조직, 제도, 가치 지향을 모델로 삼아, 근대적 형태의 정부 행정구조, 교육, 대학제도, 연구제도, 선거제도, 언론매체 등을 도입하는 방식을 말한다. 이러한 형식의 근대화는 대개 정부나 지배적 정당, 혹은 정치 엘리트들이 근대화의 주동자들로 나서게 된다(Chirot, 1985). 자발적 근대화의 대표적 예로 서구의 위협에 당면하여 이에 대처하기 위한 방어적 수단으로서 '위로부터' 근대화를 추진한 일본의 메이지 유신이 있다.

다음으로 동화적 근대화(acculturative modernization)는 두 개의 다른 문화가 수렴하는 방식을 말한다. 동화적 근대화의 가장 전형적 형태는 식민지 근대화이다(Chodak, 1973, 263). 대개 식민지배-피지배와 같은 비대칭적 권력관계에서 식민모국 일방의 필요에 따라 근대적 요소가 식민지에 선택적으로 이식(transplantation)되는 방식으로서, 그 결과 온갖 형태의 문화적, 사회적 왜곡(abnormalities)과 제도적 변형(deformation)이 나타난다.

일제 식민통치의 문화적 함의는 조선사회 내부의 요청과는 무관하게 일본 제국주의의 식민지 경영의 필요에 맞추어 편의적이고 파편적으로 구성된 식민지 근대성이 이미 파편화된 유교적 전통과 접합(articulate)된 결과로서 '식민지 혼종문화'(colonial hybrid culture)가 구성되었다고 볼 수 있다.

이 장에서는 우선 식민지 조선에서 형성된 혼종문화의 구체적인 양상을 확인해본다. 그리고 식민지시기에 일어났던 산업화의 구체적 내용과 성격을 파악한 뒤, 이러한 식민지 경제의 지정학적 의의와 자본주의 세계체제적 함의를 살핀다.

## 2. 전통유교의 파편화

조선의 유교는 조선 왕조의 패망과 함께 파편화되었다. 국가의 통치이념으로서 유교는 조선왕조 500년 동안 일관되게 유지되어 왔지만 국권이 상실되자마자 공식적인 무대에서 퇴장당하였다. 아울러 이제까지 정치적, 문화적 패권을 구사하며 조선사회를 총체적으로 지배하던 유교 엘리트들은 정치적 권위를 상실하였을 뿐 아니라, 조선 패망에 대한 질책을 한 몸에 받으며 도덕적 권위도 상실하였다. 한 사회의 지배 엘리트로서 권한이 컸던 만큼 기대와 책임도 컸기 때문이다. 독립협회의 발족에 참여하기도 하였던 안경수(安駉壽)의 유교비판은 그 당시의 분위기를 일목요연하게 대변한다.

> 卿大夫(경대부)된자들은 오직 老少南北(노소남북)의 黨論(당론)이나 일삼고, 儒生(유생)된자는 오직 心性理氣論爭(심성이기논쟁)이나 하고, 과거보는 자들은 오직 詩賦表策(시부표책)의 상투적인 技巧(기교)나 힘쓰고, …예의를 빙자하여 태평이나 일삼고, …스스로 높은체하여 利用厚生(이용후생)과 富國强兵(부국강병)의 實事求是(실사구시)하는 일에

이르러선 내쳐 떨쳐버리고 외면하고 물리쳐, 마침내는 엎드러지고 거꾸러져 일대난국에 이르렀다(안경수, 1975).

그동안 조선의 정치와 문화의 중심에 위치하였던 유교 엘리트들이 망국에 대해 대응한 방식은 다양하게 갈렸다. 스스로 죽거나, 떠나거나, 저항하거나, 아니면 길들여졌다(조남욱, 2003: 116). 수많은 사람들이 1905년 을사보호조약이나 1910년 경술국치를 당한 후 절망감을 이기지 못해 자결하거나 은둔을 택하였다. 더 많은 사람들이 유교전통의 의리 정신에 의거한 자존적 저항으로서 의병을 일으키거나 국내외에서 독립운동에 투신하였다.

반면 이들 항일 유림들과는 달리 상당수는 일제에 적극적으로 협력하여 '친일유교'를 일으켰다. 일제는 조선시대 유교 교육의 중심이었던 성균관을 경학원(經學院)으로 개편하여 '어용유학'의 개발에 힘썼다.[4] 이러한 친일유교의 전개는 몇 개의 시기로 나누어 볼 수 있는데 1907년의 대동학회(大東學會), 1919년의 대동사문회(大東斯文會), 1921년의 유도진흥회(儒道振興會), 1939년의 조선유도연합회(朝鮮儒道聯合會) 등이 중심이 되었다(유준기, 1999: 89-106). 이들은 교육이나 언론, 강연회 활동 등을 통하여 '현실 순응적' 유교의 개발과 확산을 위해 노력하였다. 어용신문인 매일신보는 논설에서 '계절이 변하듯 현실은 변하는 것이므로 그 변화에 맞추어 살아가는 것'이 진정한 '유자'(儒者)일 것인데 그렇지 못함은 유교 경전의 본의에도 어긋나는 것이라며 맹자와 주역의 구절을 인용하며 주장하였다.[5]

---

4) 일제는 1910년 8월 경학원에 25만 원의 '천황하사금'을 주면서 유림을 회유하였고, 10월에 다시 공채로 거액(1,739만 원)을 조성해 '은사금'으로 제공하면서 이는 "천황의 성은이므로 유생 등은 감사히 받아 보답하는 마음을 가져야 할 것"이라고 하였다(조남욱, 2008: 14).

한편 일제 식민당국에 의한 근대적 식민관료제의 도입은 조선왕조 관료제의 담당자였던 양반 선비들의 권력기반을 송두리째 들어내는 것이었다. 이들은 이제 정부의 관료제를 언젠가는 채울 예비 관료가 아니라 식민관료제의 말단 관료들에게 복종해야 하는 식민지 백성에 불과하였다. 또한 식민지 자본주의의 이식은 농업공동체적 경제에 기반을 두었던 선비들의 사회경제적 위치를 급속히 붕괴시키는 것이었다. 유교문화의 담지자로서 선비들이 그들의 정치적, 사회경제적 기반을 상실함에 따라 유교는 제도적 수준에서 해체되었고, 오로지 행위 수준에서 잔존하게 되었다. 그리하여 대다수 일반인들에게 유교는 일제 식민통치시기를 거치면서 오늘에 이르기까지 '종교가 아닌 종교'로서, 즉 생활윤리로서 여타 제도적 종교와 중첩적으로 공존하면서 기초적인 의식과 생활관습의 일부분으로만 남게 되었다.[6]

## 3. 문화정치와 식민지 조선사회의 파편화

일제의 식민지배를 거치며 조선사회의 국가적 통치이념이자 공식 윤리였던 유교는 파편화되어 사적인 윤리로 축소되었다. 일제는 식민통치를 원활하게 하기 위한 목적으로 조선사회의 파편화를 기획하였

---

5) 玉汀生, "地方儒生에게 警告함."(매일신보, 1911.7.26; 조남욱, 2003: 139 재인용).

6) 그리하여 1984년 당시 한국인 중에서 자기가 스스로 확인하는 유교인은 성균관과 향교 주변의 몇몇에 불과했지만 대다수는 다양한 정도로 유교적 사고 및 행위유형을 갖고서 살아가고 있었다. 한국갤럽(1984)의 조사에 의하면, 자기 스스로 주장하는 '자기확인' 방법에 따른 유교인은 0.5%에 불과하다. 그러나 생활상의 종교적 관행을 유형별로 나눈 '성원등급조사'에 따르면 조사대상 전체의 91.7%가 유교의 기본등급성원이고, 그중에 불교인의 100%, 천주교인의 90%, 개신교인의 76.4%가 유교의 기본등급성원으로 나타났다. 사회학자 전태국(2010) 역시 2005년 경험조사를 바탕으로 오늘날 한국인에게 가장 중요한 행위지침으로 유교를 들고 있다.

다. 초기의 무단통치에 대한 전 민족적 저항인 3.1운동 이후, 일제는 '문화정치'를 표방하면서 분할통치(divide and rule) 전략을 본격적으로 시도하였다.

일제는 토착 자산계층에게는 일정한 몫을 인정하여 '민족신문'을 허용하는 한편, 민족적 부분에 대해서는 위협, 매수, 회유를 통해 포섭을 시도하였다(강동진, 1984: 377). 이를 위해 '민족개량주의' 이데올로기를 확산시키고, 반일의 기운을 장기적이고 타협적인 '문화운동'으로 유도하였으며, '자치운동'을 목표로 하는 정치사회단체의 조직을 통하여 민족운동의 급진화, 좌경화를 견제하였다. 그 결과 국내 민족주의 진영은 일제의 이러한 문화정책에 타협하는 점진주의자들과 비타협적인 급진주의자들로 양분되었다. 점진주의자들은 민족주의 우파로서 일본과의 정면대결을 피하고 일제의 새로운 문화정책과 타협하여 '교육진흥'이나 '국산품애용' 등 타협적이고 무저항적인 문화운동을 표방하였으나, 급진주의 좌파는 비타협적 저항주의를 표방하였다.7)

여기서 '문화운동'이란 민족해방운동의 일환이라기보다 "총독부 권력이 민족주의 우파의 점진주의적, 타협적 요소를 이용하여 지배체제 쪽으로 끌어들여 그들로 하여금 민중의 치열한 반일, 독립지향 의사를" 거세시키려고 꾀한 민족분열정책의 하나였다. 총독 재등실(齋藤實)의 문서는 이를 극적으로 표현하고 있다.

> "이런 事象(배일기운)에 대해 압박을 주어 없앤다는 따위는 도저히 바라서는 안 된다. 그렇다고 아무 방책도 마련하지 않고 일이 돌아가는

7) 민족주의 좌파는 일본과의 타협을 통해 궁극적으로 독립을 성취하는 것은 불가하다는 입장에서 철저한 항일을 주장하면서 좌경화되었다. 대표적 인물인 이동휘(李東輝)는 상해 임시정부와도 손을 끊고, 시베리아의 한국인 사회주의자와 동맹하였다가 마침내 1924년 상해에서 여운형과 함께 '고려공산당'을 만들었다.

대로 내버려둔다는 것도 위험하기 짝이 없다. 우리는 꼭 무슨 방책으로든 이러한 경향을 이용해서 거꾸로 일선(日鮮)병합의 대정신, 대이상인 일선동화(日鮮同化) 위에 귀향(歸向)시키지 않을 수 없다. 다른 방책이란 없고 위력(威力)을 동반하는 문화운동 뿐이다."[8)]

이에 따라 총독부 당국은 1920년 초부터 '문화운동'을 추진하기 위한 구체적 강령으로 '참정권 획득청원', '실력양성', '민족성 개조'의 세 가지를 표방했다. 그러나 여기에 처음부터 동조한 세력은 친일파, 예속자본가에 국한되었으며, 따라서 총독부는 각개격파로 민족주의자의 전향을 강요하는 공작과 아울러 이들을 대중적 기반과 단절시키는 전술을 통해 민족주의자 약체화정책을 수행했다. 총독부가 이광수를 시켜 중국에 있던 안창호 등 문치파(文治派)와 접촉하게 하는 한편, 이광수, 최남선, 최린 등을 앞세워 유사민족주의로서 민족개량주의(民族改良主義)를 확산시키게 하였던 것도 이 시기이다(강동진, 1984: 382).

한편, 식민당국은 종교단체의 분열과 어용화를 통해 민족주의 세력의 거점을 와해시키는 한편 식민정책에 부응하도록 유도하는 공작을 수행했다(임종국, 1980). 그러나 식민당국이 종교단체를 어용화하려고 한 의도는 어디까지나 종교단체 속의 민족주의 세력을 추출하는 데 있었지 종교자체의 약화에 있었던 것은 아니었다. 종교의 사회질서 유지 기능은 식민정책과 상호 모순되지 않을 뿐만 아니라 오히려 민족적 자각을 무마시킨다는 점에서 장려해야 할 것이라고 보았다.[9)]

---

8) 재등실문서 742, '조선독립운동에 대한 대책' 1920년 8월 27일. (강동진, 1984: 385에서 재인용). 강동진에 의하면, 문화운동은 19세기 후반 이후 고양된 반일 기운을 역이용하는 선공적(先空的; preemptive) 효과를 노린 것이다.

9) "유, 불 제교와 기독교를 가리지 않고 그 본지는 필경 인심세태의 개선에 있기 때문에 처음부터 시정 목적과 어긋나지 않을 뿐만 아니라 오히려 작으나마 보탬이

식민당국이 어용화를 꾀하였던 종교는 불교, 기독교, 천도교 및 유사종교였다. 이 중 천도교와 기독교는 배일적인 민족주의자들을 많이 배출하였다는 점에서 집중적인 주목을 받았다. 이에 비해 불교는 반일적 대중결집의 매개체로서 역할이 미미하나 방대한 신앙세력을 갖고 있기 때문에 "이를 부흥시켜 국민신앙이 귀착하는 곳을 만들어" 민족운동의 거세세력으로 이용할 필요가 있다고 보았다. 유사종교의 범주에 포함되는 사교단체는 기성종교를 약화시키고 친일여론을 조성하며 민중의 민족적 자각을 마비시킨다는 점에서 보호, 장려의 대상이 되었다(강동진, 1984: 392 참조).

구체적으로 총독부 당국이 시행한 종교의 어용화 방안으로는 '일본인 유력자'나 친일적 '민간인 유력자'를 통해 각 종교단체를 조종하는 이른바 '종교적 사회운동'이 있었다. 먼저 불교의 경우 "日・鮮人의 제휴로" 불교적 사회운동을 일으키기 위해 사찰령을 고쳐 전국 30본산(本山)을 통할하는 총본산(總本山)을 서울에 두고 중앙집권화를 시도하며, 총본산의 '관장'(管長)을 친일주의자로 채우고, 불교진흥촉진단체를 설립하여 총본산의 옹호기관으로 삼는다는 것이었다. 이에 따라 식민당국은 중앙집권적 기구를 설립토록 강요하고, 그 가부를 둘러싸고 중앙총무원(中央總務院)과 중앙교무원(中央教務院) 등 두개의 파벌로 갈라지게 하였으며, 이 파쟁과정에서 민족주의자를 축출하고 중앙교무원을 확립시켰다. 이러한 과정에서 대처승(帶妻僧)과 비구승(比丘僧)의 대립도 생겨났으며 이러한 불교 내부의 균열은 식민당국의 분열획책에 잘 이용되었다(안계현, 1970: 355-356 참조).

중앙집권화가 어려운 기독교의 경우 "미국 선교사에 반감을 가진

---

된다고 의심치 않는다"(재등실문서 463, '極秘' "재등총독諭告案." 강동진, 1984: 390에서 재인용).

자"를 이용하여 별도의 독립교회, 즉 어용적인 '일본조합교회'의 설립과 확장을 통해 민족주의자를 축출하고자 했다. 민족주의적 정서가 강력한 천도교의 경우 내부 분열공작을 통해 친일세력으로 하여금 신도를 매수, 유인하여 청림교(青林教), 삼성무극교(三聖無極教) 그리고 교제우교(教濟愚教) 등 유사한 종교로 갈라지도록 하였다.

한편 3.1운동 이후 제한적이나마 정치단체를 제외한 결사의 자유가 인정되자 거의 7천 개에 달하는 각종 사회단체가 설립되었으며 이를 제한적 의미의 식민지 시민사회의 형성계기로 볼 수 있다(강동진, 1984: 383-4 참조). 교육제도의 개선, 교육계의 풍기 개선 등을 내세운 조선교육협회(회장 이상재), 여자 보통교육을 주장한 조선여자교육협회, 전국 600여 개 청년회를 한데 묶으면서 민족문화의 보급을 내세운 조선청년연합회, 최초로 전국적 노동단체의 결성을 목표로 한 조선노동공제회, 국산품애용·자급자족주의를 주장한 조만식 중심의 물산장려회 등이 발기하였다. 물론 이러한 합법적 '시민사회' 단체들이 대개는 애국적 동기에서 발기되었으나 이들 단체의 개량주의적 지향은 바로 식민 정책당국이 의도한 문화정치를 통한 '혁명적 기운의 거세'와 부합하는 것이었다.

이제까지의 논의를 요약하면, 이른바 식민지 문화정책은 민족주의 세력의 분할통치를 통한 영구적 식민지화를 획책하는 것으로서 한민족 지도층을 비롯한 식민지 조선사회를 파편화시켰다. 특히 한 사회의 도덕적 경계유지를 담당하며 끊임없이 변화하는 사회변동의 과정에서 도덕성 복원력의 '저수지' 구실을 담당하는 종교도 식민당국에 의해 통치수단화되었으며, 이에 따라 철저히 세속화(世俗化)되었다. 식민 통치하에서 제한적이나마 자발적 행동의 공간을 '허용'받았던 사회단체들도 식민지 조선사회에서 도덕적 권위를 인정받기는 어려웠다. 이는 자발적인 정치적 결사능력이 거세된 채 식민당국의 의도 안에서만 '자율적이고 자발적인' 사회집단이었기 때문이다. 이러한 일제 식민정책의 유산이 가져다주는 도덕적 함의는 유교의 파편화와 이를 대신하여 공동체적 질서의 바탕이 될 수 있는 여타 종교들의 도덕적 기반 붕괴 그리고 종교적, 사회적 집단의 '탈권위화'이다.

## 4. 식민지 산업화

일본은 조선을 제국의 일부로 영구 병합하기 위하여 식민지 지배 초기부터 한반도에 일본과 동일한 경제제도를 이식시켰다. 일본의 민법을 한반도에 이식하는 '조선민사령'을 공포하면서 각종 물권 및 채권에서 사유재산제도를 확립하였고, 전국의 모든 토지에 대한 소유자와 토지가격을 사정하는 '토지조사사업'을 시행하였다.[10] 또한 화폐, 은행, 신탁, 보험, 거래소 등 근대적 형태의 시장기구를 이식하였다. 도로, 철도, 항만, 통신의 사회간접자본도 확충하였다. 1920년대에 이르러 한반도와 일본사이의 관세를 폐지하였다. 두 지역이 하나의 자유시장으로 통합된 것이다. 총독부는 1920년대 '산미증식계획'(1920~

---

10) 1910년 8월에 공포된 토지조사법에 의한 조사사업의 공식적 목적은 첫째, 지형과 지모(地貌)를 측량하여 지형도를 조제하고, 둘째, 토지의 소재지, 지목(地目), 지번, 면적, 소유권자 등을 조사하여 등기제도를 확립하고, 셋째, 지세(地稅)의 부과 기준으로서 토지의 가격을 전국적으로 평정하여 지세제도를 확립하는 것이었다(이영훈, 2007: 200-201). 한편 조선왕조도 토지의 상태와 소유자를 조사, 기록한 양안(量案)을 갖고 있었지만, 양안의 목적은 과세지인 토지의 상태를 기록하기 위함이지 소유권의 기록은 아니었다. 토지에 대한 사실상의 소유권은 민간에 의해 작성된 일종의 토지매매거래 계약서인 문기(文記)에 의해 증명되었다. 따라서 문기의 증명력은 안면이 통하는 좁은 공동체에 한정될 수밖에 없었다. 조선총독부는 토지조사사업을 통하여 개별 토지의 소유자를 확정하고 그에 대한 공적 증명체제를 갖추고자 하였으므로 근대적인 토지재산권의 창출을 의도하였다고 할 수 있다.

1942)과 1930년대 중반 중일전쟁 이후 '군수공업화'라는 산업정책을 통하여 조선에 대량의 자본을 투입하였다(김낙년, 1994, 2005).

### 1) 산미증식계획

식민지 시기의 농업정책은 미곡증산계획인 산미증식계획(産米增殖計劃)을 중심으로 전개되었다(장시원 · 전강수, 2001: 407-415). 산미증식계획은 제1기 계획으로서 1920~25년 사이에 실시된 산미증식계획, 제2기 계획으로서 1926~34년 사이에 실시된 산미증식갱신계획(産米增殖更新計劃), 전시에 실시된 1940년의 조선증미계획(朝鮮增米計劃)과 1942년의 개정증미계획(改正增米計劃)을 포함한다. 1920년대까지 미곡 유통정책에 소극적이었던 조선총독부는 1920년대 말 농업공황을 거치며 미곡저장 장려, 벼 검사제도 실시 등 적극적인 유통정책을 실시하기 시작하였으며, 1930년대 말 전시 식량문제에 당면해서는 강력한 미곡 통제정책을 시행하였다. 산미증식계획의 내용은 관개개선, 지목변환, 개간, 간척 등을 포함하는 토지개량사업과 비료투입 증대, 신품종 보급, 경종법(耕種法) 개선을 포괄하는 농사개량사업이다. 이 중에서 핵심적 사업은 수리조합사업을 통한 대규모 관개시설의 개선이었다(장시원, 2001).

식민지 시기 미곡의 생산량과 수이출량의 추이는 다음의 〈표 2〉와 같다. 1920년대 전반 1,450만 석이던 미곡 생산량은 1930년대 전반 1,700만 석으로 증가하다가 1930년대 말에는 2,050만 석을 기록하였다. 단보당 생산량은 각기 0.92석, 1.01석 그리고 1.36석을 기록하였다. 단보당 생산성은 1920년대 전반을 100으로 할 때 1930년대 전반 109, 1930년대 말 147로서 미곡의 토지생산성이 점차 증가하

〈표 2〉 식민지시기 미곡의 생산량과 수이출량 추이

| 구분 | 총생산량 ①<br>(천 석) | 수이출량 ②<br>(천 석) | ②/①<br>(%) | 총소비량<br>(천 석) | 1인당 소비량<br>(석) |
|---|---|---|---|---|---|
| 16~20년 평균 | 13,698<100> | 2,154<100> | 15.7 | 9,791 | 0.686<100> |
| 21~25년 평균 | 14,533<106> | 3,942<183> | 27.1 | 10,911 | 0.615 <90> |
| 26~30년 평균 | 14,917<109> | 6,021<180> | 40.4 | 9,590 | 0.499 <73> |
| 31~35년 평균 | 17,261<126> | 8,515<395> | 49.3 | 8,856 | 0.428 <62> |
| 36~40년 평균 | 20,517<150> | 7,041<327> | 34.3 | 13,699 | 0.609 <89> |
| 41~44년 평균 | 20,240<147> | 3,982<185> | 19.7 | 16,465 | 0.647 <94> |

주: 1) 생산량은 전년도 생산량을 기준으로 함.
2) 1940년 이후의 수이출량에는 일본군용 공출량이 포함됨.
3) 총소비량은 (총생산량+수이입량−수이출량)−익년도 이월량.
4) < >內 數字는 1916~20년 평균=100을 기준으로 한 지수임.
자료: 村上勝彦 外(1984: 31).

였음을 알 수 있다.

이러한 산미증식계획의 의도가 일제의 조선 미곡 수탈임이 수치상으로 여실히 나타나 있다(장시원 · 전강수, 2001: 417-18). 미곡 생산량의 증가와 토지 생산성의 증가에 비해 미곡의 수이출량은 훨씬 더 급격하게 증가하였다. 총수이출량 중에서 일본으로 이출된 양은 1920년대 이후 96.1~99.8%였다. 미곡 총생산량에 대한 총수이출량의 비율은 1910년대 후반에 16%에서 20년대 후반에는 40%, 30년대 전반에는 49%까지 증가하였다가, 30년대 후반에는 34% 정도로 줄어들기 시작하였다. 1인당 소비량도 수이출량이 49%에 달한 31~35년에는 16~20년 평균대비 62%까지 감소하였다. 또한 산미증식계획의 실시는 전체 농업생산액에서 미곡생산액의 비중을 1921~34년 사이에 45%에서 56%로 올림으로써 향후 조선의 농업 생산구조를 일본의 수요에 맞추어 미곡단작형(米穀單作型)으로 굳히는 계기가 되었다(박섭, 1997: 121).

일제 식민통치 시기 조선 농촌의 지배적인 생산관계는 지주-소작관계였다. 식민지 시기 지주비율은 농가 총호수의 3.1~3.8%가량이었으며, 소작지 비율은 총경작지의 50~58% 정도였다. 시기별로 살펴보면 1920년대 이후에 소작농이 증가하고 자작농과 자소작농이 감소한 것이 특징이다. 1921~38년간 소작농은 42%에서 53%로 증가하였고, 자작농과 자소작농은 각각 23%에서 19%로, 38%에서 28%로 감소하였다. 이는 1920년대 후반과 1930년대 초, 비료가격의 상승, 노임의 등귀, 미곡가격의 폭락으로 인한 농업경영 조건의 악화와 관련이 있는 것으로 분석된다(장시원, 2003). 한편 50정보 이상을 소유한 대지주의 수는 식민지 전 시기를 통하여 계속 증가하였다. 1910년 초에 1,899명이었던 것이 1920년대 중엽에는 2,781명으로, 그리고 1940년대 초에는 3,040명으로 증가하였다. 이 중에서 일본인 대지주는 각 시기별로 114명(6%), 330명(19%) 그리고 1,209명(40%)으로 더욱 가파르게 증가하였다. 1945년 말 기준 남한의 총 경작지 230만 정보 중에서 65%가 소작지였으며, 농가호수 206만 호 중 자소작농, 소작농, 고농이 86%에 달하였다. 이처럼 소작농의 증가와 자작농, 자소작농의 감소 그리고 대지주의 증가와 같은 일제시기 농업부문의 계층구조적 특징은 해방 후 한국에서 농지개혁에 의한 분배문제가 농업문제의 핵심으로 대두되게 하였다(장시원, 2005).

### 2) 식민지공업화

한편 일제 식민통치 시기에 조선에서는 공업화가 진행되었다. 식민국이 식민지에서 공업화를 시도한 경우는 세계 식민지 역사에서 독특한 것으로서, 조선과 일본의 지리적 근접성, 일본과 중국대륙 사이를 연결하는 조선반도의 연륙성(連陸性), 그리고 일제의 조선식민통치 영속화 기도 등이 어우러진 결과였다(Cumings, 1984a). 식민지 조선에서의 공업화 방식은 민간의 주도에 의한 자본주의적 산업화가 아니라, 동양척식회사, 남만주 철도회사와 같은 국영 및 공영회사를 총독부가 조선은행 및 식산은행과 같은 국립은행과 미쓰비시, 미쓰이 및 스미토모를 주축으로 한 일본 재벌기업을 참여시킨 '3자 동맹' 형태로 진행된 것이었다.11)

낙성대경제연구소의 추계에 따르면 1911~1940년의 경제성장률은 연평균 3.6%이며, 공업 성장률은 9%였고 1910, 1920, 1930년대 각각 10.3%, 4.8%, 그리고 12.5%였다(김낙년, 2006: 195). 산업별 부가가치 생산의 구성비는 1911~1940년에 농림수산업 비중이 68%에서 40%로 떨어진 반면, 광공업은 5%에서 20%로 급속히 늘어났다.

식민지공업화에 따라 한반도의 산업구조는 고도화되었다. 산업별 인구구성의 추이에 따르면 1917년 당시 86.2%에 달하던 1차산업 농림수산부문 종사자의 비중이 1942년에는 70.1%로서 16.1% 포인트가 감소하였다. 반면 2차산업 광공업부문은 2.2%에서 6.7%로, 3차산업은 7.3%에서 12.1%로 증가하였다(선재원, 2001: 296).12) 1930년대 초반부터 시작된 공업화는 농촌인구의 도시로의 대이동을 유발하여 급속한 도시화를 가져왔으며, 도시인구는 1935년 전체 인구의 7%에서 1944년 13.2%로 급증하였다.13) 국내 인구이동은 경성, 평

11) 에케르트는 총독부의 개입 정도를 "경제활동의 전반적인 계획자이자 조정자였으며 금융을 배분하는 최종적인 주체," 또는 "경성방직과 다른 모든 식민지 사기업의 궁극적인 관리자"라고 평가하고 있다(Eckert, 1991: 102-3).

12) 1910년에 작성된 민적(民籍)통계표에 의하면, 농업에 종사한 호(戶)는 전체 호수의 86.3%였으며, 상업호는 17만 2천여 호로 전체 호수의 6.3%, 공업호는 22,864호로서 0.8%, 광업호는 1,383호로 0.1%에 불과하였다(조선총독부통계연보, 1913).

13) 19세기 중엽에는 인구 20만 이상이었던 서울을 제외하면, 인구 2만 이상의 도시

양, 부산, 인천, 진남포, 청진 등 급속히 성장하는 공업중심지의 공장, 광산, 건설기지로 집중되었다. 1930년대 이후 10여 년 동안 공업생산에 종사하는 조선인 수는 급속도로 증가하여 1932년에 38만 명이던 공업 노동자 수가 1943년에는 130만 명에 달했다(Suh, 1978). 직공이 5인 이상인 전체 공장 수는 1910~1928년에 151개에서 5,342개로, 그리고 1940년에는 7,142개로 증가하였다(김낙년, 2006: 192). 한편 식민지 시기 조선 인구는 1917년 1,662만 명에서 1942년 2,553만 명으로 53.6%가 증가하였다.

그러나 식민지공업화의 성과는 민족과 계층에 따라 심하게 불평등한 것이었다. 한국인 공장의 숫자는 급격히 상승하였으나 영세성을 면치 못하였다(안병직, 1980: 21; 커밍스, 1986: 51). 1913년 전체 공장 중 일본인 소유가 81.8%, 한국인 소유가 16.5%였으며, 자본금에서는 일본인이 89.4%를 차지한 반면 한국인은 5.8%에 불과하였다. 그리고 1928년에는 전체 공장 중 일본인 소유가 45.4%, 한국인 소유가 51.5%를 차지하였으나 자본금에서는 일본인이 90.8% 그리고 한국인이 4.6%를 차지하였다.

나아가 기술노동력의 민족별 구성에서도 고급기술자는 일본인이고 하급노동자는 조선인이라는 식민지적 이중고용구조가 일제시기 말까지 지속되었다(정연태, 2010: 23). 조선 노동자들은 일부 숙련공을 제외하면 대다수 미숙련 노동자들로서 생존수준의 실질임금을 받았다. 자본력과 기술력의 불평등은 소득 및 담세능력에서도 민족 간 격차를 초래하여, 일본인의 1인당 소득과 조세는 한국인보다 10배 정도 많

---

는 존재하지 않았다. 인구 1만 이상의 도시인구는 모두 40만 명으로 총인구의 2.5% 정도, 인구 5천 이상의 도시 인구를 합하여도 3.4%에 불과하였다(이헌창, 1999: 81).

은 것이었다. 식민지 근대화의 발전적 유산을 강조하는 식민지 근대화론자들도 경제성장의 과실 배분에서 일본인과 조선인 간에 불평등이 컸다는 것을 인정한다. 이들의 추산에 의하면, 1910년 한반도 내 일본인의 소득수준은 조선인에 비해 5.25배 높았는데 그 격차가 1940년까지 6.86배로 벌어졌다. 그러나 동기간 조선인의 1인당 소득수준은 50% 증가하였음을 들어서 비록 민족 간의 격차는 벌어졌지만 조선인들의 절대적인 소득은 증가한 것으로 본다(이영훈, 2006).

## 5. 식민지 조선경제의 지정학적 배태(geopolitical embeddedness)

식민지 시기 조선에서 전개된 산업화의 의의를 어떻게 평가할 것인가? 1920년 이후 조선의 산업정책은 산미증식계획(1920~1934)이 중심이었기 때문에 공업화 정책은 소극적인 것이었다(김낙년, 2006: 201). 그러다가 쇼와 공황으로 쌀값이 떨어지고 일본 농업과의 마찰이 심해지면서 조선의 농업정책은 한계에 부딪히고, 총독부는 공업화에서 활로를 모색하게 되었다.14)

조선의 공업화는 1936년 10월에 열린 조선산업경제조사회(朝鮮産業經濟調査會)를 통해 일본 제국 전체의 정책 속에서 자리 잡게 되었다(김낙년, 2006: 203-205). 이 조사회는 세계경제의 블록화 추세 속에

---

14) 당시 총독 우가키는 일본내 대자본가에게 조선에 투자할 것을 권유하거나 행정조치를 통하여 자본진출에 유리한 환경(business climate)을 만드는 데 집중하였다. 자본가를 유인하는 조건(pull factor)으로 내세운 것은 조선의 저임금, 저렴한 수력자원 공급 전망, 토지수용을 통한 공업용지 확보, 보조금 지원 정책 등이다. 이와 함께 '중요산업통제법'이나 '공장법' 같은 자본가들이 투자를 꺼리는 법령을 조선에 적용하지 않음으로써 일본자본의 진출을 유도하려고 시도하였다. 그러나 이 법이 조선에서 시행되는 것을 늦추려한 우가키의 '자유주의 정책'은 일본 상공성의 반발로 무위로 끝났다(김낙년, 2006: 202-203).

서 일본 제국이 자국의 경제권을 방어해야 한다는 필요성에서 비롯되었는데 여기서 조선의 공업화는 '농공병진'(農工竝進)으로 방향이 설정되었다. 나아가 조선뿐 아니라 일본 및 만주와의 연관도 고려한 '적지적업'(適地適業)의 원칙 아래 공업을 진흥하여 제국 내 자원 자급을 지향하였다. 중일전쟁 이후 1938년 9월에 열린 시국대책조사회(時局對策調査會)에서는 조선의 군수공업을 비약적으로 진흥시켜야 하며, 이를 위해 1941년까지 필요한 업종과 생산 목표량을 구체적으로 밝혔다. 이처럼 조선의 공업화 정책은 전쟁 수행을 위한 제국 전체의 생산력 확충계획의 일환으로 편입되었다. 그리고 전시에 실시된 경제통제는 이러한 생산력 확충계획을 실현하기 위한 수단이었다.

식민지 조선의 노동력도 일제의 지정학적 산업정책에 따라 일본 본국과 만주를 잇는 엔블록 노동시장에 통합되었으며, 그 결과 노동력의 대량이주가 야기되었다. 대량이주는 조선 내에서의 이주와 만주 및 일본으로의 이주로 나타났다. 일본에 거주하는 한국인의 수는 1936년 78만여 명에서 1945년 210만 명으로 증가하였다. 이 중 자연증가 인원을 제외한 132만 명 정도가 일본으로 이동한 것으로 추정된다. 만주에 거주하는 한국인 수는 1938년 104만 명에서 1944년 156만 명으로 증가하였다. 한편 한국에 거주하는 일본인의 수는 1930년 52만 7천 명에서 1940년 71만 명, 1945년에는 75만 명으로 증가하였다(박순원, 2006: 223). 특히 1930년대 말부터 시작된 전시(戰時) 공업화를 위한 강력한 노동력 동원정책은 인구의 지리적 이동과 대규모의 실향사태를 수반하였다. 노동력 동원 정책으로서 1939년에 "국민징용령"이 공포되면서 강제징용이 시작되었다. 노동력 동원을 관장하기 위해 1941년 '조선노무협회'가 설립되었다. 1945년까지 거의 75만 명이 강제동원되었는데, 직업별로 탄광부가 34만 명, 공장노동자와 기타 잡역부 20만 명, 건설노동자 11만 명, 금속노동자가 6만 7천 명이었다(박순원, 2006: 222). 그리하여 1944년에 이르러 한국 총인구의 11.6%가 국외로 이주하였고, 식민기간 중 약 400만 명의 한인들이 일본에서 일한 적이 있으며 200만 명이 만주에서 일하였다. 이러한 대규모 지리적 이동은 당시 "세계 다른 곳에서 유래를 찾아볼 수 없을" 정도로 심대한 것이었다(Trewartha and Zelinsky, 1955: 14; 커밍스, 1986: 91-7 참조). 따라서 일제 식민통치 기간 동안의 급격한 사회적 이동과 지리적 이동으로 인하여 전통적 한국사회의 공동체적 질서의 기반이 근본적으로 변화했을 것으로 짐작할 수 있다. 이들의 절대 다수는 토지의 상실로 고향을 떠난 빈농들이거나 징용으로 동원된 사람들이었으며, 해방 후 귀환한 이들은 급진개혁적 성향을 가졌고 따라서 정치적으로 쉽게 동원될 수 있었다.

일제 식민통치시기에 식민지 조선에서 진행되었던 식민지 산업화의 함의는 독자적 단위로서 의미를 갖던 조선의 도덕경제 체제를 오로지 식민모국 일본과 만주대륙을 잇는 엔화지역권의 연결고리로서 세계자본주의 경제체제에 편입시키는 것이었다. 그리하여 식민지 조선의 경제는 더 이상 독자적 단위로서 의미를 갖는 것이 아니라 오로지 일제 식민지 경영의 일부로서만 의미를 갖는 식민지 자본주의 경제라는 '지정학적으로 배태된 경제'(geopolitically embedded economy)로 전환되었다.

지정학적으로 배태된 식민지 조선경제에서 조선 농업은 일본으로의 수이출을 목적으로 한 산미증식계획에 따라 단일작물 경작화(monocultured agriculture)되면서 일본 본토의 상황에 따라 조선의 농업이 좌우되는 전형적인 식민지 종속구조로 개편되었다. 농촌의 사회구조도 자작농 및 자소작농의 감소와 소작농의 증가, 그리고 농업 대지주의 숫자 및 소유농지의 증가와 같은 양극화가 진행되었다. 허수열(2005, 2011)은 식민지근대화론 연구자들의 실증적 연구를 재검증하면서 식민지 시기 한국 지역경제에 개발이 있었지만 이는 통계적으로 과장되었고, 그나마 개발 성과마저도 본질적으로 '일본인들의, 일본인에 의한, 일본인들을 위한 개발'이었다는 점을 잘 보여주고 있다. 또한 지정학적으로 배태된 식민지 조선의 공업화는 전후방연관 효과를 조선 지역 내에서 갖는 내부지향적인 것이 아니라 일본 제국 안에서 갖게 되는 것으로서, 조선에서 공업화는 진행되었지만 이는 근본적으로 '일본의, 일본에 의한' 만주 및 중국대륙 진출을 위한 군수공업화로서 자신들의 제국경영을 위한 것이었으며, 식민지 조선의 후생복지 향상을 위한 것이 아니었다. 한마디로 조선의 군수공업화는 일본 제국 수준에서 통합(integrated)되었지만 조선 일국 수준에서는 탈구(disarticulated)된 것으로서, 해방 후 제국이 해체된 맥락에서, 더욱이 남북이 분단된 후 한국사회에 남긴 유산은 지극히 한정적일 수밖에 없었다[15].

15) 거시경제학자 조장옥(2017)은 한국경제학회장 취임 논문에서, 일본이 남기고 간 물적자본, 공업화와 교육을 통해 축적된 인적자본, 식민지배가 이식한 강한 정부기구 및 근대적 제도 등이 1960년대 후반 한국 고도 경제성장의 토대가 되었다는 식민지 근대화론의 주장을 그들이 활용한 실증적 근거를 재해석하면서 반박하고 있다. 그는 일제하 물적·인적 유산이 1960년대 고도성장을 인과하기에는 부족하였으며, 특히 물적 유산은 해방과 분단을 거치며 남한에 남겨진 생산시설이 많지 않았고, 그나마 잔존한 공업시설과 기계·부품들도 미군정하 미국 제품들로 대체되었다고 주장하였다. 제도의 경우도 그 자체로서 충분조건이 아니며 패전 이전 일본의 제도가 발전을 유인하는 유형이 아니었다는 점을 지적한다. 그리고 인적자본이 경제발전에 유용하기 위해서는 보통교육이 일어나야 하지만 교육에 대한 공공지출이 너무 미약하여 식민지 시기 초등교육은 최대 취학률이 35%에 그쳤고 고등교육은 거의 무시할 정도로 미미하였으며, 해방 후 폭발적으로 증가한 교육열과 높은 취학률은 일제의 인적자본축적론에 대한 강력한 반증이라고 주장한다.

## 6. 소결: 파편적 식민지근대화와 식민지 혼종문화의 형성

과연 식민지 시기 조선은 근대화되었는가? 근대화의 정의가 산업화, 도시화, 관료제화를 포함하는 사회변동을 의미한다면, 식민지 시기 학교, 은행, 철도와 같은 근대적 제도의 도입 및 사회간접자본 시설의 본격적인 설치, 조선 총독부의 근대적 식민관료제 도입, 토지조사사업을 통한 근대적 소유관계의 수립과 세원의 확보, 근대적 농업정책을 통한 산미증식과 군수공업화를 꾀한 식민지 공업화 그리고 그 결과로서 인구의 대량이주와 도시화 등은 근대화의 물리적 증후로서 충분하다고 볼 수 있다. 식민 관료제, 학교, 은행, 철도와 같은 근대적 제도와 시설들은 경로의존적(path-dependent)이기 때문에 누가 설치했든, 그리고 긍정적 역할을 수행하든 부정적 역할을 수행하든, 한번 설치되면 바꾸기 힘든 지속성을 갖고 있으므로 그 현재적 연속성을 전적으로 부정하기는 힘들다. 식민지 근대화론은 이러한 일제 식민통치의 물질적 유산이 1960년대 이래 한국의 경제발전에 결정적으로 기여하였다고 보는 입장이다(이영훈 외, 2006; 이기홍, 2016 참조).

그러나 근대화가 사회구성원들로 하여금 자신들의 운명을 스스로 결정할 수 있는 자유와 자율성을 보장하는 정치 및 사회문화적 제도의 수립과 확산을 의미한다면, 식민지 조선에서 '근대화는 없었다.' 근대성은 "인간이 자신의 운명을 선택하고 성취할 수 있다는 존재론적 확신"16)으로 요약될 수 있는데, 이러한 '온전한 의미'의 근대성은 자신의 땅에서 자신의 운명을 스스로 결정할 수 있는 정치적 주권과

16) 그리하여 근대인으로서 "그는 여러 가지 가능한 미래를 갖고 있으며, 그가 해야 하는 것은 그 자신이 꿈꿀 수 있고 이를 실현할 수 있는 자신의 시나리오를 쓰는 것이다"(Meadows, 1971: 21).

자유가 허용되지 않았던 식민지배체제 아래에서는 존립이 불가능하였다. "자유, 평등, 사회적 연대, 주체, 합리성, 성찰성 등"[17] 근대가 가진 보편적 기본 원칙이나 혹은 기본 가치들의 구성요소 중 어느 한 가지도 최소한이나마 갖추지 못한 식민지 조선인들은 '근대적 조건 속에서 근대인이 될 수 없는' 존재론적 모순(ontological contradiction)을 안고 살았다.

이러한 존재론적 모순은 조선사회 내부의 요청과는 무관하게 일본 제국주의의 식민지 경영의 필요에 맞추어 편의적이고 파편적으로 이식된 식민지 근대화의 내재적 속성으로서 식민지 조선사회에 물리적, 제도적 모순구조로 남겨졌을 뿐 아니라, 이미 파편화된 유교적 전통과 접합(articulate)하여 '식민지 혼종문화'(colonial hybrid culture)를 구성하였다.

일제 식민통치의 문화적 함의를 내포한 식민지 혼종문화를 살펴보면 다음과 같다. 먼저 조선의 통치 이데올로기이자 사회 구성 원리로서 유교는 파편화되어, 공식 영역에서는 폐기되었으나 사적인 영역에서 윤리체계로 남았다. 통치 이데올로기로서 유교의 역할을 대신하여 총독부의 근대적 관료제도가 자리 잡았고, 사적인 영역에서 유교의 종교적 역할 실종은 한국사회에서 다양한 종교가 공존하고 활성화될 여지를 크게 넓히는 계기가 되었다. 한편 유교가 누렸던 사회문화적 헤게모니는 일제의 문화통치에 의해 해체되었다. 일제는 식민지 조선사회를 분할하여 통치를 용이하게 하였으며, 식민체제에 대한 도전을 무력화시키려는 헤게모니 전략으로서 문화통치를 시행하였고, 그 성과만큼 식민지 조선사회는 파편화되었으며 도덕적 권위 집단들은 실

17) 전성우(2005: 14-15).

종되었다. 문화적 행위지침이 사라진 사회적 진공상태 속에서 사회구성원들은 원자화되어 자신에게만 의존해야 했다. 개인 행위자 수준에서 식민지 조선인들은 일상적으로 이민족의 식민통치에 대한 저항과 타협의 양가적(ambivalent) 선택을 강요받았다. 그들은 일상적인 행위전략을 짜는 동시에 적극적 저항에서 소극적 저항, 적극적 타협에서 소극적 타협에 이르는 스펙트럼에서 어느 지점에 자신들의 행위를 위치시킬지에 대해 도덕적 판단과 책임이 훗날로 유보된 선택을 끊임없이 해야 했다.

# 제7장 탈식민지 혼종문화의 형성과 자본주의 세계체제 편입

이 장에서는 미군정과 제1, 2공화국 시기에 수행되었던 탈식민지화의 성격과 함의를 살펴본다. 군대, 경찰과 같은 강압기구를 포함하는 근대적 국가 관료제의 정비, 정치적 민주주의 제도 및 자본주의 시장경제 제도의 확립과 같은 국가의 제도적 구축(institutional building of the state)이라는 '현실적' 과제와 탈식민지화(de-colonialisation)라는 '당위적' 과제가 서로 맞물려 진행되었던 과정은 한국문화에 어떤 혼종성을 추가하였으며 향후 국가발전에 대해 어떤 함의를 가졌는가?

## 1. 탈식민지화의 당위적 의의

원론적으로 말하면, 경제제도로서 자본주의가 제대로 작동하기 위해서는 이에 조응하는 정치, 사회, 문화적 제도의 복합(constellation)이 필요하다. 베버가 이념형적으로 말하듯 근면검소한 생활태도를 통해 자본을 축적하고, 합리적 계산을 바탕으로 투자하며, 장기적인 투자 회수를 기대하는 자본주의적 행태가 확산되기 위해서는 이에 부합하는 사회문화 제도적 기반을 필요로 한다. 한편 장기적 투자를 가능하게 하는 '계산가능성'(calculability)은 합리적인 법적, 제도적 뒷받침이 있어야 가능하며, 이는 근대적 국가의 성립을 전제로 한다(Collins, 1980).

그러나 전통사회의 입장에 서서 보면, 전자본주의적 생산양식을 가진 전통사회에 자본주의적 생산양식이 '침투'하게 되면 기존의 도덕경제적 관계뿐만 아니라 이러한 관계가 배태되어 왔던 사회구조적, 문화적, 정치적 기반까지도 위협받으므로 거의 모든 전자본주의 전통사회의 지배적 엘리트들은 자본주의의 침투에 대해 저항한다. 그리하여 전통사회는, 앞서 〈그림 1〉(46쪽)에서 보듯이, 문화를 울타리 삼아 경제를 가두고 있는 것이다(Polanyi, 1957; Hirschman, 1977; Davis, 1987).

대다수 저발전사회들은 전통사회를 굳게 지켜왔던 도덕경제(moral economy)라는 '울타리'가 식민세력에 의해 강제적으로 붕괴되고 식민지경제라는 왜곡된 경제적 관계가 전 사회적으로 확산되는 식민지 근대화를 경험하였다. 이러한 역사적 경험을 갖고 있는 식민지 사회들은 정치적으로 독립된 후에도 발전된 식민사회와는 다른 독특한 혼종적 문화구조와 속성을 갖게 되며, 이러한 문화구조는 탈식민지 사회의 정치사회적 그리고 경제적 관계에 지대한 영향을 미쳤을 것이라고 예상할 수 있다.

이제까지 상업, 공업 등 산업적 활동을 경시하고 천시하던 유교 중심적 농본사회에 자본주의 경제 관계가 도입된 한국의 경우도 예외는 아니었다. 새로운 근대적 사회, 경제 질서로서 식민지 조선사회에 외삽(外揷)된 자본주의는 일제의 식민통치적 필요에 의해 수행되어야 했으므로 식민 관료제의 권위주의적이고 강압적 성격과 결부된 것은 당연하였다. 나아가 조선의 식민지 자본주의로부터는 서구에서 자본주의가 역사적으로 수행해왔던 '자발적이고 합리적인 시민윤리의 확산 기제'로서의 역할을 기대할 수 없었다. 일제치하에서는 지배적인 자본주의적 사회관계도 조선 자본가와 조선 노동자 간의 관계가 아닌 일본 자본가와 조선 노동자 간의 관계였다. 이른바 '민족적 모순'과 '계급적 모순'이 중첩된 상황인 것이다. 이 속에서 일상적으로 민족성을 의심받았던 소수의 조선인 자본가들이 '헤게모니'(hegemony)를 주도하기는 어려운 상황이었다.

이제 일본이 패망하고 식민지적 질서가 공식적으로 붕괴된 신생 독립국인 한국에서 새로운 민주적인 정치경제적 질서와 문화적 정체성의 재정립은 '국가정립'(state building)의 당위적인 과제였다. 그리고 이를 바른 방향으로 수행하기 위해서 '탈식민지화 프로젝트'(de-colonialization project)의 성공이 선행조건이었다. 당위적으로 말해, '탈식민지화'란 독립 후에도 여전히 남아서 권력을 행사하는 식민종주국의 제도적, 문화적 권력을 들어내고 해체, 청산하면서 새로운 국가-시장 및 국가-시민사회 관계를 수립해 나가는 과정을 의미한다. 그러나 식민지 조선의 해방은 스스로 싸워서 '획득한' 것이라기보다 연합국이 일본에 대하여 군사적 승리를 거둔 결과로서 '주어진' 것이다. 비록 시대적 요청이자 당위적인 과제이기는 하지만, 새로운 외세의 개입 속에서 탈식민지화 과제를 설정하고 시행한다는 것은 거의 불가능에 가까운 일이라는 것이 일찍이 드러났다.

## 2. 정부수립과 탈식민지화: 문화적 혼종성의 중첩

식민관료체제가 내재화하고 있던 강압적, 권위주의적 식민유제를 청산하고 한국민의 자율에 의한 새로운 민주적 국가 관료제를 건설한다는 탈식민지화의 최우선적 목표는 일찍이 좌절되었다. 일본인 관료들이 귀환한 식민 관료기구는 '관료 없는 관료제'로 남겨지게 되었다.

국가 관료기구는 조속히 '채워져야' 했다. 그러나 새로운 통치자로 갑자기 등장한 미국은 한국을 지배하기 위해 면밀히 준비할 겨를이 없었으며, 이러한 졸속성은 미군정 당국자들로 하여금 한국의 역사와 문화에 대해 제한적인 인식을 갖추도록 했고, 이는 미군정의 정책에 그대로 반영되었다.[1] 이러한 졸속 정책의 결과로서 미군정은 한국인의 기대와는 어긋나게 미군정 체제가 들어서기 전까지 국내 행정과 치안을 유지하기 위하여 일제가 식민통치를 위해 수립하였던 식민지 관료제 및 인적자원을 그대로 유지했다.

미군정이 들어선 후에도 국가 행정기구와 경찰, 군대 등 억압기구에는 일제의 조직과 인적자원이 그대로 존속되었다. 미군들이 한국에 도착하였을 때만 해도 일제 경찰기구 내의 한국인들은 8, 90%가 보복을 피해 직장을 이탈하여 거의 무력화되었으나, 미군정은 한국인 전원을 그대로 복귀시켰으며 기존의 전국적 조직도 그대로 유지하였다. 그 이유는 그 당시 일제에 대한 협력자들만큼 "좌익에 대하여 결사적으로 반대하는 다른 집단을 구하기가 어려웠기 때문"이었다(커밍스, 1986: 218). 또한 미국인 경무부장의 이야기처럼 그들은 일제하 한인 경찰들이 "일본을 위해 충성했다면 우리를 위해서도 충성을 바칠 것"이라고 믿었기 때문이었다(Gayn, 1948: 391). 미군정의 이러한 편의적 발상의 결과 독립된 한국의 경찰간부 80%가 '일본에 충성을 다하던' 식민 경찰 출신들로 채워지게 되었으며, "애국자와 독립운동가를 경무부에 등용하는 것"은 오히려 방해받을 수밖에 없었다[2](Henderson,

---

1) 어느 미군장교의 말은 이런 상황을 잘 요약하고 있다. "오키나와의 제 10군에 속해 있던 제24사단이 남한 점령군으로 지정되었을 때, 어떠한 지침이나 계획이나 훈련된 군사행정요원도 없었을 뿐만 아니라 임무를 완수하기 위해 준비할 시간도 한 달이 미처 못되었다"(Fredriks, et al., 1948: 356).

2) 그리고 "일경의 고문자"로서 숱한 독립운동가들을 탄압한 노덕술 같은 사람들이

1968: 421).

미군정 주관 아래 진행된 국가정립 과정에서 당위적인 과제는 현실적 요구 앞에서 무시되었다. 일제 식민 관료제의 근간은 그대로 유지되었고 필요에 따라 미국식 제도가 편의적으로 첨가되는 식이었다. 이에 따라 기왕의 '식민지 근대성'에다가 군정통치에 맞추어 파편화된(out of the context) 미국식 근대성이 첨가되어 문화적 혼종성이 더욱 복잡하게 중첩되었다. 미군정기 국방경비대(조선경비대, 국군의 전신)의 창설 및 운영과정은 이러한 혼종성을 가시적으로 잘 드러내면서 동시에 탈식민지화가 얼마나 어려운 과제였는지를 잘 보여주는 사례이다.3)

미군정은 국방경비대의 설립에 앞서 1945년 말 군사업무를 보좌하는 기간요원을 양성할 목적으로 군사영어학교(軍事英語學校)를 설치하여 110명의 간부를 양성하였다(조영갑, 1993: 375). 미군정은 광복군, 일본군 그리고 만주군 출신들에게 각기 20명씩 안배하였으나, 광복군 출신들은 장차 창군(創軍)과정에서 국군은 광복군의 법통(法統)을 계승해야 한다는 명분 아래 참여를 기피하여 거의 일본군 및 만주군 출신들로 채워졌다. 군사영어학교는 국방경비대가 창설된 후 해체되고, 1946년 5월 조선경비대훈련소(朝鮮警備隊訓練所: Korean Constabulary Training Center, 警備士官學校로 호칭)가 설치되어 6기생에 이르기까지 1,254명의 장교가 임관되었다. 추후 군사영어학교 및 경비사 출신들이 한국군의 수뇌급 장성들이 됨에 따라 한국군내에서 일본군 및 만

---

다시 재등장하여 이번에는 '좌익'의 척결에 맹활약을 하게 되었다.

3) 미군정은 경비대를 정치중립적이고 비이념적인 조직으로 육성하기 위해 ① 불편부당을 강조하고, ② 출신군별 균형을 꾀했으며, ③ 군사기술을 강조했다(조영갑, 1993: 440).

주군 출신들이 득세하고 광복군 출신들은 상대적으로 몰락하는 계기가 되었다.[4)]

국방경비대의 형식적 제도와 실제 운영 행태는 일본식과 미국식이 혼재하였다. 예컨대 국방경비대 장교들이나 기간하사관들의 대다수가 일본군대에서 군사적 경력을 쌓은 사람들이었고, 신병들 대다수 역시 일제의 징병에서 돌아온 귀환병들이었으므로 내무생활 및 근무, 구령을 비롯한 모든 용어 등은 일본군의 것을 그대로 차용하였다. 그러다가 미군의 교범과 규정, 제도와 용어들로 통일되었으며, 1947년을 기점으로 병기와 복장도 미군식으로 완전히 교체되었다(전쟁기념사업회, 1990: 370). 그러나 이러한 제도적 개혁에도 불구하고 "상하계급 간 인적관계나 부대의 지휘통솔방식에서는 일본군의 잔재인 '비민주적, 비인간적, 전근대적 요인들'이 그대로 상존하였다"(이동희, 1990: 226). 이러한 혼종적 구조 속에서 일제하 국권의 회복을 위해 자발적이고 자율적으로 투쟁했던 광복군 세력이 주도권을 잡을 여지는 전혀 없었다.

더욱이 미군정기 국방경비대는 군대조직으로서 이념적 동질성에 바탕한 조직적 응집력을 갖추지 못하고 각종 군대경력, 파벌적 이해, 지연, 이념에 따라 파당적 갈등으로 사분오열되었다. 대일항전을 벌여온 광복군계와 근대적 군사지식을 습득한 일본군 및 만주군 출신 간의 갈등, 신탁통치 문제를 둘러싼 찬탁과 반탁 간의 갈등, 좌우합작을 둘러싼 의견대립에서 보듯이 군대조직은 해방 후 한국사회의 정치갈등이 그대로 옮겨진 '사회갈등의 장'이었다. 군 조직내의 이념적

---

4) 군사영어학교 출신 임관현황을 보면, 13명이 일본육사 출신이었고, 일본학병 출신이 68명, 일군 지원병 6명, 만주군 21명, 그리고 광복군은 2명이었다. 이들 중 78명이 장성급으로 진급했다(조영갑, 1993: 375).

이질성은 수차례에 걸친 반란사건으로 이어졌으며,[5] 여기에 덧붙여 군과 경찰 간의 갈등과 무력충돌은 국가기구 내의 무력기구 간 충돌이라는 점에서 그 시기 국가기구의 응집력 수준을 가늠케 한다.[6]

결과적으로, 남북 분단체제하에서 미군정의 주도에 의한 한국의 탈식민지화는 식민체제에서 가장 능동적이고 적극적으로 복무하였던 집단이 해방된 상황에서도 국가의 행정기구와 억압기구를 실질적으로 '접수'하게 되면서 가장 강력한 사회, 정치, 군대의 주도세력으로 등장하게 되는 역설적 과정이었다. 미군정 아래 진행된 탈식민지화는 민족적 정서와 시대적 요청에 부응하기보다는 다분히 미군정의 통치 효율성에 충실한 선택의 결과였으며, 이러한 편의적 선택은 '경로의존적 경향'을 가졌기 때문에, 시간이 지날수록 식민지적 잔재가 청산되는 것이 아니라 오히려 강화되었다. 그리하여 대한민국이 정부를 수립한 후 식민유제의 청산과 도덕성 재정립이라는 탈식민지화 과제를 넘겨받았을 때는 실현이 어려울 정도로 확대재생산되어 있었다. 나아가 식민 관료제적 잔재의 청산과 문화적 정체성의 재정립이라는 당위적 과제는 현실 정치와 뒤엉키면서 거의 실현이 불가능해졌다. 제1공화국 초기 경찰과 국가관료기구 내의 '친일' 협력자들을 정리하

5) 이념갈등에 의한 군내 주요 반란사건을 보면 1948년 10월 9일 여수·순천 14연대 반란사건, 11월 2일과 12월 6일, 그리고 1949년 1월 대구 6연대 반란사건을 들 수 있다(조영갑, 1993: 440).

6) 군경 간의 마찰과 충돌은 군경조직의 구조적 특성에서 비롯되었다. 먼저 경찰 구성원들은 간부의 53%와 하급자의 25%가 일제시대의 경찰출신이었다(McCune, 1950: 242). 이에 반해 국방경비대 구성원들 간에는 사상적 통일성이 결여되어 있었다. 미군의 정책이 공산당을 합법화하였고 입대자의 사상에 대한 신원조회를 금지하였으므로 공산주의자들이 군내에 안주할 수 있었다(한용원, 1984: 132-5). 따라서 이들 두 집단 간에는 "일제의 앞잡이"라거나 "빨갱이 소굴"이라는 상호 비방적인 언사로 상대방을 폄하는 일이 잦았다(한국일보, 하우스만 회고록, 1991년 3월 27일자).

기 위한 '반민족행위자처벌법'의 전말은 탈식민지화 과제의 성격과 한계를 잘 드러낸다.

일제로부터의 독립투쟁을 제외한 어떠한 정치적 활동도 도덕적 우위를 점할 수 없던 탈식민지시기에 국외에서 독립운동에 복무하고 환국한 이승만은 자연스럽게 한국사회의 도덕적 패권을 확보할 수 있었다.[7] 그러나 이승만은 정부수립 이전 미군정하에서 자신의 정치적 기반을 당시 경제를 지배하고 있던 국가관료, 내부 응집력이 강하면서 외부의 통제를 거부하던 경찰 그리고 청년단체 및 정치단체들에 두었다. 이들 집단의 상당수 구성원들은 일세하에서 사신들이 행한 '친일' 전력으로 인하여 진보적 성향을 지닌 정치세력의 집권을 두려워하였고, 이에 대한 일종의 '보험'으로서 민족주의자의 간판격인 이승만을 지지하였다. 또한 그 당시 가장 강력한 정치세력이었던 한민당도 당파적 이해에서 이승만을 지원했다.[8] 그러나 초대 대통령에 당선된 이승만은 결국 자신의 권력기반을 확고히 하기 위해 한민당의 정당적 기반을 버리는 대신에 행정 관료제와 억압기구인 경찰과 군의 기반을 바탕으로 하는 독재적 권위주의체제로 나갔다. 이에 대항하여 한민당

---

7) 이승만이 귀국하기 전 거의 모든 정치세력 및 정당, 심지어 공산당 세력까지 포함하여, 이승만을 대통령으로 추대하고 있었다.

8) 한민당 세력은 그 당시 가장 전문적인 엘리트 집단으로서, 부유한 지주나 상인의 출생배경을 가졌으며 대개 일본 유학을 통해 대학교육을 받을 수 있었다. 이들은 조선시대 양반관료 계급의 지위와 역할을 그대로 승계 받기를 원했다. 그들은 대통령직을 유명무실했던 조선시대 왕과 같이 취급하여 이승만을 그 자리에 상징적으로 앉히고, 그들 자신은 양반 관료체제에서처럼 의원직을 통하여 각료직을 차지하고, 자기세력을 관직에 앉혀 행정체제를 독점할 수 있는 정치제도를 원했다. 그리하여 그들은 이승만이 주장한 미국식 대통령 중심제의 도입을 반대하고 의원내각제의 도입을 주장하였다. 마침내 이승만과 한민당은 양제도를 혼합한 형태의 정치체제에 합의를 하였으며 이는 결국 이들이 서로 결별하는 계기가 되었다. 이승만이 한민당의 희망과 달리 각료 1석만을 한민당에 할당하자, 한민당은 또 다른 소외세력인 임정계와 합당하여 민주국민당을 창당하면서 야당으로 돌아섰다.

중심의 국회는 이승만의 권력기반을 약화시키기 위하여 경찰과 관료 기구 내의 친일 전력자들을 구속, 재판, 처벌하기 위한 '반민족행위자 처벌법'을 통과시켰다. 그러나 이승만은 경찰을 앞세워 국회의 반민 특위 활동을 방해하였으며 마침내 1950년 행정명령을 통해 친일파 숙청을 무산시켜 버렸다.

## 3. 전략적 행위자로서 국가관료제의 수립

대한민국 정부가 수립된 후에도 한국인들의 문화적 연장통에는 미군정 시기에 새로이 도입된 자본주의적 시장기제와 자유민주주의적 정치제도에 부합하는 행위지침으로서 문화적 연장은 없었으며, 새로이 창출되어야 했다. 이제 유교문화의 전일화를 구축했던 조선시대의 선비와 같은 문화 담지세력이나 식민지근대화를 초래하였던 일제 총독부 관료들처럼 전략적 행위자들이 조직적이고 의도적으로 새로운 문화를 창출하거나 동원하는 것을 기대할 수 없었다. 결국 새로이 도입된 근대적 제도로서 '민주주의'와 '자본주의적 시장경제' 그리고 '국가 관료제'가 합리적 질서를 전 사회에 점차적으로 확산시켜 나가는 장기적인 경로를 기대할 수밖에 없었다. 이를 위해서는 과연 대한민국의 국가 관료제가 다양한 정치, 경제, 사회적 세력의 당파적 이해로부터 비교적 자율적이면서 '사회의 보편적 이해를 수호'하는 전략적 행위자로서의 당위적 기대를 얼마나 충족시킬 수 있느냐가 관건이었다.

한편 식민지 근대화론은 일제시기 식민통치기구가 식민지 사회에 대해 갖고 있었던 관료제적 능력, 즉 강력한 자율성과 수행능력이 잠재적으로나마 유지되어 후에 군사정부가 수립한 발전국가 시기에 활성화되었으며, 이러한 식민통치 유산의 '연속성'이 1960년대 이래 한국 경제성장의 결정적 계기로 작용하였다고 주장한다(Kohli, 2004). 이에 대해 비판적인 입장에서는 식민통치기구의 말단에 있었던 한국인 관료들과 산업체에서 하급 기술자나 미숙련 기능공으로 종사하였던 인적 자원들이 식민지 관료제적 유산을 계승하였다고 하기에는 '너무 약한 인적 고리'였다고 주장한다(Haggard, Kang and Moon, 1997).

민족적 차별은 일제 식민통치 시기 주요 근대적 유산으로 거론되는 교육부문에서 팽배했던 식민통치 유산의 '연속성'보다 '약한 인적 고리' 주장을 더욱 강하게 뒷받침한다. 1936년 당시 동화교육의 대상인 초등교육과정에서 1:4인 한·일 민족간 대비는 고급지식의 습득과 지위상승에 필요한 중등교육과정에서 1:20, 그리고 고등교육과정에서 1:30으로 격차가 벌어졌다(정연태, 2010: 26). 1944년 당시 조선인 대학졸업자는 7,374명으로 전체 조선인구의 0.03%에 지나지 않고, 전문학교는 0.1%, 중등학교는 0.9%로서 중등학교 이상 졸업자는 전체 인구의 1%도 되지 않았다.

아래에서는 제1공화국 시기 충주비료공장 건설사례를 통해 식민지 시기의 공업화와 식민통치기구의 관료제적 유산이 과연 어느 정도로 한국국가의 수행능력과 연속성을 갖고 있는지 가늠해 보고자 한다(오원철, 1995: 136-44 참조).

일찍이 일제 시기인 1930년에 당시 세계 2위 규모의 비료공장이 흥남에 설치되어 연간 48만 톤의 유안비료를 생산하였으며, 1939년에는 총합계 64만 톤이라는 세계 최고의 생산실적을 가졌다. 그러다가 해방과 남북분단 이후 90%의 시설이 북한에 남겨졌고, 해방 이후 수요량 전량을 수입에 의존하게 되었다.[9] 이에 따라 한국 정부는 미국의 원조당국에게 비료공장 건설을 요청해왔으며, 마침내 1954년

FOA 원조자금 2,300만 달러를 충주비료공장 건설자금으로 승인받았다. 당시 이승만 정부는 1955년 미국의 매크로하이드로카본사(Macro-Hydrocarbob Co.)와 비료공장 건설계약을 체결하였다.

충주공장은 건국 이후 최초이자 최대의 공장건설 사업으로서 가장 중요한 국가사업으로 간주되었다. 이에 따라, 정부는 충주비료공장의 효율적인 건설과 운영을 기하기 위하여 상공부장관을 위원장으로 하는 '기간산업공장 인수운영체 설립추진위원회'를 구성하였으며, 농림부장관, 재무부장관, 부흥부장관, 한국은행 총재와 산업은행총재가 위원이 되었다. 그리하여 충주비료 공장의 건설과정에서 한국 정부가 미국의 비료공장 건설회사와 맺었던 계약의 수준은 바로 그 당시 국가기구의 최고 능력 수준이었고 볼 수 있다. 그러나 오원철(1995)의 평가에 따르면, 당시 국가기구의 수행능력 수준은 형편없이 낮았다.

> 공장건설계약서의 중요 내용을 지금 보면 참으로 한심하다. 당시 정부의 수준을 그대로 나타낸다고 보아도 무방할 것 같다… 어린아이가 자기 어머니를 절대적으로 믿듯이 미국 건설회사를 믿었던 것이다. 예를 들어 '건설회사의 책임' 항목은 "설계, 구매, 건설, 기술훈련, 시운전 및 성능보장"이라고 되어 있다. 이는 '믿고 맡기니 마음대로 설계하고, 구매하고, 마음대로 건설하고, 기술훈련까지도 시켜달라는' 의미였다. 공장건설 기간도 "30개월 사이에 완공한다"였다. 이는 늦어도 '벌칙조항이 없으며, 우선 30개월로 예정하자는 것을 의미하였다.' 그리고 공사비는 "실비정산제로하고 고정보수의 지급을 받는다"(cost plus fixed fee system)로서 '돈이 얼마들지 모르나 회사가 사용한 돈은 모두 주겠다

---

9) 1949년 이래 1965년까지 농업부문의 미국원조 총액 17억여 달러 중에서 비료도입액은 6억 9천만 달러로 40%에 달하였다. 이 금액으로 비료공장을 수십 개 지을 수 있을 정도였다.

는' 격이었다(오원철, 1995: 138).

실제로 비료공장 건설과정에서 5차례나 계약이 수정되었고, 당초 1,955만 달러이던 건설계약금은 3,334만 달러로 70%가 증가되었다. 공장의 완공은 예정기간보다 2년이 넘어 총 공사기간은 6년이 걸렸다. 공장이 완공된 후에도 자주 고장을 일으켜 공장 전체가 멈추곤 했다. 공장을 원만하게 가동시킬 기술도 없었다.

모든 공장설비는 미국의 최신식 설비였고, 건설에 필요한 재원은 미국의 원조자금이었으며, 따라서 비료공장의 운영기술도 미국 방식이었고, 기술자들의 훈련 프로그램도 미국식이었다. 공장의 운영초기에 '가다 서다'를 반복하자, 충주비료는 별도로, 역시 원조자금의 지원을 받아, 미국의 얼라이드 케미컬(Allied Chemical)과 기술고문계약을 체결하여 운영과 조업에 대한 자문을 받았고, 고장 예방을 위한 정비 훈련도 받았으며, 점차 사내 훈련소에서 기술자들을 위한 이론과 현장교육도 실시하였다. 그나마 다행인 것이 충주비료공장은 기술자 양성 교육장의 역할을 하게 되어, 이들이 제1, 2차 5개년 계획에서 제3, 4 비료공장을 건설할 때는 중추적 역할을 담당하게 되었다.

충주공장 건설과 운용과정에서 드러난 한국 국가기구의 수행능력에서 일제 식민통치기구의 유능한 관료제적 '연속성'을 찾을 수 없다. 식민지 근대화론자들에 의하면 식민관료제적 유산이 1, 2공화국 시기에는 '잠재'되어 있다가 군사정부 시기에 발전국가로 '발현'되었다는 것인데, 이들은 당시 가장 중요한 국가기간산업 시설인 충주비료공장을 건설하고 운용하는 데서 왜 '식민통치의 유산으로서 유능한 국가의 수행능력이 발휘되지 않고 숨어 있었는지'를 설명하지 못한다.

## 4. 미국의 원조경제와 자본주의 세계체제 편입

일제 식민통치의 종식과 동시에 미군정 통치의 시작이라는 역사적 계기의 정치경제적 함의는 '엔블럭'의 일환으로 세계자본주의 경제체제에 편입되었던 조선의 경제가 이제 그 체제 내에서 다시 미국의 지정학적인 전략에 배태된 경제로 재규정되는 것이었다.

먼저 식민지 경제구조 붕괴의 여파는 매우 심각하였다. 식민지시기 조선의 대외무역액에서 일본이 차지하는 비중이 1920년 71%, 1930년 82%, 1942년 87%이며 나머지도 엔통화권으로서 거의 절대적이었다 (최상오, 2007: 352-3). 해방은 이러한 대외무역구조를 해체하는 것으로서 비록 1946년의 무역액 3억 9,200만 원이 1948년 98억 5,500만 원으로 급증하였으나, 이 액수는 식민지시기 최대 무역규모였던 1941년 5,539억 1,900만 원의 1.8%에 불과한 것이었다. 1946년의 미곡 생산량은 1940~44년의 평균 생산량의 86.5% 정도였고, 수산물은 45.4%, 무연탄 생산량은 23.3% 수준이었다. 1946년의 제조업 생산은 식민지시기 최대 수준이었던 1939년 생산의 25%에 불과하였다. 5인 이상을 고용하는 공장 수는 1946년 기준 4,302개에서 1948년 말 3,808개로 줄었다. 이렇게 생산이 급격히 감소하고 회복도 지연된 이유는 이 시기의 정치적 혼란에 더하여 원료, 자본, 기술, 시장 등 한국이 속해 있던 일제의 엔블록 경제구조의 붕괴에 따른 여파라 할 것이다.

미군정의 일차적 목표는 점령지 조선의 사회 안정이었다. 미군정 아래 한국에 주어진 미국 원조는 점령지역행정구호원조(GARIOA)의 일환으로서 3년 동안 총 4억 1천만 달러에 이르렀으며, 그 내용은 식료품 41.6%, 농업용품 17%, 피복류 10%로서 소비재 중심의 원조였다. 대한민국 정부 수립 이후 미국의 원조는 경제적 안정을 위한 장기적 원조로 바뀌었다. 한미원조협정에 의한 ECA원조가 그것이다. 한국전쟁 중 긴급구호물자가 제공되었고, 전쟁 후에는 복구를 위한 유엔명의의 한국민간구호계획(CRIK) 원조, UN한국재건단(UNKRA) 원조 등이 제공되었다. 휴전이 성립되면서 미국의 원조는 FOA, ICA, AID, PL480 등으로 본격화되었으며, 미국의 국제수지가 악화하는 1957년을 기점으로 무상원조는 유상차관 형식으로 바뀌었다.

미국 원조가 한국의 경제에서 차지하는 비중은 막대하였다. 전후 원조액이 가장 적었던 1954년의 경우 국민총생산에서 원조가 차지하는 비중이 10%였지만, 원조가 가장 많이 제공된 1957년의 경우 원조는 국민총생산의 23%를 차지하였다. 대외무역의 경우 원조의 비중은 더욱 막대하였다. 1952~60년 동안의 총 수입액은 29억 98백만 달러였으나 그 가운데 원조에 의한 수입은 21억 8,100만 달러로 전체의 73%를 차지하였다. 같은 기간 동안 총 원조액은 31억 26백만 달러였는데, 그 가운데 원조는 72%, 수출은 7%, 무역외 수입은 21%를 차지하였다. 1945년부터 1961년까지 미국의 총 원조액은 약 31억 달러였다. 이 가운데 약 42%가 주로 제조업과 사회간접자본 부문에 쓰이는 원재료 및 중간제품이었고, 25%가 밀, 옥수수 등 농산물, 자본재는 9%, 기술은 5%를 차지하였다. PL480에 의한 농산물 원조의 경우, 도입된 미국의 잉여농산물을 한국화폐로 팔아 그중 10~20%는 미국이 사용하고 나머지 80~90%는 한국 재정의 국방비에 전입하였다.

이러한 무상원조는 미군정 시기, 한국전쟁의 혼란기와 전후회복기 극심한 식량난과 초토화된 산업생산력을 회복시키면서 한국의 경제체제를 안정시키는 데 결정적인 도움이 되었다. 그러나 원조가 갖는 근본적 한계는 한국 정부의 의지나 한국경제의 상황과는 무관하게 미국의 대외정책에 따라 그 용도와 액수가 결정된다는 것이다.

해방후 한국에서는 그동안 식민지 자본주의체제에서 막대한 역할을 수행했던 일본 자본가들의 본토귀환으로 '자본가가 없는 자본주의' 상황이 야기되었다. 더욱이 식민지 자본주의의 억압적 시장체제가 일시에 자유시장 경제체제로 전환될 수도 없었다. 그리하여 시장과 자본가는 관료들에 의해 급조되었다.

이승만 정권은 일제의 물질적 유산인 적산(敵産)을 정치권력에 밀착한 소수에게 불하를 통해 상속해 줌으로써 말 그대로 자본가를 만들었다(강만길, 1994: 310-9). 이승만 정권은 1954년 원조 공여국인 미국과의 협약을 통해 일제 귀속재산이었던 정부기업을 대폭 민영화하였고, 1957년에는 상업은행들을 민영화하였다. 이러한 국유재산 불하 과정을 거치면서 정치권과 유착된 관료-자본가 계급이 형성되었고, 이들은 은행을 인수받았으며, 또 한국전쟁 후 미국의 전후복구 원조와 소비재 중심의 수입대체산업화 과정에서 계속적인 수혜집단이 되었다. 제분, 제당 그리고 면사공업 등 이른바 '3백 산업'과 정치권의 유착관계는 이 시기 관료-자본가들의 행태를 특징짓는다. 예컨대 1950년대 면방직 공업의 상황을 살펴보면 그 시설은 귀속재산을 기반으로 하였고, 원료는 원조원면으로, 금융은 원조물자 판매대금으로 마련된 정부의 대충자금계정에 의한 특혜융자를 기반으로 하였다. 원조원면의 배정이나 대충자금의 융자는 관권과 결탁한 소수의 기업에 집중되어 기업의 집중, 산업의 과점화가 일어났다. 그 당시 중요업종의 생산집중도를 보면, 제분업의 경우 총 58개 업체 중 2개의 대기업이 총출하액의 10%를 차지하였으며, 제당업은 44개 업체 중 2개의 대기업이 총출하액의 91%를, 비누제조업의 경우 44개 업체 중 1개 대기업이 49%를, 고무신 공업의 경우 48개 업체 중 9개의 대기업이 총출하액의 78%를 차지하였다(김대환, 1981: 221).

이처럼 이승만정권 시기 원조경제체제 아래서 남한의 공업은 소수 대기업의 독점에 의한 소비재 산업 중심으로 발달하였으며, 이러한 특성은 대외의존성에서 기인한 것이라 할 수 있다. 이승만 정권은 막대한 정치자금을 필요로 하는 체제였고 따라서 경제행위자들, 특히 대자본가들로 하여금 생산적이고 경쟁적인 경제활동에 몰두하게 유도하는 것이 아니라 정부보조금의 확대 배정이나 외환의 배당, 정부 기업체의 불하 등 비생산적인 활동을 위해 정부에 대한 로비에 열중하도록 유도하였다. 따라서 제1공화국 시기 국가의 경제개입은 '지대추구'(rent-seeking) 행위를 조장하는 방식으로 이루어졌다. 이렇게 형성된 자본가들이 국가권력을 견제하면서 시민사회에서 헤게모니를 행사할 수 있으리라고 기대하는 것은 무리였다. 이러한 배경이 '약한 국가 약한 사회'의 바탕이 되었다.

## 5. 소결

해방된 한국사회에서 탈식민지화의 과제는 새로운 정치경제적 질서로서 민주주의와 자본주의적 시장경제의 정착, 근대적 국가관료제의 정비 그리고 이로부터 확산되는 문화적 정체성의 확립이었다. 따라서 첫 단추는 민주적 정체의 수립과 공고화 그리고 억압적, 권위주의적 식민통치기구였던 국가관료제와 식민지 자본주의를 근대적, 시민적, 합리적 질서를 확산시키는 제도적 기제로 '대체'시키는 것에서부터 꿰어야 했다.

그러나 이러한 시대적 과제는 미군정의 통치 편의에 의해 그리고 정부수립 후 현실정치 속에서 철저히 실종되었다. 오히려 일제 식민지의 유산이 청산되지 못하고 확대 재생산되는 바탕에 새로운 제도로서 미국식 자유민주주의와 시장경제가 맥락에서 유리된 채 덧씌워짐으로써 한국사회의 문화적 구성요소는 더욱 복잡해졌다. 식민유제의 확대재생산이 한국사회의 혼종문화에 대해 갖는 함의는 법적, 합리적 질서의 수호자로서 국가의 '실패'와 도덕적 준거집단으로서 시민사회의 '실종'이었다. 그리하여 한국의 탈식민지화 과정은 문화의 연장통에 결과가 수단과 방법을 정당화하는 '결과만능적 목적합리주의'와 함께 금전적, 상업적 이윤동기가 수단과 방법을 가리지 않고 국가기구에 침투하여 자기 이해를 적극적으로 추구하는 '정경유착'이라는 연장들을 추가하는 데 그쳤다. 이러한 혼종문화의 바탕에서 민주주의와 시장경제는 형식적인(formal) 수준에서 머물고 실질화(substantialize) 되지 못하면서 '제도와 행위 간의 부조응'이 일상화되었으며, 이로써 '한국적' 민주주의와 시장경제는 전사회에 합리적 관계를 확산시키는 역할을 수행하는 것이 아니라 오히려 정치적, 경제적, 사회문화적 혼돈을 증폭시키는 기제로 작용하였다. 이러한 상황은 당시 제3세계 정치의 대명사였던 군사 쿠데타의 온상이 되었다.

미군정에서 비롯하여 이승만정권까지 이어진 탈식민지시기에 형성된 한국문화의 특성은 기왕의 전통문화적 요소와 식민지적 근대성이 중첩된 문화적 바탕에 다시 파편화된 미국식 근대성이 편의적으로 덧붙여진, 그리하여 혼종성이 확대재생산되는 '탈식민지 혼종문화'라 할 수 있다. 그리고 이 시기 한국경제의 특성은 미국의 군사지정학적인 전략에 의한 군사원조와 경제적 구휼원조에 의해 구성되고 유지된 '지정학적으로 배태된 경제'(geopolitically embedded economy)로 볼 수 있다.

# 제8장 역사적으로 형성된 한국의 혼종문화

앞에서 전략적 행위자로서 한국의 국가가 역사적으로 수행해 온 경제적 역할의 구체적 내용과 사회문화적 함의를 살펴보았다. 이를 간략하게 요약하면 다음과 같다.

조선사회의 전략적 행위자였던 선비들은 유교적 이상사회를 건설하기 위해 도덕경제적 정책을 수립하였고, 이를 관철하고자 문화적 울타리를 구축하면서 전 왕조시기에 걸쳐 경제적 역동성을 억제해 왔다. 다시 말해, 조선사회의 경제는 사회적 관계에 배태(embedded)되어 있었다.

그러나 조선사회의 국가 통치이념이자 공식 윤리였던 유교가 일제시기에 제도적 수준에서 해체되고 형식적 의례와 생활관습의 일부분으로만 남게 되면서 울타리로서 유교는 해체되었고, 마침내 식민지 조선사회의 경제는 사회적 관계로부터 '탈배태'(disembedded)되었다. 일제 식민통치시기에 조선에서 진행되었던 식민지 산업화의 함의는 이제까지 상대적으로 독자적이었던 조선의 경제 체제를 식민국 일본과 만주대륙을 잇는 엔화지역권의 연결고리로서 세계자본주의 경제 체제에 편입시키는 것이었다. 그리하여 식민지 조선 경제는 더 이상 독자적 단위로서가 아니라 오로지 일제 식민지 경영의 일부로서만 의미를 갖는 '지정학적으로 배태된 경제'(geopolitically embedded economy)로 전환되었다. 더욱이 일제는 식민통치를 원활하게 하기 위한 목적으로 '문화정치'라는 분할통치 전략을 시행하였고, 그 결과 식민지 조선사회는 파편화되었다.

마침내 해방된 한국사회에서 탈식민지화(de-colonialization)의 과제는 새로운 정치경제적 질서로서 민주주의와 자본주의적 시장경제의 정착, 근대적 국가 관료제의 정비 그리고 이로부터 시민사회에 확산되는 문화적 정체성의 확립이었다. 따라서 민주적 정체의 수립과 공고화 그리고 억압적, 권위주의적 식민통치기구였던 국가 관료제와 식민지 자본주의를 근대적, 합리적, 시민적 질서를 확산시키는 제도적 기제로 '대체'(displacement)시키는 것에서부터 첫 단추를 꿰어야 했다. 그러나 이러한 당위적인 시대적 과제는 새로운 외세인 미군정의 통치 편의에 의해 그리고 정부가 수립된 이후 엄혹한 현실정치 속에서 철저히 실종되었다. 오히려 일제 식민통치의 유산이 청산되지 못하고 확대 재생산되는 바탕에, 새로운 제도로서 미국식 자유민주주의와 시장경제가 맥락에서 유리된 채 통치 편의적으로 도입되어 기존의 혼종적 제도들과 '중첩'(layered)되거나 '표류'(drift)하였다.

일제시기부터 미군정을 거쳐 이승만 정권까지 이어진 식민지와 탈식민지시기에 형성된 한국문화는 파편화된 전통문화적 요소와 식민지적 근대성이 중첩된 혼종문화적 바탕에 다시 편의적으로 발췌된 미국식 근대성이 덧붙여진, 그리하여 확대재생산된 혼종성을 갖게 되었다. 다음에서는 이렇게 역사적 계기를 거치면서 중첩적으로 구성된 한국 혼종문화의 특성을 정리해 본다.

## 1. 문화적 변환(cultural transformation)과 사회적 관계의 경제적 배태

한국 전통사회에서 유교문화는 경제적 이해타산이 사회적 관계로 확산되는 것을 철저하게 방어하는 '울타리' 기능을 수행해 왔다.[1] 이처럼 한때는 '경제를 사회에 배태'시키는 울타리로서 기능을 수행하던 '전일적' 유교문화는 일제의 식민지 근대화와 미군정의 탈식민지 근대화 과정을 거치며 '파편화'되었고, 혼종적 문화로 변환되었다. 이러한 거대한 '문화적 변환'(cultural transformation)의 결과로서 한국의 문화는 전통적으로 수행해 오던 '경제로부터 사회를 보호하는 울타리' 기능 대신에 이제 역으로 '경제가 사회를 가두는 울타리' 역할을 담당하게 되었다. 따라서 한국의 혼종문화는 모든 수준의 사회적 관계에 경제적 이해타산이 침투하도록 허용할 뿐 아니라 이를 정당화하는 역할을 수행하게 되었다. 도식적으로 말해, 한국사회는 〈그림 1〉(46쪽)의 사회에서 〈그림 3〉(48쪽)의 사회로 급속히 전환되었다.

한국사회에서 일어난 이러한 '경제적 관계의 사회적 배태'에서 '사회적 관계의 경제적 배태'로의 변환은 사실 한 사회가 근대화의 과정에서 일반적으로 경험하는 것이다. 베버 연구자인 사회학자 전성우(2006: 56)의 해석에 의하면, 베버는 '근대'(modern)를 이전까지 지배적이던 종교적 세계관과 인식론에 대한 근본적 혁신으로서 '탈주술화'(demystification)와 그 문화적 결과로서 '의미와 가치의 사유화와 파편화'가 일어나는, 그리하여 '의미 및 가치의 영역들'(부분-체계 또는 하위체계)이 상대적인 독자성을 갖추고서 분리 및 독립 또는 분화하고 갈

1) 조선시대 '사농공상'이라는 위계서열은 '사회에 배태된 경제'가 사회계층 구조적으로 발현된 것이다.

등하며 조합하는 과정으로 파악하고 있다.[2] 주지하는 바와 같이 서구 유럽의 지리적 역사적 맥락에서는 '선택적 친화력'에 의해 일어났던 조합이 바로 '근대의 탄생'을 가져왔다. 그러나 이러한 '서구식 조합'의 근대는 하나의 '역사적' 조합으로서, 비록 보편적 인식론적 발전단계에 인류를 올려놓기는 하였으나, 파슨스(Parsons)에서 비롯되는 구조기능주의적 근대화론이 함축하듯이, 모든 사회가 따라야 할 유일무이한 보편적인 모델은 아니다. 그리하여 이 근대의 선행 모델은 전 지구적으로 확산되는 과정에서 역사적, 지역적 맥락에 따라 매우 다양하고 '특수한' 조합의 가능성에 열려 있으며, 이는 선험적 판단의 대상이 아닌 경험적 조사의 대상으로 간주된다.[3]

한국사회에서의 '근대화'는 경제적 관계의 사회적 배태에서 사회적 관계의 경제적 배태로의 변환이 매우 급격하게 그리고 큰 폭으로 진행되면서 거대한 '문화적 변환'을 초래하였다는 것이 특징이다. 이러한 근대화의 성격 형성에서 한국의 역사적, 지정학적인 특수성과 한국문화의 혼종성이 결정적인 역할을 수행하였다. 유교적 이상국가 실현이라는 신념의 집행을 중시하는 '가치합리적'(value-rational) 행위를

2) 이들 하위체계는 혈연공동체, 경제적 영역, 정치적 영역, 심미적 영역, 성애(에로틱)의 영역, 그리고 지적 영역 등으로 구성된다(베버, 2002: 232-273). 다시 이들을 3가지 하위체계인 인지적-기술적 영역(진), 심미적-표현적 영역(미), 도덕적-실천적 영역(선)으로 재구성할 수 있으며, 이들은 제각기 '목적합리적' 행위, '감성적' 행위, 그리고 '가치합리적' 행위와 같은 '내적인 자기법칙성'을 갖는 상이한 '합리성 구조'와 상응한다고 본다. 여기서 '근대성'은 인간의 사고양식과 의식 수준이 도달한 '하나의 보편적 발전단계'로서 서구유럽에서 역사적으로 '발생'(originate)하였고, 이후 근대성의 여러 가지 대안적 실현 방식을 통해 다른 문화권으로 '확산'(diffuse)되었다고 본다.

3) 이에 바탕하여 전성우는 근대성이 '하나'의 기원(origin)을 갖지만 구성 가치 및 의미 요소들 간의 조합 가능성은 '여럿'이라고 다양한 대안을 열어두고 있다(2006). 필자도 이러한 입장에 동의한다.

지향하던 '조선 사회'는 일제 식민통치와 미군정의 점령통치 그리고 민간권위주의 정권을 거치면서 궁극적 가치의 실현보다는 가시적 성과와 결과를 최우선시하는 '목적합리적'(ends-rational) 행위를 '과도하게' 지향하는 '한국 사회'로 급격하게 전환되었다.[4] 이 과정은 혼종화된 한국문화에 의해 극단화되었다. 한국의 역사적 맥락에서 목적합리적 행위와 가치합리적 행위의 급속한 분리 및 전도(顚倒)는 유교문화가 지배적이던 사회에 배태된 도덕경제로부터 경제를 '탈배태'(disembedding)시키는 것이었으며, 이제 역으로 경제가 거의 모든 사회적 관계를 규정하게 되면서 한국사회는 베블렌의 '금전 물신화'(fetishism of money) 개념에 근접하는 사회가 되었다.[5] 그 결과 가족, 친족, 교우와 같은 사회적 관계를 비롯하여 종교, 교육 및 사법과 같은 한국사회의 핵심적 제도들까지도 경제적 타산 및 금전적 이해관계의 복잡성에 적나라하게 노출되었다.

## 2. '결과만능적' 목적합리주의 행위지향

베버에 의하면, 이념형으로서 목적합리적 행위는 "행위의 구성요소

---

4) 여기서 이념형적인(ideal typical) '가치합리적' 행위는 "결과와는 무관한 순전히 가치 자체에 대한 확신"에 기반한 행위로서, 가치지향적 '대의'가 가진 타당성에 대한 믿음이 행위의 '원인'이며, 따라서 행위의 '결과'나 '성공여부'는 부차적인 것으로 간주되는 '신념지향적' 행위이다(전성우, 2006: 53). 대체로 종교적 신념에 바탕을 둔 행위가 여기에 속할 것이다. 반면에 '목적합리적' 행위는 수단, 목적, 가치 및 결과 모두가 의식적, 체계적 조정의 대상이 되고, 이 중 특히 행위의 '결과'에 대한 고려가 우선적 위치를 차지하는 '결과지향적' 행위를 말한다. 즉 어떤 결과에 대한 선취된 생각으로서 행위의 '목적'이 행위의 '원인'이 되는 사회적 행위이다.

5) 경제학자인 베블렌에 따르면 가치의 교환 '수단'으로서 화폐가 진선미의 '기준'이 되면서 '목적'이 되는 도치된 상황을 '금전 물신주의'(fetishism of money)라고 정의하였다(Veblen, 1994).

들인 수단, 목적, 가치 및 결과 모두에 대한 숙고와 성찰, 이들에 대한 의식적, 체계적 조정능력 및 조정의 일관성"을 의미하며, 행위자의 자율성, 숙고성(계획성 내지 신중성)을 전제하므로,[6] 서구 근대 합리화 과정의 핵심적 요소이다.

그러나 한국사회는 과거 '신념'의 집행을 중시하는 '가치합리적' 행위지향 사회로부터, 가치의 실현과정 그 자체보다는 결과를 우선시하는 '목적합리적' 행위지향 사회를 건너뛰고, 결과가 수단과 방법을 '과도하게' 정당화하는 '결과만능적'(ends-justify-all) 목적합리주의 지향 사회로 곧바로 이행하게 되었다. 이처럼 한국사회의 변동 과정에서 목적합리성이 '결과만능적'으로 극단화된 역사적·구조적 맥락은 무엇인가?

조선의 패망과 함께 조선의 통치 이데올로기이자 사회 구성 원리였던 유교는 파편화되어 공식 영역에서는 폐기되고 오로지 사적인 영역에서만 윤리체계로 남았다. 일제의 문화통치는 식민체제에 대한 도전을 무력화시키려는 헤게모니 전략으로서, 그동안 유교가 누렸던 사회문화적 헤게모니를 해체하면서 식민지 조선의 시민사회를 파편화시키고 전통적 권위 집단들의 도덕적 체면을 손상시켰다. 도덕적 준거와 윤리적 울타리가 사라진 사회문화적 진공상태 속에서 식민지 조선의 사회구성원들은 원자화된 채 자기 편의적 기준을 세우고 거기에 의존했다. 그리하여 개인 행위자 수준에서 식민지 조선인들은 일상적으로 이민족의 식민통치에 대한 저항과 타협의 '양가적'(ambivalent) 선택을 해야 했다. 그들은 일상적인 행위전략을 짜면서도 이민족의

6) 목적합리적 행위는 "분명하게 규정된 '목적'을 경험적으로 근거 있는 지식에 따라 가장 적절한 '수단'을 통해 실현하겠다는 명료한 의식하에 행동"하는 것이기 때문에 근대 합리화 과정의 핵심적 요소인 것이다(전성우, 2006: 55).

지배에 대한 소극적 저항에서 적극적 저항 그리고 소극적 타협에서 적극적 타협에 이르는 광범한 스펙트럼의 어느 지점에 자신들의 행위를 위치시킬지를 놓고 끊임없는 도덕적 딜레마(dilemma)에 당면했고, 언젠가는 자신들이 선택한 행위에 대해 어떤 식으로든 책임을 져야 할 선택을 해야만 했다.

이러한 상황에서 일제로부터의 해방은 개인과 사회에게 각기 다른 수준에서 탈식민지화의 시대적 과제를 부과하였다. 먼저 개인적 수준에서 해방은 일상적인 양가적 딜레마로부터의 '해방'인 동시에, 이제까지 판단 유보(moratorium) 상태에 놓아두었던 과거 식민지 시기의 행적들에 대하여 도덕적으로 반추하고 윤리적으로 성찰해야 하는 시대적 책무에 대한 '속박'이기도 하였다. 사회적 수준에서 탈식민지화의 시대적 과제는 새로운 정치경제적 질서로서 민주적 정치제도와 자본주의적 시장경제 제도의 정착, 근대적 국가관료제의 정비 그리고 이로부터 비롯되는 합리적 문화 정체성의 재정립과 확산이었다.

그러나 어느 것 하나 녹록치 않은 이러한 당위적 과제는 미군정의 통치 편의에 의해 그리고 정부가 수립된 이후에는 현실정치 속에서 철저히 실종되었다. 특히 개인적·사회적 수준의 당위적 과제를 수행하는 과정의 첫 단추였던 과거 적폐청산의 일환으로서 반민족행위자 처벌 시도가 정권의 비호아래 무산되었다. 이러한 사실은 일제 식민통치시기에 저지른 개인적이거나 집단적인 수준에서의 패악이 결과적으로 보상받고 오히려 권장되는 역설적 계기로 작용하였다. 이렇게 청산되지 않은 구태와 적폐 위에 편의적으로 파편화된 미국식 자유민주주의와 시장경제 제도가 중첩되면서 한국사회의 제도적, 문화적 혼종성은 더욱 복잡해졌다.

식민통치의 이데올로기적, 인적 유산의 청산이 아니라 오히려 식민유제의 확대재생산으로 점철된 한국의 탈식민지화 과정은 '결과가 오히려 수단과 방법을 정당화'하는 역진적인 '결과만능적 목적합리주의'를 한국 문화의 연장통에 중첩시키는 결과를 가져왔다.[7] 이러한 결과만능적 목적합리성이 전 사회적인 영역으로, 그리고 장기적이고 지속적으로 확산된 결과 한국 사회의 도덕적 · 윤리적 판단기준은 모호해졌으며, 사회적 신뢰 수준은 극도로 낮아졌다.

## 3. 제도와 행위의 부조응

한국의 혼종문화는 '제도와 행위 간 부조응'(inconsistency)을 용인하는 것이 특징적이며 역사적으로 확대 재생산되어 왔다. 이념형적(ideal typical) 관료제[8]와 자본주의 시장경제는 '합리성의 화신'이다(베버, 2002 참조). 이들 근대적 제도가 제대로 운용되기 위해서는 사회 구성원들이 미래에 대해 '계산할 수 있는 가능성'(calculability), 즉 합리성(rationality)이 전제되어야 한다. 그리고 이와 함께 최소한 새로운 제도가 합리적으로 운용될 것이라는 과정에 대한 신뢰 그리고 제도가 장

7) 이는 사회학자 정수복이 특정한 12가지 한국인의 성격 중에서 '수단방법 중심주의'와 유사하다. 정수복은 한국인 공통의 사고방식을 '문화적 문법'(cultural grammar)으로 정리한다(2007). 무교, 유교, 불교, 선교의 종교 문화적 전통에서 비롯하는 '근본적 문법'으로 허세적 물질주의, 감정우선주의, 가족주의, 연고주의, 권위주의, 갈등회피주의를 열거하고 있다. 개화기 이후 근본적 문법에서 파생된 문법으로는 감상적 민족주의, 국가중심주의, 속도지상주의, 근거 없는 낙관주의, 수단방법 중심주의, 이중규범주의를 들고 있다. 이러한 12가지 요소들이 서로 얽히고설키면서 한국사회 문제를 야기시킨다고 본다.

8) 이념형적 관료제는 형식화(formalization), 전문화(specialization), 위계서열 구조(hierarchy), 안정화(stabilization) 등과 같은 특성을 갖추고 거대 조직을 안정적으로 운영, 유지하는 데서 기능적인 '합리화의 화신'으로 간주된다. 한편 끝없는 형식화(red-tape), 부서 이기주의(departmentalization), '발칸 반도화'(Balkanization), 무사안일주의 등은 의도치 않은 '관료주의적' 역기능들이다.

기적으로 지속될 것이라는 제도 자체에 대한 신뢰가 필요하다. 이러한 신뢰가 보장되지 못한다면 누가 묵묵히 자기 차례가 오기를 기다리며, 현재의 소비 욕구를 억누르고 절약하며 저축하고, 미래에 대한 투자를 하겠는가? 뒤르켐이 말한 '계약의 비계약적 요소'(non-contractual elements of contract)가 필수적인 것이다.

그러나 한국사회에서 합리성을 확대, 심화시키는 근대적 제도로서 관료제와 시장경제는 일제 식민통치와 미군정 통치 등 격변하는 역사적 사회변동의 과정에서 그때그때 외세 권력집단의 통치 편의에 따라 '전체적인 맥락에서 발췌되어' 한국사회에 편의적으로 도입되었다. 다른 한편으로, 한국사회의 구성원들은 이러한 근대적 제도를 운용하는 데 필수적인 문화적 연장을 갖추거나, 여기에 익숙해질 충분한 여력과 시간적 여유를 갖지 못하였다. 이러한 제도와 행위의 구조적 부조응 상황에서 한국인들은 '근대적 제도'를 원활하게 운용하기 위한 전제조건인 '합리적 행위'를 '당위적'으로 해 온 것이 아니라, 자신들이 동원 가능한 혼종 문화적 자원 중 자기에게 유리한 행위전략을 편의적으로 발췌하고 이에 따라 행동해 왔다. 그리하여 한국인들은 편의적으로 조합된 근대적 제도에 대해 각자 나름대로 경쟁력을 갖춘 혼종 문화적 자원에 따라 광폭의 행위 스펙트럼을 갖게 되었다. 한국인들은 어떤 사안에 대해 행위전략을 짤 때, 제도와 행위 간의 내적인 일관성(integrity)과는 무관하게, 합리적인 '근대적' 행위나 '전통적' 행위, 또는 '탈근대적' 행위 중에서 자신에게 유리한 방식을 선택하여 행위한다. 이러한 제도와 행위의 부조응은 혼종문화에 의해 정당화된다.[9)]

그 결과 한국인들은 일상적으로 명목상의 규정과 실제 행동 간의

---

9) 이는 정수복이 정리한 한국인의 문화적 문법 중 '이중규범주의'와 유사하다(2007).

간격을 당연시한다. 예를 들어, 개인들이 법을 위반하였을 때 몇 가지 '문화적으로 정당한' 선택이 주어진다. 순순히 법의 심판을 받는 원형적인 '근대적' 행위와 경찰, 검찰, 법원 등 각 단계의 기관마다 혈연, 지연, 학연을 알음알음으로 동원하여 처벌을 회피하려고 시도하는 '전근대적' 행위가 가능한데 두 가지 행위 모두 혼종 문화적 맥락에서 정당화된다. 오히려 제도적 원칙에 충실히 따르는 행위자는 '주변머리 없는 무능력자'로 폄하되기도 하는 반면 임기응변이나 온갖 연줄을 동원하여 상황을 모면하는 행위자는 '능력자'로 인정받기도 한다.

## 4. 상시적 문화충돌

혼종 문화적 맥락에서는 사회 구성원 개개인들이 제각기 선택한 수단과 방법을 정당화하기 위해 동원하는 문화적 구성요소들이 서로 충돌할 가능성을 내포한다. 그 결과 한국인들은 자기 나라 안에서 상시적으로 '문화 충돌'(culture clash)을 경험하게 되었다. 복수의 수단들이 나름대로 정당한 문화적 근거를 갖고서 서로 충돌하는 혼종문화 사회에서는 공동선(共同善)에 대한 합의도 쉽지 않을뿐더러, 이를 실천하기 위해 필요한 합리적, 효율적 방법에 대한 사회적 합의도 도출하기 어렵다. 그리하여 전통적 요소와 근대적 요소 그리고 '파편적' 근대와 '원형적' 근대는 개인이 일상적 행위에서 내리는 선택에서, 개인과 개인 간, 개인과 집단 및 조직 간, 조직과 조직 간 그리고 집단과 집단 간 등 모든 수준의 사회적 관계에서 서로 충돌할 소지가 있다. 관료 권위주의적 정체에서는 강제적 합의가 위에서 주어지므로 혼란이 어느 정도 '억압'될 수 있었으나, 자발적 합의와 조정을 바탕으로 삼는 민주적 정체에서는 무기력에 빠지기 쉽다. 이렇게 '되는 것도 없고 안 되는 것도 없는' 답답한 현실은 각종 권위주의에 대해 향수를 불러일으키는 퇴행을 가져오기도 한다. 한국사회에서 형식적, 제도적 수준에서의 정치적, 경제적, 사회적 민주화가 행위적 수준에서 실질화되고 공고화되기 어려운 이유가 바로 여기에 있을 것이다.

이제까지의 논의를 요약하면 다음과 같다. 일제의 식민통치는 전통적 유교문화를 파편화시키고 식민지적 근대 제도들을 접목하면서 전통과 근대가 중첩된 다층적 혼종문화를 배양했다. 뒤이은 미군정 주도의 탈식민지화는 편의적으로 발췌한 서구식 근대 제도를 덧씌우는 문화적 혼종성이 더욱 가중되는 과정이었다. 이 시기에 일어난 문화적 변환의 결과 이제 한국 사회는 경제가 사회적 관계에 배태되었던 사회에서 모든 사회적 관계가 경제에 배태된 사회로, 그리고 가치합리적 행위지향 문화에서 결과만능적 · 목적합리적 행위지향이 지배적인 문화로 변환되었다. 그리하여 한국의 혼종문화는 사회적 관계의 경제적 배태, 결과만능적 목적합리주의, 제도와 행위의 부조응, 그리고 이러한 요소들의 종합적인 결과로서 상시적 문화충돌의 특성을 갖게 되었다.

이처럼 역사적으로 형성된 한국 문화의 여러 가지 혼종적 특성들은 1960년대 이래 한국의 국가가 추격성장을 수행하는 과정에서 어떻게 작용하였으며 어떤 결과를 가져왔는가? 우선 제9장과 10장에서는 추격적 경제성장을 수행하면서 변환된 발전국가의 형성과정과 경제적 역할 그리고 한계를 분석한다. 제11장에서는 한국 발전국가의 형성 과정에서 어떻게 혼종문화가 기여하였는지, 발전국가는 어떤 과정을 거치면서 결정적으로 약화되고, 마침내 해체의 길로 접어들었는가를 분석해 본다.

# Ⅲ. 추격성장과 발전국가 그리고 혼종문화

# III. 추격성장과 발전국가 그리고 혼종문화

"일본을 따라 잡아야 한다."[1)]

—박정희

"창원으로 가는 버스를 놓치지 말라."[2)]

"모두가 아무 것도 몰랐으므로 밀어붙일 수 있었다. 공기에 쫓기고 예산은 없고 하니까 모래나 자갈을 넣을 곳에 맨흙도 집어넣고, 열 번 다질 곳도 다섯 번 정도만 다지고…"[3)]

---

1) 1960년대 중반, 대통령 박정희는 왜 하필 일본과 비교하느냐는 당시 외무부장관 이동원의 질문에 이렇게 답했다고 한다(중앙일보특별취재팀, 1998: 219).

2) 중화학공업화 당시 재벌 기업들 간에 퍼졌던 유행어(창원기지5년사, 1979).

3) 단군 이래 최대의 역사라 했던 경부고속도로 건설에 참여한 한 공병장교의 회고(노재현, 1993: 201).

군사 쿠데타를 통해 제2공화국을 전복하고 '국가재건최고회의'라는 과도기적 군사정부를 수립한 5.16 주체세력은 경제성장을 통한 '조국의 근대화'에서 자신들의 집권 정당성을 찾았다(박정희, 1997 [1963]). 이 목적을 효과적으로 달성하기 위해 군사정부는 '추격성장 모델'을 택하였고, 일련의 '경제개발 5개년 계획'을 통하여 이를 실현하고자 하였다. 군사정부와 이를 뒤이은 제3, 4공화국 정부는 일련의 경제개발계획을 수립하고 시행하는 과정에서 국가기구의 대내적, 대외적 자율성과 수행능력을 높이면서 '발전국가'를 구축해 나갔다. 마침내 한국의 발전국가는 추격성장을 성공적으로 수행하여 괄목할 만한 경제발전의 성과를 이루어냈다.

추격성장 모델은 강력한 국가가 경제성장을 목적으로 국내외 인적, 물적 자원을 동원하여 수입대체적, 혹은 수출지향적 산업화를 추진하며, 이를 정당화하기 위해 앞선 나라들을 '따라 잡아야 한다'(catch-up)는 명제로 인적, 물적, 문화적 그리고 이데올로기적 자원을 동원하는 발전모델로 정의할 수 있다. 한국의 국가가 본 뜬 추격성장 모델은 메이지유신(明治維新) 이래 서구 선진 산업국들을 추격대상으로 삼아 국가의 주도로 산업화를 성공적으로 추구해온 일본이었다. 일본의 추격성장 모델은 '역사적으로 우리만 못했던 일본도 근대화를 통해 경제성장을 했는데 우리도 한다면 못할 것 없다'는 식의 '민족의식' 동원에만 단순히 이용된 것이 아니라, 한국이 국가주도 산업화 과정의 여러 대목에서 유용하게 참고한 '야전교범'(field manual)이었다.

그러나 한국이 참고한 일본 모델은 추격성장 모델의 원조가 아니며 따라서 일본이 지적 소유권을 갖고 있는 것은 아니다. 국가의 강력한 동원력을 전제하는 추격성장 모델은 사실 역사적으로 후발 산업국들이

택해 왔던 일반모델이다. 경제사학자 거쉔크론(Gerschenkron, 1968)이 지적하였듯이, 역사적으로 국가 간 경쟁체제에서 후발 산업국들은 앞선 나라들을 '따라 잡아야' 한다는 압력을 받으며, 국가가 앞장서서 자원을 동원하여 경제성장을 추구하는 추격모델을 채택하였다.

선발 영국의 자본주의 산업화 과정은 후발국들의 모델이 될 수 없었다. 영국의 산업화는 점진적이었으며 국가의 역할도 제한적이었다. 그러나 국가 간 경쟁 체제 속에서 날로 벌어지는 선후발국 사이의 발전격차는 후발국들로 하여금 영국과는 다른 산업화 경로를 택하도록 만들었다. 자발적 산업화의 경우 국가의 역할은 간접적인 것이었으나, 후발국들의 경우 자본도 축적되어 있지 않았고 자본가 계급은 취약했으므로 국가가 시장을 '대체'하면서 자본가 대신 산업화를 '추진'하게 되었다. 국가기구는 자원의 형성과 배분에 깊숙이 관여하였고, 기업을 세우거나 경영할 정도로 직접적이고 적극적으로 개입하였다. 그리하여 후발국들은 점진적 산업화 대신에 곧바로 자본집약적이고 '규모의 경제'(economy of scale)를 요하는 근대적 산업부문으로 직행하였다. 독일, 이탈리아, 러시아 등 후발 산업국들의 경제발전은 바로 이러한 '역사적 후진의 이점'(advantage of historical backwardness)을 살린 추격성장 전략의 결과이다. 후후발국인 일본에서도 역시 국가가 메이지유신 이후 스스로 기업가, 금융가, 경영자 역할을 자임하였으며, 이러한 국가의 적극적 역할은 군국시대를 거쳐 2차대전 이후까지 지속되었으며, 존슨(Johnson, 1982)은 이를 '발전국가'(the developmental state)로 개념화하였다. 그리고 이들을 앞에 둔 한국과 대만 등 동아시아 신흥공업국들 역시 이러한 역사적인 국가주도 추격성장 모델을 참조해 자기 나름대로 현지화한 전략을 수립하고 시도한 결과 경제발전에 성공할 수 있었다.

여기서 보듯이, 한 국가의 경제개입 성격은 국가간 경쟁체제에서 그 나라의 상대적 지위에 따르며, 후발적 산업화 과정에서 국가의 개입은 필수적인 것이다. 그러나 후발 산업화에서 국가주도에 의한 추격성장 모델이 항상 효과적이거나 성공적인 것은 아니다. 오히려 국가의 경제개입이 저발전 또는 발전도상 사회에서, 신고전파 경제학자들이 우려하듯, 부정적인 결과로서 '지대추구 행위'가 만연하는 시장실패 및 국가실패를 불러와 '약탈국가'를 낳는 것이 일반적이다(김시윤, 2004). 따라서 한국과 동아시아 신흥공업국들의 경험은 예외적으로 간주될 정도이다.

그렇다면 한국이 국가주도 추격성장을 성공시킨 조건은 무엇인가? 한국의 추격성장 과정에서 지대추구에 열중하는 '약탈국가' 대신에 '발전국가'가 구축된 조건은 무엇인가? 추격적 경제성장을 주도한 발전국가의 수립 및 운영과정에서 역사적으로 형성된 한국의 혼종문화는 어떻게 작용하였는가? 발전국가가 주도한 추격성장의 한계는 무엇이고, 어디서 왔는가?

제9장에서는 한국의 국가가 경제개발 5개년 계획의 수립 및 시행과정을 통하여 어떻게 '발전국가'(the developmental state)로 형성되어 갔는지를 살펴볼 것이다. 제10장은 제4공화국 시기에 시도된 중화학공업화 과정의 분석을 통해 발전국가의 한계를 밝혀 본다. 제11장은 한국 발전국가의 구축 및 특성화, 그리고 추격적 경제성장의 구체적 양상을 결정하는 데서 역사적으로 구성된 혼종문화가 중요하게 기여하였다는 이 연구의 중심적 가설을 검토할 것이다.

# 제9장 경제개발 5개년 계획과 발전국가의 형성

한국의 자본주의 경제는 1961년 5월 16일 군사 쿠데타에 의해 수립된 군사정부가 채택한 추격적 경제성장 모델을 성공시킨 것이 결정적 계기가 되어 급속히 발전하게 되었다. 제1, 2차 경제개발 5개년 계획(1962~1971)이 시행된 10년 동안 국민경제의 규모는 급격한 성장을 거듭하였고 산업구조도 크게 변환되었다. 경제성장률은 10년 사이에 연평균 9.9%를 기록하여 국민총생산액은 2.3배 증가하였고, 수출액은 26.1배 급증하였다. 산업구조도 농림어업의 비중이 39.7%에서 24.2%로 낮아진 반면 제조업은 15.0%에서 28.6%로 급격히 성장하면서 신흥공업국(NIC: Newly Industrializing Country)으로 변환되었다.

이러한 경제성장 추세가 더욱 가속화되어 제2차 경제개발 5개년 계획 기간(1967~1971)에는 연평균 11.4%의 성장을 기록하였다. 국민총생산은 1조 5,618억 원으로 1966년에 비하여 70.9%가 급증하였다. 제조업은 연평균 22.0% 성장하였으며, 사회간접자본 성장률도 13.2%로 전체 성장률을 넘어섰다.

앞에서 살핀 대로, 추격성장 모델은 앞장 선 나라를 따라 잡아야 하기 때문에 이에 필요한 인적, 물적 자원을 동원할 수 있을 뿐 아니라, 사회구성원들을 설득시킬 수 있는 문화적, 이데올로기적 자원까지도 동원하여 경제성장을 수행할 수 있는 강력한 국가, 즉 유능한 발전국가의 존재를 필요로 한다. '발전국가'(the developmental state)는 한편으로 경제발전의 시점과 방식 등을 정하는 데서 고도의 국가 자율성을 갖추고, 다른 한편으로 설정된 목표를 국내외 사회경제세력과의 상호작용을 통해 그리고 산업구조의 전환을 통해 실행해 나가는 상당한 정도의 관료제적 능력을 갖춘 국가이다. 국가의 자율성(state autonomy)은 국가가 사회의 지배적 사회경제 세력의 사적, 집단적 이해추구로부터 상대적으로 독립적인 위치에 있으면서, 국가 나름의 독자적인 이해를 정책으로 실정할 수 있는 개연성을 말한다(Rueschemeyer and Evans, 1985; 김명수, 1990 참조). 물론 이렇게 자율적으로 입안된 국가의 공공정책을 효과적으로 수행하여 어느 정도로 구체적인 성과를 내느냐 하는 것은 자율성과 구별되는 국가 수행능력의 문제이다. 국가의 수행능력(state capacity)은 국가의 독자적 이해를 물질적, 인적, 행정적, 제도적, 문화적 그리고 이데올로기적 가용자원을 동원하여 사회, 경제적 과정에 효율적으로 개입하고 관철시킬 수 있는 개연성을 말한다. 국가의 수행능력은 다층적인 개념으로서 물리적 폭력의 합법적 독점에서 비롯하는 강압력(enforcing power)을 바탕으로 사회적, 경제적 과정에 개입하여 정책을 시행할 수 있는 능력으로서 개입력(intervening power) 그리고 그 결과 사회구조 및 산업구조를 변환시킬 수 있는 전환능력(transforming power)을 포함한다(Woo, 1991).

국가의 자율성과 수행능력은 고정적인 자질이 아니라 구체적인 역사적 국면에서 국가기구가 스스로 내부 혁신을 통하여, 국가와 강력한 대내외 사회경제적 세력과의 상호작용의 결과로서 형성되는 역동적 개념이며, '오고 가는' 유동적 변수이다. 그리하여 선험적으로 파악될 수 있는 것이 아니라 구체적인 역사적 국면에서 경험적으로 확인해야 할 자질이다. 아래에서는 우선 5.16 쿠데타 이후 수립된 군사 정권과 제3공화국 시기에 한국의 국가기구가 경제개발 5개년 계획을 입안하고 시행하는 과정에서 어떻게 국가의 자율성과 수행능력을 제고시키면서 발전국가를 구성해 나갔는지 살펴본다.

## 1. 대내적 국가 자율성

군사 쿠데타에 의해 수립된 '혁명정부'는 이전의 민간정부들에 비하여 높은 정도의 자율성을 갖고 출발하였다. 먼저 쿠데타 주체세력은 국내의 정계, 경제계, 사회문화계의 유력한 세력으로부터 상대적으로 자유로웠다. 이들은 대다수가 농촌 출신으로서 군내에서도 비주류 소외세력이었으므로 한국사회의 지배적인 계급적, 계층적 이해로부터 '구조적'으로 자유로울 수 있었고, 따라서 역대 민간정권이 시도할 수 없었던 사회, 정치, 경제 및 군사부문에 걸쳐 전면적인 개혁을 단행할 수 있었다.[1)]

### 1) 국가-자본 관계

고도의 자율성을 바탕으로 군사정부는 해방 이후 재계를 형성해온 관료-자본가들을 권력형 부정축재자로 처리하였다. 사실 정권이 바뀔 때마다 부정축재자 처리가 의례화되었다(오원철, 1995: 59-60). 4.19가

1) 군정은 정치개혁을 표방하면서 정치성이 없는 단체를 제외한 일체의 정당, 사회단체를 해체시켰고 그 결과 15개의 정당과 238개의 사회단체가 해체되었다(한국혁명사편찬위원회, 1962: 963). 그리고 정치활동정화법에 의해 4,374명의 정치활동을 금지시켰으며 1년 뒤 이들 중 269명을 제외한 나머지를 해금하였다.

일어난 후, 소급법이 아닌 현행 조세범처벌법 테두리 안에서 부정축재를 처리한다는 원칙이 1960년 5월 21일 과도정부 국무회의를 통과하였다. 그러나 벌과금의 범위를 놓고 재무부와 검찰이 충돌하다가 장면 정부로 시행을 넘겼다. 장면 정권은 196억 환의 벌과금과 추징금을 통고 처분하였으나, 현금 납부기일까지 한 명도 납부하지 않았다. 이에 대한 여론의 압력으로 민주당 정권은 1961년 4월 10일 소급법적용을 위해 특별법을 만들었으나 5.16의 발발로 시행되지 못하였다. 이처럼 재계의 이해로부터 자유롭지 못한 정권의 부정축재자처리는 거의 상징적인 통과의례 수준에서 그쳐왔다.

이에 비교하여 군사정부의 부정축재 처리방식은 실제적이었고 향후 국가-기업 관계의 틀을 새로이 마련하는 계기가 되었다. 국가재건최고회의는 1961년 5월 28일 부정축재처리위원회의 구성과 부정축재처리요강을 발표하면서 실업인 다수를 구속하였다. 원래의 방침은 전재산의 몰수와 재계에서 영구히 퇴출시킨다는 것이었으나, 군사정부는 이들로부터 전 재산을 국가에 헌납하겠다는 각서를 받고 석방시켰다. 이들 중 13인의 부정축재 기업인들은 '경제재건촉진회'를 구성하여 군사정부의 공업화에 앞장서겠다는 서약을 하였다(오원철, 1995: 19-21 참조). 이 단체는 '한국경제인연합회'로 개칭하면서 기간산업을 건설하기 위한 실무기관의 역할을 수행하였다. 군사정부는 1962년 1월에는 특례조항을 만들어 공장을 건설하고 주식으로 대납하는 방안을 신설하였다가, 3월에는 환수대상자에게 특정 공장을 건설하도록 '지시'하는 방식으로 경제발전 5개년 계획에 기업가들을 '동원'하였다. 우선 1차 사업으로 시멘트공장, 화학섬유공장, 전기공장, 비료공장, 제철공장, 정유공장이 선정되었다. 이처럼 '부정축재' 기업인들은 5개년 계획의 개별 사업주가 되면서 국가의 '주니어 파트너'로서 국가사업에 본격적으로 참여하는 계기가 되었다.

삼성은 한국비료 공장을, 쌍용은 연산 40만 톤 규모의 첫 시멘트 공장을 세웠다. 당시 경제인연합회의 회원은 아니었지만 현대는 연산 20만 톤 규모의 공장을 세웠다. 대한제분은 전기기기 공장을, 화신은 인조섬유공장을 건설하였으나 곧 부실화되었다. 당초 인견사 공장 건설을 원했던 럭키는 최고회의의 '명령'으로 전선공장을 건설하게 되었으며, 이는 향후 금성사가 가전 중심의 대기업으로 발돋움하는 '우발적' 계기가 되었다.

이처럼 국가의 요구에 '떠밀려' 5개년 계획 사업에 앞장을 서게 된 한국경제인연합회 회원 기업가들은 자기가 맡은 사업에 대한 개념이 전혀 서 있지 않은 상태였다. 이들은 '외자도입교섭단'이라는 명칭 아래 외국의 산업계를 시찰하였다. 이들은 안정적인 투자분위기 조성과 외국으로부터 자본을 끌어오기 위하여 정부의 보증이 필요하며, 수송, 전력, 공업용수, 교통, 인력, 공업용지 등을 종합적으로 활용할 수 있는 '공업지구'의 조성이 필요하다는 것을 군사정부에 요청하였으며, 이에 정부가 파격적인 '외자도입법'을 마련하고 울산지구에 공업단지를 건설하면서 본격적인 경제개발 5개년 계획이 시작되었다.[2] 이처럼 군사정부는 높은 정도의 국가 자율성을 바탕으로 기업인들을 '손아래' 파트너 삼아 경제개발에 참여시켰으며, 이렇게 시작된 국가-기업 간의 관계는 추격성장시기 내내 지속되었다.

2) 국가재건최고회의는 1962년 7월 외자차관에 대한 정부지불보증법을 주요 내용으로 하는 외자도입법을 입법화하였다. 정부지불보증이란 민간기업이 빚을 못 갚을 때에는 정부가 책임지고 갚겠다는 법이다(오원철, 1995: 68).

### 2) 국가-노동 관계

군사정부는 쿠데타 직후 노동조합 간부들을 대량 검거하고 노동조합을 실질적으로 해산함으로써 4.19 이후 급격히 고양되었던 노동운동을 단절시켰다. 군사정부는 이렇게 노동조합을 무력화시킨 상태에서 노동조합 재조직을 '지시'하였다(이하 이원보, 2004: 267-9 참조). 군사정권은 노동조합의 조직형태를 중앙집권적 산업별노조 체계로 규정하고, 오로지 지명한 자에 한해서만 참여를 허용하였다. 노조 재조직 작업은 시작한 지 한 달 안에 하향식으로 이루어졌고, 그 결과 전국 단일의 산업별노조를 구성원으로 하는 '한국노총' 체제가 출범하게 되었다. 중앙집중적 산업별노조체제는 상명하복의 체계 아래 질서와 능률을 우선시하는 군부의 권위주의적 취향과 부합하는 것이었다. 이러한 노동조합의 재조직은 국가가 노동조합의 상층부를 장악하고 이를 통해 국가의 의도에 맞게 노동자들을 동원하면서 있을 수 있는 저항을 제압하는, '노동자에 의한 노동자의 통제기구' 설치를 의도하는 것이었다.

군사정부는 노동통제를 위한 조직형태의 변환뿐 아니라 제도적 통제장치로서 노동관계법을 개정하였다. 첫째, 자신들이 만든 노조조직의 안정화를 위하여 '복수노조'를 금지하였다. 둘째, 노동조합 조직의 확산을 막고 활동범위를 제한하는 것으로서 공무원의 단결권 제한, 노동조합의 정치활동 금지, 노사협의회 설치의무를 규정하였다. 셋째, 행정권을 통해 노동조합을 장악하기 위한 장치로서 노동조합설립 신고주의와 각종 조직운영에 대한 개입을 규정하였다. 넷째, 노동쟁의의 무력화를 의도하는 것으로서, 노동쟁의의 사전 적법성 심사제도, 냉각기간, 알선·조정·중재, 노동쟁의와 관련한 행정관청에 대한 각종 신고, 쟁의행위에 대한 가부투표로 이어지는 복잡하고 장기간에 걸친 절차, 공익사업 범위의 확대, 긴급조정제도 등 숱한 법률적 절차와 규정들을 두어 노동자들의 '긴박한 생활상의 요구를 허구화시키는' 장치들로 삼았다. 그리고 이러한 공식적이고 제도적인 노동법과 행정적인 절차 이외에도 경찰이나 중앙정보부 같은 강압기구들이 노사분규의 진압이나 조정의 명분아래 비공식적으로 개입하였다.[3]

군사정부의 이러한 노동통제 제도와 정책은 1960년대 경공업 위주의 노동집약적 수출산업이 주도하는 추격성장 과정에서 저임금 장시간 노동을 동원하는 데 효과적으로 작용하였다. 쿠데타 이후 단절되었던 노동운동은 1963년 계엄령의 해제와 함께 산업별노조를 중심으로 재출발하였다. 노동조합의 조직률은 임금노동자의 증가와 함께 상승하였고 제조업의 비중도 커졌다. 노동쟁의는 주로 임금인상 등 경제적 요구와 권리확보를 내세우면서 매년 100여 건 이상씩 일어났고, 연인원 16만 명 이상이 참여하였다. 이를 통해 노동조합은 어느 정도 임금인상과 노동조건의 개선을 얻었으나, 이러한 성과는 요구의 절박함에 비해 지극히 낮은 수준이었다. 그뿐만 아니라 국가는 점차 수출산업 중심의 경제발전을 가속화하면서 노동기본권을 원천적으로 봉쇄하여 노동자들의 희생과 양보를 강요하였다.[4] 이에 대하여 국가의 의도에 걸맞게 재조직된 중앙집중적 상의하달식 노동조합은 지극

---

3) 1966~70년에 일어난 노동쟁의 가운데 노동쟁의조정법상 주무기관인 노동위원회가 알선, 조정, 중재를 통해 해결한 것은 전체의 30.4%였으며, 시청, 도청, 경찰서, 중앙정보부를 포함한 행정관청의 비공식조정에 의해 해결된 것은 69.6%였다(노동청, 1972).

4) 예컨대 1970년 초 공포된 '외국인투자기업에 있어서 노동조합 및 노동쟁의 조정에 관한 임시 특례법'과 1971년 말 제정된 '국가보위에 관한 특별조치법' 등은 저임금 장시간 노동에 바탕을 둔 경제성장을 지속시키기 위한 극단적인 제도적 장치였다.

히 열악한 작업환경에서, 생계비뿐 아니라 음식물비에도 못 미치는 저임금과 생산성 향상분에 크게 밑도는 성과배분을 받고서, 세계 최장시간 노동하는 노동자들의 권익을 대변하기에는 극히 제한적이었다.5)

이원보(2004: 273-7)는 그 당시 노동조합의 취약점에 대하여 다음과 같이 정리하고 있다: (1) 복수노조가 허용되지 않는 수직적 조직체계에서 노동조합은 소수의 상층지도부를 위한 조직으로 바뀌어 파벌간의 끊임없는 주도권 쟁탈전의 장이 되어 정치권력과 자본의 개입에 노출되었다; (2) 반공주의와 노동조합주의를 운동의 이념과 운동기조로 표방하는 노동조합이 정치적으로 집권세력에 반대되는 입장을 취하거나 정치투쟁을 벌이는 것은 사실상 불가능에 가까운 일이었다; (3) 노동조합의 형식과 내용이 불일치하여 노동조합은 산업별 중앙집권체제로서 산하 조직에 대해 통제력을 갖고 있으면서도 단체교섭과 단체협약체결은 기업별로 이루어졌다. 이에 따라 노동조건의 상향평준화를 이룰 수 없었고, 성별, 기업규모별, 산업업종별 노동조건의 격차를 해소하지 못하였다; (4) 이 시기 노동조합은 주로 대기업 노동자나 국가관련기업 노동자를 중심으로 이루어졌고, 상대적으로 열악

5) 이는 생산직 노동자에게 돌아가야 할 몫을 나타내는 '노동소득 분배율'이 낮은 데서 잘 드러난다(이원보, 2004: 92-3 참조). 1960~69년간 제조업 노동자의 명목임금이 17.4% 상승하였으나, 같은 기간 소비자 물가는 13.4% 상승하여 실질임금은 평균 3.4% 증가에 그쳤다. 이는 이 기간 연평균 경제성장률 8.6%에 비해 5.2%나 미치지 못하는 수준이다. 그리고 노동생산성은 12.6%나 증가하여 실질임금 상승률을 3배나 앞질렀다. 노동자들은 자기들이 받아야 할 몫에서 소외되었을 뿐만 아니라 생존자체를 위협하는 기아임금에 허덕였다. 광공업 노동자의 임금은 60년대 내내 광업의 경우 생계비의 32.2%에서 56.5%, 제조업의 경우 22.7%에서 53.3%에 불과하였다. 한국은행에 따르면, "임금이 크게 상승했다는 1967년에도 제조업 노동자의 93%, 광업 노동자의 88%가 당시 조사년도의 실태생계비 21,370원에 크게 미달하는 임금을 받고 있으며 특히 제조업 노동자의 70%, 광업 노동자의 50%가 식료품비 9,180원에 미달하는 임금을 받고 있다"(한국은행, 1967: 30).

한 위치에 있는 중소영세기업 노동자들을 포괄하지 못하였다. 이에 따라 노동자의 절대다수를 차지하는 중소영세기업 노동자들은 생존조건이나 작업조건을 개선하는 데서 보호장치를 갖지 못한 채 무방비 상태에 놓여졌다. 이와 같은 상황이 1970년 11월 13일 평화시장 노동자 전태일을 분신의 길로 몰아갔던 것이다.

이 시기 한국 국가의 노동정책은 조직노동자의 경제적 동원과 정치적 배제라는 두 축을 중심으로 마련되었다. 먼저 노동조합을 국가의 의지에 따라 통제가 가능한 조직으로 만들고 노동관계법을 통해 정치투쟁으로 나아갈 수 없게 하는 한편, 경제성장을 위해 저임금 장시간 노동을 최대한으로 동원하는 체제를 구축하는 것이었다. 이러한 과업을 수행하는 데서 한국의 국가는 한껏 자유로웠다. 한국의 발전국가가 시행한 노동의 동원과 배제 메커니즘의 구체적 작용과 결과는 제11장에서 살펴볼 것이다.

## 2. 대외적 국가 자율성

쿠데타 주체세력은 주한미군 수뇌부나 미국 대사관과 사회적 소통이 가능하였던 군수뇌부와는 달리 군부에서 비주류에 속하였다. 따라서 쿠데타 발발 이후 미국정부가 가장 우려하였던 것은 지도자 박정희 소장의 과거 남로당 참여 및 전향 전력에 대한 의혹과 더불어 쿠데타 주체세력의 이념적 성향에 대한 불신이었으므로, 군사정부도 미국정부를 안심시키는 것이 '혁명성공'의 가장 큰 관건이라는 것을 잘 알고 있었다.[6] 이러한 불신이 어느 정도 사라진 이후에도 미국정부는

6) 미국 하원 국제관계위원회 국제조직소위원회(위원장, 도널드 프레이저)의 한미관계조사보고서(일명 프레이저보고서)에 따르면, 미국은 처음에는 혁명주체의 사상

통화개혁을 비롯한 여러 가지 개혁조치나 경제개발 5개년 계획의 입안 및 시행과정에서 이들 정책의 사상적 의도에 대해 의구심을 거두지 않았으며, 미국 대사관이나 대한원조기구인 유솜(USOM: United States Operation Mission)을 앞세워 압력을 행사하였다. 군사정부에서 비롯하여 제3, 4공화국으로 이어진 박정희정권이 가졌던 대미 자율성에 대한 정도는 단순하지 않고 사안에 따라, 국면에 따라 달랐다. 물론 아직 미국의 군사 및 경제원조에 절대적으로 의존하는 상황에서 미국에 대한 국가 자율성의 최대 한계는 분명하였다. 그러나 이승만 정권이나 장면 정권에 비교하여 군사정부와 제3, 4공화국 시기 한국의 국가는 경제개발계획의 성공과 함께 대미 국가 자율성의 경계를 확대시켜 나갔다. 아래에서는 몇 가지 사례를 통하여 대외적 국가 자율성의 구체적 작용과 정도를 가늠해 본다.

### 1) 통화개혁 사례

통화개혁의 전말은 군사정부 초기 대미 자율성의 가능성과 한계를 잘 드러낸다. 군사정부는 1962년 6월 10일 통화개혁을 단행하였다. 통화개혁은 제1차 경제개발 5개년 계획에 소용되는 내자조달의 일환으로 시중의 유휴자금이나 대기성 자금을 동결하여 '산업개발공사'에 강제로 투자하게 하고, 공사가 투자한 기업이 자립하게 되면 투자분

---

에 대한 의구심을 갖고 있었으나 마침내 해소되었다. "…By November 1961, the U.S. intelligence community concluded that Park Chung Hee, although briefly involved with the Communist movement in the 1940's, no longer had any Communist sympathies or contacts." U.S. House of Representatives (1978: 22). 혁명의 계획자인 김종필의 회고에 따르면, 미국을 안심시키기 위하여 혁명공약 1번을 반공으로 내세웠다. 김종필(2015) 참조.

을 회수하여 다른 기업에 투자하는 방식을 되풀이하면서 내자부족 문제를 해결하고, 나아가 외자도입에 대한 지불보증도 공사가 맡게 한다는 방침을 갖고 있었다(김정렴, 1993: 88-90; 유원식, 1987 참조). 그러나 사전이나 사후 미국 측에 어떠한 통보나 협의도 없이 진행된 통화개혁에 대해 미국 측은 강력하게 항의하였다.

제2단계 조치로서 얼마를 봉쇄하고 얼마를 자유로이 신통화를 쓸 수 있는가를 결정하는 '긴급금융조치'에 대해서는 상호협력을 하겠다는 군사정부 측의 약속아래 이를 양해하였던 미국 측은 다시 긴급금융조치에서도 소외되자 무조건 통화개혁의 백지화를 요구하였다. 만약 이에 응하지 않으면 경제원조를 중단하겠다고 통보하였다. 미국 측의 견제로 개혁이 실패할까 두려워했던 나머지 개혁의 전과정에서 미국을 소외시킨 군사정부는 결국 미국의 압력에 굴복하여 7월 13일 봉쇄예금의 1/3을 자유계정으로 돌리고 나머지 2/3를 1년 기한의 특별정기예금으로 돌리는 '봉쇄예금에 대한 특별조치법'을 공포하게 되었고, 이로써 통화개혁은 단지 화폐단위를 1/10로 절하(denomination)하는 것에 그치고 말았다. 경제개발 계획에 필요한 내자를 동원하는 전략으로서 통화개혁은 봉쇄된 자금을 산업발전의 재원으로 전용하려 했던 산업개발공사의 설치가 국가자본주의적 방식이라는 인식을 가진 미국 측의 이념적 동기에 의한 반대로 백지화되었다. '장롱 속'에 숨겨둔 유휴 자금들을 산업 자본화하겠다는 자본동원의 잠재적 목적도 실제로 양성화된 자금이 미미하여 달성되지 못하였다.

### 2) 울산정유공장 건설사례

다른 한편으로, 제1차 5개년계획의 중추사업이었던 울산정유공장

건설사례는 대미 자율성이 보다 확대되는 방식을 보여준다(오원철, 1995: 43-49 참조). 그 당시 한국은 석유의 수입, 저장, 판매를 스탠더드, 칼텍스, 셸 등 미국 3개 석유회사가 참여하는 대한석유저장회사(코스코: KOSCO)에 용역을 주고 있었다. 미국의 원조기구는 코스코를 장악하고 석유공급을 한국정부에 대한 최종 압력수단으로 사용해 왔다. 미국과의 관계가 원만하지 않았던 이승만 정권 시절에는 종종 기름공급이 중단되었고, 일시에 마비된 교통과 공장가동의 중단에 한국 정부는 결국 굴복하여 미국의 요구대로 정책이 수정되곤 하였다(김정렴, 1993: 76). 1953년 1월의 유류파동이 대표적인 사례이다.

따라서 울산정유공장의 건설은 경제개발의 기간산업이기도 하였지만 동시에 한국의 대미 '유류행정 주권'의 확보를 의미하는 것이었다. 그리하여 정유공장 설립의 기본원칙은 (1) 국영으로 하며; (2) 재원은 차관대신 정부보유 달러로 하고; (3) 외국과의 합작시 미국과의 마찰을 피하기 위해 미국회사로 하되, 한국 측의 지분을 과반수로 하여 국가의 유류정책(양과 가격)에 부응할 수 있도록 한다는 것이었다. 이 원칙을 가진 정유공장 건설계획이 1962년 1월 각료회의에서 의결되었으며, 울산정유공장은 25%를 투자한 걸프오일(Gulf Oil)과 합작으로 1964년 5월에 준공되었다. 마침내 코스코는 폐쇄되었으며, 미국은 한국 정부에 대한 중요한 지렛대(leverage) 하나를 상실한 셈이 되었다.

### 3) 한국케이블공장 건설사례

한국케이블공장의 건설 과정에서 벌어졌던 한국의 군사정부와 미국 원조 기관 간의 줄다리기는 이제까지 "원조에만 매달렸던 우리나라 공업행정이 이제 막 자주독립하려는 싸움"이었으며 따라서 "일반의 상상을 초월하는 진통과 우여곡절을 거듭"하였다(이하 오원철, 1995: 90-106 참조). 최고회의는 1962년 4월 '부정축재자' 중 하나인 럭키화학공업에 대하여 '특수부정이득액' 9,594만 원에 해당하는 송배전선(送配電線) 공장을 건설하고, 1주일 내에 공장건설을 위한 차관계약을 맺으라는 '사업지시'를 하였다. 당시 인조섬유에 관심을 갖고 있었던 럭키화학은 최고회의의 지시에 따라 10여 일 만에 서독(西獨)의 회사와 송배전 및 통신용 전선제조기계 일체를 도입하기로 차관계약을 맺었다.

이에 대하여 유솜은 이미 미국의 원조자금으로 건설되어 운영 중인 대한전선과 동일한 제품을 생산하는 신규공장의 건설을 반대하였다. 대한전선도 유솜과 미국 전선회사 닷지(Phelps Dodge)의 원조계획을 담은 진정서를 수차례 제출하면서 제2 전선공장 건설의 취소를 요구하였다. 이에 대해 한국정부는 미국의 기술용역단(FRDC)에게 한국의 전선 수급현황과 전망에 대한 조사를 의뢰하였으며, 공장신설이 필요하다는 조사결과를 근거로 유솜을 설득하였다. 그러나 유솜은 조사의 부정확성을 이유로 공장 건설을 포기하도록 압력을 가했으며, 미국 대사관은 불성실 조사를 했다는 명목으로 기술용역단을 추방하였다. 그리고 공장을 건설할 경우에는 "외국 원조자금의 비효율적 활용"에 관한 조항을 적용하여 이미 투자된 원조자금을 회수하겠다고 공식 통보하였다. 이러한 논란을 종식하기 위해 한국 정부는 미국 기술용역단의 보고를 바탕으로 제2공장 건설방침을 확정하였으나 유솜은 AID(Acts for International Development) 자금으로 설치된 기존 대한전선 시설이 유휴화될 것이라는 '특별감사보고서'를 보내면서 중단할 것을 경고하였다. 마침 그 당시 1963년 10월 제3공화국 대통령에 당선된 박정희 의장은 미국 측을 배려해야 할 필요에서 전선공장 신설 계획을 재검토할 것을 지시하였고, 12월 6일 최고회의에서 공장건설 취소가 결정됨으로써 이 문제는 일단락되었다.

그러나 한국케이블측은 계속 사업을 추진하였고, 이에 대해 유솜은 다시 1964년 2월 한국시장의 수요가 충분히 성장할 때까지 제2공장 건설을 연기하라는 공한을 보냈다. 그러나 1964년 5월 장기영 부총리 겸 경제기획원 장관이 취임한 후 공장건설 문제는 다시 재점화되었다. 경제기획원 장관은 이미 법률상으로 확정된 서독의 차관에 대한 차관계약 승인 및 지불보증은 취소될 수 없다는 '품의'(稟議)를 대통령에게 올렸고, 대통령은 공장건설의 재추진을 허락하였다. 이번에는 대한전선 대신에 국제전선이 전선조합과 함께 제2 전선공장의 건설 취소를 요구하였으며, 다시 유솜은 한국 정부에 대해 공한을 보내 공장건설을 취소하도록 압력을 가하였다. 장기영 부총리는 다시 2차례에 걸쳐 전선공장 건설에 대하여 유솜을 설득하려고 애를 썼으나 새 공장의 건설은 한국의 경제발전에 도움이 되지 않는다는 유솜의 입장은 확고부동하였다. 국회에서도 논란이 있었다. 이러한 우여곡절에도 불구하고 마침내 1966년 4월 공장건설은 완료되었다.[7)]

제2 전선공장은 내자 1억 원과 서독으로부터 외자 295만 달러의 기자재를 들여와 연산 4천 톤의 전선과 케이블을 생산하겠다는 공장이었다. 그리고 유솜이 환수하겠다고 위협하였던 AID 원조자금의 규모는 80만 달러였다. 이를 둘러싸고 한국의 '혁명정부'인 최고회의

---

7) 박대통령은 준공식에서 다음과 같이 술회하였다. "지금은 필요 불가결한 것으로 증명된 이 케이블 공장 하나를 세우는데, 어찌나 잡음이 많았던지, 최고회의 의장 때 열너댓번이나 회의를 열어 사업의 타당성 여부를 되풀이 검토했었다"(오원철, 1995: 91).

의장과 대통령, 최고회의와 각료회의, 한국의 민간 기업들과 서독의 기업, 미국의 기업, 미국의 원조기관과 미국 대사관 그리고 그 뒤의 미국 국무성이 4년이라는 기간 동안 서로 겨루기를 하며 갈등을 빚었다.

### 4) 포항종합제철소 건설사례

종합제철소 건설과정은 대외적 국가 자율성의 측면에서 이제까지와는 다르게 훨씬 복잡한 양상을 보여주고 있다(김정렴, 1993: 13-40; 황병태, 2011: 173-235 참조). 종합제철소 건설사업은 제2차 경제개발 5개년계획(1967-71) 중에서 석유화학공업단지와 더불어 가장 핵심적인 사업으로서 경제기획원이 주관하고 있었다. 종합제철소 건설은 철광석을 녹여 선철을 만드는 제선(製銑)공정, 선철과 고철을 원료로 중간 생산물인 강괴와 강판을 생산하는 제강(製鋼)공정, 강판을 롤러로 압연(壓延)하여 강재를 생산하는 공정에 이르기까지 일관공정 시스템을 갖추는 것이다. 역사적으로 일제 강점기에 설치한 황해도 겸이포 제철소와 청진 제철소가 있었으나 중국 대륙 진출을 염두에 둔 군수용품 위주의 제철소였고, 한국전쟁 중에 파괴되었을 뿐 아니라 북한 지역에 위치하여 우리와 관련이 없었다. 당시 국내에는 고철을 전기로에서 녹여 연산 2~3만 톤 규모의 철근을 뽑아내는 공장이 인천에 있을 뿐이었다. 따라서 종합제철소 건설 사업은 경제개발계획에서 가장 우선적이고 중점적인 사업으로 간주되었다. 그러나 시멘트, 비료공장, 정유공장이 우여곡절을 겪으면서 마련된 시점에도 종합제철소 건설은 거의 진전이 없었다. 사업의 규모나 성격이 다른 사업들과 달리 어렵고 복잡했기 때문이다. 첫째는 막대한 외자 조달 문제이며,

둘째는 규모의 경제성 문제가 있었다. 종합제철소는 연간 생산량이 100만 톤 정도는 되어야 규모의 경제성을 가지므로, 당시 정부도 고로(高爐)방식으로 연산 100만 톤 규모의 종합제철소를 구상하고 있었다. 그러나 1961~2년 즈음의 연간수요는 20만 톤을 넘기지 못하고 있었다.

1963년경 미국의 투자사절단이 다녀간 뒤 유솜은 자기들이 간여한 터키와 브라질의 제철소 사례를 예로 들면서 반대하였다. 사실 거대한 공장설비를 마련하고서도 수요가 없어 멈추어서 있는 '하얀 코끼리'(white elephant) 문제가 발생할 우려는 현실적인 것이었다.[8)] 적어도 1억 달러 정도의 건설자금을 미국의 수출신용보증은행을 통해 조달해야 하는 상황에서 미국의 협조는 결정적이었다. 1964년경에는 서독과 교섭을 하였으나 무산되었다. 한일협정이 체결된 후인 1965년 가을 일본의 조사단이 방한하여 철강의 수요와 공급을 조사하였다. 그들이 예측한 국내수요는 40만 톤 정도로 늘어났지만 종합제철소 건설은 아직 시기상조라는 것이었다.

그럼에도 불구하고 한국정부는 박태준을 사장으로 하는 종합제철주식회사를 설립하면서 계속 공장 건설을 추진하였다. 미국의 민간 기업들도 1967년 3월 미국, 영국, 서독, 이탈리아 4개국 18개 회사로 구성된 대한종합제철추진단(키사, KISA: Korean Integrated Steel Association)이라는 컨소시움을 구성하였으며, 같은 해 10월 한국 정부와 연산 60만 톤 규모의 종합제철소 건설 기본계약을 맺었다. KISA는 세계은행 및 미국 연방정부의 수출입은행 등 각국의 공공차관 기구들과 지

---

8) 당시 세계은행 관계자는 '쿠데타에 의한 혁명정부의 공통점은 첫째 제철소를 짓고, 둘째 고속도로를 건설하며, 셋째 지도자 동상을 세운다'고 말할 정도로 개도국에서 거대장치산업의 건설은 냉소의 대상이었다.

원교섭을 시작하였으나 별 성과가 없었다. 한편 한국의 종합제철소 건설사업이 한국의 외채부담 능력의 한도를 벗어나 결국 미국의 부담이 될 것으로 염려한 미국정부는 1966년 12월 세계은행을 통해 대한국제경제협의체(IECOK: International Economic Consultative Organization for Korea)를 결성하여 한국의 외환관리를 감시하였다.[9] IECOK는 앞으로 10년 동안 국제수지상 외채상환총액이 대외지불 총액의 10%를 넘으면 안 된다는 한도를 설정하였다. 세계은행은 1969년 4월 IECOK 회의에서 종합제철건설에 대해 정식으로 반대하였으며, 미국의 수출입은행도 차관공여를 거부하였다. 이에 따라 KISA도 해체되었다.

미국의 반대로 외자조달 과정에서 장벽에 부닥친 제철소 건설 사업은 결국 1965년 국교정상화에 합의하였지만 아직 국민들의 감정이 정리되지 않은 일본과 협력하는 방향으로 전환되었다. 한국 정부는 '규모의 경제성' 문제를 해결하기 위해 규모를 1백만 톤 정도로 하고, 금리부담을 감소하기 위해 양국 간에 합의된 유, 무상 청구권자금을 사용하며, 공장건설의 기반시설인 항만, 부두, 토목, 준설, 도로, 철도 등은 국가가 부담하므로써 건설비를 줄이고, 철강공업육성법을 제정하여 조세 및 관세의 감면과 재정지원을 통해 채산성을 확보한다는 종합적인 정부지원방침을 결정하였다. 마침내 1969년 12월 한일 간에 종합제철소 건설에 관한 기본협약이 체결되어 100만 톤 규모로 건설에 착수하게 되었다.[10] 포항제철 공장은 1970년 4월에 착공되었

9) IECOK에는 미국, 일본, 서독, 영국, 프랑스, 캐나다, 호주, 스위스, 네덜란드, 벨기에가 참여하였고, IMF와 UNDP(유엔개발계획: United Nations Development Program)가 옵저버로 참여하였다.

10) 한일 국교정상화 때 양국 간에 합의된 청구권 및 대한 차관공여액은 무상 3억 달러, 유상 3억 달러, 상업차관 3억 달러 이상으로서 무상 및 유상자금 각 3억 달러

으며 1973년 7월 준공되었다. 무상 3,080만 달러, 유상 4,642만 달러, 일본 수출입은행 차관 5,249만 달러, 민간상업차관 3,833만 달러로 도합 1억 6,800만 달러가 소요되었다.[11)]

이상 여러 사례들을 통해서 볼 때, 한국의 국가가 갖고 있던 대미 자율성의 정도는 고정되어 있는 것이 아니라 구체적인 사안마다 상호작용을 통해 구성되면서 진화(constitutively evolve)해 왔음을 알 수 있다. 대미 자율성의 정도는 선험적으로 결정되는 것이 아니라 어떤 특정한 국면에서 미국이 한국 정부에 대하여 어떠한 '지렛대'(leverage)를 갖고 있었는가 그리고 이에 대해 한국의 정부가 무엇을 가지고 어떻게 대응하였는가에 따라 달랐다. 미군정시대 이래 미국은 경제원조와 군사원조라는 2가지 지렛대를 갖고 있었으나, 한국이 점차 경제개발에 성공하면서 경제원조의 지렛대 효과가 줄어들었고 그만큼 자율성의 정도가 확대된 것으로 볼 수 있다. 그 대신 미국의 군사원조와 주한미군철수 문제는 북한의 군사적 위협이 상수로 존재하는 상황에서 미국이 한국에 대해 영향력을 행사하는 데서 중요한 지렛대로 남게 되었다. 다음 제10장에서 살펴볼 중화학공업화는 한국의 산업구조를 심화시키는 것이면서, 동시에 주한미군과 미국의 군사원조에 절대적으로 의존하였던 한국의 방위체제가 닉슨 독트린과 카터의 미군철수 선언 등 미국의 지정학적 전략의 변동으로 인하여 전면적으로 불안정해지는 시점에서 한국의 국가가 가질 수 있는 대외적 자율성의 꼭지점에서 '자주적인' 국가방위의 일환으로 기획한 것이라 할 수 있다.

---

에 대해서는 항일독립유공자 보상, 대일민간청구권보상, 평화선 철폐에 따른 어민보상 등이 포함되었다(김정렴, 1993: 138-9).

11) 포항제철은 준공 이후 생산규모를 제1차에 260만 톤, 그리고 제2차에 550만 톤을 확장하여 1981년 5월에는 850만 톤에 이르렀다.

## 3. 국가 수행능력(the state capacity)

군사정부가 시행한 국가 개혁의 가장 큰 가시적 성과는 국가기구 내부의 균열을 극복하고 권력의 집중화를 통해 국가기구의 정책입안 및 수행 능력을 향상시킨 데 있다. 군사정부는 중앙정부 및 지방행정기구의 확장과 개편을 단행하였다.[12] 그리고 '군대식' 권력 집중화 기법을 원용하여 고도의 '집중화와 효율성'을 갖춘 국가기구를 구축하였다(이한빈, 1973).[13] 군사정부는 경제발전을 종합적으로 추진하기 위하여 부총리급을 수장으로 하는 경제기획원을 설치하였다. 그리고 중앙정보부를 설치하여 국가권력의 집중화와 함께 국가권력이 전 사회의 말단까지 도달할 수 있도록 침투력을 확보하였다. 부정축재 환수조치의 일환으로 5개 시중은행을 몰수하여 국영화하였으며, 재무부 출신을 은행장으로 임명하여 금융조직과 '자금줄'을 장악하였다. 국가능력의 가장 단순한 지표는 징세능력이다. 1966년에는 조세행정기구를 강화하기 위하여 국세청을 신설하였으며, 종전의 세무기구에 비하여 기능이 세분화되었고, 세무조사와 세무사찰의 기능을 대폭 강화하였다(김정렴, 1993: 119-120). 초대 청장에는 군 출신으로서 대통령의 신임이 두터운 비서관이 임명되었다. 그 결과 1966년의 징수실적은 새로운 징세항목을 신설하거나 세율의 인상 없이 세무행정의 강화만

---

12) 군사정부는 인사행정기본정책을 통해 직업공무원제의 확립, 인사기구의 개혁 및 행정사무 간소화를 시도하였는데 이 과정에서 50여 명의 법관을 포함한 35,684명의 공무원을 숙정하였고 236,852명의 공무원 정원을 새로이 책정하였다.

13) 조직으로서 군대는 집중화, 규율, 계급조직, 의사소통체계, 단체정신 등의 특징을 지닌다(Finer, 1962). 그리고 군대는 효율적인 기능발휘와 확실한 명령수행을 위해 적절한 의사전달체계와 규율 있는 지배수단을 지닌 분명한 명령체계를 필요로 한다.

으로 전년대비 68.7%가 증가하였고, 1967년에는 47.6%가 증가하였다.

군사정부가 경제개발 5개년 계획을 입안하고 시행하는 과정을 살펴보면, 시행착오를 거듭하면서 국가의 수행능력이 점차 고도화되어 가는 것을 주목할 수 있다. 군사정부는 5・16 이후 불과 2개월이 지난 7월 22일 경제기획원의 신설과 함께 '종합경제재건 5개년 계획'을 발표하였다. 이 계획은 5・16 직후인 5월 20일부터 '국가재건최고회의' 상공위원장인 유원식 대령의 지휘 아래 산업은행의 은행원과 재무부, 부흥부의 관료 등 3인이 제각기 1, 2, 3차 산업 부문을 맡아 불과 60여 일 만에 작성되었다(유원식, 1987; 중앙일보 특별취재팀, 1998: 123-4). 자유당과 민주당 시절에 각기 만들어졌으나 4・19와 5・16에 의해 무산된 경제개발계획들이 바탕이 되었다. 이번 5개년 계획은 10년 안에 국민총생산(GNP)과 국민소득을 두 배로 늘리는 것을 목표로 잡아 놓고, 여기에 역산하여 연평균 경제성장률을 7.1%로 잡았다. 다분히 '고지점령'과 같은 군대식 목표설정이 먼저이고 이를 달성하기 위한 수단과 방법의 마련은 나중의 일이었다.

신설 경제기획원은 이 계획을 바탕으로 1962년 1월 '제1차 경제개발 5개년 계획'을 발표하였다. 여기까지는 군사정부의 경제개발계획도 제1공화국이나 제2공화국의 경제개발계획과 별로 차별성이 없었다. 다만 군사정부의 계획이 다른 정권의 계획들과 다른 점은 국가의 최고 지도자가 자신의 초법적인 집권의 정당성을 경제성장 밖에서는 찾을 수 없어, 이를 효과적으로 실천하여 가시적인 성과를 조속히 내야 한다는 절박감이 있었다는 점이다.[14] 그리고 결정적인 차이점은

14) 경제개발 5개년 계획의 초기에는 박정희 최고회의의장을 비롯한 소수의 지도부는 혁명의 성공여부가 이 계획에 달려 있다는 식의 절박감을 갖고 있었으나, 군사정

이전 정부들이 계획을 작성한 뒤 '책상서랍'에 넣어 두었다면 군사정부는 실제로 계획을 실행하였다는 점이다.15)

그러나 군사정부의 수뇌부가 군사작전식으로 '진두지휘'하였음에도 불구하고 이 계획의 수행 초기에는 가시적인 성과가 없었다. 이들이 부닥친 가장 큰 난관은 자본부족이었다. 공장 건설에 소요되는 재원은 20억 달러 규모였으나 그 당시 한국의 외환보유고는 1961년 말 기준으로 2억 달러 정도에 불과하였다. 내자(內資)를 동원하기 위한 여러 가지 조치들인 '국민저축운동'도 군사정부 내부 반발로 좌절되었고, 부정축재 환수는 40억 환 정도에 지나지 않았으며, 증권을 통한 자금조달도 증권파동을 야기하면서 부작용만 일으켰고, 마침내 '궁여지책'으로 시도한 화폐개혁도 철저히 실패하였다(유원식, 1987: 326-40; 김정렴, 1993: 81; 오원철, 1995: 52; 김종필, 2016). 애당초 가난한 농업국에서 국민들로부터 동원할 유휴자본이 많지 않았고, 상상했

---

부 내에서도 다수는 이 계획의 내용에 대해 무지하였고 또 필요성에 대해 공감하지 못했다는 증언이 있다. 이 계획을 최초로 기획한 국가재건최고회의 상공분과 위원장인 유원식 대령에 의하면, "이 계획을 끝까지 밀고 나갈 수 있으리라 생각지 않았다. 그것은 이 계획에 대해서 이해를 가진 사람이 적었고, 처음부터 '재경위' 안에서도 시기심과 질투심에 그런 계획은 필요 없다고 반대하는 의논이 있어서 상당한 곤란을 겪고 있었기 때문이다… 최초의 골격은 나 혼자서 영관 장교들과 작성하였고, 이 골격을 토대로 정소영 박사, 김성범, 배용찬 등이 본 계획을 작성하였다"(유원식, 1987: 321-2).

15) 1960년을 기점으로 하는 제1공화국의 '경제개발3개년계획안'은 783페이지에 부표(附表)도 687페이지에 달하는 방대한 계획이었다. 그러나 "계획시발연도가 1개월이 지난 이제까지 시안의 범위를 벗어나지 못하고 언제 국무회의의 의결을 볼지 모르는 형편에 있다… 언제 이 안이 통과되고 집행기관에 지달(指達)되어 일반에게 공개주지시켜 국민대중의 협력으로 그 성과를 올리게 될지 막연하다. 그래서 자칫하면 이 계획도 수다(數多)한 종전의 계획안과 같이 햇빛도 보지 못하고 사산(死産)되지나 않을지 지극히 염려되는 바이다"(김영선, 1960: 87). 이러한 논평자의 염려는 현실화되어 4.19의 발발과 함께 '서랍 속'에 들어갔다. 이 사례는 '시지프스 국가'의 행태를 잘 대변하고 있다.

던 만큼 지하자금도 크지 않았다. 외자(外資)동원의 대상인 미국도 제철, 정유, 조선, 시멘트, 비료 생산을 위한 공장 건설 계획을 재원은 고려하지 않고 구색만 갖추어 짜여진 '쇼핑 리스트'라고 비난하였다(중앙일보 특별취재팀, 1998: 128). 원조경제에서 차관을 통한 공장건설은 무리라는 지적이었다. 박정희 의장은 1961년 11월 미국의 케네디 대통령을 방문해 경제개발을 위한 원조를 요청하였으나 거절당하였다. 세계은행도 연평균 7.1% 성장 계획에 대해 회의적이었다. 일본과도 아직 국교수립이 안 된 상황이었다. 1963년경에는 그동안 5개년 계획을 수행하면서 원자재 및 필수품을 수입해 외환보유고가 1억 달러로 줄어들었다. 1962년 당시 총수출액은 5,481만 달러였으며, 그중 천연 자원의 비중이 75% 정도였다.[16] 1964년에는 박정희 대통령이 서독을 방문하여 한국의 광부와 간호사를 보내주는 대가로 4,000만 달러 차관을 얻어온 것이 중요한 성과로 간주되었다.

결국 재원조달의 어려움으로 제1차 경제개발계획은 연평균 7.1% 성장에서 5%로 축소 조정되었고, 공장 건설의 우선순위가 조정되었다. 1961년 7월부터 1964년 5월까지 2년 10개월 동안 경제기획원 장관이 7번이나 경질되었다. 이러한 잦은 장관의 교체는 경제개발을 위한 재원조달 및 성과가 계획에 미치지 못하였음을 나타낸다.

마침내 1964년경 제3공화국 정부는 공장 건설을 위한 재원의 부족과 수입대체 산업화(ISI: Import Substitution Industrialization) 구조의 한

---

16) 1962년 당시 수출품의 내용은 돼지 147만 달러, 생선 345만 달러, 마른 생선 249만 달러, 조개류 181만 달러, 쌀 893만 달러, 김 75만 달러 등 식료품과 산동물 수출이 2,185만 달러이며, 생사 396만 달러, 고령토, 흑연 등 광석 269만 달러, 중석 337만 달러, 철광 385만 달러, 돈모 99만 달러, 한천 132만 달러, 무연탄 274만 달러 등 가공하지 않은 원자재 수출이 1,937만 달러로 합계 4,122만 달러였다(오원철, 1995: 226).

계를 극복하기 위해 수출주도 공업화(ELI: Export-Led Industrialization)로 방향을 전환하였다. 이제까지 한국의 수입대체 산업구조는 고평가된 환율과 차별적 관세, 저금리에 의한 안정적인 이득 때문에 수출보다 수입이 유리하였고, 자연히 수출산업의 부진을 유도하였다. 또한 외환 획득과 수입권의 확보는 안정적인 지대를 보장하였으므로 부패의 온상이 되었다. 신고전파 경제학자들이 말하는 약탈국가의 상황에 가까웠다.17)

한국의 국가는 수출주도 산업화로 전환하는 과정에서 '발전국가'로 거듭나게 되었다. 1965년 1월에는 대통령이 직접 주재하는 월례 '수출진흥회의'를 만들었으며, 관계 장관들과 경제4단체장들을 참석시켜 수출문제 전반에 대해 민간의 애로사항을 청취하고 즉석에서 조치를 내리는 식으로 운영하였다. 이 회의를 주재하는 대통령은 마치 '수출전쟁을 총지휘하는 야전군 사령관 같이' 그 달의 수출 목표를 달성하였는지 여부를 확인하고, 미달하였을 때는 그 이유를 철저히 따져서 관계 장관들을 긴장시켰다고 한다. 그는 1979년 사망할 때까지 한 번도 회의를 거르지 않았다고 한다(중앙일보 특별취재팀, 1998: 136-7 참조). 그는 기업별 수출실적을 매달 확인하면서 관계부처와 해당기업을 매달 독려하였다. 수출목표도 1964년에는 1억 달러, 그리고 1970년에는 10억 달러로 스스로 책정하여 지시하였다.

1969년 1월에는 기존 수출진흥회의를 '수출진흥확대회의'로 확대 개편하였다. 15명 정도 참석하던 회의는 통상에 관계되는 장관, 업계 대표, 금융계 등 유관기관 대표들뿐 아니라 정계, 학계, 법조계 등 각계의 주요인사 100여 명이 참석하는 대규모회의가 되었다. 이 회의

17) 앞서 살핀 대로, 정권이 바뀔 때마다 부정축재자 처리가 의례화되었다는 점이 이를 잘 나타낸다(오원철, 1995: 59-60).

에서는 월별, 품목별, 지역별 수출동향을 점검하며 수출증대를 위한 모든 시책과 업계의 애로타개 등도 매달 그 추진 상황이 보고, 점검되므로 수출진흥을 위한 시책이 제도화되고 토착화되는 계기가 되었다(김정렴, 1993: 134).

이러한 수출지상주의 정책에 힘입어 제1차 5개년 계획이 끝나는 시점인 1966년에 1억 1,750만 달러를 수출하려던 목표를 2년 앞당긴 1964년 말에 조기 달성하였다. 그리고 1965~1969년 사이에 37.3%의 수출성장률을 기록하였다. 실질 GNP 성장률도 연평균 10%에 달하였으며, GNP에서 수출이 차지하는 비중도 5.7%에서 14.9%로 높아졌다.

## 4. '상호강화 환류고리' 형성과 발전국가 수립

국가의 자율성과 수행능력은 어떻게 상호작용을 하는가? 어떤 조건 아래 서로를 강화하는 방식으로 작용하는가, 아니면 서로를 약화하는 방식으로 작용하는가? 한국의 경우, 경제개발 5개년 계획 시행 과정에서 국가의 대내적, 대외적 자율성과 국가능력은 상호강화적 환류작용을 거듭하면서 '제도로서' 발전국가를 구축하였다. 다음에서는 수출진흥정책의 수행과정과 외자도입법 사례를 통해 국가 자율성과 수행능력 간의 상호작용을 구체적으로 살펴본다.

### 1) 성과와 연계된 특혜

한국의 국가가 수출지상주의 정책을 시행할 당시 국가가 선정한 수출목표는 기업과 국가기구가 무슨 수단과 방법을 동원해서라도 달성해야만 하는 지상목표로 간주되었다. 이러한 목표를 달성하기 위해 기업가보다 오히려 상공부 관리들이 더욱 조바심을 가졌으며, 여러 가지 정책적, 제도적 창안(innovation)들이 시도되었다. 예컨대, 목표를 달성한 수출기업들에게는 보상으로서 각종 지대가 주어졌다(오원철, 1995: 230-2 참조). 개별 수출면장만 있으면 수출금액에 해당하는 원화를 싼 금리로 융자받을 수 있는 수출금융제도도 실시하였다. 1968년 당시 일반 대출 이자율이 25%일 때, 수출기업인에 대한 수출특별융자 이자율은 6%에 불과하였다. 수출용 원자재는 무관세 수입이었다. 수출업자에게 원자재를 공급하기 위해 수입을 해도 수출과 같은 대우를 받는 '로컬 엘씨'(local L/C) 제도를 시행하여 보세가공 수출을 장려하였다. 그 당시 수출기업들에게는 '소요량 증명에 의한 기술소득제도'를 적용하였다. 수출을 위한 원자재를 수입할 때 수출에 소요되는 물량보다 18% 정도 더 많이 수입을 허용하여 수출하고 남은 원자재를 국내시장에 판매할 수 있는 권한을 준 것이다. 예컨대 TV 100대를 만드는 데 TV 118대를 만드는 부품을 수입해 100대만 수출하고 나머지 18대는 국내에 팔 수도 있는 것이다. 관세를 물지 않았기 때문에 이는 큰 이권이었다. 수출소득에 대해 80%까지 소득세를 감면해 주었다.

MIT 경제학자 앰스덴(Amsden, 1989)은 이러한 '성과와 연계된 특혜'(benefits linked with performance)를 한국의 국가-기업 관계의 특징으로 삼는다. 즉 지대가 관료 개인의 '지갑'이 아니라 수출이라는 국가적 목표의 달성과 연계된다는 것이다.[18] 이러한 연계는 기업의 성과

18) 물론 이러한 관계는 상대적으로 소수의 기업에 한정되었으므로 '특혜'였으며, 이러한 특혜를 받는 기업에 선정되기 위한 로비도 치열하였다. 비록 앰스덴은 부정부패의 역기능을 상쇄하는 성과를 언급하고 있으나, 그 당시 상대적으로 엄격하게

가 국가의 목표로 연결되고, 이는 다시 기업에 지대로 보상되면서 확대되는 '상호강화 환류고리'(mutually reinforcing feedback loop)를 구성하였다.

### 2) 외자도입법(정부지불보증제도)

아래에서는 한국 발전국가의 특징 중 하나인 '외자도입법' 사례를 구체적으로 살펴볼 것이다. 제1차 경제개발 5개년 계획(1962~67년)의 첫해인 1962년 한국의 수출액은 5,500만 달러이고, 외환보유고는 1억 6,800만 달러였으나 1963년에는 1억 1,000만 달러까지 떨어졌다. 그리고 경제성장률은 2.2%였다. 수출 1억 달러를 달성한 것은 1964년 11월 말이었다. 아직 미국의 무상경제원조가 한국경제의 중요한 부분을 차지하고 있었다. 이러한 상황에서 경제개발계획을 수행할 때 가장 큰 난관은 외환의 부족이었다. 앞서 살펴본 대로, 내자동원의 여러 수단들이 실패로 돌아간 상황에서 외자도입은 가장 절실한 문제였다. 그러나 일본과는 아직 국교가 수립되기 전이었고, 한국의 기업들이 유럽이나 미국으로부터 차관도입을 시도하기에는 아직 국제적 신인도가 너무 낮아 엄두를 내지 못하였다.

이러한 상황을 해결하고자 국가재건최고회의는 1962년 7월 18일 '장기결제방식에 의한 자본재도입 특별조치법'과 '차관에 대한 정부지

지켜진 성과주의에도 불구하고 음성적인 정경유착의 규모는 방대한 것이었다. 이른바 '프레이저 보고서'로 알려진 미국 하원 국제관계위원회의 '한미관계조사' 보고서에는 대통령을 위시한 정경유착의 일단이 구체적으로 적시되어 있다(U.S. House of Representatives, 1978). 그리하여 목적달성을 위해 비합리적 수단이 정당화되는 '결과만능적 목적합리주의' 행태는 수출지상주의 시대의 문화적 유산으로서 현재까지도 한국사회에 부정적인 함의를 던지고 있다고 할 수 있다.

불보증법'을 입법화하였다(이하 김정렴, 1993: 433-4 참조). 정부지불보증이란 민간 기업이 빚을 못 갚을 때에는 정부가 책임지고 갚겠다는 법이다. 예를 들어, 한국의 민간 기업체가 외국의 융자기관과 차관도입 협정을 맺을 때 한국의 경제기획원과 국회의 승인을 얻으면 한국산업은행과 외환집중 관리자인 한국은행이(후에는 특수은행 및 일반 시중은행과 외환업무를 인계받은 한국외환은행이) 지불을 보증하는 제도이다. 당시 선례가 없는 비상 입법으로서, 국회가 정상적으로 작동하였다면 불가능한 입법으로 간주되었다(오원철, 1995: 68). 이 제도를 통해 외국의 차관도입이 순조롭게 되었지만, 동시에 관리 부담(monitoring costs)이 엄청나게 커지게 되었다.

정부지불보증은 운용하기에 따라서 약이 될 수도 있고 독이 될 수도 있는 '양날의 칼'이었다. 오원철(1995: 68)의 표현대로 정부지불보증법은 "잘못 다루다가는 나라 전체가 빚더미에 올라앉을 수도 있어, 민정이양후 야당은 국회에서 혁명정부가 나라 팔아먹는 법을 만들었다고" 비난하였다. 만약 국가기구가 민간의 사적 이해에 포섭된다면 국가는 그야말로 '지대추구의 장'이자 특정 계급의 '지배도구'로 전락할 우려가 실현될 뿐 아니라, '보편적 이해의 수호자'가 될 것이라는 정부의 공약은 헛구호가 되는 상황인 것이다. 그러나 이러한 정당성의 위기에 빠질 위험을 감수하면서까지 정부지불보증을 제도화하였다는 것은 국가가 사적 이해로부터 자유로울 수 있다는 자신감의 표현이기도 했다. 이는 당시 상당히 높은 정도의 국가 자율성을 반영한다.

이러한 높은 정도의 자율성에서 창안된 정부지불보증제도는 국가의 수행능력을 상당정도 제고하는 효과를 가져왔다. 정부의 지불보증은 국회의 동의를 필요로 하였고, 국회에서 적절하게 대응하기 위해서 정부의 담당자들은 해당분야에 대해 민간기업과의 협의, 지도, 조정 과정을 거치면서 스스로 전문성을 높여야 했다(오원철, 1995: 71). 또 민간기업의 성과에 대해 공동의 책임을 지게 되었으므로 민간의 사업일지라도 결과적으로 국가사업이 되었다. 오랫동안 대통령 비서실장을 역임하였던 김정렴(1993: 435)에 의하면, 박대통령은 "각 부처는 민간사업일지라도 이것을 준국가사업으로 간주해서 총력을 기울여 지원하라고 독려"했으며 따라서 "각 부처는 항상 쫓기듯 뛰고 또 뛰었다"고 회고하였다. 이와 같이 대통령의 지휘와 각 부처 및 금융기관의 지원으로 계획사업이 완공된 뒤에도, 각 부처는 그 사업이 순조롭게 가동되도록 도와주어야 했다. 그런가하면 부실화된 기업에 대한 처리는 "청와대에서 담당하였다. 가혹할 만큼 단호했다"(오원철, 1995: 68). 외국차관기업의 부실은 정권의 정당성에 부담이 되기 때문이었다.

### 3) 상호강화 환류 고리의 형성과 발전국가 수립

군사정부와 제3공화국 시기 한국의 국가는, 에반스(Evans, 1995)의 개념으로, 사회에 '배태된 자율성'(embedded autonomy)을 배양하고 있었다. 사회에 포섭되지 않고, 그렇다고 동떨어져 있지 않으면서, 사회에 침투하여 상호작용하면서 자신의 '고유한' 이해를 관철시키는 국가의 자율성과 수행능력이 경제개발 5개년 계획의 수행과 수출주도 산업화 과정에서 단련되었다. 1970년경 한국의 국가는 군사정부 초기의 국가에 비해 상당한 정도로 국가의 능력이 고도화되었으며 더불어 자율성의 정도도 높아졌다. 고도의 배태적 자율성을 바탕으로 정책적 개입능력을 배양하면서 결국에는 산업구조를 변환시키는 전환능력을 갖추었고, 이러한 수행능력의 제고는 다시 자율성을 더욱 강화시키는 상호강화 연결고리를 형성하였다. 그리하여 마침내 한국의

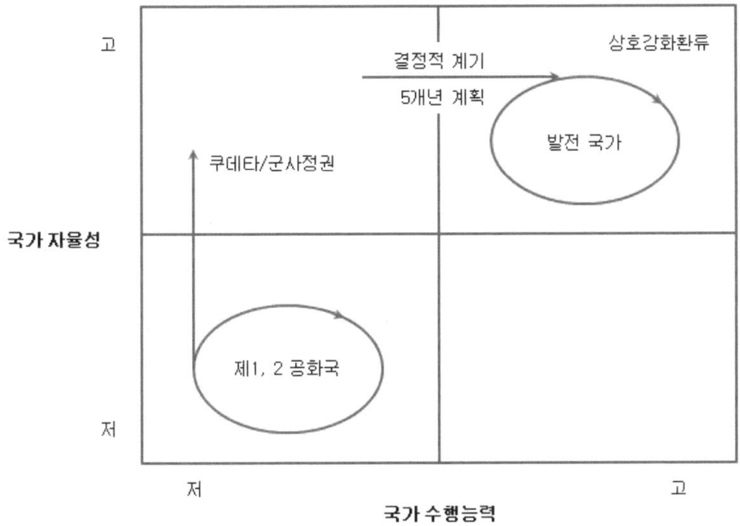


〈그림 6〉 상호강화환류 경로의 형성과 발전국가의 등장

발전국가는 수립되었다.

〈그림 6〉은 한국 발전국가의 등장에서 '결정적 계기'로 작용한 경제개발 5개년 계획을 시행하는 과정에서 구축된 국가 자율성과 개입력 간의 상호강화적 환류 고리를 보여준다.

여기서 한국의 혼종문화는 추격적 경제성장을 결과만능주의적으로 추진하였던 군사정부의 행태를 정당화하면서 발전국가 형성의 조건으로 작용하였다. 예컨대 산업화에 필요한 자본을 조달하기 위하여 군사정부는 국내예금은 물론이고, 재벌로부터 환수한 부정축재자금, 미국의 경제원조, 서독의 차관, 일본으로부터 식민통치의 대가로 받은 청구권 자금 그리고 베트남에 참전한 군인들의 국내송금 등 가용한 모든 자금을 자본으로 동원하였다. 그래도 모자라는 자금은 수출주도 산업화로 획득한 외화를 국유화한 은행을 통해 전략적인 동반자로 초대한 수출기업과 국내 대기업에게 권위적으로 배분하였다. 동시에 중산층 및 노동자와 농민들에게는 저임금과 저곡가의 희생을 요구하면서 경제개발계획을 마치 고지를 점령하는 목표를 가진 군사작전식 효율성으로 수행하였다. 이 당시 한국의 권위주의 정부는 모든 사회적 관계를 경제의 울타리 안에 가두어 버렸다. 따라서 이 시기 한국사회는 정치경제에 배태(political economic embeddedness of politics and society)되었다고 할 수 있다.

한편 성과와 연계된 특혜나 정부지불보증제도와 같은 국가-민간기업 시너지(synergy)는 항상 높은 수준의 국가 자율성을 전제로 하였다. 이 제도의 운용과정이 사적인 이해추구로부터 자유롭지 않게 되는 순간부터 지대추구적 약탈국가로 전락할 위험을 안고 있었기 때문에 이 제도의 성공여부는 수혜기업이나 차관기업의 성공에 달려 있었고, 이는 다시 국가의 수행능력과 밀접하게 결부되어 있었다. 이런 방식으로 국가의 자율성과 수행능력은 민간기업에 대한 지원이나 지불보증을 매개로 '상호강화 환류고리'를 형성하게 되었다.

그러나 국가의 자율성과 수행능력이 무한정 상호강화적으로 작용하는 것은 아니다. 특정한 국면에서 국가 자율성이나 국가 수행능력이 호혜적 균형을 깨는 경우 '상호약화 환류고리'(mutual undercutting feedback loop)로 변환될 가능성은 항상 존재하였다. 이러한 부정적 상호관계를 다음 제10장에서 중화학공업화 과정을 통해 살펴볼 것이다.

## 5. 소결

한국의 발전국가는 쿠데타를 통해 집권한 군사정부가 '경제개발 5개년 계획'을 수립하고 이를 시행하는 과정에서 국가기구의 구조적 개편과 관료제의 정비를 통하여, 거듭되는 환경적 도전에 대해 제도적 창안(institutional innovation)으로 응전하면서 그리고 국내외 사회경제적 세력들과의 갈등과 협력, 조정을 거치면서 '구성적으로 구축'(constitutively structured)된 것이다. 일련의 경제개발계획을 수행하는 과정에서 창안된 수출주도 산업화라든지, '성과와 연계된 특혜'나 외자도입법 같은 제도들은 회를 거듭하면서 국가 자율성과 수행능력이 서로를 강화하는 경로의존적인 환류고리를 더욱 공고화하였다.

제1, 2차 경제개발 5개년 계획(1962~1971)의 양적 성과는 괄목할 만하다. 국민경제의 규모는 급격한 성장을 거듭하였고 산업구조도 크게 변환되었다. 경제성장률은 10년 사이에 연평균 9.9%를 기록하여 국민총생산액은 2.3배 증가하였고, 수출액은 26.1배 급증하였다. 제1차 5개년 계획기간(1962~1967) 동안 경제성장률은 연평균 8.4%에 달하였고, 국민총생산액은 1962년 6,349억 원에서 1966년 9,138억 원으로 43.9%가 증가하였다. 같은 기간 1인당 국민소득은 76달러에서 114달러로 늘어났다. 산업구조도 종래 1차 산업 중심에서 벗어나 고도화되었다. 농림어업은 5.5% 증가한 반면, 제조업은 15.0% 성장하였다. 이에 따라 농림어업 등 1차 산업의 비중은 39.7%에서 37.9%로 줄어들었다. 반면, 제조업의 비중은 15.0%에서 18.1%로 늘어났으며 공업구조는 경공업비중이 71.4%에서 65.9%로 줄어든 대신 중화학공업은 28.6%에서 34.1%로 높아졌다. 수출액은 5,480만 달러에서 2억 5,030만 달러로 5배 가까이 증가하였다.

이러한 경제성장 추세는 제2차 경제개발 5개년 계획 기간에는 더욱 가속화되었다. 연평균 경제성장률은 11.4%를 기록하였다. 국민총생산은 1조 5,618억 원으로 1966년에 비하여 70.9%가 급증하였다. 제조업은 연평균 22.0% 성장하였으며, 사회간접자본 성장률도 13.2%

로 전체 성장률을 넘어섰다. 산업구조도 농림어업의 비중이 1971년 현재 24.2%로 낮아진 반면 제조업은 28.6%로 급격히 성장하였다. 제조업 중에서 경공업과 중화학공업의 비중은 대략 60대 40으로 고도화되었다. 수출액도 크게 늘어 1971년 현재 10억 6,760달러에 달해, 1966년 대비 3.3배가 증가하였다.

한국은 불과 10년 안팎에 농본사회로부터 산업사회로 급속히 전환되었다. 경공업화에 성공한 한국의 발전국가는 산업구조 심화 계획의 일환으로서 중화학공업화에 착수하였으며, 이를 추진하는 과정에서 한계를 노정하게 되었다. 다음 제10장에서 제4공화국 시기에 시도된 중화학공업화 과정의 분석을 통해 한국 발전국가의 가능성과 한계를 살펴본다.

# 제10장 중화학공업화와 발전국가의 실패

1960년대 한국의 경공업위주 수출산업화가 발전국가의 주도에 의한 추격성장의 가능성을 최대한으로 보여주는 것이었다면, 1970년대 초반부터 본격적으로 시작된 중화학공업화(heavy and chemical industrialization)는 그 가능성과 한계를 분명히 드러내는 것이었다. 한국의 중화학공업화는 발전국가가 의도적·비의도적 계기에 확대된 대외적 자율성을 바탕으로 대내적 자율성의 기반을 공고히 하려는 프로젝트였다. 그러나 한국의 발전국가가 대내적, 대외적 자율성을 바탕으로 입안하고 경제와 사회에 깊숙이 개입하면서 추진하였던 산업구조 심화계획으로서 중화학공업화는 역설적으로 국가 자율성을 저하시키고 이어서 국가 수행능력까지 약화시키면서 발전국가를 해체시키는 결정적 계기로 작용하였다.

이 장에서 우리는 한국의 제4공화국 정부(1972~1979)가 시도하였던 중화학공업화 계획의 입안, 시행 및 결과의 사례분석을 통하여 한국의 발전국가를 마침내 해체에 이르게 한 기제로서 '상호약화 환류고리'(mutually undercutting feedback loop)의 형성과정과 작용을 분석해 보고자 한다.

## 1. 발전국가 주도에 의한 중화학공업화 계획[1)]

### 1) 계획의 입안배경

한국의 중화학공업화 계획은 이전 제1, 2차 경제개발 5개년 계획을 통한 경공업 중심의 수출지향 산업화 과정에서 설정된 '국가주도 산업화' 경로에 의존하여 입안되고 시행되었던 산업구조 심화(deepening) 계획이다. 먼저 한국의 국가가 중화학공업화 계획을 입안하게 된 계기를 살펴보면, (1) 1970년을 전후한 국제정치군사적 환경의 급격한 변화에 따른 자력 방위의 필요성, (2) 경공업 위주 산업화를 통한 수출목표 달성의 한계와 이를 타개하기 위한 산업구조 심화의 필요성, (3) 박대통령의 집권연장을 위한 정당성 창출 필요성 등이다.

〈표 3〉은 1970년을 전후해 한반도 내외에서 전개된 정치, 군사적 변화를 시차적으로 요약해서 정리한 것이다.

1970년을 전후해 한반도를 둘러싼 정치, 군사적 환경은 급박한 변화를 거듭하였으며 이는 국가수뇌로 하여금 기존의 대미 절대의존적 국가안보의 개념을 전면적으로 수정하게끔 만들기에 충분한 것이었다. 먼저, 북한 무장게릴라의 청와대 습격시도와 울진·삼척지구 침투, 미 정보선(船) 푸에블로호의 납북과 미 정보기의 격추 등 북한 측에 의해 시도된 일련의 모험적 군사행동에 대응하는 미국측의 반응은 한국의 국가수뇌의 입장에서 보면 지극히 불안하고 불만족스러운 것이었다.[2)]

---

1) 한국의 중화학공업화에 대한 구체적인 자료는 김명수(1990)에 주로 의존하였다.

2) 한국의 국가수뇌는 이러한 북한 측에 의해 시도된 일련의 군사행동에 대응해 강력한 군사보복을 미국에 촉구하였으나 그 대신 미국은 한국의 독자적인 군사행동의 가능성을 억제하고 미국에 대한 대북한 보복행동의 요구를 무마하기 위해 고

〈표 3〉 1970년을 전후한 한반도 내외의 정치, 군사적 사건 연표

| 연. 월. 일 | 국제적 사건 | 국내사건 |
|---|---|---|
| 1968. 1.21 | | 북한 무장게릴라 26명 청와대 습격시도 |
| 1.23 | 미정보선 푸에블로호 납북 | |
| 11. 2 | | 북한 무장게릴라 80여 명 울진, 삼척 침투 |
| 1969. 4.15 | 미정보기 EC-121 북한에 의해 격추 | |
| 7.25 | 닉슨, 괌 선언(Guam Doctrine) | |
| 9.14 | | 삼선개헌안 변칙 통과 |
| 1970. 8.26 | 에그뉴 미부통령, 주한미군 감축 계획 발표 | |
| 1971. 3.27 | 주한 미군 2만명 철수 완료 | |
| 4.27 | | 대통령 선거: 박정희(53%), 김대중(45%) |
| 5.25 | | 총선거: 공화당(48.8%), 신민당(44.4%) |
| 7. 9~11 | 백악관 안보보좌관 키신저 북경 방문 | |
| 8.15 | 닉슨, 달러 방위조치 | |
| 8.20 | | 남북 적십자사 대표 판문점 회담 |
| 10.25 | UN총회, 알바니아안(대만축출, 중공가입) 가결 | |
| 12. 6 | | 국가비상사태 선포 |
| 1972. 2.21 | | |
| 7. 4 | | 남북공동선언, 7개항 발표 |
| 8. 3 | | 8. 3 경제 비상조치 |
| 9.29 | 일·중 외교관계 수립(일·대만 외교단절) | |
| 10.17 | | 10월 유신, 계엄령 선포 |
| 12. 6 | | 통일주체국민회의 설치 |
| 12.23 | | 국민회의, 박정희 대통령 선출 |
| 12.27 | | 박정희, 6년 임기 대통령 취임 |
| 1973. 1. 2 | | 박 대통령, "중화학공업시대"선언 |

자료: 국내 각종 일간지 및 연감.

위관료를 수차례 파견하였다. 미국의 이러한 대응은 한국의 국가수뇌로 하여금 군사동맹국 미국의 대한(對韓) 방위능력과 의지에 대해 강한 의심을 갖게 만들었다. 이에 관해서 U.S. House of Representatives(1978: 29-33)를 볼 것.

뒤를 이어 베트남전쟁의 전개양상과 미국내 반전의식 확산은 "아시아에서 더 이상의 베트남은 없을 것"으로 요약되는 닉슨(Nixon)의 괌 선언(Guam Doctrine)을 낳게 했다. 국지적 분쟁에 대한 미국의 직접적인 군사개입 가능성을 부정한 괌 선언은 한국에 주둔하는 미군의 근시일내 완전철수라는 구체적 형태로 나타났다. 이에 더해서 당시 미국의 중공(中共) 승인과 대만과의 외교 단절이라는 새로운 대외정책은, 한국도 미국의 세계적 전략구도에서 차지하는 비중이 달라짐에 따라 언제라도 베트남이나 대만과 다를 바 없이 방기(放棄)될 수 있다는 새로운 현실 인식을 기져다주었다. 이러한 인식은 이제까지 미국에 절대의존적이었던 한국의 국가안보 개념을 전면적으로 재고하게끔 만들었다.

한국전쟁 이래 모든 정권의 최우선적 명제는 북한의 군사적 위협으로부터의 방위였지만, 실제적 방위부담에서 한국이 차지하는 몫은 미미한 경제규모에 따라 제한적일 수밖에 없었고 미국이 차지하는 비중은 실로 막대한 것이었다. 사실 박정희 정권은 경제개발계획을 통해 괄목할 만한 경제성장을 거두면서 자주적인 방위산업화 노력을 계속 시도해 왔으나 미국 정부의 끊임없는 견제를 받아왔다.[3] 그러나 미국의 신고립주의 정책은 미국이 한국에 대해 행사하고 있던 정치군사적 영향력을 상당한 정도 잃게 했고, 한국 국가의 대미 자율성의 폭은 그만큼 더 넓혀졌다고 볼 수 있다. 결국 미국의 지정학적 전략의 변화는 한국의 국가수뇌로 하여금 자주적 안보를 위한 본격적인

---

3) 미국 하원 군사위원회의 주한미군 철수정책 결정에 관한 보고서를 인용하면, "역사적으로 미국은 남한의 대북한 공격능력에 대한 우려 때문에 한국 방위산업의 발전을 방해해 왔다. 그러한 우려가 더 이상 존재하지 않게 된 반면, 남한과 북한의 비균형적인 군사적 능력을 초래하였다." 한국의 방위산업화에 대한 미국의 입장에 대해서 U.S. House of Representatives(1978: 76-89)를 볼 것.

방위산업화를 서두르게 하였으며 이를 위한 중화학공업화는 필수적인 것으로 인식되었다(김정렴, 1993; 오원철, 1995).

둘째, 한국 경제부처 관료들이 인식하고 있던 경공업화를 통한 수출목표 달성의 한계와 이를 타개하기 위한 돌파구로서 산업구조 심화의 필요성이다. 한국의 노동집약적 경공업에 치중된 수출주도 산업화는 아래로부터 후발 개발도상국들의 경쟁력 상승과, 또 위로부터 선진국들의 보호주의 장벽구축 시도에 의해 양면 위협을 받고 있었다. 특히 상공부 관료들은 1981년까지 '100억 달러 수출, 1,000달러 국민소득' 목표를 달성하기 위해서는 경공업 수출상품보다 단가가 높고 부가가치가 큰 중화학상품 위주의 수출산업 구조변화가 필요하다고 주장하였다. 또 장기적으로 해외의존도를 낮추고 자립적인 산업구조를 갖추기 위해서는 시설재 및 중간재 산업으로서 전·후방 연관효과가 큰 중화학공업구조로의 전환이 필연적이라고 보았다. 더구나 선진국에서 중화학공업은 노임상승 및 공해규제 강화 등으로 이미 노후화되어 경쟁력을 잃어가고 있는 것에 반하여 이들 제품에 대한 최종수요는 계속될 것이므로 선진국으로부터 견제를 받지 않음과 동시에 수출수요 잠재력이 크다고 예상하였다(한국경제연구원, 1975).

셋째, 위와 같은 국제적 수준의 정치, 군사적 변동 및 국내적 수준의 경제구조적 압박과 맞물린 개인 수준의 계기로서, 국가수뇌의 집권연장에 대한 욕구와 이를 제도적으로 뒷받침할 권위주의적 정치제도의 심화 필요성이 작용하였다. 이제까지 경공업위주 수출지향 산업화의 괄목할 만한 성과에 힘입어 형식적으로나마 확보하고 있었던 박정희 정권의 집권 정당성은 1969년의 변칙적인 삼선개헌과 1971년의 관권개입에 의한 가까스로운 대통령 당선에 의해 거의 잠식되었다. 뒤이은 총선에서 야당의 대폭적인 국회진출은 권위주의적이고

'효율적'인 정국운영에 결정적인 장애요소로 받아들여졌다.[4] 결국 이러한 일련의 집권 정당성 위기에 대한 정치적 대응은 '정치적 효율성'과 '남북대화에서의 강력한 입장'을 빌미로 한 '10월 유신'(1972.10.17)이라는 영구집권을 위한 조치로 나타났다. 박정희 대통령은 경제개발 5개년 계획을 통한 경공업화의 성공이 군사 쿠데타에 의한 집권 정당성을 사후적으로 어느 정도나마 확보해 줄 수 있었듯이, 새로운 장기 집권의 정당성 확보에 중화학공업화가 '도구적'으로 유용하다는 것을 확신했음에 틀림없다. 그리하여 1973년 1월의 연두기자회견에서 이례적이게도 그 스스로 "강력한 경제력에 의한 강력한 자주 국방력(부국강병)"을 위한 "중화학공업시대를 선언"하였다(1973.1.2).

이처럼 중화학공업화에는 국제 정치군사적, 국내 경제구조적 그리고 집권자 개인적 수준의 계기들이 서로 중첩되고 유기적으로 얽혀 있어서 절대적으로 우선하는 요인과 차선 요인 간의 인과적 연쇄를 규명하는 것은 지극히 어려운 문제다. 자주국방을 위한 방위 산업화는 중화학공업화라는 산업구조의 심화를 필요조건으로 하였으며, 이는 이미 병목현상을 보이고 있었던 경공업위주의 수출지향 산업화에 돌파구를 마련해 줄 수 있을 것으로 인식되었을 것이다. 이렇게 보면, 중화학공업화는 이제까지 박정희 정권의 취약한 집권정당성을 받쳐주고 있던 '국가방위'와 '경제성장'이라는 2개의 버팀목을 갈아 끼우면서 새로운 장기집권의 정당성을 창출하려는 시도가 된다. 그리하여 중화학공업화 계획의 성공 여부는 '정권의 안보'와 직결되었고, 경제

4) 제8대 국회의원 선거결과는 여당인 공화당이 113석(지역구 86석), 신민당 89석(지역구 65석), 국민당 1석, 민중당 1석으로 야당의 의석이 대폭 증가하였다. 신민당 의석은 이전의 44석에서 89석으로 배가되었으며 개헌저지선인 69석을 20석이나 초과하였다.

성의 고려나 선제조건의 성숙여부를 따져 봄이 없이 '일방적으로 선언'되었으며 강력하게 추진될 수 있었다.

중화학공업화 계획의 입안 배경에서 주목할 것은 이것이 지정학적으로 패권적인 국가나 중심부의 자본 및 재벌과 같은 강력한 국내외 사회경제적 세력이나 계급의 직접적 이해에 '의해서'(at the behest of)나 '위해서'(on behalf of) 비롯된 것이 아니라, 국가 수뇌의 개인적 수준에서의 욕구와 국가 관료들이 인지하는 국가기구 고유의 이해 추구에서 비롯되었다는 점이다. 여기서 우리는 당시 한국 국가의 대외적, 대내적 자율성의 정도를 확연히 알 수 있다.

### 2) 계획의 주요내용

한국의 중화학공업화는 앞선 경공업 산업화가 설정해 놓은 '국가주도 산업화' 경로에 철저히 의존하는 것(path-dependant)이었다. 우선 국가주도에 의한 산업구조심화 계획의 입안 자체가 가능했던 것은 국가가 경공업화를 입안하고 추진, 시행하는 과정에서 구축한 수행능력, 즉 사회경제적 과정에 효과적으로 개입할 수 있는 국가기구의 조직 능력에 관한 한 충분한 정도로 자신을 갖게 되었기 때문이다. 앞에서 살펴보았듯이, 1960년대 수출지향 산업화에서 국가는 재벌과 수출산업 위주의 특혜적 금융지원과 사회간접자본지원, 이를 뒷받침하는 철저한 노동통제에 의한 저임금 구조의 유지, 다시 이를 가능하게 한 농업부문의 희생을 통한 저곡가 유지정책 그리고 반공과 성장 이데올로기의 확산 등 경제의 질보다 규모의 성장에 가용한 모든 자원을 전사회적으로 동원할 수 있었다. 이 시기는 다음 제11장에서 보듯이 한국의 혼종문화가 가장 활발하게 작용했던 시점이기도 하다.

이러한 자원동원 과정에서 국가의 여러 단위 기구들이 하나의 '유기체적 행위자'로서 사회경제적 과정에 전면적이고 깊숙하게 개입하면서 보여준 일사불란함은 급속한 경제성장의 원동력이었다.

경공업화의 연장선상에서 보면 한국의 국가가 중화학공업화 계획의 입안과 초기 실행과정에서 드러낸 '유기체적 성향'은 전혀 새로운 것이 아니었다. 대통령의 일방적인 '선언' 직후, 정부 각 부처의 관료들이 모여 중화학기획단을 조직하고 대통령의 '추상적' 구상을 구체화하기 시작했다.[5] 중화학기획단의 조정아래 부문별 투자사업 계획은 상공부에서, 공장기지건설 계획은 건설부에서, 인력개발계획은 과기처, 문교부, 보사부에서, 기술 및 연구개발 계획은 경제기획원과 과기처에서, 재정조달 계획은 경제기획원과 재무부에서 분담하여 작성했다. 곧이어 기획단은 중화학공업 육성계획을 발표했다. 중화학공업의 핵심적인 전략산업으로서 철강, 석유화학, 조선, 전자, 기계, 비철금속 등 6개 부문이 선정되었고, 이를 육성 발전시키기 위하여 1973년에서 1981년까지 총투자액 2조 9,800억 원을 투입하기로 계획하였다. 이는 같은 기간 총재정 투융자의 22.1%에 달하며 제조업부문 투자의 63.9%에 달하는 막대한 규모였다.

이러한 규모의 투자자금을 동원하기 위한 세부적 계획은 다음과 같다. (1) 중화학공업화 계획에 참여하는 기업은 최소한 총투자의 30%

5) 형식상 중화학 기획단은 국무총리가 의장인 중화학공업 추진위원회에 속했지만, 실질적으로는 강력하고 신속한 업무처리를 위해 대통령에게 직접 보고하는 체계를 가졌고, 기획단장은 청와대 경제 제1수석비서관이 맡았다. 동시에 중화학기획단장은 다른 청와대 고위관리들과 함께 1970년 말에 설립된 무기개발위원회(WEC: Weapons Exploration Committee)에 깊숙이 참여하였다. WEC는 청와대에 직속된 비밀특별위원회로서 군수조달과 생산에 관련된 사항을 담당했다. 무기개발위원회의 활동상에 대해서는 오원철(1995), 황병태(2011), 그리고 U.S. House of Representatives(1978: 76-89)를 볼 것.

이상의 자기자본을 확보할 것, (2) 생산설비는 수출 경쟁력을 갖추기 위하여 최신의 것일 것, (3) 생산규모는 중화학 자본재 및 중간재의 국내 수입 대체수요를 충족시킬 수 있을 뿐 아니라 수출할 수 있을 정도로 대단위일 것, (4) 원칙적으로 계획에 소요되는 자금은 국내 자본시장의 육성과 범국민적 저축운동을 통한 내자 동원 체제에 의존할 것, (5) 외자의 도입은 국내에서 생산이 불가능하거나 시설 근대화를 위해 필요한 시설재의 도입과 선진기술의 확보에 한해서 허용하나, 직접투자나 합작투자보다 차관이 우선하며, 외자는 총소요자금의 60% 이내에서 조달할 것, (6) 원자재의 안정적 공급확보, 국제시장의 개척, 최신기술의 도입을 위해 필요한 경우 외국의 직접투자나 합작투자를 허용하나 외국기업의 지분은 50% 이내에서 억제할 것, (7) 외국기업의 직·합작 투자 비율이 50%를 초과할 경우, 과실회수를

〈표 4〉 정부의 대기업 공개촉진에 관한 연표: 1973~1981

| | |
|---|---|
| 1973. 8. 27 | 대통령, 중화학 공업 육성책에 관하여 자본과 경영의 분리, 공모 증자와 기업공개 등 6개 항목을 내각에 지시 |
| 1974. 5. 29 | 대통령, "기업공개와 건전한 기업풍토를 육성하기 위한 대통령 특별 지시"를 관계 장관에 전달 |
| 1974. 5. 30 | 재무부 장관, 금융기관의 여신과 기업 소유의 집중방지 대책 발표 |
| 1974. 7. 30 | 재무부, 48개 재벌그룹, 300여 기업에 대하여 8월 10일까지 기업공개 계획서를 제출하도록 지시 |
| 1975. 8. 8 | 기업공개 보완시책 발표. 중화학공업 부문의 기업을 "국민기업"으로 선정, 공개시키기로 결정 |
| 1975. 10. 6 | 재무부, 기업공개 대상으로 대기업 105개 회사를 선정하고, 그중 재벌계 기업 등 30개사는 연내에, 나머지 75개사는 1976년 6월까지 공개시키기로 결정 |
| 1975. 12. 25 | 재부무, 기업공개를 요구한 104개 기업 중에서 연내 공개한 21개 회사를 제외한 83개 회사에 대해 1976년 9월까지 공개 방침 발표 |
| 1981년까지 | 현대그룹의 24개 회사 중에서 5개사, 대우그룹의 28개 회사 중에서 7개사만 공개 |

자료: 「칠십년대 한국일지」(1984)에서 발췌해서 정리함.

감안하여 일정기간이 경과한 후 점차 내국인에게 소유주식을 이양하도록 권고할 것 등이다(중화학기획단, 1973).

중화학공업 육성계획에서 주목할 것은, 첫째, 중화학공업화를 통한 재벌의 거대화에 대한 국가수뇌의 우려가 중화학부문 참여기업을 기업공개를 통해 '국민기업'화하겠다는 계획으로 구체화되었다는 점이다. 〈표 4〉에서 보듯, 국내 재벌의 경제력 집중이 심화될 가능성에 대비하여 대통령이 취한 일련의 조치와 경과를 살펴보면 재벌에 대한 경계는, 비록 결과적으로 실효가 없는 것으로 드러났지만,[6] 단순히 계획상의 명문규정 이상의 것이었다.

둘째, 이 계획에서 주목할 점은 외국자본의 역할에 대한 국가관료들의 경계가 국민자본동원계획으로 구체화된 점이다. 중화학공업은 고도의 자본, 기술집약적 장치산업이기 때문에 외국자본의 참여를 전적으로 배제하는 것은 불가능하므로 허용하되, 외자는 내자우선 원칙 아래 보완적인 역할을 하도록 한정하였다. 중화학공업 육성계획에 의하면 1973년부터 1981년까지 총재정투융자의 88%는 내자의 동원에 의해 충당하고 나머지 12%를 외자에 의존하는 것이었다(한국경제연구원, 1975: 50). 여기서 계획된 외자율 12%는 1960년대 총투자 가운데 40%가 외자에 의한 충당이었음에 비하면 국내자급적 투자자본 동원에 대한 국가관료들의 관심이 잘 반영된 것이다. 더구나 1981년까지 완전한 자급자족을 달성하기 위하여 1972년 당시 GNP의 15%였던 국내저축률을 1981년까지 27.1%로 높이는 계획을 세웠다. 중

6) 대기업들은 기존 중화학 부문 중소기업들을 흡수하면서 참여하였으며, 1970년대 후반경 재벌그룹 계열사의 확대추세는 괄목할 만하다. 삼성은 24개에서 33개사로, 대우는 10개사에서 35개사로, 현대그룹은 1974년 9개 계열사에서 1978년 31개 계열사로 급속히 팽창하였다.

화학공업화 계획에 소요되는 국내재원의 확보를 위하여 경제기획원은 시중은행과 특수은행이 관리하는 방대한 규모의 국민투자기금을 설치해 공무원 연금과 모든 은행예금의 일정 부분을 동원하도록 하였다(1974.2.21).

### 3) 계획의 경과: 과잉, 중복투자

국가주도에 의한 중화학공업화 계획은 시행초기부터 대내적, 대외적 난관에 봉착하였다. 초기에는 국내 재벌기업들과 해외자본의 무관심이 문제였으나 1976년 이후부터는 재벌기업들의 과잉, 중복참여가 문제였다. 중화학공업화 계획의 개략적인 경과는 다음과 같다.

초기에는 국내 재벌기업들의 중화학공업화 계획에 대한 참여가 극히 저조하였다. 그 당시 재벌기업들은 자본집약적이고 기술집약적이며, 투자자본의 회임기간이 긴 고도의 장치산업에 본격적으로 참여할 만큼의 자본과 기술이 축적되어 있지 않았으므로 국가주도의 계획에 무관심하였다.[7]

대내외적 경제환경도 지극히 불투명하고 비우호적이었다. 1973년 11월의 오일 쇼크는 국내 및 해외자본의 투자의욕을 극도로 위축시켰다. 1974년 1월, 투자재원의 조달을 맡은 경제기획원은 국내외 자본동원의 어려움 때문에 중화학공업 계획의 수정이 불가피하다고 보고하였다. 1974년 3월 상공부는 중화학공업화 계획 자체의 수정은 불가하나 단지 동력 소비적인 석유화학이나 철강 산업보다는 조선이

7) 예컨대 정부당국의 적극적인 투자유치에도 불구하고 1976년까지 창원기계공단에 입주한 기업들은 모두 중소규모에 속하였다. 상공부의 구체적인 투자 유인책에 관해서는 〈창원기지5년사〉를 볼 것.

나 전자산업 등 동력 절약적인 산업에 우선순위를 둘 것이라고 발표하였다.

해외자본의 적극적인 유치를 위해 정부는 처음에 가졌던 외자에 대한 제한적인 입장에서 큰 폭으로 후퇴하여 전자와 기계 부문에 한해서는 100% 직접투자를 허용하는 조치를 취했다(1974.6.3). 그러나 이 시점은 이미 투자를 확정하였던 해외자본도 철수하던 때였다. 예컨대 제2제철 건설계획은 유에스 스틸(U.S. Steel)이 철회함으로써 백지화되었다(1975.3.19). 중화학 부문에서는 국가가 개입한 부문만이 그나마 움직였을 뿐이다. 일본정부의 차관을 얻어 기존 포항제철 설비를 확장하였고, 제7비료(남해화학)를 미국의 아그리코(Agrico)사와 연 16.5% 이윤보장 조건으로 합작 건설하였다(1974.6.24).

그러나 1976년 이후부터 중화학공업화 계획은 이른바 '중화학 열병'에 휘말리기 시작하였다.[8] 이제까지 정부의 중화학건설 계획에 무관심하던 국내 재벌기업들이 1976년 이후 경쟁적으로 계획에 참여하게 된 것은 수그러진 오일쇼크의 여파와 정부내 각 부처의 구체적인 투자환경조성에 힘을 얻은 것이다. 재벌기업들이 중화학 부문에 과열 참여한 결과 정부의 투자목표와 수출목표는 앞당겨 달성되었다. 경제기획원의 제4차 5개년 계획 중간평가에 의하면, 1981년 말까지 중화학 부문에 2조 9,800억 원의 투자가 계획되었으나 이미 1979년 말에 2조 8,600억 원이 투자되었다. 중화학 대 경공업의 부문별 투자비율이 60:40으로 계획되었지만 1979년 말 현재 75:25로 중화학부

8) 1976년부터 창원기계공단에는 거의 모든 재벌기업들이 몰렸다. 대우중공업, 현대조선(나중에 중공업), 삼성중공업, 효성중공업, 현대양행(일반공장설비) 등이 앞을 다투어 참여하였고, "창원으로 가는 버스를 놓치지 말라"는 말이 유행어가 될 정도였다(창원기지5년사, 참조).

문에 투자가 치중되었다. 중화학 상품이 총수출량에서 차지하는 비중도 1970~1972년의 16.1%에서 1978~1979년에는 36.3%로 높아졌다(EPB, 1980). 중화학 부문에 대한 과잉투자의 결과 1981년까지 100억 달러를 수출하겠다는 목표가 1977년 이미 달성되었다.

당시 방위산업화는 상당한 정도로 진척되었음을 확인할 수 있다.[9] 1978년에 즈음해서 한국은 군사장비 수출국의 대오에 합류하게 되어 M16 소총과 고속초계정을 수출하였으며, 장거리 미사일과 중거리 지대지 미사일을 해외에 판매할 계획을 갖고 있었다. 박 대통령은 1978년 연두기자회견에서 한국의 방위산업은 이제 본격적으로 각종 병기와 장비의 대량생산체제에 들어갈 것이고, 1981년까지 기본적인 군사무기와 장비는 자급자족할 것이며, 1980년대 중반까지 고도의 전자무기와 해군함정, 전투기를 생산할 수 있을 것이라고 발표하였다(1978.1.18).

그러나 제4공화국 정부가 추진한 중화학공업화는 비록 수출목표 100억 달러를 조기 달성하고 방위산업화에서 상당한 성과를 냈음에도 불구하고, 유신정권의 집권 정당성 확보에 기여하기보다는 오히려 정당성의 위기와 정권의 몰락을 재촉하는 의도치 않았던 결과를 가져왔다. 1970년대 말에 즈음하여 중화학공업화를 위한 국내 자본동원이 한계에 도달하였다. 1979년 한국 전력을 포함한 중화학 부문 41개 기업의 총 자금수요는 3조 원 정도였고, 이 중에서 기업 자체부담금(30%)과 외자충당부분(24%)을 제외하면 약 1조 300억 원(46%)이 국내자금에 의해 동원되어야 했다. 국민투자기금, 산업합리화기금, 특별융자기금 등 모든 투자재원 조달 수단을 동원해도 5,000억 원 정도

9) 그 당시 방위산업화의 구체적 내용과 성과는 오원철(1995)을, 그리고 미국의 입장에 대해서는 U.S. House of Representatives(1978: 76-89)를 볼 것.

가 모자라 공장건설의 중단 및 연기가 불가피하였다(EPB, 1980). 이러한 과잉투자는 중복된 투자였고, 따라서 생산능력의 과잉을 초래하였다. 기계공업 부문의 총가동률이 1977년 74%에서 1979년 60.1%로 그리고 1980년에는 35%로 떨어졌다. 1980년 당시 석유화학의 가동률은 86%, 철강은 70.6%, 비철금속은 47.8%, 전기기계 및 수송기기는 51.2%에 불과하였다. 발전설비, 자동차, 중전기설비, 전자교환기, 디젤엔진, 동제련 등 이른바 '6개 문제산업'은 중복투자에 따른 과잉 설비 문제에 봉착하였다. 과잉, 중복 투자에 따른 국내 재원의 고갈과 생산능력의 과잉, 국내 대기업의 경제력 집중과 중소기업의 소외 등 국가가 결코 의도하지 않았던 중화학공업화의 결과들은 경제위기를 초래하였으며, 유신 이래 점증되어 온 사회, 정치적 위기와 함께 제4공화국의 몰락을 재촉하였다.

위에서 살펴본 중화학공업화 계획의 입안 및 초기 추진 과정에서 우리는 한국의 국가기구가 가졌던 높은 정도의 자율성과 강력한 개입력을 가진 이른바 '강한국가'(the strong state)의 면모를 여실히 볼 수 있었다. 그러나 강한 국가의 주도에 의한 중화학공업화 계획이 원래 의도하지 않았던 결과인 막대한 규모의 과잉, 중복투자로 이어진 것을 어떻게 설명할 수 있을까? 아래에서 우리는 중화학 부문 과잉, 중복투자의 가장 대표적인 사례인 발전설비부문을 면밀히 검토해 봄으로써 중화학공업화의 진행 과정에서 구체적으로 작용하였던 국가와 재벌기업, 외국자본 그리고 국가기구 내부의 역동적인 상호작용을 살펴본다.[10)]

---

10) 중화학부문 과잉, 중복투자의 구체적인 내용은 김의균(1980, 1981, 1983), 배병휴(1980, 1981), 박병윤(1978, 1980a, 1980b) 등 〈신동아〉에 기고된 르포를 비롯, 당시 각종 국내외 일·월간지 기사, 연보 및 연감을 참조하고 서로 비교, 대

### 4) 과잉, 중복투자의 대표적 사례: 발전설비 부문

중화학공업 여러 부문 중에서도 발전설비 부문은 무엇보다도 공기업인 한국전력이 확실한 수요자라는 점에서, 막대한 규모의 장래 설비가 보장되어 있다는 점에서 이 부문에의 참여여부가 '재계의 판도'를 좌우할 것이라고 예상되었고, 따라서 그만큼 재벌기업들 간의 참여경쟁은 치열하였다.[11]

아래에서 보듯이 기업의 발전설비 부문에의 참여를 직권으로 결정하고 또 장기적이고 안정적인 수요를 보장한 한국의 국가는 스스로 '시장'의 역할을 자임하였고, 그동안 경공업화를 통해 활성화된 재벌기업들은 국가기구라는 '시장'의 분할에 사력을 다하였다. 따라서 재벌 기업들이 벌인 각축의 장소는 경쟁기업들과 시장점유율을 놓고 경쟁하는 발전설비 부문 시장이 아니라 바로 국가의 경제정책 결정기구였다. 결과적으로 발전설비 부문에서의 강력한 국가개입은 국가 자율성의 정도를 스스로 약화시킨 셈이다.

#### (1) 화·수력 발전설비 부문 선정(제1차 경제각료회의)

먼저 상공부는 1977년부터 시행되는 제4차 5개년 계획의 일환으로 '기계공업육성 5개년 계획'을 세웠고(1976.6.3), 이어서 경제기획원은 발전설비 제작을 국내 기계산업에 맡길 최우선 분야로 선정하였다. 이에 따라 공기업인 한국전력은 계획 중인 화력발전소 건설을 국내기업에 맡기겠다고 발표하였다. 첫 단계로서 한국전력은 아산 화력발

---

조하여 정리하였다. 특별한 경우를 제외하고 자료원의 구체적 명시는 삼갔다.

11) 정부의 장기 전력수급 계획에 의하며, 1981년까지 1천만 kw, 1986년까지 2천만 kw, 2000년까지 8천만 kw의 발전용량을 갖추는 것으로 되어 있어 총투자규모 500억 달러에 달하는 막대한 발전설비 부문 수요가 보장되어 있었다(Jeong, 1980).

전소의 발전설비 2기(각기 35만 kw)와 울산 화력발전소의 설비 3기(각기 40만 kw) 제작에 국내 기업들이 참여하도록 공고하였다.

아산 화력발전소 건설은 미국의 웨스팅하우스(Westing House)와 기술제휴를 한 현대중공업이, 울산 화력발전소 건설은 스위스의 브라운보베리(Brown Boveri)와 기술제휴를 한 대우중공업이 선정되었다. 경쟁에서 뒤진 삼성중공업은 일본의 '이시가와지마하리마'(石川島播磨重工業會社)와 합작으로 보일러 공장을 건설하면서 한국 전력으로부터 계획 중인 삼천포 화력발전소 건설을 맡기겠다는 의향서(letter of intent)를 받았다.

그러나 삼성중공업의 발전설비 부문 참여시도는 이미 창원공단에 대규모 종합기계공장을 세우고 있던 현대양행의 항의를 유발하였다. 현대양행은 총투자규모 1억 5,000만 달러 가운데 8,000만 달러를 IBRD로부터 차관을 얻어 단일 공장으로는 당시 세계에서 가장 큰 기계공장을 건설하고 있었다. 한국정부는 현대양행이 IBRD로부터 차관을 얻을 때 IBRD에 대해 지불보증뿐 아니라 공장의 건설이 완료된 이후 5년간 중기계 부문에서의 독점을 인정함으로써 정상가동(66% 가동률)이 될 정도로 충분한 수요를 창출해 준다는 보증을 했었다. 삼천포 발전소의 건설 일정이 현대양행의 기계공장 건설 완료시기와 일치했기 때문에 현대양행은 정부에 대해 IBRD와의 보증약속 이행을 요구하였다.

발전설비 부문 선정에 관한 제1차 경제각료회의는 격렬한 토론을 거친 뒤 현대양행의 독점을 보장한 IBRD에 대한 보증을 이행하기로 결정을 내렸다(1977.5.21).[12] 각료회의는 현대와 대우가 아직 발전설

12) 경제각료회의는 경제부처 간의 이견을 조정하고 합의하기 위해 설치하였던 공식 기구로서 전체경제부처의 장관들이 참석하였고, 경제기획원 장관 겸 부총리가 의

비 제작시설을 갖추지 않았으므로, 단지 보일러공장의 설립을 시작한 삼성에 대해서는 발전설비 용도의 보일러를 제외한 일반 산업용 보일러 생산에 특화하도록 결정을 내렸다. 따라서 현대양행은 화력 및 수력발전설비 모든 분야(보일러, 터빈, 발전기)에서 독점적 생산을 보장받았다.

(2) 원자력 발전설비 부문 선정(제2차 경제각료회의)

한국전력이 고리 원자력발전소 3, 4호기 건설계획을 발표했을 때 다시 주요기업들이 참여를 신청하였다. 현대중공업은 웨스팅하우스와 기술제휴로 원자력 발전설비의 전 부문에(원자로, 터빈, 제네레이터), 대우중공업은 브라운보베리와 기술제휴로 터빈과 제네레이터 부문에, 현대양행은 컴버스천엔지니어링(Combustion Engineering)의 기술로 원자로 부문에, 그리고 제네럴일렉트릭(General Electric)의 기술로 터빈과 제네레이터 부문에 참여를 신청하였다.

참여기업의 선정문제는 제2차 경제각료회의에 상정되었으며, 정부 내 각 부처의 이견은 합의 도달까지 3개월이 걸릴 정도로 첨예하게 대립하였다. 상공부의 주장은 현대양행의 화・수력부문 독점권을 원자력 발전설비 제작에도 연장하여 국내 발전설비 산업의 특화를 심화시키자는 것이었고, 동력자원부는 원자력발전에서의 기술적 일관성과 경쟁에 의한 비용절감을 강조하여 웨스팅하우스의 일관된 기술을 내세운 현대중공업을 지원하였다. 결국 제2차 경제각료회의는 동력자원부의 주장대로 현대중공업의 원자력 발전설비 제작을 허용하였다 (1978.3).

---

장이 되었다. 여기서 사용하는 각료회의의 차수는 발전설비부문에 관련된 여러 차례의 회의를 구분하기 위한 편의적인 것이다.

### (3) 발전설비 부문에서의 과점 허용(경제각료간담회)

제2차 경제각료회의가 내린 현대중공업의 원자력발전설비 부문 선정은 제1차 경제각료회의에서 내린 현대양행의 독점결정을 실질적으로 무력하게 만들었다. 현대중공업, 대우중공업, 삼성중공업, 효성중공업 등 4개의 재벌기업들은 서로 연합하여 현대양행에 부여한 화·수력 발전설비 부문에서의 독점을 취소하도록 정부에 요구하면서 이 부문에의 참여를 '선언'하였다.

이러한 재벌기업들의 연합 '도전'은 경제각료간담회에 상정되었으며 여기에서 각기 경제부처 간의 의견은 다시 대립하였다.[13] 경제기획원과 동력자원부는 발전설비 부문의 과점화를 주장하였고, 반면에 상공부는 독점화를 주장하였다. 결국 경제각료간담회의 결정은 삼성과 효성을 제외한 현대와 대우의 발전설비 부문의 참여를 전면적으로 허용함으로써 이미 경제각료회의에서 현대양행에 인정하였던 독점은 완전 무효화되었다(1978.4.18., 4.22).

### (4) 재독점화 시도와 실패(제3차 경제각료회의)

발전설비 부문에서 세 기업의 과점을 허용한 경제각료간담회의 결정은 정부 안팎으로 격심한 반발을 유발하였다. 현대양행은 이미 4억 달러를 투입한 창원기계공장이 완성단계에 있고, 그 공장설비의 50%는 발전설비 제작을 위한 것인데 3개 기업이 이 부문에서 경쟁하는 것은 결국 공동파산을 의미하는 것이므로 그 전에 기계공장을 국가에

---

13) 경제각료회의가 모든 경제장관들이 참여하는 공식적인 기구임에 반하여, 경제각료간담회는 비공식적인 경제부처 간의 이견조정 기구였다. 경제기획원, 상공부, 재무부 장관들이 고정적으로 참석하였고 현안부처의 장관들이 비정규적으로 참석하였다.

'헌납'하겠다면서 반발하였다. IBRD도 경제각료간담회의 결정을 비판하면서 자원의 효율적인 이용과 기술축적의 최대화를 위해서 다시 발전설비 부문에서의 현대양행의 독점을 요구하였다.

상공부는 경제각료간담회의 결정과는 상충되게 독자적으로 현대양행의 재독점화를 시도하였다. 즉 현대양행에게 화·수력발전설비 제작에 관한 전적인 독점권을 인정하고, 원자력발전설비 중에서도 특수설비 제작권을 독점적으로 부여함으로써 현대중공업과 대우중공업은 일반설비 제작에만 한정적으로 참여하는 방안을 시도하였다. 이러한 상공부 주도의 현대양행 재독점화 시도에 대하여 현대중공업과 대우중공업은 각기 웨스팅하우스 및 브라운보베리와 단순 기술제휴가 아닌 합작기업을 설립하여 현대양행과의 기술격차 문제를 해결하겠다고 대응하였다. 결국 상공부의 시도는 삼성중공업이 추가로 발전설비 부문에 참여하게 됨으로써 무위로 돌아갔다. 제3차 경제각료회의는 끈질긴 삼성중공업의 요구를 받아들여 결국 발전설비 부문의 참여를 허가하였다(1978.10.28).

### (5) 중복, 과잉투자의 함의

재벌기업들의 집요한 참여경쟁과 이에 따른 국가 경제정책기구의 일관성이 결여된 상호 모순적 결정은 발전설비 부문의 막대한 중복, 과잉투자를 야기하였다. 발전설비 부문 4개 기업의 연간 총생산 능력은 1978년 당시 시설용량 8백만 kw에 달하였으나 당시 연간 국내 총수요는 1백만 kw였고 1980년대 계획된 최대수요는 2백만 kw에 불과하였다. 현대양행의 창원기계공장은 정상 가동되기 위해 연간 15억 달러 정도 규모의 작업주문이 필요하나 정상운전에 필요한 물량을 확보하지 못하여 완성되자마자 가동정지에 들어갔다. 1979년 말 당시

4억 달러의 고정자산을 갖는 대규모의 공장이 가동 중지해 있음으로써 이자부담 만 1주일에 1백만 달러에 달하는 것으로 추정되었다(The Economist, 1980.9.6).

발전설비 부문 사례는 재벌기업들의 경쟁적 '침투'에 의해 어떻게 국가의 경제정책 결정기구들이 무력화되어 갔는지를 확연하게 보여준다. 재벌기업들의 각기 상충하는 요구에 대하여 국가의 경제정책 결정기구는 상호 모순되는 결정을 내리며 균열을 거듭하였다. 이 시점에서의 국가 자율성과 수행능력의 정도는 중화학공업화 정책의 입안 및 초기 시점과 극적으로 대비된다. 다음에서 살펴볼 중화학 투자 재조정과정은 국가의 수행능력이 국가기구 내부의 균열에 의해 현저히 낮아졌다는 것을 보여줄 것이다.

## 2. 중화학투자 재조정과 발전국가의 한계

### 1) '안정화' 조치의 배경과 내용

이미 1970년대 중후반에 접어들면서 중화학 부문의 과잉, 중복투자가 밖으로는 국제수지의 적자를 심화시키고 안으로는 격심한 인플레이션과 투자의 불균형을 초래한다는 비판이 정부 내외에서 제기되었다. 당시 경제기획원 관료들은 중화학공업화의 부작용에 대하여 다음과 같이 요약적으로 회고하고 있다.[14] 먼저, 정부가 중화학 부문의 투자 분야, 규모, 담당 기업을 시장과 가격에 의해 결정하는 것이 아니라 '일방적으로 선정'(pick the winner)하여 경쟁과 효율이 무시되고

14) '경제기획원 비사(秘史)'는 당시 경제기획원에서 근무하였던 관료들의 회고에 바탕을 두고 작성되었다(김흥기, 1999).

심각한 자원 왜곡이 야기되었다. 둘째, 중화학공업 투자로 인하여 환율, 금리 등 가격변수들이 왜곡되었고, 이로 인해 저축률의 하락, 수출경쟁력의 약화가 초래되었다. 당시 각 금융기관 예금의 일정 비율을 국민투자기금의 재원으로 기탁하게 하였으며, 국민투자기금은 이를 저리로 중화학 부문에 집중 지원하였다. 이는 역금리 체계로서, 예컨대 1975년 중화학 분야의 대출 금리는 연 12%인 반면 인플레이션율은 25.2%, 예금금리는 14~15%였다. 따라서 대출받은 기업은 연 13%의 이익을 보지만 저축한 가계는 10%의 손해를 감수해야 했다. 또한 다른 산업부문의 희생을 바탕으로 중화학부문을 보조하는 결과를 낳았다. 셋째, 방대한 중화학 부문 투자를 지원하기 위해 통화증발(增發)을 하였으며, 이는 1970년대 후반 부동산투기 및 인플레이션 압력의 주요인이 되었다. 넷째, 중화학 투자의 규모가 방대함에 따라 대기업으로의 경제력 집중은 가속화되었으며, 대기업의 경제력 집중은 소비자, 중소기업, 경공업 분야의 희생을 담보로 했다는 점에서 사회적 형평의 문제를 야기하였다. 다섯째, 정경유착의 뿌리가 1970년대 중화학공업의 선정에서 비롯되었다.

이러한 중화학 투자의 부작용에 대하여 내·외자 조달을 담당한 경제기획원은 일련의 '안정화' 조치를 취하기 시작하였다. 먼저 과열된 중화학 부문의 투자를 진정시키기 위해 이자율을 대폭적으로 인상하였다(1978.6.13). 그리고 중화학 부문에 더 이상 새로운 투자를 하지 않을 것이며 기존의 사업도 규모를 축소해 나갈 것이라고 발표하였다(1978.12.23). 경제기획원 관료들은 1979년 대통령 연두 보고 때, 경제에 대한 정부의 간섭과 통제를 배제하고 시장경제의 원리를 최대한 도입해야 한다는 정책건의를 하였다. 마침내 1979년 3월 대통령이 주재하는 정책 협의회에서 한국 경제의 활력을 위한 처방을 논의한 결과, 장기적 경제성장을 위해서는 안정적 기조의 정착이 선결과제이며 이에 대한 종합적인 실천대책을 마련하기로 결정하였다(김흥기, 1999: 277).

### 2) 국가개입의 한계

이러한 경제기획원의 안정화 조치는 정부 안팎의 반대에 직면하였다. 경제4단체는 경제기획원의 조치에 반대하는 성명을 냈다. 상공부는 이제 막 개화기에 접어든 중화학공업화 계획을 무산시키는 조치라고 반대하였다. 더 나아가 상공부는 경제기획원의 중화학 부문 '축소화'와는 정반대로 중화학 '팽창화'를 시도하였다. 즉 상공부는 10대 전략산업육성계획을 수립하여, 1986년까지 500억 달러의 수출목표를 달성하기 위하여 철강, 기계, 조선, 자동차, 석유화학 등 10대 전략산업을 집중적으로 지원, 육성하겠다고 발표하였다(1979.2.2). 중화학 부문의 과열투자에 대한 경제기획원과 상공부 간의 이견의 폭은 이 정도로 넓었다.

그러나 경제기획원의 안정화 시책은 정부 내 각 경제부처 관료들의 지원을 받았다. 경제각료회의는 상공부 장관이 '궐석'한 가운데 '물가와 서민생계의 안정을 위해서' 중화학 부문을 대폭 축소하고 긴축재정을 계속 유지할 것을 합의하였다. 구체적으로 모든 경제현안은 중화학 부문의 과열투자와 과도한 수출촉진 정책에서 비롯되었으므로 중화학 부문의 투자 재조정과 수출보조금융 축소 등의 안정화 조치가 필수적이라는 점에서 의견이 일치하였다. 이를 바탕으로 경제기획원은 '4 · 17 경제안정에 관한 종합대책'을 마련하였다(1979.4.17). 그 핵심 내용은 긴축기조의 유지, 금융제도의 개선, 부동산 투기의 억제와 함께 중화학 부문의 투자 재조정을 목적으로 한 것이다. 그동안 성역과 터부로 인식되어온 수출지원 축소와 농촌주택 개량사업의 축소도 포함되었다. 이어서 경제기획원 장관은 사기업의 경쟁력을 고양하여 한국 경제를 강화시키는 데 전력을 다할 것이며, 따라서 부실기업에 대한 어떠한 구제조치도 하지 않을 것이라고 발표하였다. 이는 경제정책의 '코페르니쿠스적 대전환'이라 할 정도로 "당시로서는 감히 상상할 수 없었던 내용들"이었다(김흥기, 1999: 275-6).

마침내 중화학 투자 재조정의 세부내용은 경제기획원과 상공부 사이의 시간을 끈 협의 결과 발표되었다(1979.5.25). 재조정 계획에 의해 3,720억 원 규모에 달하는 8개 중화학 부문 사업이 일시적으로 연기, 잠정적으로 또는 영구적으로 중단되었다. 그러나 이미 1979년 중반 무렵 한국의 국가는 중화학공업화로 인하여 진퇴양난의 딜레마에 빠져 있었다. 기왕 건설 중에 있는 중화학 부문 투자의 연기나 취소는 국가가 막대한 재정적 손실을 감수해야 한다는 것을 의미하였다. 중화학 부문의 모든 사업은 국가가 융자하거나 지불보증을 한 외자에 의존하고 있었기 때문에 투자의 지연이나 취소에 의한 원리금 상환 부담은 곧 '국가의 몫'이었다. 한편 중화학 부문 사업을 완성시키기 위해서는 막대한 내자 및 외자를 계속 투입해야 하지만 이는 안정정책의 희생을 의미하는 것이었다.

따라서 국가는 한편으로 강력한 안정정책의 의지를 내세우면서도 다른 한편으로 중화학 부문의 투자를 계속해야 하는 자기모순에 빠졌다. 1979년 7월 말에는 중화학 긴급지원 정책의 일환으로 9개 업체에 830억 원을 '극비리'에 지원하였고, 또 '극비리'에 개최된 경제장관회의에서는 중화학 및 방위산업 부문의 38개 업체에 2,000억 원을 상환유예, 당좌대월, 부채인수 등의 방법으로 '특별지원'하기로 합의하였다(1979.8.31). 뒤이어 973억 원을 투입하였고(1979.9.19), 34개 기업에 1,250억 원을 보조하였다(1979.10.4). 또 72개 기업의 외자 원리금 상환을 위해 150억 원을 투입해야 했다

이와 같이 중화학 투자를 재조정하기 위한 국가 개입의 한계는 분명하였고, 또 국가의 직권조정조차 기업들의 반발과 국가기구 내부의 '반란' 때문에 실질적인 효력을 갖지 못하였다(Kim, K.W. 1980).[15) 4.17 경제 안정화 시책 가운데 수출지원금융 축소방침이 취소되었다. 언론에서는 이를 '경제 쿠데타'로 명명할 정도였다. 그나마 형식적인 중화학 투자 재조정은 제4공화국이 무너진 뒤, 정치권력의 공백을 메우기 위해 '신군부'에 의해 초헌법적으로 설치된 '국가보위비상대책위원회(국보위)'의 강제적 조정으로 이루어졌으며, 이후로도 오랫동안 우여곡절을 겪어야 했다.[16)]

---

15) 발전설비 부문의 경우, 투자자금 압박을 피하기 위하여 4개의 기업을 2개로 통합하기로 계획을 세웠다. 그러나 현대중공업과 현대양행의 발전설비 부문을 하나로, 삼성중공업과 대우중공업의 발전설비 부문을 다른 하나로 통합하려고 했던 국가의 시도는 해당 기업들의 반발로 무산되었다(김흥기, 1999 참조).

16) 국보위는 대우로 하여금 현대양행의 창원기계공장을 인수하여 발전설비 부문에서 독점하도록 직권 조정하였다(1980.8.19). 대우는 '한국중공업'을 설립하고 이어서 막대한 자금지원을 요청하였으며, 국보위는 결국 '한국중공업'을 공기업화하기로 결정을 내렸다(1980.10.30). 1983년과 1984년, 1987년에 걸친 3차례의 정상화 조치에도 불구하고 한국중공업이 부실을 면하지 못하자, 1989년 경제기획원의 반대에도 불구하고 상공부가 주장한 민영화 방침이 결정되었다. 그러나 공개입찰이 무산되었고, 1990년에는 제4차 정상화 조치로 1,000억 원의 긴급자금을 '수혈'하였으며, 한국전력의 발전설비를 최대한 한국중공업에 발주하도록 조처하였다. 이후 몇 차례의 공개입찰이 무산되고 주식시장도 침체되면서 결국 민영화 방침은 유보되었다. 1999년 IMF사태 이후 공기업 민영화 정책의 일환으로 7대사업 구조조정 방침에 따라 발전설비 및 선박용 엔진 일원화 작업이 선행되었고, 2000년 4대 재벌과 외국업체를 배제한 공개입찰을 실시한 결과 두산그룹이 인수하여 마침내 두산중공업이 설립되었다. 한국중공업 민영화의 특혜시비에 대하여 경향신문(2000.12.12)을 볼 것.

## 3. '상호약화 환류고리'의 형성과 발전국가의 붕괴

한국의 중화학공업화 사례는 상대적으로 용이한 산업화 단계인 경공업화 과정에서 형성된 국가 자율성과 수행능력 간의 '상호강화적 환류' 관계가 산업구조의 심화 단계인 중화학공업화 과정에서 '상호약화적 환류' 관계로 변환되어 간 메커니즘을 잘 보여주고 있다. 우리는 이를 통하여 한국 발전국가의 가능성과 한계를 명료하게 살펴볼 수 있다. 〈그림 7〉은 국가 자율성과 개입력 간의 상호약화 환류고리의 형성과 발전국가의 해체 경로를 보여주고 있다.

산업구조 심화 과정으로서 중화학공업화 계획의 입안 시점에서 한국의 국가 수뇌와 관료들은 국가가 강력한 자율성을 갖고 효과적으로 개입하면 그 결과가 다시 국가 자율성을 유지하거나 신장시키면서 수

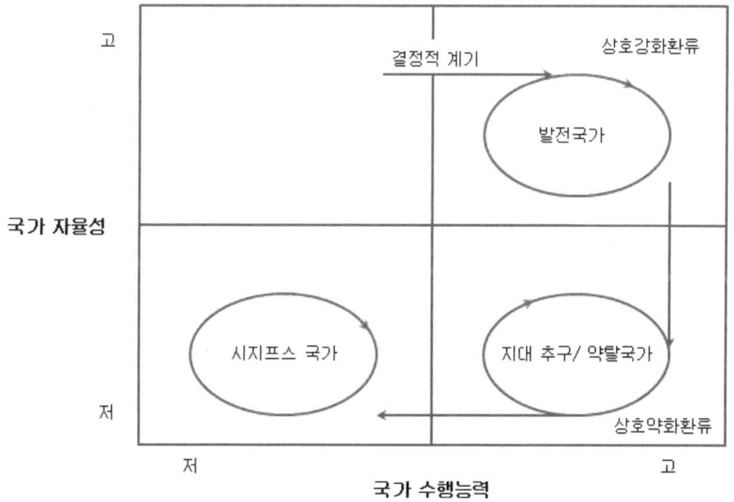


**〈그림 7〉 상호약화환류 경로의 형성과 발전국가의 붕괴**

행능력을 높이는 '상호강화적인 환류고리'(mutually reenforcing feedback loop)가 더욱 공고화될 것으로 기대하였다. 이 방식은 이제까지 수출 지향 경공업 위주 산업화 과정에서 제도화되었으므로 경로의존성을 갖고 있었다. 그러나 이러한 예상과는 달리 중화학공업화를 수행하는 과정에서 국가와 재벌 기업들 간의 역동적인 상호작용은 국가 자율성의 정도를 현격히 약화시키는 방식으로 진행되었으며, 이는 과잉, 중복 투자라는 국가가 결코 의도하지 않았던 결과를 야기하면서 국가의 수행능력을 결정적으로 약화시켰다. 발전설비 부문 사례에서 보듯이, 국가가 이 부문에 전면적으로 개입함으로써 국가 경제정책 결정기구 내에 재벌들의 경쟁적인 침투를 초래하였고, 그 결과 사적 이해갈등의 장에서 딜레마에 빠진 국가는 자기 모순적 정책결정을 거듭하였다. 이처럼 국가 자율성의 약화는 다시 국가의 효과적 개입능력을 연쇄적으로 약화시키는 '상호약화적인 환류고리'(mutually undercutting feedback loop)의 설정을 초래하였다. 즉 중화학 부문에서의 과잉, 중복투자는 국가 자율성과 수행능력 사이에 형성된 상호약화 환류고리의 현시적 결과로서 나타난 것이다. 따라서 중화학 부문의 투자를 재조정하는 단계에서는 계획의 입안과 초기 시행 과정에서 국가와 기업의 관계에서 볼 수 있었던 높은 정도의 국가 자율성과 수행능력이 '상호강화적'으로 작용하는 모습은 더 이상 볼 수 없게 되었다.

## 4. 소결

앞장에서 살폈듯이, 한국의 군사정부는 경제개발 5개년 계획을 수행하는 과정에서 높은 정도의 국가 자율성을 바탕으로 경제사회적 과정에 효과적으로 개입하여 산업구조 전환을 가져온 발전국가를 수립하였다. 그 결과 한국사회는 불과 10여 년 만에 농업위주의 개발도상국에서 빠르게 성장하는 신흥공업국으로 부상하게 되었다.

이처럼 빠르게 성장한 배경에는 한국의 발전국가가 정책을 입안하고 집행하는 과정에서 국가 자율성과 수행능력이 서로를 강화시키면서 확대해 가는 '상호강화적 환류고리' 경로를 설정할 수 있었기 때문에 가능하였다. 한국의 국가는 비록 사회경제적 과정에 깊숙이 개입하였지만 정치지도자 집단이나 관료 자신 그리고 민간부문의 사적인 이해에 사로잡힌 약탈국가의 경로에 빠지지 않고 나름대로 '보편적 이해를 수호'하면서 정당성을 유지하는 한에서 발전국가로 남아 있을 수 있었다. 그러나 국가의 능력은 고정되거나 주어진 추상적 자질이 아니라, 국가가 구체적인 정책의 입안 및 실행과정에서 국내외 사회경제적 세력과의 상호작용의 결과로서 역동적으로 구성되는 자질이다. 즉 국가의 능력은 자율성과 수행능력 간의 상호작용의 결과로서 '오는가 하면 가버리는' 속성을 갖고 있으므로 선험적으로 전제할 수 없으며 매번 중요한 역사적 국면에서 그리고 제도적인 맥락에서 측정되고 분석되어야 할 변수(variable)이다.

따라서 국가 자율성의 저하가 개입력 및 전환능력의 저하로 이어질 수 있는 가능성, 즉 국가기구가 사회경제적 세력에 의해 '분할'되거나(Balkanization) 혹은 어느 특정 세력의 '지배도구'로 전락되어 활용될 위험은 상존한다. 발전설비 부문에서 잘 드러나 있듯이, 중화학공업화 과정에서 국가는 자신을 '시장'으로 개방하면서 외국 기업들과 제휴한 국내 대기업들을 초대하였으며, 국가기구를 '사익추구의 장(場)'으로 만들면서 국가 자율성을 스스로 약화시켰고, 이는 결과적으로 국가의 수행능력을 현저히 제한하는 결과를 가져왔다. 마침내 과잉, 중복된 중화학 투자의 재조정은 이미 자율성과 개입력의 한계를 여실히 드러낸 당시 한국의 발전국가가 해결할 수 있는 범위를 벗어나 있었으며, 결국 정권의 몰락과 함께 새로이 구성된 제5공화국의 초법적인 '국보위'에 의해 강제적으로 조정되었다. 이로써 한국의 발전국가는 급격히 해체의 길로 들어서게 되었다.

# 제11장 추격성장 및 발전국가 형성의 조건으로서 작용한 혼종문화

군사정부와 '유사' 민간정부로서 제3공화국 정부가 추격적 경제성장을 위한 제1, 2차 경제개발 5개년 계획의 목표를 미리 앞당기며 초과달성을 거듭해 나가는 과정에서 발전국가는 구축되었다. 한국 경제성장의 속도는 사상 유례를 찾기 힘들 정도로 빠른 것이었지만 사실 국가가 주도하는 경제성장은 전혀 새로운 것이 아니다. 역사적으로 경제발전을 지향하는 국가에 의한 추격성장은 국가 간 경쟁체제 속에서 후발국이 경제발전을 위해 선택해왔던 하나의 일반적인 모델이다(Gerschenkron, 1962; 장하준, 2004 참조). 다만 각 나라마다 역사적, 구조적 맥락에 따라 국가 개입의 특성과 추격성장의 구체적 양상이 독특하였을 따름이다. 국가의 경제적 역할은 문화적 진공 속에서 작용하지 않으며 그 사회내 문화에 배태되어 수행되기 때문에 국가마다 다른 특성을 갖고 있다. 그렇다면 한국 사회에서 그처럼 역동적인 발전국가가 빠른 시간에 구축되어 특징적인 양상으로 추격성장을 추진할 수 있었던 문화적 조건은 무엇인가? 즉 한국 경제발전의 문화적 기원은 무엇인가?

우리는 앞서 제5, 6, 7장의 논의를 바탕으로 제8장에서 역사적으로 형성된 한국의 혼종문화적 요소들을 도출하였다. 요약하자면, 한국사회는 일제 식민통치를 거치면서 거의 모든 사회적 관계가 경제에 배태되는 '문화적 전환'(cultural transformation)을 맞게 되었으며, 미군정과 권위주의 정부의 비호아래 좌절된 탈식민지화는 결과가 수단을 정당화하는 결과만능적 목적합리주의 및 제도와 행위 간 부조응과 같은 요소들로 혼종문화를 구성하였다.

한국 문화의 '혼종화'(hybridization)는 전통적 유교 문화를 구조적으로 해체하여 파편화시키고, 이 바탕 위에 식민지적 근대 제도들을 외삽적으로 중첩시킨 일제로부터 비롯되었다. 미군정기 한국의 탈식민지화는 이러한 전통과 근대의 야합적 이중구조로서 식민지 근대화를 해체하지 못하고, 오히려 편의적으로 발췌한 서구식 근대 제도를 덧씌우면서 한국 문화의 혼종적 요소를 더욱 복잡하게 중첩시키는 과정이었다. 이렇게 형성된 한국의 혼종문화는 제9장과 10장에서 보듯이, 1960년대 초반 이래로 한국의 군사정부가 일련의 경제개발 5개년 계획을 통해 추격성장을 추진하면서 발전 국가를 구축할 수 있었던 바탕이자, 1970년대 중화학공업화를 성공시키기 위해 필요한 물질적, 이데올로기적 자원을 자유롭게 동원할 수 있었던 문화적 자원의 창고였다. 한국 사회는 '압축적' 추격성장을 통해 농본사회에서 산업사회로 급속히 변환하였으며(Chang, 1999), 추격성장의 수행조건으로 작용한 혼종문화는 그 결과로서 오늘날 우리의 정치적, 경제적, 사회문화적 삶을 크게 규정하고 있다.

이 장에서는 이렇게 역사적 계기를 거치면서 중첩적으로 구성된 혼종문화가 어떻게 추격성장을 추진한 한국 발전국가의 형성 조건으로 작용하였는지 살펴본다. 먼저 전략적 행위자로서 5.16 군사 쿠데타 주체세력의 등장과 당시 군대조직 및 국가기구 내부 구성을 특징지었던 혼종문화적 상황을 살펴본다. 이어서 이들 행위자들은 어떻게 역사적 경험과 전통문화적 유산들을 동원 자원으로 활용하는 혼종문화 전략을 통해 추격성장을 추진하면서 발전국가를 구축해왔는가 그리고 한국의 발전국가는 어떤 과정을 거치면서 결정적으로 약화되고 마침내 해체의 길로 접어들었는가를 살펴본다.

## 1. 발전국가 수립 조건으로서 혼종문화

### 1) 군사 쿠데타 발생 조건

일반적으로 군사 쿠데타로 집권한 군부세력은 '조국의 근대화'를 자신들의 집권 명분으로 삼는 근대화론자들이었다. 웰츠(Welch, 1971: 212)가 지적하듯 민간정부를 전복한 후 거의 모든 군사정권은 군부통치의 필요성을 입증하기 위하여 집권의 정당화 작업을 최우선 과제로 삼았다. 이때 군부 지도자들이 강조하는 가장 중요한 주제는 민간정권이 부정부패에 찌들고 무능하여 국가가 당면한 정치적, 경제적, 사회적 근대화의 문제들을 해결하지 못하였으므로 과도기적인 군부통치를 통해 경제적 발전과 근대적 정치, 사회 제도를 구축해야 한다는 것이다. 즉 군부 지도자들은 의도적으로 '사회'를 최소화하고 '국가'를 최대화해야 할 필요성을 갖고 있었다.

군사 쿠데타를 통해 집권한 한국의 5.16 주체세력들도 예외는 아니었다. 이들은 자신들의 초법적 집권 정당성을 확보하기 위해 처음부터 '강한 국가-약한 사회' 프로젝트를 진행하였다. 그리하여 쿠데타 세력은 '조국 근대화의 초석을 다지는 역군'임을 내세웠다. 그리고 이제까지의 사회적 관행과 전통문화를 나태와 가난, 무질서, 비효율과 부정부패의 원인으로서 '일소'되어야 할 '구악'으로 간주하였다(박정희, 1997[1963]). 그 대신 자신들이 표방하는 근대화는 전통문화의 '논리적' 대안으로서 부지런함, 질서, 효율 그리고 부강함을 의미하였다. 그리하여 주체 세력은 '조국 근대화'의 기치 아래 정치, 경제, 사회, 문화 및 군사 등 한국사회의 거의 모든 부문에서 전면적인 '근대적' 개혁을 시도하였다.1) 동시에 국가 관료제를 정비하여 자신들의 이해를 실천하는 도구로 삼았다. 여기까지는 한국의 군사정부도 제3세계 군사 쿠데타 정부의 일반적인 모델에서 크게 벗어나지 않았다.

다만 한국 사례가 구별되는 점은 군사정부의 주체 세력들이 '조국 근대화'를 단지 '입발린 구호'(lip service)에서 그친 것이 아니라, 이를 구체적으로 실현하기 위하여, 앞서 제9장에서 보았듯이, 추격적 경제 성장이라는 국가 목표를 세우고 실천하였으며, 이 과정에서 강력한 발전국가를 구축하였고 이를 통해 마침내 괄목할 만한 결제발전 성과를 산출했다는 점이다. 과연 한국문화의 혼종성은 5.16 군사 쿠데타의 발생 과정에서 어떻게 작용하였나?

현재 시점에서 5.16에 대해 가장 이해하기 힘든 사실 중 하나는 합법적으로 선출된 정부를 전복시키면서 권력을 탈취하는 초헌법적인 군사 쿠데타에 대한 모의가 사전에 수차례 드러났음에도 불구하고 그대로 진행되었고, 마침내 성공할 수 있었다는 점이다. 그 당시 쿠데타 모의에 대한 정보는 군내에서, 정부 내에서, 그리고 미군 당국이 알고 있었다는 정황이 드러나 있다(김종필, 2016). 쿠데타 이후에도

1) 군정은 근대화를 위한 이른바 '혁명과업'을 수립, 시행하였는데 이를 요약하면 ① 서정쇄신, ② 외교, 국방의 쇄신, ③ 법령쇄신, ④ 경제개혁, ⑤ 문교, 사회혁신, ⑥ 부정축재처리, ⑦ 재건국민운동 전개 등이다(한국군사혁명사편찬위원회, 1962: 963-99).

이들 주체세력이 자신들의 의지를 실천해 나가는 데서 사회로부터의 저항은 그다지 크지 않았다. 이러한 특이성은 5.16 군사 쿠데타 및 그 당시 한국의 군대를 포함하는 국가기구가 한국사회의 혼종문화적 복잡성에 배태되어 있었다는 사실에서 비롯되었다.

먼저 쿠데타 지도자인 박정희의 개인사를 개관하면 한국 근현대사의 혼종적 복잡성이 극명하게 반영되어 있다. 그는 일제하 사범학교 출신 국민학교 교사로서 근무 중 일본의 괴뢰국인 만주국의 신경군관학교를 지원하였으며, 졸업 후 일본육사 57기로 편입하여 졸업, 이후 만주국 육군 제8단에서 육군 중위로 복무하였다. 1946년 7월 귀국 후 조선국방경비사관학교를 2기로 졸업하였고, 육군 소령으로 복무 중 남로당 활동 혐의로 사형선고를 받은 후, 육군 정보국장이던 백선엽의 구명으로 사형을 면제받았고, 예편 후 국방부에서 문관으로 근무하다가, 한국 전쟁 당시 중령으로 복군하였다. 그는 1961년 쿠데타를 주도할 당시 육군 소장으로서 군대 내에서 주변적 위치에 머물고 있었다.

주체세력 내부 구성원들의 출신도 학도병, 일군, 만군, 한국 육사 출신 등으로 복잡하였으며, 한국군의 전신인 '남조선국방경비대'의 인적 구성도 일본군, 관동군, 국민혁명군, 팔로군, 광복군 출신들로 혼종적이었다. 군대조직도 미국식 편제와 일본식 관행이 혼종되어 있었으며, 군통수권도 미군의 군령권과 한국군의 군정권으로 분리되어 혼종적 상황에 있었다. 한국 정부도 민주당 구파의 대통령과 신파의 총리로 분리된 2중 주권적 상황에 있었다.[2)]

---

2) 4.19로 들어선 제2공화국은 민주당 구파 출신 윤보선 대통령과 신파 출신 장면 총리로 나뉘어 사사건건 갈등을 빚고 있었다. 윤보선 대통령은 쿠데타 시도를 미리 알고 있었지만 저지 노력을 하지 않았다는 의혹을 받았다(유원식, 1987).

앞서 〈그림 4〉(76쪽)에서 우리는 국가 자율성과 수행능력의 수준이 현저히 낮은 상황에서는 사회경제적 세력들이 국가기구를 자신들의 이해를 실현해줄 수 있는 지배도구로 삼기 위해 경쟁적으로 침투하거나 포섭하려고 시도하여 국가기구가 사회갈등의 장이 될 개연성이 커진다는 예상을 하였다. 당시 국가기구는 이처럼 복잡한 혼종성의 공간으로서 하나의 관료제적 조직체로서의 유기성을 크게 결여하였고, 사회갈등이 쉽게 국가기구에 내재화되는 경향을 야기시켰으며, 이러한 상황은 하나의 전문적인 폭력집단으로서 군부의 구성원들이 쿠데타를 시도하여 국가기구를 접수할 유인을 제공하였다. 그리하여 5.16은 사전 기밀누설로 수차례 거행일이 연기되었음에도 불구하고 진행되었고, 독자적인 쿠데타를 준비하던 해병대 세력도 5.16에 합류하는 등 군부내 복수 세력들이 쿠데타를 통한 국가권력 획득에 경쟁적이었다(김종필, 2015).

### 2) 동원된 일제의 유산: '강한 국가-약한 사회' 모델의 구축

한국의 군사정부 지도자들이 5.16 이후 한국사회에 구축한 '강한 국가-약한 사회' 모델은 일제 강점기의 '식민통치 국가-식민지 사회' 관계모형을 발췌, 원용한 것이었다. 이들이 '근대화'의 이름으로 실천하면서 지향하였던 것은 서구식 자유민주주의와 시장경제 작동원리로서 '근대성'과는 거리가 멀었으며, 오히려 식민통치하에서 수탈을 극대화하기 위해 일제가 동원 이데올로기로 활용하였던 '식민지적 근대성'과 유사했다.

그리하여 인권, 자유, 다원적 가치관 같은 민주주의와 자유시장의 기본적 요소들인 '근대성'은 혼란과 무질서와 비효율을 가져오는 낭

비적인 것으로 간주되어 '탄압'되었고, 그 대신 경제성장이라는 '지상'(至上) 목표를 달성하는 데서 효율적인 일사불란한 군대식 명령과 지시, 획일적인 복종과 같은 '식민지적 근대성'이 강조되었다. 그리하여 일제의 '총동원령'에서 본을 뜬 재건국민운동과 새마을운동을 비롯한 수많은 '상의하달'(上意下達)식 주민동원 운동들이 시행되었고, '교육칙어'(教育勅語)를 모방한 '국민교육헌장'을 선포하여 국민들의 사상을 동원하였다. 식민지 주민에 대한 감시체제를 본떠 지역사회 말단까지 침투하는 '반상회'가 조직되었고, 식민지인들의 사상을 검속하던 고등경찰제도를 본떠 시민사회는 정보기관의 상시적 감시와 공작 대상이 되면서 파편화되었다.

따라서 군사정부 이래 제3, 4공화국으로 이어지는 박정희 시대의 근대화는 근대성의 정신적 기반조건인 인권과 자유를 유보하면서 그리고 민주화를 최소화하면서 물질적 조건의 달성을 위해 효율성을 극대화하려한 모순적인 프로젝트였다. 이러한 파편적 근대성은 결과만능적 목적합리주의와 제도와 행위의 부조응이 일상적인 한국사회의 혼종문화에 배태되어 용인되었을 뿐 아니라, 정당화되었고, 그 결과는 다시 '환류'(feedback)되어 재생산되면서 공고화되었다.

### 3) 이데올로기로 동원된 전통: 유교의 충효 사상

군사정부 지도자들이 경제발전이라는 국가의 목적을 수립하고 이를 수행하기 위해 사회 구성원 및 자원을 동원하는 이데올로기적 정당화 기제로서 사용한 것이 전통적인 유교 교리로부터 발췌하여 재구성한 충효(忠孝)사상이다.[3] 원래 조선의 전통유교 교리에서는 '효'가

3) 이 작업에 가장 앞장 선 철학자는 박종홍(열암기념사업회 편, 1998 참조)이며, 그

'충'보다 우선하며, '효'의 연장선상에 '충'이 있다.[4] 그러나 이들은 '강한 국가-약한 사회'라는 모델에 맞추어 '효'와 '충'을 맥락에서 유리시켜 각기 분리하여 발췌한 뒤, 국가에 대한 자기희생적 '충'을 우선하고, 가족에 대한 생계의무에 국한된 좁은 의미의 '효'를 다음 순서로 도치(倒置)하여 활용하였다.

그리하여 군사정부는 한편으로 전통 유교문화를 구악으로 타기하면서도, '충'은 국가에 대한 '신민적 충성'을 자아내면서 '시민적 권리'에 대한 주장을 봉쇄하기 위해, 그리고 '효'는 기업과 국가로 확대 적용된 가부장적 권위에 개인들을 고분고분한 '산업전사'로 길들이기 위한 이데올로기 자원으로 동원하였다. '충'의 상징으로는 그동안 무신으로서 저평가되었던 이순신을 '성웅'(聖雄)으로 승격시켰다.[5] 국가안보와 반공을 거의 '신성'(神聖)시하여 인권과 자유를 유보하는 이유로 삼았다.[6] 그리고 물적, 인적 자원을 국가가 권위적으로 배분하는

---

는 국민교육헌장을 기초하기도 하였다. 박종홍의 유교윤리 변형에 대한 비판은 (김원열·문성원, 2006)을 볼 것.

4) 혈친적 '가(家)'의 조직은 업가(業家)나 국가(國家)의 조직으로 연장된다(최봉영, 1997: 94-96 참조). 본가의 원리에 의거하여 업가나 국가는 가족집단과 유사한 성격을 갖는다. 국가라는 테두리 속에서 임금과 신하는 어버이와 자식의 관계, 상사와 부하는 형과 아우의 관계로 설정되었으며, 업가에서도 선생과 제자는 어버이와 자식의 관계, 선배와 후배는 형과 아우의 관계로 설정되었다. 또한 '가'라는 집단적 생명을 보전하기 위해 '나'의 개체적 생명을 보호하는 것을 '효'의 시작으로 보았다. 또한 국가 속에 있는 내가 국가의 문화적 생명을 보전하기 위해 '충'의 직분을 실천하는 것을 '효'의 완성으로 보았다. 효의 연장으로서 충을 본 것이다.

5) 5.16 쿠데타에 민간인으로서 참여한 김용태의 증언에 따르면, "막상 거사에 성공했는데 국민정서를 하나로 묶을 방안이 없어 고심하던 시기에" 난중일기를 보이며 이순신을 국민정신의 귀감으로 삼자고 제의하였다고 한다(중앙일보 특별취재팀, 1998: 301). 충무공 탄신일 기념행사의 주관처가 1962년 아산군청에서, 1963년에는 충남도청, 1964년에 국방부, 그리고 1965년에는 정부주관으로 점차 승격을 거듭하면서 현충사는 성역화되었다. 박정희 대통령 사후에 유족들에게 충무공 후손들이 '땅 속에 묻혀있던 충무공을 끄집어 내 밝혀주었다'고 고마워했다고 한다(중앙일보 특별취재팀, 1998: 299).

것을 정당화하는 이데올로기로서 민족주의적 '부국강병'(富國强兵)을 동원하였다. 한편 '효'는 재벌과 수출산업 위주의 특혜적 지원과 노동통제에 의한 저임금구조 그리고 저곡가 농업정책을 핵심전략으로 삼는 추격적 경제성장에서 소외된 도시 노동자와 농민들의 '국가를 위한 희생'을 '가족에 대한 도덕적 의무'로 환치시키는 문화적 장치였다. 그리하여 봉건사회적 질서의 바탕이었던 '효'와 '충'은 이제 국가가 설정한 '근대화' 목표를 달성하기 위해 적극적으로 실천해야 할 '충효사상'이라는 국민윤리로서 재구성되어 1960~70년대 한국사회에 적용되었다.7)

이처럼 박정희시대 '강한 국가-약한 사회' 모델의 수립과 시행은 경제개발이라는 '근대적' 목적을 수행하기 위해 과거 '식민지적 근대'의 이데올로기적 도구를 '전통적' 유교로 환치시켜 재활성화한 혼종문화 프로젝트이다. 전략적 행위자로서 군사정권의 지도자들은 추격적 경제성장을 위해, 일제 강점기의 '강한 국가-약한 사회' 관계 틀(frame)을 차용하였고, 이를 문화적으로 정당화하기 위해 전통유교 사상에서 '충'과 '효'를 맥락에서 유리시켜 발췌한 뒤 활용하였다. 이 시기 국가의 전략적 행위자들은 이민족에 의한 식민통치의 잔재를 동원하는 것에 대해 있을지 모를 한국 사회의 저항을 '중화'(neutralisation)시키기 위해 전통 문화적 요소들을 편의적으로 맥락에서 유리시켜, 발췌하고, 재구성하는 방식으로 동원하였다. 이러한 요소들이 혼종문

6) '반공'은 국시(國是)였으며 이를 공개적으로 의문시한 국회의원 유성환은 국회에서 제명되었고 구속되었다.

7) '가'(家)에 속하는 사람들은 '가'가 지향하는 목표를 적극적으로 실현시켜야 할 의무가 있으며, 이러한 의무는 윤서(倫序)에 따른 구체적 직분과 직책으로 부과된다(최봉영, 1997: 95). '가'에 속해 있는 사람들이 갖고 있는 직분과 직책 중에서 가장 중요한 것이 본가에 대한 '효'와 국가에 대한 '충'이다.

화의 연장통 안에 있는 한, 이를 어떤 방식으로 불러내고 재구성하여 동원하든지 문화적으로 정당화될 여지가 있었기 때문이다.

## 2. 추격적 경제성장 조건으로서 혼종문화

추격성장 모델은 국가 간 경쟁 모델이다. 이 모델을 택한 나라들은 국가 간 경쟁상황 속에서 앞에 서 있는 나라들을 따라잡아야 한다는 강박감을 갖고 모든 가용한 수단과 방법들을 동원하는 결과만능적 게임을 하고 있다고 볼 수 있다. 독일 및 일본 등 오늘날 성공한 '후발' 선진 국가들은 역사적으로 이러한 긴장상황을 유능하게 처리한 발전 국가들이었다(Gerschenkron, 1962). 추격성장을 수행하는 데서 발전국가가 제격인 것이다.

한국의 발전국가도 추격성장을 입안하고 추진하는 과정에서 수립되었으며, 경제성장 계획을 실행하는 과정에서 물적, 인적, 이데올로기적 자원을 동원하는 과정에서 공고화되었고, 그 결과 괄목할 만한 성과를 낼 수 있었다. 이러한 국가주도 추격성장 과정에서 한국 혼종문화의 구성요소들인 결과만능적 목적합리주의, 제도와 행위의 부조응 그리고 경제에 배태된 사회적 관계 등은 구체적으로 어떻게 작용한 것인가?

먼저 한국의 혼종문화에 내재한 결과만능주의는 결과가 수단 및 방법을 합리화하고 정당화하는 경향으로서 조선의 패망 이래 일제와 미군정시기 그리고 탈식민지시기를 제각기 거치면서 '청산되지 않은 과거'가 경로의존적으로 중첩되고 강화되어 당시에 이어진 것이다. 군부정권은 여기에다가 목적달성을 위해서라면 과정을 불문하는 '군대식' 합리성과 효율성을 최우선시하는 군사문화를 덧붙였다. 이렇게 강화된 한국문화의 결과만능적 목적합리주의는 '수단과 방법을 가리지 않고' 추진된 추격성장과 친화력을 가졌다.

이러한 결과만능주의적 효율성은 경제개발 5개년 계획을 수행하는 과정에서 한국의 국가기구를 약탈국가로부터 발전국가로 변환시키는 데 기능적으로 작용하였다. 처음부터 군사정부 지도자들은 국가가 주도하는 경제성장의 성과를 통하여 쿠데타의 정당성을 마련하려고 시도했다. 그러나 이들이 장면 정권으로부터 접수한 제2공화국의 국가기구는 '이념형적'(ideal typical) 발전국가와는 거리가 멀었으며, 오히려 지대추구에 안주하는 약탈국가에 가까웠다. 막강한 사회적, 경제적 세력들은 국가기구를 자신들의 사적이해를 실현하는 '지배도구'로 삼으려 시도하였고, 이들의 침투가 성공한 만큼 국가기구는 '사회갈등의 장'이 되었다. 이러한 성향의 국가기구는 무기력하기 마련이었고, 4.19 이후 전 사회적으로 고양된 개혁의 시점에서조차 부정축재자 처리를 제대로 시행할 수 있는 능력을 갖지 못하였다. 경제개발의 가시적 성과가 절박한 쿠데타 주도세력의 입장에서는 국가기구가 미처 정비되기를 기다릴 여유도 없이 쿠데타 성공 며칠 후부터 경제개발계획의 작성에 들어갔으며, 기업가들을 구속한 뒤 석방하는 대가로 공장을 건설하게 하였다(유원식, 1987). 군사정부는 경제개발에 소요되는 재원에 대한 확실한 대책도 없이 5개년 계획의 수립을 시작하였으며, '생각하고 나서 뛰는 것이 아니라 뛰면서 생각하는' 방식을 통해 온갖 시행착오와 수정을 거듭하면서, 국가의 수행능력을 구축해 나갔다.

이러한 결과만능주의의 작용이 가장 선명하게 드러난 예는 '단군이래 최대의 역사'라는 평가를 받았던 경부고속도로 건설과정에서 볼 수 있다. 당시 공사에 참여했던 공병장교의 회고에 의하면,

> 한쪽에서 설계하면 다른 한쪽에서는 곧바로 시공을 해나가는 식이었다. 모두가 아무 것도 몰랐기 때문에 밀어붙일 수 있었다. 공기에 쫓기고 예산은 없고 하니까 모래나 자갈을 넣을 곳에 맨 흙도 집어넣고, 열 번 다질 곳도 다섯 번 정도만 다지고… 아스팔트는 얇게 할 수밖에 없었다(노재현, 1993: 201-2).

야당은 물론 여당, 언론에서도 고속도로의 건설에 반대했다. 그러나 기공식이 있기 전에 이미 군 공병대는 공사를 시작하였다. 고속도로건설계획단의 주요 간부는 군인들이었으며 그 당시 건설부 장관도 군장성 출신이었다.

군정 이후 제3, 4공화국의 '유사민간'(pseudo-civilian) 정부에서 군 출신 인력들이 국가기구, 정치, 경제, 사회 각 분야에 대거 진출하면서 과정이나 절차의 정당성보다는 기능적 효율성과 결과를 강조하는 군사문화가 전 사회의 각 부문에 확산, 정착되었다. 유신 이후 본격적으로 전 사회의 군사화가 시도되었고, 군 장교들이 행정 각부로 수평 이동한 이른바 '유신사무관'들과 민간 기술관료들 간의 '군관동맹'이 국가기구 안에 형성되었다. 그리하여 경제성장은 모든 가용한 자원을 총동원하여 탈환해야 할 '고지'로 설정되었으며, 대통령은 기술관료들과 함께 '지휘고지'(commanding heights)에서 작전을 세우고 '명령을 하달'하였으며, 국가관료들은 기업인들과 국민들을 '동원하고 독려하면서' 수출과 국민소득 증대 '작전을 수행'하였다. 이처럼 한국의 경우 국가기구에 군대식 제도 및 경영 기법을 도입함으로써 국가기구의 정책 입안 및 수행 능력을 크게 제고시켰다고 볼 수 있다. 그러나 이러한 군대식 효율성 앞에서 절차를 결과만큼이나 중시하는 민주적 정치는 비효율적인 것으로 간주되어 실종되었다.

한국의 혼종문화는 발전국가가 선택한 온갖 개발전략들에 대해서, 비록 이들이 상호모순적이고 상충적이라 할지라도 문화적으로 승인(endorsement)하는 방식을 통해 발전국가에게 상대적으로 자유로운 활동공간을 마련해 주었다. 그동안 역사적으로 축적된 한국사회의 문화적 연장통은 전략적 행위자들이 동원할 수 있는 문화적 자원의 선택 폭을 넓혀 놓았다. 그리하여 전략적 행위자들의 입장에서는 파편화된 전통적 유교문화, 식민지적 근대, 서구 자유민주주의와 자본주의 시장경제 그리고 근대적 군사문화의 요소들을 비교적 자유롭게 편의적으로 취사선택하여 활용할 수 있었다. 이처럼 다양한 문화적 요소들의 편의적 절충에 대한 사회의 저항은 그다지 크지 않았다. 예컨대 일제 식민관료제가 즐겨 썼던 식민지 주민을 동원하던 기법을 한국의 발전국가가 발췌하여 원용할 때에도 '조국의 근대화, 부국강병, 경제성장'이라는 '지고의 목적'을 달성하는 데 '기능적'이라는 이유로 큰 저항없이 받아들여졌다. 그리고 군사문화의 전 사회적 확산에 대한 문화적 저항도 그리 크지 않았다. 일제 식민지 문화와 군사문화가 사회 구성원들로부터 큰 저항을 유발하지 않고 동원될 수 있었던 이유는 바로 식민지 시기에 형성된 그리고 탈식민화 과정에서 확대 재생산된 결과만능적 목적합리주의 및 제도와 행위의 부정합성이 한국사회 혼종문화의 중요한 구성요소로 이미 내재화되어 있었기 때문이다. 이것이 일제 식민통치의 유산이 역사적 현재로서 재현된 방식이다. 그리고 일제 식민통치의 유산이 한국의 경제발전에 기여한 바가 있다면 바로 이러한 의도치 않은 경로를 통해서일 것이다.

이와 같이 한국 발전국가의 주도에 의한 추격성장 과정에서 경제의 질보다는 외형적 규모의 성장이라는 목적 달성을 위해 가용한 모든 인적, 물적, 이데올로기적 자원이 전 사회적으로 동원되었다. 재벌과 수출산업 위주의 특혜금융 지원과 사회간접자본 지원, 이를 뒷받침한 철저한 노동통제에 의한 저임금구조의 유지, 다시 이를 가능하게 한 저곡가 정책유지에 따른 농업부문의 희생을 담보로 하는 것이 추격적 경제성장 전략의 핵심적 요소였다. 한국의 발전국가는 이러한 의도적인 불평등, 불균형적 성장전략을 '선성장 후분배'라는 '성장 이데올로기'로, 그리고 '부국강병'을 통해 북한의 위협에 대비해야 한다는 '안보 이데올로기'와 식민피지배의 굴욕을 안긴 일본을 따라 잡아야한다는 '민족주의 이데올로기'로 정당화하였다.

아래에서는 추격성장의 가장 핵심적인 요인의 하나로서 작용한 노동의 '동원과 통제 그리고 배제' 메커니즘이 어떻게 혼종문화에 배태되었는지 구체적 사례를 통해 살펴본다. 앞서 제9, 10장에서는 어떻게 재벌기업들을 중심으로 한 자본이 국가주도 추격성장 과정에서 '하위 파트너'로서 동원되어 참여하였으나, 점차 국가 자율성에 도전적인 세력으로 성장하게 되었는지 살펴보았다.

## 3. 혼종적 노동정책: 노동의 동원과 통제 그리고 배제

국가가 주도하는 추격적 경제성장 프로젝트를 원활하게 수행하기 위해서 국가관료들이, 사용자들에 앞서, 최우선적으로 갖고 있었던 희망사항은 '활발하지만 온순한' 노동력을 갖추는 것이었다. 그리하여 한국의 발전국가는 노동자들에 대하여 동원과 배제를 동시에 원하는 모순적 접근을 하였으며, 동원 이데올로기로서 '전통적 유교'와 통제와 배제 논리로서 '근대적인 노동정책'을 혼종시켰다. 그러나 한국 발전국가의 이러한 혼종적 노동정책은 결과적으로 정당성 위기를 심화시켰으며 결국 정권의 몰락과 발전국가의 해체를 재촉하는 결정적 계기로 작용하였다.

아래에서는 먼저 여성 노동자들을 대상으로 한 산업체 부설학교 설립 사례를 통해 가부장적 이데올로기가 어떻게 여성 노동자들의 '자기 희생적' 동원에 기여하였는지 살펴본다.

### 1) 노동의 이데올로기적 동원

수출제일주의를 앞세웠던 1960~70년대 값싼 노동력에 의존하던 섬유산업은 신발, 가발 등과 함께 주요 수출전략 산업 중 하나였다. 1973년도 총 수출액 32억 2,500만 달러 중에서 섬유 수출액은 39.6%인 12억 7,800만 달러였다. 섬유업종 종업원은 대다수가 여성 노동자들로서 전체 37만 명 중에서 여성 노동자는 28만 명으로써 75%를 차지하였다.

한일합섬은 1967년 마산에 세워졌으며 1973년에는 1억 180만 달러를 수출하여 최초로 '1억 불 수출의 탑'을 받았다. 국내 최대 섬유공장으로서 2만여 명을 고용하였던 한일합섬에는 경남지역뿐 아니라 전국에서 여성들이 취업을 위해 모여들었다. 이들 여공들은 대개 가족의 생계나 형제들의 학업을 뒷바라지하기 위해 자신들의 학업기회를 희생하는 경우가 많았으며, 이들을 둘러싼 일화들이 이 시기 한국 여성노동의 성격을 드러내는 사례로서 자주 소개되고 있다. 그중 하나는 '빵계'에 관한 것이다. 당시 우리나라 대부분 섬유공장들은 여공들에게 밤 10시까지 잔업을 시키면서 빵을 하나씩 나누어 주었는데 굶고 있는 고향의 부모형제들 생각에 차마 먹지 못하고 집에 보내기 위해 모아 두었다가 변질되어 보낼 수 없게 되었다 한다. 이들은 궁리 끝에 '빵계'를 조직하여 마침내 모아진 빵을 한사람씩 차례로 집

에 보낼 수 있었다고 한다.[8]

다음은 여성 노동자에 대한 국가 지도자의 가부장적 온정주의가 산업체 부설학교라는 제도 설립으로 이어진 사례로서 많이 인용되는 일화이다.[9]

> 박정희 대통령은 어느 날 마산의 한일합섬 공장에 들렀다. 수천 명의 여공들이 수출용 스웨터를 만들고 있었다. 시골에서 올라온 앳된 소녀들은 나이보다도 어려 보였으며 키도 작았다. 박대통령은 한 여공의 머리를 쓰다듬으며 소원이 무엇이냐고 물었다.
>
> '공부 못한 것이 한입니다. 영어 글씨를 모르니 감독님 말씀을 알아들을 수가 없습니다.'
>
> 눈물이 글썽이는 여공을 바라보던 대통령의 시선은 옆에서 안내하던 김한수 사장 눈과 마주쳤다. 박대통령이 '김사장'하고 말을 꺼내자마자 김사장은 '당장 야간학교를 개설하겠습니다. 중학교 과정부터 시작하겠습니다'라고 했다.
>
> '돈 없어 공부 못한 것이 한이라는데 시설을 충분히 해주시오. 공부한다는 자부심을 느끼게.'
>
> 한일합섬에서는 여공들을 위한 야간고등학교도 설립했다. 박대통령은 이들에게 수료증은 줄 수 있지만 졸업장을 줄 수 없다고 버티는 문교부 장관에게 특명을 내려 그런 규정을 뜯어고치게 했다.

---

8) 이오용(경남연합일보, 2006.5.10), "전국서 모여들었던 꽃다운 누이들."
9) 조갑제(2006)의 「박정희」 제7권 중 "메리야스"에서 발췌하여 옮김.

한일합섬이 1974년 한일여실고를 세운 이래 산업체 부설학교는 1988년 당시 방직회사를 중심으로 41개 학교가 설립되어 4만 7천여 명을 수용하였다. 오태진은 그 당시 가부장제를 내면화한 여공들의 태도를 다음과 같이 묘사한다.[10]

> 여공들은 가족을 돌본다는 자부심으로 '공순이'라는 손가락질을 이겨냈다. 그러나 '딸 가르쳐야 소용없다'는 낡은 생각 탓에 학교도 포기하고 오빠나 남동생 학비를 대야했던 것만은 견디기 힘든 아픔이었다. 여공들은 하얀 칼라의 교복을 입고 거리를 활보하는 꿈을 꾸며 신열을 앓았다. 숙식과 학비를 모두 대주는 산업체 부설학교가 그 꿈을 이루는 배움터였다.

이처럼 '효'는 사회구성원들, 특히 어린 여성들을 가족, 기업 및 국가의 가부장적 권위에 자발적으로 승복하게 하는 헤게모니를 확보하기 위한 이데올로기로 동원되었다. 더욱이 당시 도시 노동자들의 대다수였던 여공들에게 국가 및 사회가 부과한 '효'는 전통 유교 교리의 '가'(家) 구조 안에서 여성들에게 공식적 지위와 권리는 없고 의무만을 요구하는, 즉 '제도와 부조응하는 행위'를 강요하는, 지극히 성차별적인 것이었다.[11] 그리하여 전통문화에서 발췌한 '효'는 수출산

10) 한일여실고는 2000년 문을 닫을 때까지 5만여 동문을 배출하였다. 오태진. "'공순이' 그들이 있었기에."(조선일보, 2006.2.3.)

11) 사회학자 최봉영에 의하면, 유교적 삶에서 가치체계의 핵심은 '가'(家)라는 사회조직에 있으며 구성원은 가족이다(1997: 92-97 참조). '가'라는 조직을 상징하는 표상은 성(姓)이며, 조직의 생명은 통(統)에 있고 영원히 이어진다. '가'의 표상인 성과 생명인 통을 계승할 수 있는 자격은 오로지 양(陽)의 성을 갖는 남성에게만 있고 남성을 통해서만 이어질 수 있다. 그리하여 '가'라는 조직을 대표하는 가장(家長)은 남성이며, 본가(本家), 외가(外家)를 구분하는 기준도 남성이다.

업 위주의 특혜적 지원과 노동통제에 의한 저임금구조 그리고 저곡가 농업정책을 핵심전략으로 삼는 추격적 경제성장에서 소외된 도시 노동자와 농민들의 '국가를 위한 희생'을 '가족에 대한 도덕적 의무'로 환치시키는 문화적 장치로 동원되었다고 할 수 있다.

이와 같이 전통적 가부장주의가 동원이데올로기로 작용한 반면, 다음에서 살펴볼 노동조합 체제와 국가의 노동정책과 같은 근대적·합리적·제도적 장치는 여성 노동자들을 다중적으로 통제하고 배제하는 메커니즘으로 작동하였다.

### 2) 노동조합을 통한 통제

1970년대 한국의 전체 노동자 숫자는 1970년의 322만 8천 명에서 1979년에는 569만 명으로 불과 10여 년이 안 되는 사이에 76%가 증가하였다. 노동조합에 가입한 노동자의 숫자도 증가하여 1970년 노조가입률 14.7%(473,000명)에서 1979년 19.2%(1,092,000명)로 증가하였다. 남성 노조 가입자들이 배가된 것에 반해 여성 노조 가입자들은 3배로 증가하였다(이원보, 2004).

이러한 노동자의 절대적인 수적 증가와 노조 가입률의 상승에도 불구하고 1969년, 1971년, 1973년 그리고 1974년에 걸친 일련의 노동관계법 개정에 따라 노동권은 심각하게 위축되었다. 노동정책적인 측면에서 국가는 노동자들이 조직할 수 있는 권리는 놓아둔 채 집단 협상권과 집단 행동권을 심각하게 제한하였으며, 노동조합의 정치적 권력은 국가기구나 사용자 단체에 비하여 현저히 약화되었다.

한국의 국가는 사용자나 국가수준의 노동조합 간부들과 연합하여 노동조합의 설립을 지원하되 노동자들의 실질적인 협상력을 제약하는 모순적인 '노동배제적 조합주의'(labor-exclusive corporatism) 전략을 취하였다. 한국노동조합총연맹(The Federation of Korean Trade Unions: FKTU, 이하 한국노총)은 전국 최상위 조직으로서 17개 산업별 노동조합을 산하에 두었다.[12] 산별노조는 각 사업장별 노조를 포함하는 지역별 노조를 거느렸다. 이러한 위계적이며 전국적인 노동조합의 구조는 국가는 물론이고 사용자나 소수의 포섭된 노동조합 간부들에게 상당히 유리하였다. 실제로 이러한 위계적 노동통제 구조 속에서 국가는 전국적, 지역적 산별노조 수준에서 그리고 사용자는 회사 노조 수준에서 제각각 노동조합에 대한 포섭을 시도하였으며, 그 결과 다양한 수준에서 이른바 '어용'노조(御用: coopted union by the state or company)가 설립되었다.

국가가 전국적인 수준의 노동조합을 통제하는 노동통제제도 아래에서는 한 지역이나 회사 수준에서 일어나는 노사 간의 갈등이 회사 수준이나 지역적인 수준을 넘어서 전국적인 수준으로 확산되기 힘들었다. 당시 한국의 노동자들은 먼저 회사노조 수준의 통제 그리고 지역노조 수준의 통제, 마지막으로 전국적인 수준의 통제라는 3중의 통제제도 아래에 있었다. 한국의 노동통제 제도는 적어도 통계적으로는 성공적이었다. 그 당시 노동자들의 집단행동에 대한 신뢰도 높은 자료를 구하기가 힘들지만, 한국노총의 보고에 의하면, 1971년에는 14건, 1972년에는 4건의 파업이 집계되어 있으나 유신체제 이후에는 기록이 없다.[13] 노동배제적 통제제도가 작동하기 시작한 1972년 이후 연

12) 한국노총에 소속된 산별노조는 다음과 같다: 철도, 섬유, 광산, 전력, 외자, 통신, 교통, 해운, 은행, 화학, 전매, 금속, 인쇄, 자동차, 연합, 관광, 항만 노조 등이다(합동연감, 1980: 463).

13) 노사분규에 대한 정부통계는 대체로 신뢰도가 낮다. 예컨대 한국노총은 1980년 노사분규 건수를 2,168건으로 집계하였으나 노동부는 오로지 206건만을 보고하

간 노사분규 건수는 급격하게 줄어들었다.

제4공화국 시기 동안 한국의 국가는 전국적 수준의 노동조합을 철저하게 통제하였기 때문에 회사 수준의 노사분규가 전 산업 수준의 분규로 확산될 가능성을 사전에 효과적으로 봉쇄하였다. 유신체제의 노동배제적 노동통제 제도는 이전 시기와 비교할 때 괄목할 만한 성과를 낸 것이다.[14] 그러나 국가가 설치한 3중 노동통제 제도는 값비싼 정치적 비용을 치러야 했다. 위계적인 노동조합 체계를 통해서는 노사분규를 처리할 수 없었던 노동자들은 점차 '민주노조'라는 풀뿌리(grass-roots) 조직을 수립하려고 시도하거나 물리적인 방법에 '호소'하였으며, 이는 다시 국가의 '부당한' 개입을 불러와 노동자들의 불만 수준을 더욱 고조시키는 결과를 야기하였다. 본원적 노동자-사용자 간의 문제에 국가가 개입함으로써 '정치적'으로 변환되었고, 이는 다시 유신정권의 정치적 안정에 가장 불안한 요소로 되돌아 왔다.[15]

결국 한국의 노동배제적 코포라티즘(labor-exclusive corporatism)은 국가가 의도하지 않았던 방향으로 전개되어 갔다. 첫째, 국가나 회사에 포섭된 노동조합(이른바 어용노조)들은 노동자들의 대표성을 결여하였기 때문에 이들로 위계화된 노동조합의 조직 안에서는 노사분규가 만

---

고 있다(김진옥, 1985: 315). 정부의 통계와 한국 노총의 통계 숫자 차이는 박정희 정부가 노사분규의 문제를 사회적, 경제적 문제로 간주한 것이 아니라 '정권안보'의 문제로 간주한 데서 비롯한다. 한국정부는 노동자들의 다양한 요구와 권리를 1971년의 국가보안법과 그 이후 수차례의 개정을 통하여 제한을 가하였다.

14) 예컨대 1970년 한 해만 해도 전 산업 수준의 노동자 집단행동은 7차례에 달하였다. 외국기관노조 파업(1.1), 항만노조 파업(2.26), 광산노조 파업(3.20), 금융노조 파업(3.21), 철도노조 파업(7.18), 항만노조와 운수노조의 동맹파업(7.29), 섬유노조 파업(9.17) 등이다. 〈70년대 한국일지〉에서 취합.

15) 1970년대의 노동운동에 대한 일반적 리뷰에 대해서는 "해방후 한국 노동운동의 발자취"(장명국, 1985: 129-36)와 "70년대 민주노동운동의 전개와 평가"(김인동, 1985: 147-76)를 볼 것. 모두 〈한국노동운동론 I〉 미래사 1985에 수록되어 있음.

족할 만하게 해결될 수 없었다. 1970년대에는 어용노조의 정당성 결여에 회의를 느낀 노동자들이 어용노조 대신에 풀뿌리 노조의 설립을 시도하였다. 둘째, 한국의 국가는 점차 새로 형성된 풀뿌리 노조와 사용자 간의 노사분규에 개입하게 되었다. 비록 한국의 국가가 어느 한쪽 편에 설 의향이 없는 노사분규에 대해서까지도 국가와 사용자는 '노동자에 대한 규율' 문제에서 이해가 합치하였다. 그리하여 국가는 분규의 원인이 어디에 있든지 사용자 편에서 개입할 수밖에 없었으며, '편파적'이라는 비난을 자초하였다. 사용자들이 회사수준에서 갖고 있는 노동통제에 대한 이해관계는 모든 수준의 노동통제에 대해 국가가 갖고 있는 이해관계의 일부로서 중첩되기 때문이다. 셋째, 노사문제에 대한 한국 국가의 '편파적' 개입은 애당초 노동자-사용자 사이의 '경제적' 갈등을 노동자 및 이들에 동조하는 시민사회 세력과 국가 간의 '정치적' 갈등으로 확산시키는 구실을 하였다. 사용자의 입장에서 보면 노사분규의 원인을 불문하고 국가는 항상 그들의 편에서 있었다. 노동자들의 입장에서 보면 국가 개입의 이유가 어디에 있든지 간에 국가의 행위는 불공정한 것이었다.

노사분규에 대한 국가의 '편파적' 개입은 마침내 노동자들을 '정치화'시켜(politicize) 정부에 대립하면서 정치적 목적을 추구하는 다른 사회정치적 세력과 연합하게끔 만들었다. 그리하여 정치화된 노사분규는 결과적으로 박정희 유신정권의 정치적 안정에 치명적으로 작용하였다. 아래에서는 가장 결정적인 2개의 사례를 살펴본다.

### 3) 노동의 정치적 배제

#### (1) 동일방직 사례:[16] 민주노조, 전국연맹, 교회 그리고 국가

1970년대 가장 의미 있는 노사분규 사례 중에서 하나인 동일방직 사례는 사용자가 조종하는 '어용노조'를 대체하는 자율적인 '민주노조'의 설립에서부터 비롯하였다. 동일방직 노조는 1972년 주길자를 조합장으로 선출할 때까지 회사가 조종하는 어용노조였다. 전체 회사 노동자 1,300명 중에서 절대다수인 1,000여 명이 여성 노동자였지만 회사 노동조합은 소수의 남성 노동자들이 지배하였으며 회사와 좋은 관계를 유지하고 있었다. 그러다가 1972년 여성 노동자들은 주길자를 새로운 지도자로 선출하였다. 회사의 압박과 새로운 노조 지도부를 지지하는 노동자들에 대한 부당한 처우에도 불구하고 새로운 민주노조는 임기를 마쳤다.

그러나 1975년 선거에서 새로운 조합장으로 민주노조 출신인 이영숙이 선출되면서 회사 경영진의 압박은 보다 노골적으로 변하였다. 경영진은 민주노조 대표자들과 지지자들에 대하여 작업부서를 변경하거나 좌천시키는 방식으로 위협을 가하였다. 민주노조에 대한 물리적 위협뿐 아니라 가시적, 비가시적 방법을 통하여 민주노조의 지속에 체계적 위협을 가하였다. 민주노조 지도부를 축출하려는 시도로서 회사 편에 서는 대표들을 통하여 4차례나 연례 총회를 무산시켰다 (1976.4.3; 4.23; 7.5; 7.14). 이때까지는 민주노조의 상위 위계에 있는 전국섬유노동조합연맹(NTWU)도 민주노조에 동조적이었다. 전국연맹은 동일방직 민주노조의 요구를 받아들여 회사 측에 서서 총회를 무

16) 동일방직 노조 사례에 대한 세부내용은 임종남의 신동아 르포 "동일방직사건의 전말"(1984: 288-303)에 의존하고 있다.

산시킨 대표들을 반노조 행위로 비판하였다. 또한 민주노조는 노동청에 회사 경영진의 부당한 간섭에 대하여 항의하는 청원서를 접수하였으며, 민주노조에 유리한 유권해석을 얻는 데 성공하였다. 그럼에도 불구하고, 회사 측에 선 대표들은 법원에 대하여 민주노조가 총회를 개최하는 데 실패하였으므로 자신들이 총회를 개최할 권한을 달라는 명령을 요구하였으며, 법원은 이들의 요구를 받아들여 회사에 우호적인 노조 대표들은 총회를 열게 되었다. 오직 회사 측에 선 노조 대표들만 입장이 허용된 총회가 열렸고, 여기서 새로운 노조 지도부가 선출되었다(1976.7.23).

총회가 열리는 동안, 경찰은 민주노조 지도부를 보호조치하였으며, 회사 경영진은 민주노조에 동조적인 노동자들의 총회장 접근을 막았다. 그리하여 회사 경영진은 경찰의 도움을 받아 민주노조를 대체하고 어용노조를 수립하는 데 성공하였다. 회사 경영진의 간섭과 어용노조의 등장에 항의하여 800여 명의 여성 노동자들은 회사 내에서 단식투쟁에 돌입하였다. 단식투쟁 기간 동안 회사 측은 전기와 수도의 공급을 차단하였으며 화장실까지 막았다. 단식투쟁 3일째 진압경찰이 개입하였다. 경찰의 무력진압 결과 72명의 여성 노동자들이 체포되었고, 50여 명의 노동자들이 의식을 잃었으며, 70여 명이 부상을 당하였고, 14명이 입원하였다(1976.7.25).

동일방직 노조 사건은 전국섬유노동조합연맹의 지도부 교체를 가져왔다. 전국연맹의 대표자 대회에서는 현집행부가 동일방직 사용자와 정부와의 관계를 악화시키면서까지 민주노조에 동조하였던 문제처리 방식이 통렬한 비판을 받았다. 그 결과 전국연맹에도 사용자 및 정부와 강한 유대관계를 강조하는 새로운 지도부가 들어섰다(1976.9.29). 전국연맹에 새로운 지도부가 들어선 것은 동일방직 민주노조 대표자들과 지지자들의 입장에 결정적으로 불리하게 작용하였다. 새로운 전국연맹 지도부는 동일방직 노조 문제를 사용자와 정부의 입장에 유리하게 끌어가려 하였다. 사용자와 단체협상에서 전국연맹은 민주노조를 와해시키는 데 앞장섰던 남성 사무직 노동자들을 포함시키자는 사용자측의 제안을 받아들였다. 전부 여성으로 구성된 비사무직 노동자들의 불만은 고조되었다.

전국연맹이 더 이상 자기편에 서있지 않다는 것을 알게 된 여성 노동자들은 자기들 스스로 문제를 해결하기로 결정하였다. 동일방직 노조 문제를 사회문제화시키기 위하여 여성 노동자들은 "동일방직문제해결위원회"를 구성하였으며, 명동성당에서 농성을 하기로 결정하였다. 여성 노동자들은 유신체제하에서 점차 세력을 쌓아가고 있던 이른바 '양심세력'에 도움을 청하기로 하였다. 여성 노동자들이 동일방직 노조 문제를 밖으로 가지고 나가기로 결정하자 국가가 개입하였다. 노동부가 중재에 나서서 '회사 경영진과 전국연맹은 회사노조의 자율성을 보장한다'는 것을 주요 내용으로 하는 조정안을 제시하였다(1977.2.5). 여성 노동자들은 그 제안에 동의하였으며, 새로운 지도부 선거에서 민주노조를 대표하는 이총각 후보가 당선되었다.

동일방직 여성 노동자들의 민주노조 '쟁취'는 그 자체로서 하나의 큰 성과이다. 그러나 이는 동시에 자율적 민주노조 조직을 지키기 위한 기나긴 투쟁의 시작이었다. 1978년 2월에 예정된 조합선거는 전국연합과 합세한 회사가 동원한 총회 방해꾼들에 의해 좌절되었다. 그러자 전국연맹은 동일방직 노조를 '사고당부'로 지정하고 현행 지도부의 해산을 명령하였다(1978.2.25). 나아가 전국연맹은 동일방직 노조 지도부 6명을 전국연맹 회원에서 제명하였다(1978.3.6).

동일방직 노조 사건은 전국연맹의 노골적인 반노조적 개입으로 전혀 새로운 국면으로 전환되었다. 회사 경영진과 연합한 전국연맹의 노골적인 위협에 대하여 동일방직 여성 노동자들은 위계적인 노조조직에 대하여 적대적인 입장을 취하였다. 정부 고위 관료들이 참석하며 전국에 TV 중계가 되는 노동절 기념식장에 80여 명의 동일방직 여성 노동자들이 참석하여 전국연맹과 한국노총에 반대하는 시위를 벌였다(1978.3.10). 그들은 노동자 대신에 회사의 이익을 위해 일하는 어용노조에 대해 항의하였다. 유신정권이 들어선 이래 단결권을 제외한 권리들이 엄격하게 금지되어 온 상황이었음에도 불구하고 동일방직 여성 노동자들은 한국 정부에게 노동 3권—단결권, 집단협상권, 집단행동권—을 보장하도록 요구하는 데까지 나갔다. 시위에 참가한 80여 명의 노동자 중에서 31명은 체포되었고, 17명은 명동성당에서 단식농성에 돌입하였다.

동일방직 여성 노동자들의 노동절 시위는 교회의 공감을 얻는 데 성공하였다. 인천의 답동성당에서 열린 노동절 특별미사에서 동일방직 사건은 1,000여 명의 신자들에게 공개되었다. 미사 후 50여 명의 동일방직 여성 노동자들은 다시 단식 농성에 들어갔다(1978.3.12). 여기에 더하여 3월 16일에는 67명의 여성 노동자들이 도시산업선교회 인천 사무소에서 단식 농성에 들어갔다. 국가는 신교와 구교를 망라한 도시산업선교 활동(신교의 도시산업선교회와 구교의 가톨릭 청년회)에 대하여 국가안보를 빌미로 탄압을 해왔으며, 교회는 이에 대하여 항의하였다.

동일방직노조 사건은 가톨릭 김수환 주교가 대통령을 만나면서 새로운 돌파구를 찾았다(1978.3.20). 대통령은 원래 지난 2월에 열리기로 예정되었던 노조선거를 실시하며, 선거 이전까지는 이전 지도부가 복귀하는 것을 약속하였다. 대통령의 약속에 동일방직 여성 노동자들은 단식농성 릴레이를 풀었다(1978.3.23). 그러나 대통령의 약속에도 불구하고, 동일방직 경영진은 단식농성에 참가하였던 노동자들을 포함한 124명의 여성 노동자들을 해고하였다(1978.4.1). 게다가 전국연맹은 해고노동자들의 명단을 전국 방직회사들에게 '블랙리스트'로 배포하였다(1978.4.10). 자율적인 풀뿌리 노조를 수립하고 지키려는 동일방직 여성 노동자들의 지난 6년간의 노력은 이렇게 공식적으로 끝이 났다.[17)]

원래 동일방직 노조 사건은 회사 노동조합의 자율권을 놓고 노동자들과 경영진이 분규를 벌인 데서 비롯되었다가 점차 외부 세력들이 개입하게 되었다. 전국연맹과 각 단위의 정부기구들은 경영자 편에 선 반면 사회운동 및 각종 교회세력은 노동자 편에 섰다. 전국연합이 노동자 단체이면서도 노조의 이익에 반하게 개입하면서 정치적 논란으로 비화되었다. 게다가 교회 집단들이 노동자 편에서 논란에 개입하면서 국가와 교회는 직접적으로 충돌하게 되었다. 사실 그동안 한국 정부는 신, 구교를 막론하고 기독교의 산업선교 활동에 대하여 비판적인 입장에서 유무형의 탄압을 가해오던 차에 동일방직 노동자들이 직접적인 충돌의 도화선이 된 것이다.

다음 절에서 우리는 한국 정부와 풀뿌리 노동자 단체가 직접적으로 부닥치는 데까지 나아간 노사분규 사례를 살펴볼 것이다. 이 사건을 통하여, 동일방직 사건과 함께, 당시 노조를 대하는 국가의 성격을 알아볼 수 있을 것이다.

17) 그러나 해고노동자들의 복직투쟁과 전국연맹에 대한 법적인 항의는 박정희 정권이 몰락한 1980년까지도 계속되었다.

### (2) Y.H.무역 사례: 민주노조, 정당, 그리고 국가

1979년 8월 11일 새벽, 1,000여 명의 진압 경찰들이 야당인 신민당사에 진입하여 이틀 밤을 지새며 농성하고 있던 수출기업 YH상사 여성노동자 170여 명을 진압하였다. 이날 경찰의 진압작전으로 여공 1명이 사망하였고, 여공 100여 명과 기자 15명 그리고 신민당 국회의원 수명이 부상을 당하였다. 3명의 노동자 대표가 체포되었고 나머지는 경찰의 보호 아래 귀가조치되었다.18)

이 사건의 경위는 다음과 같다. 며칠 전 YH상사는 300만 달러 상당의 상품을 반출하고 은행부채를 남긴 채 파산을 선언하였다(1979.8.6). 남겨진 여성 노동자들은 가장 큰 채권자인 정부가 지배하는 거래 은행이 회사경영을 대신 맡아 공장을 계속 가동해 주기를 희망하였다. 회사의 정상화를 통하여 '일할 권리'를 요구하던 회사 노조는 정부에 적절한 조치를 요구하며 회사 내에서 농성하기로 결정하였다. 노동자들의 행동에 회사 측은 기숙사와 식당의 문을 봉쇄하고 진압경찰들의 도움으로 노동자들을 회사 밖으로 내쫓았다.

노숙자가 된 노동자들은 야당인 신민당사에 들어가 농성을 계속하였다. 당시 야당 지도자인 김영삼 총재는 그들을 환영하면서 "당신들이 최후의 수단으로 우리를 택한 것을 고맙게 생각한다. 당신들의 땀과 눈물이 없었다면 오늘날의 한국경제는 없었을 것이다"라는 말로 격려하였다(1979.8.9). 신민당은 보건사회부와 산하기관인 노동청에 이 문제 해결을 요청하였다. 그러나 정부의 담당부서로부터 아무런 반응

18) 이 사건은 한국 신문들의 보도와 함께 뉴욕타임즈에도 자세하게 보도되었다(1979.8.12). Lee, Chong-Sik, "South Korea 1979: Confrontation, Assasination and Transition," Asian Survey, Vol. XX, No. 1. Jan 1980. Pp. 66-76; Asia 1980 Yearbook, *Far Eastern Economic Review*.

이 없자 국회 보건사회위원회의 임시위원회 소집을 요구하였다. 정권의 수뇌부는 노동자들과 야당의 연결을 정권의 안보를 위협하는 문제로 보았으며 물리적인 진압을 결정하였다.

신민당이 YH사건에 깊숙이 개입하게 되자 박정희 정권은 신민당 총재 김영삼을 총재직에서뿐만 아니라 국회의원직에서도 축출하려는 본격적인 조치를 시작하였다.[19] 그리고 이러한 시도는 김영삼의 지역기반인 부산과 마산에서 주민들의 저항을 불러와 이른바 '부마항쟁'을 일으켰다.[20] 여기서 확인된 정권에 대한 '민심의 이반'이 박정희 권력의 버팀목 중 하나였던 중앙정보부의 책임자가 대통령을 살해하면서 정권을 와해시킨 사건의 중요한 계기가 되었다.[21]

YH사건 이후 일어난 일련의 사회정치적 사건들은 사회경제적 질곡에서 비롯된 사회갈등이 어떻게 국가기구에 배태되어 있는지 잘 드러내고 있다. 명백하게 '보편적 이해의 수호자' 이미지를 내세웠던 쿠데타의 시점에서 볼 때 제4공화국 말기 국가의 성격은 특정 사회세력들의 이해가 서로 충돌하는 '사회 갈등의 장'으로서 이미지가 두드러지게 나타나는 등 상당히 크게 변화하였다.

YH사건을 동일방직 사건과 아울러 보았을 때, 노사관계의 큰 틀을 획정하였던 한국의 발전국가는 그 틀 안에서 일어나는 노사 간의 갈등에 대해서도 최종적인 책임을 져야 했다. 그러나 한국의 발전국가는, 이제까지 살펴본 바와 같이, 자본의 축적 과정에서와는 달리 노사갈등을 해결해 나가는 과정에서는 비일관적인 태도와 무능력을

---

19) "Anatomy of a Crisis," *Far Eastern Economic Review*(1979.10.19).

20) "Troubled Nights for Park," *Far Eastern Economic Review*(1979.11.2). 이 사건에 대한 엄격한 보도통제로 인하여 한국의 자료는 매우 제한적이다.

21) Lee Chong-Sik(1980: 63); *Korea Herald*(1979/11/7); *New York Times*(1979.11.7)을 볼 것.

노출하였다.

첫째, 동일방직 사건을 통해 드러나듯이 국가가 민주노조를 대하는 입장에 일관성이 결여되었다. 한편으로 노동청은 민주노조를 정당한 것으로 인정하였으나 분규가 폭발할 시점에는 절충을 시도하였다. 국가는 노동자들의 요구를 노동조합 위계를 통해 간접적으로 통제하였을 뿐 아니라, 경찰력을 동원하여 직접적인 통제를 시도하였다. 노사분규 상황에서 한국 정부가 보였던 일관성의 결여는 국가기구의 노동통제 레짐 내부의 모순을 반영하는 것이다. 국가가 비록 노사분규를 야기한 경영자의 부적절한 행위에 대해 동조적이지 않았다 할지라도, 국가의 궁극적 이해관계는 '활발하지만 고분고분한' 모순적인 성격을 갖는 노동자 집단을 형성하는 것으로서 경영진의 이해와 합치하였다.

둘째, 당시 국가기구 중에서 노동문제에 직접적으로 책임을 지는 부서인 노동청과 그 상부기구인 보건사회부의 역할은 두 사례 모두에서 보듯이 모두 최소한이었으며 무기력한 것이었다. 노동청의 결정은 동일방직 경영진이나 전국연합에 의하여 존중되지 않았다. 국가의 노동담당기구는 YH사건을 해결하는 데서는 행정력이 결여되었기 때문에 노동자들과 신민당의 요구에 대하여 묵묵부답할 수밖에 없었다. 노사분규에서 담당 국가기구의 이러한 무능력, 혹은 무기력은 한국의 국가 담당자들이 노동통제 기구 밖에서 일어나는 노사분규를 국가안보의 '외투를 걸친' 정권안보의 문제로 간주하였기 때문에 비롯되었다. 그리하여 노동문제에 대한 국가 '안보'적 접근은 노사분규의 해결을 국가 안보기구의 손에 맡기는 결과를 가져왔고, 국가 공식적인 노동담당 기구의 조정, 중재능력을 무기력하게 만들었다.[22] 그리하여

22) 여기서 박정희정권시기 노동법에 대한 중요한 개정은 정상적인 법개정 절차를 따른 것이 아니라 비상입법 절차에 따른 것이라는 점이 시사적이다.

노사분규에 대하여 궁극적으로 책임을 지는 부서는 노동청이나 상위 부서인 보건사회부가 아니라 경찰력을 실행도구로 사용하는 중앙정보부였다.[23)]

## 4. 소결

이 연구의 중심적 가설은 한국 발전국가의 수립 및 특성, 나아가 발전국가의 주도에 의한 추격성장의 특징적 양상을 가져오게 한 중요한 요인은, 한국문화의 혼종성이라는 것이다.

역사적으로 조선시대, 일제시기와 탈식민지시기 그리고 권위주의시기를 거치면서 혼종성이 중첩되어온 한국의 문화는 발전국가의 수립 및 작용 조건이었다. 즉 한국에서 혼종문화는 군사정부 및 제3, 4공화국의 전략적 행위자들이 등장할 수 있었던 태생적 배경(seedbed)이었으며, 이들이 발전국가를 구축할 때 편의적으로 동원한 문화적, 이데올로기적 자원의 저장고였다. 한국의 혼종문화는 추격적 경제성장 과정에서 기능적으로 유용한 문화적 자원들을 풍부하게 비축하고 있었을 뿐만 아니라, 발전국가가 경제성장 과정에서 동원한 온갖 수단과 방법들을 문화적으로 정당화해주는 기제(mechanism)로서 작용하였다. 한국의 혼종문화는 발전국가의 구축 과정에서 기능적으로 작용하였고, 추격적 경제성장 과정에서 필수적인 인적, 물적, 이데올로기적 자원을 동원하는 데서 효율적이었으며 그리고 발전국가에 의해 수행된 결과만능주의적 추격성장을 정당화해 주었다. 이제 그 결과로서

23) YH사건에 대한 국가안보기구의 중심적인 역할에 대해서는 박대통령 살해사건 공판과정에서 전임관료들의 증언에서 명백하게 드러났다. 이종각, "YH여공농성사건,"『신동아』, 1985년 6월호, Pp. 524-5.

한국 사회 문화의 혼종적 특성은 더욱 공고화되었다. 그리하여 우리는 한국 경제발전의 문화적 기원을 한국의 혼종문화에서 찾을 수 있다고 보는 것이다.

결과가 과정을 정당화하는 결과만능주의적 게임(game)에서는 목적을 달성하기 위한 절차 및 수단과 방법의 일관성, 도덕적 정당성은 상대적으로 경시된다. 추격성장은 대표적인 결과우선적 게임이다. 이 게임에서는 동원 가능한 수단과 방법이 최대한 풍부하게 축적되어 있는 혼종문화가 개인적 수준에서나 집단적 그리고 사회적 수준에서 유리하다. 그리하여 역사적으로 중첩된 다양하고 풍부한 혼종문화적 자원을 가진 한국 사회는 그렇지 않은 사회들보다 추격성장 과정에서 훨씬 큰 경쟁력을 발휘할 수 있었다.

먼저 개인과 집단적 수준에서, 한국문화의 혼종성은 사람들이 구체적 상황에 처하여 행위전략을 짤 때 동원할 수 있는 문화적 요소가 매우 다양하고 풍부하다는 것을 의미한다. 어떤 목적을 달성하기 위해 선택할 수 있는 방법의 폭이 넓고 다양하며 그리고 각각의 선택을 나름대로 정당화할 수 있는 문화적 근거를 혼종적 문화 속에서 비교적 쉽게 끌어댈 수 있다는 의미이다.

그러나 이러한 열린 가능성은 한편으로 거의 최대한의 순발력과 역동성을 보장하지만 다른 한편으로 '제도와 행위의 부조응'을 일상화하여 사람들이 서로 합의에 도달하기 어렵게 만들고, 일단 공식적 수준에서 합의한 원리, 원칙도 쉽게 무시하게 만드는 역기능을 가졌다. 비공식적으로 동원된 다른 기준의 원리, 원칙도 역시 혼종문화적 배경에서 정당화될 수 있기 때문에 공식과 비공식 간에 우선순위가 불분명해지는 부작용도 따른다. 한국사회에서 공사 구분이 뚜렷하지 않은 것도 여기서 비롯한다. 이러한 혼종문화적 상황에서 한국인들은 원리, 원칙을 따르려 하기보다는 상황에 따라 임기응변적으로 유연하게 그리고 순발력 있게 행동하도록 사회화되고 있다.

한국의 국가가 산업화와 산업구조 심화 계획을 거의 '무소불위적' 권력을 행사하며 실행하여 괄목할 만한 경제발전의 성과를 이룩한 만큼 한국사회의 사회경제적, 구조적 틈은 깊어졌다. 그리고 이처럼 사회경제적 균열 구조를 만드는 데서 강력한 국가의 역할은 자연히 다양한 사회경제적 세력들이 자신들의 이해를 실현하기 위해 국가기구를 방편으로 삼으려는 적극적인 시도를 초대하였다. 다양한 사회경제적 세력들은 온갖 수단과 방법을 동원하여 자신들의 이해를 국가정책에 반영시키려 노력하였으며, 다양한 정도로 성공을 거두거나 좌절하였다. 그리고 한국의 국가는 다양한 사회경제적 세력들이 서로의 이해를 결집하여 갈등하는 것에 대해서도 최종적인 책임을 져야 했다. 그리하여 우리는 '유기체적 행위자'로서의 국가가 그 유능함의 사회경제적 결과로서 '사회 갈등의 장'으로 전환되는 것을 목도할 수 있었다. 경공업 중심 수출주도 산업화에서 형성된 국가 자율성과 국가 수행능력 간의 '상호강화적 환류고리'가 중화학공업화 기간 중에 '상호약화적 환류고리'로 변환되는 과정에서 바로 이러한 변증법적 변동의 메커니즘이 선명하게 드러났다.

재벌의 관점에서 강력한 국가는 점차 거세어지는 노동의 요구를 잠재울 수 있을 뿐 아니라 사적인 자본축적을 실현하는 데 유용한 도구로 간주되었다. 조직적으로, 정치적으로, 이데올로기적으로 강력해진 재벌은 자신들의 이해를 국가정책 기구에 성공적으로 배태시켜 국가 경제정책에 반영시킬 수 있었다. 1978년 말까지 한국의 국가와 재벌은 급속한 경제성장을 추구한다는 점에서 이해가 합치하였다. 박정희 대통령은 '정부와 여당은 단단한 이론적 배경을 가진 반대논리로 재벌들을 명예롭게 변호해야 한다'고 말하기까지 하였다.[24] 중화학공업화 과정에서 보았듯이, 재벌들은 한국 국가기구에 성공적으로 침투하여 개별적인 이해를 확대시키기 위해 몰두하였으며 재벌들의 집단적인 이해도 결과적으로 공고해졌다. 중화학공업화에 책임이 있는 국가기구는 재벌들에 의해 효과적으로 침투당하면서 파편화(Balkanized)되었고, 나아가 한국경제의 패권을 위한 재벌들의 치열한 경쟁 앞에서 무력화되었다.[25] 반면에 노동자의 입장에서 국가는 자신들의 '정당한' 요구에 대하여 반응하기보다는 사용자의 편에 서서, 혹은 적어도 사용자들과 같은 이해를 갖고서 자신들의 요구를 억압하는 기구로서 간주되었다. 노동자들을 비롯한 도시서민, 중산층이 국가에 대해 가졌던 '보편적 이해의 수호자'라는 기대를 철회하면서 국가 정당성은 아래로부터 약화되었다.[26] 재벌에 대한 국가 자율성의 약화와 더불어 아래로부터 정당성의 취약화는 국가의 능력을 약화시켰으며, 이는 발전국가의 붕괴와 이에 바탕을 둔 박정희 정권의 몰락을 초래하였던 것이다.

---

24) 그는 새마을 운동 지도자들과의 만남에서 한국 경제의 급속한 발전에서 재벌들이 얼마나 기여했는지를 지적하며 이와 같이 말하였다(1978.11.10).

25) 한국 언론인들은 중화학 담당 국가기구 중 하나인 상공부를 '업계 앞잡이'로 부를 정도였다. 김의균 "제5공화국의 경제관료 엘리트들," 『신동아』, 1983년 11월. p. 152.

26) 1978년 12월 총선에서 야당인 신민당은 34.7%를 차지하였고 여당인 민주공화당은 30.9%만을 얻었다. 야당인 신민당은 이전 총선이 열린 1973년보다 2.2%가 증가한 반면 여당은 7.8%가 줄어들었다. 그러나 이러한 불리한 총선 결과에도 불구하고 박정희정부는 국회로부터 위협을 받을 염려가 없었다. 1972년에 개정된 유신헌법에 따르면 '정치중립적인' 통일주체국민회의라는 선거기구가 대통령을 선출할 뿐 아니라, 국회의원 정수의 1/3을 '유신정우회' 이름으로 대통령에게 추천하는 권한을 가졌다. 그리하여 신민당은 국민들로부터 더 많은 표를 얻었음에도 불구하고 결과적으로 그리고 실질적으로 소수당에 머물 수밖에 없었다. 1978년 총선에 대하여, C.I. Eugene Kim, "Significance of Korea's 10th National Assembly Election," *Asian Survey*, XIX: 5, May 1979. Pp. 523-32.

# IV. 발전국가 이후

# IV. 발전국가 이후

"산업 생태계 전반의 생산성과 효율성 제고를 위해 혁신 성장이 뒷받침되어야 한다… 혁신성장은 정부 주도가 아니라 민간이 주도하고 정부와 사회 전체가 응원하는 패러다임으로 전환해야 성공을 거둘 수 있다."[1)]

—김동연

"그는 어떻게 하면 지금의 규제 중심의 강한 국가가 무대에서 내려와 한 걸음 물러서서 민간 부문을 지원하는 역할로 대변신할 수 있을지의 구체적인 전략은 언급하지 않았다."[2)]

—장 훈

"1980년대 물가정책국장 시절 85개 품목의 가격을 하룻밤 새 다 정한 적이 있다."[3)]

"정부의 크기는 상관없다. 정부가 하되 시장을 통해 하라는 거다… 정부 역할을 줄이라는 게 아니라 정부의 역할이 달라져야 한다는 거다. 정부가 해야 할 일은 반드시 하고, 하지 말아야 할 일은 반드시 안 해야 한다."

—김인호

---

1) 김동연, 문재인 정부, 경제부총리 겸 기획재정부 장관(중앙일보, 2017.10.10).
2) 장훈, 김동연 부총리가 밝힌 정책기조 설명에 대한 평가(중앙일보, 2017.10.19).
3) 김인호, 무역협회장, 외한위기시 청와대 경제수석(중앙일보, 2017.11.6).

한국 사회의 혼종문화는 조선시대 헤게모니를 행사하던 유교문화가 일제에 의해 파편화된 바탕에 일제의 통치 편의에 의해 이식된 근대성과 미군정의 파편적 근대성이 중첩되면서 형성되었으며, 민간권위주의 시기에 유지, 강화되다가, 군사정부 시기 이래 추격성장 과정에서 동원되어 발전국가 형성 및 작용을 위한 문화적 조건으로 작용하였다. 이렇게 역사적으로 형성된 한국의 혼종문화는 결과만능적 목적합리주의, 제도와 행위의 부조응, 경제논리에 포위된 사회적 관계 그리고 상시적 문화 충돌과 같은 특성을 내포하고 있다. 한국 발전국가가 주도해 온 경제발전의 괄목할 만한 성과는 이러한 혼종문화적 속성이 한국사회의 정치경제적, 사회문화적 삶의 윤곽을 그리고 실질적으로 내재화되면서 더욱 공고해지는 결과를 가져왔다.

이제 한국 발전국가의 붕괴는 적어도 2가지 함의를 현재 한국 사회에 던지고 있다. 첫째, 현재 한국 사회에서 제도로서 발전국가는 붕괴되었으나 아직 대안으로서 지속가능한 지배구조(governance structure)가 미처 자리를 잡지 않아 과도기적인 '퇴행적 발전국가' 상태에 있다. 아직 잔존한 발전국가적 요소가 밖으로부터 부과된 신자유주의적 요소와 국가기구 안에서 '편의적'으로 혼종되면서 국가능력의 약화를 불러왔고, 이제 탈발전국가 시기 한국 사회에서는 '지대추구적 약탈국가'와 '시지프스 국가'와 같은 '퇴행적 발전국가 증후군'(the retroactive developmental state syndrome)을 목도할 수 있다. 그리하여 현재 한국 사회에서는 발전국가의 유령이 돌아다니고 있는 셈이다. 둘째, 국가가 민간부문을 '하위 파트너'로 삼아 괄목할 만한 성과를 산출했던 수출주도 경공업화와 중화학공업화는 '국가주도-민간추수'라는 '경로'를 설정하였으며, 이후 어떠한 산업화 노력도 이러한 국가주도 경로의 구심력으로부터 이탈하기 힘든 '경로의존성'(path-dependancy)이 형성되었다. 이는 일종의 '성공의 덫'이라 할 수 있으며, 이러한 퇴행성을 극복하는 것이 앞으로 한국 사회가 극복해야 할 중요한 과제가 될 것이다.

다음 제12장에서 우리는 탈발전국가(post-developmental state) 시기 한국사회에서 퇴행적 발전국가가 경로의존적으로 '주도'해 온 몇 가지 산업 정책들을 살펴볼 것이다. 나아가 한국 사회의 가장 시급한 과제 중 하나로서 이러한 국가의 퇴행적 행태를 극복할 수 있는 시나리오를 결론에서 탐색해 본다.

# 제12장 발전국가의 붕괴와 탈발전국가로의 이행

이 장에서는 우선 하나의 제도이자 행위자로서 한국 발전국가의 변환을 분석한다. 한국 사회에서 1980년대 초 이래 개시된 탈발전국가 시기에 순차적으로 등장한 지대추구적 약탈국가와 시지프스 국가를 퇴행적 발전국가 증후군(syndrome)의 일환으로 간주하고, 이들이 수행한 경제적 역할을 기업의 다국적화, 문화산업화 그리고 정보통신기술(ICT) 산업화 과정에서 나타난 국가-기업 관계를 통해 살펴보겠다. 우선 역사제도주의적 입장에서 제도의 변환(institutional change)과 이행 메커니즘을 분석하는 개념들을 살펴본다.

## 1. 역사제도주의적 제도변환 유형

역사제도주의적 관점에 따르면, 어떤 사건이나 유형은 '결정적 국면'을 맞으면서 제도화된다. 일단 형성된 제도는 '긍정적 자기강화 기제'가 작용하는 '경로의존적' 관계 속에서 지속되고, 공고화되며, 재생산되는 경향을 갖는다. 또한 제도는 변화무쌍한 환경의 도전에 대하여 또는 내부적 구성요소의 변화에 따라 여러 가지 이행 메커니즘을 통해 응전하며 변환한다. 앞서 제4장에서 우리는 마호니와 텔렌(Mahoney and Thelen, 2010: 15-17)이 제시한 제도변화의 유형과 이행 조건에 대한 모형(81쪽)을 살펴본 바 있다. 이에 따르면 제도 변환의 유형은 신제도의 도입과 구제도의 처리에 따라 대체(displacement), 중첩(layering), 표류(drift), 그리고 전환(conversion)으로 구분된다.

'대체'는 혁명, 개혁적 쿠데타, 혹은 전면적 개혁에 따라 구제도가 신제도로 교체되는 상황을 말한다. '전환'은 구제도가 공식적으로 남아 있지만 해석이나 적용 방식의 변화로 인해 다른 정책적 효과를 갖게 되는 경우이다. '중첩'은 수정, 개정 및 추가를 포함하는 새로운 제도가 기존의 구제도에 첨가되어 대개는 의도치 않은 정책적 효과가 초래되는 상황을 말한다. '표류'는 비록 구제도는 공식적 변화가 없이 남아 있지만 외부적 상황이나 조건의 변화에 따라 다른 결과가 야기되는 경우를 말한다. 외부적 환경 변화에 대해 무대응하여 초래된 결과도 이 범주에 속한다.

대체로 강한 반대세력(veto power)이 있을 경우, 혹은 국가 자율성의 정도가 상대적으로 낮은 상황에서 '중첩'과 '표류' 유형을 찾기 쉬울 것이다. 그리고 약한 반대세력의 존재나 상대적으로 높은 정도의 국가자율성을 갖고 있는 경우에는 '대체'와 '전환'의 유형을 발견하기 쉬울 것이다.

## 2. 발전국가의 수립과 붕괴

이제까지의 논의를 제도변환의 틀에서 재구성하면 다음과 같다. 〈그림 8〉은 발전국가의 붕괴와 탈발전국가로의 이행 과정을 보여주고 있다. 한국의 발전국가는 국가주도 산업화 과정에서 국가 자율성

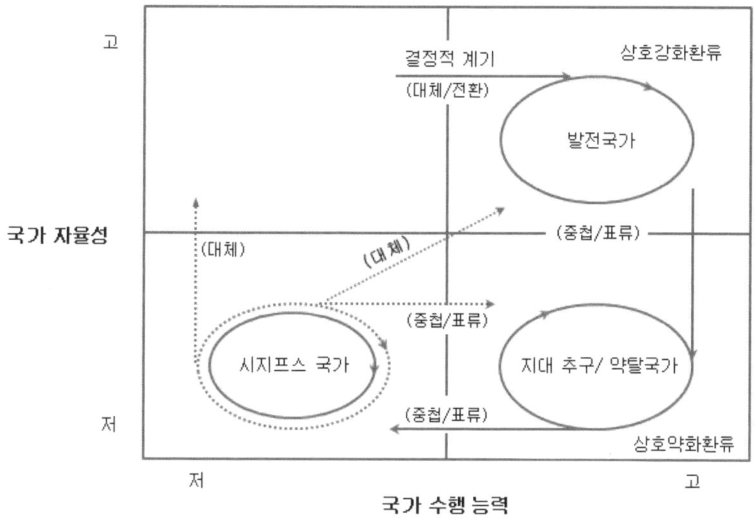


〈그림 8〉 발전국가의 붕괴와 탈발전국가로의 이행

과 수행능력 간에 상호강화적 환류 고리를 생성, 유지하면서 비교적 높은 정도의 국가능력을 유지할 수 있었다. 한국의 경험을 역사제도주의적 제도변화의 틀에서 보면, 쿠데타로 집권한 군사정부는 경제개발 5개년 계획을 통해 추격성장을 구상, 입안, 시도하면서 시행착오를 거듭하면서도 여러 가지 제도적 창안들로 기존의 제도들을 '전환'하거나 '대체'하면서 마침내 국가 자율성과 수행능력이 서로를 강화하는 상호강화환류 '경로'를 설정하는 데 성공할 수 있었다. 이런 의미에서 경제개발 5개년 계획의 시행은 한국 발전국가 수립의 '결정적 계기'였다.

이렇게 발전국가가 추격성장 계획을 수립하고 시행하는 과정에서 인적, 물적 자원뿐 아니라 이데올로기 자원을 동원하는 데서 한국사회의 결과만능적·목적합리적 혼종문화는 기능적이었다. 한국사회의 혼종문화에 배태된 국가주도 추격성장 과정에서 '하이라이트'는 발전국가가 '거의 초인간적 상황을 자발적으로 감내하려는 양질 노동력의 무제한적인 공급을 창출'할 수 있었다는 점이다. 한국의 발전국가는 기아수출을 위한 초인간적인 저임금 장시간 노동에 여성인력을 산업노동자로 동원하기 위해 유교 윤리 중 '효'를 발췌하여 가족을 위한 자기희생을 윤리적 의무로 부과하였다. 사실 당시 유교 가부장적 가족체계 내에서 공식적 지위와 권리가 없던 여성들에게 가족 구성원으로서 자기희생적 '효'를 윤리적 의무로서 강조하였다는 점에서 당시 이데올로기로서 동원된 유교 가족주의는 유교 교리를 의도적으로 '전환'(conversion)한 것이라 할 수 있다. 〈그림 8〉에서 보는 것처럼, '대체'와 '전환'은 국가 엘리트들이 추격성장 전략을 이행하는 과정에서 동원한 제도적 창안으로서 국가 자율성과 수행능력이 서로를 강화하면서 발전국가를 공고하게 정착시키는 상호강화환류 메커니즘을 형성하는 데 효과적으로 작용하였다.

그러나 점차 국가기구가 정치, 경제, 사회적 작용에 깊숙이 개입하면서 국가 자율성의 정도를 잠식하는 약화 메커니즘이 발생하였고, 뒤이어 국가 수행능력이 저하되면서 한국의 발전국가는 급속히 붕괴되기 시작하였다. 한국의 중화학공업화는 국가 자율성과 개입능력의 꼭짓점에서 구상되고 입안되어 강력하게 시행된 결과 오히려 국가 자율성과 뒤이어 수행능력이 결정적으로 약화되면서 발전국가의 해체로 이어진 역설적인 경우를 잘 보여주고 있다. 한국의 중화학공업화는 수행과정 중에도 높은 정도의 국가 자율성과 수행능력이 유지될 수 있을 것이라는 것을 전제하였다. 그러나 앞서 살핀바, 계획에 참여한 재벌 기업들이 경쟁적으로 국가기구를 분할하여 포섭하면서 국가 자율성의 정도는 급격히 저하되었고, 이는 엄청난 규모의 과잉중복 투자를 야기하면서 한국 발전국가를 붕괴 위기로 몰아넣었다. 여기서 국가는 재벌 기업들의 사활을 건 참여 경쟁 열기 속에서 일관성을 결여한 결정을 반복하면서 '표류'(drift)하였다. 그리하여 계획 초기에 국가가 자신하였던 국가 자율성과 능력을 유지할 수 있으리라던 계산은 중화학공업화 계획의 수행 과정에서 변화될 수 있는 국가와 재벌 기업 간의 권력관계를 감안하지 않은 착오로 드러났다.

발전국가의 수립 시기에 작용한 주요 제도적 변환 메커니즘이 '대체'와 '전환'이었다면 발전국가의 해체를 촉진한 이행 메커니즘은 '표류'와 함께 '중첩'이라 할 수 있다. 1980년대 초의 중화학 구조조정과 1990년대 말의 타의에 의한 IMF 구조조정 모두 발전국가 시기에 경제정책의 기조로 굳어진 '국가주도-민간추수' 경로를 '민간자율-국가지원'이라는 새로운 경로로 '대체'(displacement)하려는 본격적인 시도였음에도 불구하고, 결국 잔존한 국가주도적 요소에 새로운 민간 주도적 요소들을 모순적으로 '중첩'(layering)시키거나 표류시키면서 부작용을 유발하는 데서 그쳤다. 국가주도에서 민간자율이라는 새로운 기조로 변환하는 데서 상당한 정도의 국가능력, 즉 국가 자율성과 수행능력이 필요하다는 반증이다.

아래에서 우리는 탈발전국가 시기에 국가 자율성과 수행능력의 정도가 약화된 상황에서 '국가주도 경로'를 '민간 자율 경로'로 '대체'하려는 시도들이 '중첩'이나 '표류'에 그치면서 야기한 부작용을 여러 가지 산업화 사례들을 통해 살펴볼 것이다.

## 3. 퇴행적 발전국가 증후군

한국 발전국가의 급격한 붕괴는 〈그림 8〉에서 보듯이, 지대추구적 약탈국가와 무기력한 '시지프스 국가'(the Sisyphean state)의 등장을 초래하였다. 앞서 제3장에서 정리하였듯이, '약탈국가'(the predatory state)는 신자유주의 정치경제학에서 국가를 보는 관점으로서 여기서 정치적 엘리트들과 정부 관료들은 '공공의 이해 수호자'라기보다는 공적 지위를 활용하여 자신들의 사적 이해를 추구하는 자들이며(Kruger, 1974), 이들로 구성된 국가는 약탈적(Levi, 1981)이라고 간주된다. 이 관점에 의하면, 개인적 수준에서 합리적인 지대추구 행위는 집합적인 수준에서 사회에 치명적인 결과를 가져오기 때문에 관료들의 집합인 국가의 역할은 최소화되어야 한다.

한국의 발전국가는 스스로 '보편적 이해의 수호자'임을 '존재의 이유'(*raison d'etre*)로 표방하면서 경제적 과정에 깊숙이 개입하는 명분으로 삼아왔으므로 고도의 국가 자율성 유지를 전제하였다. 그럼에도 불구하고 중화학공업화 사례에서 보듯이 한국 발전국가가 경제 과정에 깊숙하게 개입하면서 국가 자율성의 정도가 심대하게 약화되었고 정당성도 약화되었으며, 마침내 발전국가의 붕괴가 초래되었다. 발전국가 이후 한국의 퇴행적 발전국가는 신자유주의자들의 국가에 대한 정의에 근접하는 지대추구적 약탈국가로 급속하게 변환되었다. 마치 조향장치가 고장난 고성능 자동차가 일으킨 사고가 대형일 수밖에 없듯이 국가 자율성을 담보하지 않은 국가 개입능력은 막대한 규모의 지대추구 행위가 가능하도록 작용하였다. 탈발전국가 시대의 시발점인 제5, 6 공화국에서 대통령 자신이 아들, 형제, 친인척, 그리고 친구들과 함께 몸소 지대추구 행위자들로 나설 수 있었던 것도 이러한 맥락에서 가능하였다. 정권이 바뀐 뒤 정기행사처럼 열린 5공, 6공 국회 청문회 과정에서 그리고 그 이후로 여러 정권이 바뀐 뒤 열린 재판 과정에서 드러난 천문학적 규모의 권력형 비리 행위로 미루어

평가할 때 당시 한국의 국가는 지대추구에 매우 유능한 약탈국가였음을 가늠할 수 있다.[1)]

지대추구적 약탈국가가 수행능력을 도구삼아 비교적 유능한 지대추구 능력을 발휘할 수 있었다면, 시지프스 국가는 낮은 수준의 국가 자율성과 함께 저하된 수행능력으로 말미암아 총체적인 무기력 상태에 빠져 있는 경우를 말한다. 시지프스 국가의 행태적 특성은 국가가 '해야 할 일과 하지 말아야 할 일을 구별할 수 있는' 분별력을 결여하고, 대신에 '해야 할 일을 하지 않거나 못하고, 해서는 안 되는 일을 하는' 무기력함과 무모함을 갖추고 있는 것이다.

다음 절에서는 탈발전국가 시기에 퇴행적 발전국가가 시도한 여러 가지 산업정책들을 살펴보겠다. 다국적 기업화, 문화 산업화 그리고 지능정보통신 산업화 사례들 모두에서 우리는 한국의 국가가 '민간자율-국가지원'이라는 새로운 경제정책 기조(paradigm)를 설정하려는 제도적 '대체' 시도에도 불구하고, 과거 추격성장 산업화시기에 형성된 '국가주도-민간추수' 경로의 구심력에서 여전히 벗어나지 못하고 의존하고 있는 제도적 '중첩'과 '표류'의 한계를 보게 될 것이다. 시쳇(時體)말로 '국가지원이라 쓰고 국가주도로 읽는' 격이다.

---

1) 법무부는 대법원 확정 판결 19년 만인 2015년 현재, 전두환 전 대통령의 뇌물죄 등 추징금 2,205억 원 중에서 50%인 1,088억 원을 환수하였다고 발표하였다(연합뉴스, 2015.11.10). 한편 노태우 전 대통령은 대법원에서 2,628억 원의 추징금 확정선고를 받아 완납하였다(시사인, 2013.9.4). 박근혜 전 대통령은 2018년 8월 현재 항소심에서 뇌물 및 권력 남용 등의 죄목으로 징역 25년, 벌금 200억 원을 선고받았으며 대법원의 최종판단을 남겨두고 있다(중앙일보, 2018.8.24). 한편 이명박 전 대통령은 횡령, 조세포탈, 뇌물 등 16개 혐의로 징역 20년, 벌금 150억 원, 추징금 111억 원의 구형을 받았고 1심 선고를 앞두고 있다(한겨레, 2018.9.6).

## 4. 퇴행적 발전국가의 '국가주도' 경로의존 사례들

### 1) 세계화와 한국 기업의 다국적화[2)]

#### (1) 다국적 기업화 '러쉬'와 '허쉬'

한국의 기업들은 1990년대 들어서 앞 다투어 해외로 진출하였다. 한국 기업의 해외직접투자 규모는 1990년까지 잔고 기준으로 23억 달러 정도였으나 불과 5년 만인 1995년에 100억 달러를 넘었고, 1997년 말에는 총투자액 기준으로 164억 달러에 달할 정도로 전체 규모와 단위 투자금액을 급속히 키워왔다. 예컨대 전자산업의 경우, 1996년 당시 삼성전자는 14개국에 단독투자 7개, 합작투자 13개 등 총 20개의 현지 생산법인을 운영하였고, LG전자는 12개국에서 단독투자 8개, 합작투자 17개 등 25개, 대우전자는 15개국에서 단독투자 13개, 합작투자 12개 등 총 25개, 그리고 현대전자는 미국에서만 7개의 현지투자 생산법인을 운영하였다. 나아가 한국의 전자업체들은 해외연구소를 설립하여 현지에서 핵심기술의 개발을 시도하였다. 자동차, 철강, 중화학 부문도 전자산업과 같은 여세로 활발하게 해외로 진출하였다. 더욱이 핵심적 연구기능, 생산, 유통 및 판매를 모두 해외 현지에서 수행함으로써 한국의 대기업들은 명실상부한 다국적 기업이 되기 시작한 것이다.

1999년 당시 개발도상국 50대 다국적기업 중에서 한국 다국적 기업은 9개로서 삼성물산, 대우, LG, 선경, 삼성전자, 현대자동차, 현대건설, 삼성SDI, 포철이 포함되었으며, 해외자산 기준으로 10위 안에 5개 기업이 포함되었다. 지금은 정리된 대우는 1995년 당시 해외자

2) 이 부분은 김명수(2004)에 크게 의존하고 있다.

산기준 1위 다국적 기업으로서 고용인원이 2만 8천 명이었으나 불과 3년 후인 1998년에는 현지법인 396개, 지사 134개, 연구소 15개, 건설현장 44개소 등 해외 사업장 589개소에 현지고용인원만 15만 명이 넘었다(중앙일보, 1999.7.21). 뿐만 아니라 1996년 말 당시 대기업들의 해외투자 계획을 보면 향후 10년 동안 무려 1천억 달러에 가까운 해외투자를 계획하였다.[3] 마치 1970년대 중화학공업화에 참여하기 위해 재벌기업들이 밀물처럼 '러쉬'(rush)했던 것처럼 1990년대 재벌기업들은 다국적화에 앞을 다투었다.

그러나 기술 및 연구개발 능력의 확보와 해외시장의 확보 및 개척을 내세워 수십억 달러를 투자하여 미국의 반도체, 컴퓨터 대기업들을 경쟁적으로 인수한 바 있는 한국의 기업들은 이미 외환위기가 시작되기 전인 1996년 대대적인 투자계획 수정을 추진하기 시작하였다. 그러다가 1997년 한국을 강습한 외환위기와 이를 뒤이은 경제위기를 맞으면서 본격적으로 재조정되었다. 환란과 경제위기의 근원이 바로 대기업들의 방만한 경영에서 비롯되었다는 안팎의 평가 속에서 한국 기업들은 기존의 해외 투자를 서둘러 정리, 철수하고 향후 투자계획들도 줄줄이 축소하거나 철회하였다. 이 역시 마치 썰물이 빠지듯이 앞을 다투어, 그러나 러쉬 때와는 달리 소리가 나지 않게 조용히 진행되었기 때문에 '허쉬'(hush)라 할 만하다. 왜 1990년대 한국의 대기업들은 무모할 정도로 과감하게, 치밀한 준비도 없이, 집단적으

3) 1996년 말까지 국내 5대기업이 발표한 투자액은 향후 10년간 1천억 달러에 달했다. 현대그룹의 경우 1996년 중국에 23억 달러, 중남미에 38억 달러를 투자하겠다고 발표하였다. LG그룹은 2000년까지 동남아, 인도지역에 45억 달러, 중국에 2005년까지 1백억 달러, 영국에 26억 달러, 2000년 까지 중부유럽에 12억 달러를 투자하겠다고 발표했으며, 대우그룹은 1993년부터 2000년까지 총 102억 달러의 투자를 계획했고, 선경은 2005년까지 200억 달러, 쌍용그룹도 2005년까지 200억 달러 투자 계획을 발표하였다(신동화, 1998: 7).

로 다국적화에 러쉬하였는지, 그리고 다시 썰물처럼 몰려서 빠져 나갔는지에 대해 설명이 필요하다.

(2) 다국적 기업화에 대한 설명

기업의 다국적화는 한 기업이 소유, 경영, 생산 및 영업활동을 여러 나라에 걸쳐 벌이는, 즉 다국적 기업(multinational corporations)의 형태로 변화하는 것을 말한다(Gilpin, 1987: 232). 기업의 다국적화는 외국에 직접 자회사(subsidiaries)를 설립하거나(greenfield investment) 해외 기업의 경영권을 획득하기 위해 실질자산에 자본을 투자하는 해외직접투자(foreign direct investment)를 통해 일어난다.

구미 선진국들의 다국적화는 현지시장을 목표로 한 투자, 거시적 글로벌 전략으로서 능동적인 투자, 장기간에 걸친 신중하고 점진적인 진출로 특징지어지며, 일본의 다국적화는 수출대체형이자 환경의 변화에 대한 수동적인 대응의 성격을 갖고 있다(Ozawa, 1979; 김관호, 1995).[4] 이에 반해 한국 기업의 다국적화는 이 연구가 주목하는 1990년대에 이르기까지 국가 경제가 발전함에 따라 원자재 확보, 해외시장 진출, 그리고 저렴한 생산비용의 추구 순으로 성격이 바뀌어 왔다(이재민, 1997).

1990년대 한국 대기업들의 다국적화 '러쉬와 허쉬'에 대한 경제학

---

4) 일본 기업의 다국적화는 일본 국내의 과잉공급과 과당경쟁 문제의 출구로서 수출이 중심이 된 해외진출단계, 1985년 플라자 합의이후 엔화의 절상이 가속화되고 미국의 수입규제가 심화되자 해외 생산거점의 확보를 통한 현지생산으로 이행단계, 핵심부품의 현지생산 및 조달, 연구개발 기술의 현지이전, 그리고 현지 기업들과의 투자마찰 회피 등으로 특징지어지는 1990년대 현지화 노력단계, 그리고 이제까지 환경의 압력에 수동적으로 대응하는 태도에서 벗어나 환경을 자기위주로 개편하는 능동적 태도로 전환하려는 1990년대 중반 이후 글로벌 네트워크 구축 단계로 나뉜다(김관호, 1995: 22).

적, 경영학적 설명은 주로 그 당시 한국 기업들이 처했던 환경적 요인들을 열거하고 있다(김시중, 1996; 한국은행, 1997). 먼저 한국 기업들을 해외로 나가게 한 '방출요인'(push-factor)으로서 그 시점에서 급상승한 임금수준과 노사갈등, 높은 금리수준, 그리고 높은 공장용지 가격 등 이른바 '3고'(三高) 현상과 사회간접자본의 부족에 따른 물류비용 및 높은 행정비용을 든다. 반면 해외에서 한국 기업의 다국적화를 유인하는 '흡인요인'(pull factor)으로서 투자기업에 대한 토지의 저렴한 임대, 투자비용 보조, 환경 부담금 경감, 조세감면, 고용안정, 직업훈련을 통한 질 높은 노동력 제공 약속 등을 들고 있다. 그러나 이러한 방출요인과 흡인요인의 복합은 1990년대 한국 기업들의 다국적화를 촉진하는 환경적 요인들(contributing environmental factors)이지 그 자체로서 충분한 인과적인 설명이 아니다. 즉 그 당시 기업들을 다국적화로 유도하는 '비지니스 환경'을 말할 뿐이지, 왜 한국의 대기업들이 무모할 정도로 경쟁적이고 과감하게, 그리고 군집적으로 '러쉬와 허쉬' 행태를 보였는지에 대해 설명하는 것은 아니다.

### (3) 전지구화와 '선제적 세계화'

사실 1990년대 당시 한국의 기업들이 지향한 해외직접투자 전략은 수입규제를 피해 선진국으로 나가는 소극적인 '탈출'이 아니라, 마치 선진국의 다국적 기업들과 같이 해외에 연구기지와 생산기지를 건설하고 판매 거점을 구축함으로써 기업 활동의 장을 전지구적으로 확대하려고 시도하는 매우 공격적인 것으로서 당시 한국 기업들이 처한 상황을 미루어 보아 아직 '시기상조'로 간주되었다. 한국 기업들이 벌인 이러한 과도한 해외진출 경쟁에 대해 국내에서 우려가 제기되었고 (KDI, 1996; 한국은행, 1997), 영국의 경제 잡지인 이코노미스트도 한국 재벌들은 분명한 목표도 없는 상태에서 해외기업 인수 경쟁을 벌이고 있다고 보도할 정도였다(Economist, 1996.10.5). 과연 1990년대 초라는 특정시점에서 한국의 대기업들이 집단적으로 자신들의 능력에 부치는 정도로 해외진출을 계획하고, 경쟁적으로 진출하였으며, 마침내 좌절과 구조조정을 거쳐야 했던 다국적 기업화 '러쉬와 허쉬'라는 독특한 현상을 어떻게 설명할 수 있을 것인가?

여기서 한국 기업들의 다국적화 러쉬를 단순히 기업들의 경쟁적 이윤 추구라는 환원적 이해를 넘어서 그 당시 정치경제적, 사회문화적 조건에 배태된 국가와 기업관계에서 비롯된 행태로 파악할 필요가 있다. 1990년대 탈발전국가 시기 문민정부를 출범시킨 김영삼 정권은 집권 초기부터 전지구화(globalization)라는 세계체제적 수준의 압력을 선제적(preemptively)으로 대처하기 위해 '선진국 진입 프로젝트'로서 '세계화' 전략을 추진하였다. 한국에서 세계화는 정보통신 혁명과 첨단산업화, 무한경쟁, 국경의 소멸, 민간부문 자율성의 신장과 국가 역할의 축소 등의 변화를 핵심 내용으로 하는 보통명사 '글로벌리제이션'(gobalization)의 단순한 번역어가 아니었다. '세계화'(SE GYE HWA)는 '정치, 경제, 사회, 문화 모든 면에서 선진국 수준에 도달하기 위한 총체적인 국가전략으로서 한국에 고유한 개념'을 뜻하는 고유명사로 주조되었다. 세계화는 김영삼 정부의 고유한 정책으로서 경제적 국경을 개방하라는 전지구화 '위기'를 수동적으로 앉아서 맞을 것이 아니라 공격적으로 해외에 진출하여 '선진국에 진입'하는 전화위복의 '기회'로 삼자는 전략이었다.[5)]

5) 세계화는 김영삼 대통령이 시드니에서 열린 아태경제협력체(APEC) 회의를 마치고 돌아오는 길에 국민의 주목을 끌 '기삿거리'로 구상되었다고 한다(한국일보특별취재팀, 1999: 265). 정부는 대통령의 즉흥적인 '시드니구상'을 받아 '3대 과제

우선 세계화 전략의 일환으로 '선진국 클럽'이라 알려진 OECD에 가입을 추진하였다. 정부는 OECD 가입의 득과 실을 엄밀히 계산하기보다는 '자기 임기 중 선진국에 진입한다'는 대통령의 명분을 우선하였다. 그리하여 OECD 가입을 조건으로 선진국 수준의 금융 및 자본시장의 개방을 '앞질러' 약속하였으며, 이를 위해 '규제는 악이고 자율은 최선'이라는 논리를 경제부처 내에서 중심 표어로 삼게 할 정도였다.

문민정부 시기 세계화 정책의 핵심이 바로 기업의 다국적화였다. 정부는 기업의 해외 진출을 적극 권장하였으며, 기업들도 경쟁적으로 부응하여 외화를 차입하면서까지 무리하게 다국적화를 시도하였다. 가장 대표적인 예로 2004년 해체된 대우그룹은 무모한 팽창정책을 위해 국내외에서 엄청난 채무를 졌다. 청산을 준비하던 1999년 당시 금융감독원이 발표한 공식 채무만 60조 원에 달했다. 해외채무는 100억 달러에서 300억 달러까지 추산되었다(박노영, 1999; 정운찬, 1999; 조돈문, 2001). 이 막대한 자본을 투자하는 대상을 결정하는 데서 "회장은 전권을 휘둘러"왔다(박원배, 1999).

삼성전자의 AST 인수문제도 안팎으로 논란이 많았다. 주당 16달러에 불과했던 주식을 21달러의 가격으로 지분참여하였고, 자금투여 및 경영참여 등 불안요인이 많아 사내 실무타당성 분석결과 '인수불가'였음에도 최고 경영진의 결단으로 인수를 결정하였다(전자신문, 1998. 2.17). 결국 인수자금 5억 4천만 달러를 투입하고도 적자가 계속되었고, 삼성 관계자는 "인수 후 회사내부 경영 상태와 관리 상태가 형편이 없다는 것을 알 정도로 충분한 검토 없이 미국회사를 인수했던 시

---

및 5대 추진방향'을 내용으로 한 '세계화' 프로젝트를 '밤새워 급조'하였다.

행착오"를 인정하였다(조선일보, 1998.3.28).

(4) 국가 '지원'의 한계

다국적 기업화에서 1960년대 국가가 주도한 수출지향적 공업화와 1970년대 중화학 공업화를 거치면서 국가가 설정한 의제(national agenda)에 편승하도록 길들여진 재벌기업들은 이번에는 '선진국 진입을 위한' 국가의 세계화 프로젝트에 자신들의 능력을 훨씬 뛰어넘는 무리한 계획을 졸속으로 수립하면서 참여하였고, IMF 체제를 맞아 대거 철수할 때까지 이 계획을 무모하리만큼 과감하게 시행하였다. 왜 한국의 기업들은 해외에서 자신의 이익을 희생하면서까지 공격적으로 경쟁하면서 '규모의 증대'에 집착하였는가? 기업규모의 크기와 생존 및 성장 가능성이 정비례하는 소위 '대마불사'(大馬不死)의 시장 환경에서 성장해 온 대기업들은 이번에는 세계화라는 이름의 '선진국 진입' 프로젝트의 참여를 통해 기업의 규모를 세계적 수준으로 키우고자 무모할 정도로 과감한 투자를 결정했을 것이다. 한국의 기업들이 이렇게 '과감하지만 무모한' 결정을 내릴 수 있었던 것은 그룹 총수에게 집중된 의사결정 구조이기도 하지만,[6] 이들 재벌기업의 최고경영자들은 국가가 주도하는 프로젝트에 참여한다는 것의 함축적인 의미를 체득하고 있었기 때문이다. 1970년대 국가가 주도하였던 중화학공업화에 재벌기업들은 중화학 '버스'에 타지 않으면 영원히 낙오된다는 강박감에서 자신들의 능력이나 준비 상태와는 무관하게 치

6) 이러한 방만한 투자행태를 제도적으로 가능하게 하는 것은 '상호지급보증'으로서 재벌그룹 내 주력계열사를 담보로 다른 계열사가 대출을 받는 계열사 간 지급보증제도 때문이다. 금융기관으로서는 재벌그룹 전체가 하나의 담보로 작용하기 때문에 채권은 안전한 것으로 간주된다(유승민, 1996).

열하게 경쟁적으로 참여하였으며, 그 결과 엄청난 과잉, 중복투자가 야기되었고, 이를 구조조정하는 과정에서 재벌기업들은 양보의 대가로 국가로부터 막대한 반대급부를 챙긴 경험을 공유하고 있었다. 결국 정부의 세계화 시책 아래 경쟁기업들이 해외로 진출하는 상황에서 자기업도 나가지 않으면 뒤질 뿐 아니라 불이익을 받을 수 있다는 '강압적 동형화'(compulsory isomorphism) 압력을 받았던 것이다(Dimaggio and Powell, 1983).

여기서 과거와 대비하여 특기할 점은 과거 산업구조심화 계획으로서 중화학공업화에서 국가의 역할은 처음부터 '향도적, 직접적' 개입이었으나, 다국적 기업화에서 국가의 역할은 원칙적으로 보다 원거리에서 제도적으로 지원하는 '병참적(logistic), 간접적' 개입이었다는 것이다. 그리하여 '세계화를 위한 금융자율화' 아래 김영삼 정부는 외화자금 조달 및 운용의 건전성을 규제하는 유일한 지도기준인 '외화자금 중장기 재원조달 의무비율'을 1993년 4월 70%에서 50%로 낮추었다. 이 조치는 이미 자신의 신용을 바탕으로 외자조달이 가능하게 된 대기업 및 종합금융사들이 외화자금의 수요를 단기 차입금에 의존하게 하는 계기를 제공하였다. 그 결과 부채비율 및 자기 자본비율 등 안정성 지표로 나타나는 해외투자 기업들의 재무구조는 매우 취약해졌다. 1995년 기준 국내 기업의 평균 자기자본비율은 25.86%이고 부채비율은 286.75%였으나, 5천만 달러 이상 대규모 해외투자 기업들의 경우 각각 12.5%와 927.87%에 달하였다(대외경제정책연구원, 1998). 마침내 1997년 당시 총외채는 1천 5백억 달러로 늘어났고, 이 중 60%는 회수기간 1년 이하였고, 90일 이하도 25%에 달할 정도로 악화되었다. 그러나 정작 국가의 금융규제 기구들은 외채의 총액규모도 파악하지 못하고 있을 정도로 규제능력을 상실하고 있었고,

이는 오히려 선진국의 표징인 '자율'로 오해되었다(Pieper and Tayler, 1998: 58). 이러한 요인들은 모두 1997년 외환위기를 가져오게 한 직접적인 원인들로 축적되었다. 여기서 기업들의 무모한 다국적화는 문제의 핵심 중 하나였다.

한마디로 요약하면, 한국의 다국적 기업화는 과거 발전국가가 설정한 경로에 기업들이 의존하던 타성에서 비록 전망이 뚜렷하지 않음에도 불구하고 국가가 지원하는 프로젝트에 기업들이 러쉬하여 일으킨 '도덕적 해이'(moral hazard)와 국가의 감시·규제 능력(monitoring and regulatory capacity) 결여가 결합하여 발생한 문제였다. 반면에 아래에서 살펴볼 한국의 문화 산업화는 민간부문에서 자생적으로 발생한 문화적 역동성이 국가의 부적절한 개입으로 인하여 잠재적 발전 가능성이 왜곡되고 제한된 경우이다.

### 2) 한류와 문화 산업화7)

#### (1) 현상으로서 '한류'

한국 대중문화의 소비 열풍인 '한류'는 1990년대 후반부터 "중국을 위시하여 대만, 홍콩, 베트남 등의 주민, 특히 청소년 사이에서 번지고 있는 한국의 가요, 드라마, 패션, 관광, 영화 등 대중문화를 향유/소비하는 경향"(조한혜정, 2002: 4)으로 시작하였으나 이제 "한국의 대중문화 및 파생상품이 전지구적으로 향유되고 소비되는 현상"으로 확장되었다(김명수, 2015). 한류는 일시적 유행에 그칠 것이라는 예상을 거듭 부정하면서 하나의 독특한 글로벌 트랜드로 자리를 잡고 지

---

7) 이 부분은 김명수(2015)에 의존하고 있다.

속, 확산되어 왔다.[8)]

처음 한류가 발생하였을 때 한국 대중문화의 '이상 소비' 현상은 이해하기 힘든 "너무 급격하게 들이닥친 거대하고 복잡한 사건"이었다(조한혜정, 2002: 5). 조금 지나서 한류는 "광복이후 한국의 최대걸작"(강철근, 2006)이라는 평가를 받았고, "가슴이 뿌듯한 문화적 자부심"(김수이, 2006)을 한국인들에게 선사하였다. 마침내 미국의 CNN 방송은 2010년 당시 한류가 어떻게 아시아를 '휩쓸고' 있는지를 다음과 같이 보도하였다.

> "(아이돌 그룹은) 아시아 젊은이들 사이에서 엄청나게 인기가 있는 한국의 대중문화 수출품인 TV 드라마, 영화, 비디오 게임, K-Pop(Korean Pop)이라는 대중음악 중에서 하나의 예에 불과하다. 지난 10년 사이에, 5천만 명의 인구를 갖고 있는, 한국은 일본에서부터 인도네시아에 이르기까지 수백만의 팬들을 매혹시키는 엔터테인먼트를 대량 생산해 내는 동방의 할리우드가 되었다"(2010.12.31).

블룸버그 TV는 한국의 국가브랜드가 삼성, 현대와 같은 대기업에서 K-Pop을 주축으로 하는 한류로 바뀌고 있다고 보도할 정도였다(파이낸셜뉴스, 2011.2.20).

이 뜻밖의 사건 앞에서 당혹한 것은 문화산업 분야 전문가나 기업인들 그리고 국가 관료들 모두 마찬가지였으며, 과연 이러한 폭발적

---

8) 유튜브는 2011년 12월 K-Pop 페이지를 처음으로 개설하였으며, 이는 23개의 독자적인 음악 장르 중 하나가 되었다는 의의를 갖는다. 구글 코리아(Google Korea)의 평가에 따르면, 2011년은 K-Pop이 '일시적 유행이 아니라 전지구적 흐름(a global trend)의 하나로 당당하게 서는 첫 해'였다. 현재는 Asian-Pop으로 개명했으나 상위권은 압도적으로 K-Pop이 차지하고 있다.

관심을 지속시켜줄 수 있는 문화콘텐츠를 어떻게 확보할 수 있을지 우려하였다. 한류는 이렇게 전혀 기대하지 않았던 시간과 공간에서 시작된 역사적으로 유례가 없는 사건으로서 당시 누구도 그 정확한 원인은 물론이고 지속가능성, 향후 진행방향, 그리고 앞으로의 파장 등을 상상할 수도 없었다.

한류는 처음 시작된 이래 양적, 질적 변환을 거듭하면서 다음과 같은 여러 특성들이 부가되어 왔다. 첫째, 한류를 구성하는 대중문화의 장르가 다양화되었다. 한류는 TV 드라마에서 시작하였으나 이제 K-Pop을 중심으로 영화, 비디오 게임, 음식, 애니메이션, 패션, 한국어, 한국 관광 등 전 분야로 확산되고 있다. 둘째, 매체의 다각화와 향유/소비층의 확대이다. TV와 스크린, 음반 등 전통적인 엔터테인먼트 미디어를 통해 확산되던 한류는 이제 위성과 인터넷, 휴대전화 등 유·무선 네트워크와 결합하였고, 한류는 국경과 시차를 쉽게 넘나들게 되었다. 그리하여 유튜브(YouTube)나 트위터(Twitter), 페이스북(Facebook)과 같은 쌍방향, 실시간 소셜네트워크(SNS)와 춤, 노래, 연기에 능한 '아이돌'(idol)들의 결합이 한류의 핵심이 되었고, 이를 향유할 수 있는 성별 구분이 없는 젊은 층이 한류의 주요 수용층으로 등장하였다. 그리고 셋째, 지역적 확산이다. 한류는 중국에서 발원하여 일본, 대만, 홍콩 등 동아시아 그리고 베트남, 필리핀, 태국 등 동남아시아, 중앙아시아, 중동, 중남미를 거쳐, 마침내 현대 대중문화의 종주국으로 자처하는 유럽과 미국에까지 거의 전 세계 지역으로 확산되어 왔다.[9)]

---

9) 2011년 당시 전 세계 235개국에서 유튜브 동영상을 통해 K-Pop 비디오를 조회한 수치는 23억 회를 기록하였다(중앙일보, 2012.1.2). 대륙별 조회수로는 아시아가 16억 6천만 회, 북미가 2억 9천만 회, 유럽은 1억 7천 3백만 회, 남미 1억 2천

이처럼 장르의 다양화, 매체의 다각화, 소비 · 향유층의 확대 그리고 지역적 확산과 같은 진화발전적 특성과 아울러 한류만의 독특한(authentic) 내용적, 형식적 특성으로서 역동적이지만 다양성이 부족한 TV드라마 콘텐츠, 현란한 세련미를 갖추었으나 몰개성적인 K-Pop의 획일성, 과도한 상업성, 그리고 국가주도성이 한류의 특성으로 지목되었다.[10]

그동안 이렇게 역동적으로 진화 발전하는 특성을 갖는 한류가 발생하고, 지속되는 메커니즘에 대하여 사회심리학적, 문화론적, 정치경제학적 설명이 시도되었으며, 이를 바탕으로 여러 가지 문화 이론적, 정책적 함의가 도출되었다.[11] 그리하여 한류가 언제, 어디서 발생하여, 어떤 형식과 내용으로, 어떻게 전 세계 각 지역으로 확산되어 왔는지에 대한 현상적 기술과 이에 바탕한 전망은 풍부한 편이다. 그러나 한류가 왜 그러한 특정한 내용과 형태를 갖게 되었고, 특정한 방식으로 전개되어 왔는가와 같은 한류의 본질적 성격에 관한 이론적 탐구는 아직도 상대적으로 희소하다. 과연 일회적일 수도 있었던 중

---

만 회, 오세아니아 3천만 회 등이다. 타일랜드는 2억 2천만, 타이완과 베트남은 각기 1억 8천만과 1억 7천만을 기록하였다. 이 수치에는 싸이(Psy)의 '강남스타일' 조회수가 포함되어 있지 않다. 2018년 9월 현재 누적 조회수 32억 회를 넘긴 '강남스타일'은 2012년 7월에 출반되었다.

10) 장원호 등이 수행한 4개국 한류 수요자 FGD(Focused Group Discussion) 조사결과에서 전반적으로 '철학적 깊이가 없고,' '다양성이 부족한' 드라마, '빠른 리듬과 현란한 댄스'가 있으나 '비슷한 노래가사'와 '느낌이나 감정적 몰입이 필요 없이 즐길 수 있는 세뇌적 노래'(brainwash song), 그리고 과도한 상업성 등이 한류의 문제적 특성으로 지목되었다(Jang · Kim · Cho · Song, 2012: 83, 86). 또한 문화체육관광부 산하 한국문화산업교류재단(KOFICE)이 시행한 9개국 한류 수용자 조사에서도, 한류의 지속적 성장을 저해하는 문제점으로 콘텐츠의 획일성(19.1%), 지나친 상업성(16.4%)이 1, 2위에, 그리고 정부주도성(12.4%)은 5위로 나타났다(2012.12.17).

11) 기존 선행연구에 대한 비판적 검토는 김명수(2015)를 볼 것.

국 TV방송에서의 한국드라마 방영이라는 사건이 '한류'라는 하나의 문화적 조류를 구성하게 된 문화적, 제도적 맥락은 무엇인가?

### (2) 제도로서 한류: 역사제도주의적 해석

우리는 역사제도주의적 관점에서 한류 현상에 대하여 다음과 같은 질문을 할 수 있다. 한류를 발생시킨 결정적 계기는 무엇이었나, 한류는 어떤 경로를 통해 제도화되어 오늘날과 같은 나름의 독특한(authentic) 형식과 내용, 그리고 방향성을 갖게 되었나? 여기서 국가는 어떤 역할을 수행했나?

#### ① 결정적 계기

대개 한류의 단초를 제공한 사건(event)을 중국의 CCTV에서 1997년 6월에 방영한 한국의 TV연속극 '사랑이 뭐길래'에서 찾는다(신진호, 2005 참조). 한류의 기폭제 역할을 한 이 드라마는 외국드라마로서는 경이적 시청률인 4.2%를 기록하였으며, 시청자들의 요청에 의해 황금시간대로 옮겨져 재방영될 정도로 폭발적인 인기를 끌었다. 이후 한국드라마는 중국에서 인기를 끌며 속속 진출하였다. 이와 함께 H.O.T를 비롯한 한국 가수들의 진출도 두드러졌다. 청소년들에게 가장 인기있는 잡지의 2002년 6월 인기순위 상위 10위는 한국인 4명을 제외하고, 6명 모두 일본 연예인들이었다. 그러나 2004년 5월 인기순위에서는 한국 연예인들 8명이 10위 안에 자리를 잡았고, 2명은 미국인이었다. 한국의 부상과 일본의 퇴조가 뚜렷하였다. 2005년 설문조사에 따르면, 당시 최근 1년간 한국 드라마 5편 이상 시청자가 44.8%인 데 반하여 중국 드라마 시청자는 37.3%에 불과하였다(국민일보, 2005.4.15).

이처럼 한국 TV방송 드라마의 중국 방영이라는 '일상적 사건'이 향후 한류라는 거대한 문화적 조류를 형성하는 '결정적 계기'로 작용하는 데는 여러 구조적 조건들이 부가적으로 중첩되었다. 먼저 1978년 개혁개방이후 사회주의 시장경제체제를 도입하여 급속한 경제성장을 해 온 중국은 1990년대 중반 즈음에 이르러서는 대중문화 소비층의 급속한 성장 및 소비욕구의 팽창 그리고 자체적으로 이를 충족시킬 만한 문화적 자원의 공급부족이라는 일종의 '문화지체'에 빠지게 되었다. 특히 폭발적으로 개설된 지역 방송국들의 프로그램 수요를 메워야 할 구조적 유인이 있었고, 한국의 방송 콘텐츠가 이를 채우게 되었다(윤경우, 2006: 49-50; Leung, 2008).

다른 한편으로 중국의 국내정치적 상황을 반영한 문화개방의 정책적 유인이 있었다. 중국정부가 1990년대에 들어서 펼친 대외적인 문화개방에 대해 먼저 진출한 것은 일본과 홍콩, 대만의 드라마나 가요였으나, 홍콩의 중국반환, 대만과의 활발한 양안 교역, 일본과의 역사교과서 왜곡이나 영토문제가 촉발되면서 문화개방의 초점이 한국으로 옮아졌다(신진호, 2005: 233; 윤경우, 2006).

이에 덧붙여, 한국의 방송 드라마나 K-Pop은 유교문화와 미국의 상업주의 대중문화의 독특한 혼종적(hybrid) 결합으로서 전통과 현대의 충돌, 글로벌화와 지역화의 충돌을 내포하는, 그리하여 미국문화의 직접적인 수입과 이에 따른 혼란을 선제적으로 예방할 수 있는 비교적 안전한 문화 콘텐츠로 간주되었다.[12] 더욱이 당시 IMF 위기를 겪은 한국의 TV방송 드라마 가격이 품질에 비해, 일본의 방송 콘텐

---

12) 한국의 방송 콘텐츠는 미국이나 일본 것에 비하여 "문화적으로 근접하며 정치적으로 중립적인," 그리고 "이념적으로 위협적이지 않고 감정적으로 받아들일 만한"(Leung, 2008) 기준에 부합하는 것으로 간주되었다.

츠에 비해 상대적으로 저렴하여 대량 수입이 용이하였다는 시장적 유인도 호의적으로 작용하였다(Shim, 2006; Yang, 2012).

이처럼 문화 수용국의 구조적, 정책적, 이데올로기적 유인과 제공국의 내용적, 시장적 유인이 '선택적 친화력'을 갖고 '중첩되는'(over-determined) 시공간에서 일회성에 그칠 수도 있었던 일상적 계기가 '결정적 국면'으로 작용하였다. 그러나 이것이 한류 형성의 필요충분조건이 되기에는 아직 미흡하다. 중국에서 한류가 발화된 이후 제도화되는 데 작용한 '경로의존적 자기강화 메커니즘'이 한국 내에서 민간부문과 정부부문에서 형성되었으며, 이에 따라 향후 한류의 성격, 방향, 지속성 여부, 확산 정도가 크게 결정되었다.

### ② 경로의존적 자기강화 메커니즘의 형성

중국에서의 한국 대중문화 이상소비 열풍은 한국에서 제도적 반응을 유발하였다. 한편으로는 협소한 국내시장의 경계를 넘어 동아시아 지역, 나아가 전지구적 수준에서 대중문화 수출을 통하여 경제적 수익을 창출, 확대하려는 문화산업 기업가들의 이윤 동기와, 다른 한편으로는 한류를 통한 국가 이미지 상승과 한국산 상품의 이미지 상승 그리고 이를 통한 수출증대 효과를 기대하는 국가 정책 담당자들의 의도가 한류에서 겹쳤다. 한국의 정부와 민간부문은 중국에서 일어난 '의도치 않은' 뜻밖의 사건을 제각각의 이해를 실현하기 위한 기회로 포착하였고, 각기 나름의 경로를 설정하여 실천하였는데, 민간 문화산업 부문에서는 기왕의 포드주의(Fordism)를 심화시키는 경로로 나갔고 국가는 문화산업화 경로를 택하였다.

### 가. 문화산업 부문의 포드주의

민간부문은 한류이전에 이미 문화산업에서 '은유'(metaphor)로서 포드주의(Fordism)를 수립하여 실천하고 있었으며, 한류의 발전 조짐은 이를 더욱 심화시키는 계기가 되었다. 여기서 활용하는 '은유'로서 포드주의는 제조업 부문의 생산혁신으로서 포드주의의 핵심원리가 문화산업에서 원용되는 상황을 의미한다.[13] 한류 드라마의 변화무쌍한 스토리 전개에 내재한 획일적 패턴의 무한 반복성과 화려하고 세련된 K-Pop 아이돌 그룹의 거의 완전무결하지만 과다하게 강조된 기계적 테크닉과 같은 한류의 문화적 형식과 내용에서의 독특성은 바로 한국 문화산업에서 드러나는 '포드주의적 증후군'(syndrome)이다.[14]

한국의 드라마 제작방식은 시청률 지상주의 아래 하나의 전체 드라마를 부분으로 분할하고, 시청률 상황에 따라 언제든 부분의 교체가 가능한 방식으로 현장 제작한다는 점에서, 그리고 시청자들의 기호에 맞추다보니 자극적인 소재에 뻔한 결말로 이어지는 '표준화된' 상품으로 매번 귀결된다는 점에서, 무엇보다도 시청률 지상주의 아래 '최대량의 소비'를 위한 생산체제를 지향한다는 점에서 포드주의 원리에 부합한다. 이러한 독특한 제작방식은 시청률 상황에 따라 민감하게 즉각적인 반응을 유발할 수 있어 역동적이긴 하지만, 시청자들의 기호에 영합하다보니 전체적으로 균형감이 결여되고, 작품의 완성도(integrity)가 떨어지며, 매번 되풀이되는 패턴에 점차 흥미가 떨어진다는 비판의 여지를 크게 남긴다.

---

13) 최우영은 '문화적 포드주의'로 60~80년대 한국에서 지배적이었던 미국 대중문화의 대량수용 및 대량소비 행태를 개념화하고 있으며(2006: 92), 여기서 활용하는 문화적 생산방식으로서 '은유적' 포드주의와 차이가 있다.

14) 한국 문화산업에서 드러나고 있는 포드주의적 증후군에 대한 자세한 예시는 김명수(2015)를 볼 것.

한편 K-Pop 부문에서 처음부터 한류를 선도하고 지속적으로 주도해 나간 것은 '문화 기업가'(cultural entrepreneur)들이었다. 이들은 누구도 예상치 못했던 해외로부터 주어진 '우발적' 기회를 포착하여 '사업'으로 구상하고, 이를 실현하기 위해 여러 가지 제도적 창안들을 모색하였으며 실천하였다. 이러한 모습은 슘페터적인 의미의 '기업가'(entrepreneur)에 어느 정도 부합한다.[15] SM과 A-Stars 등은 일본 연예매니지먼트 산업의 프로덕션 시스템을 모방적으로 도입하여 '기획사'라는 연예기업 조직을 수립하였다. 연예인을 충원하는 '도제적' 훈련기구로서 '연습생' 제도도 일반화되었다.[16] 특히 SM은 1990년대 말 자기회사 내에 캐스팅과 트레이닝 부서를 설치하고 전문적인 스타 양성 시스템을 구축하여 H.O.T, S.E.S., 신화 등을 '성공적인' 아이돌로 등장시켰다. 마침내 국내 3대 엔터테인먼트 회사인 SM, YG, JYP는 기획-훈련-제작-매니지먼트를 일관하는 '인하우스(in-house) 시스템'을 구축하였으며, 이를 통해 아이돌 그룹을 제작하였다. 그 결과 K-Pop의 남녀 아이돌은 세련된 매너와 용모, 뛰어난 테크닉으로 다른 나라에서는 도저히 흉내낼 수 없을 정도로 확실하게 차별화되는 전세계적인 경쟁력을 확보하게 되었다(이동연, 2014). 이후 국내 대다수 연예매니지먼트 회사들이 이러한 시스템을 모방하였다.[17] 이처럼 한국의 연

15) 가장 대표적인 인물인 SM 엔터테인먼트의 이수만 회장은 한국 연예산업의 선두에서 기술적 창안을 선도해왔다. 그는 자신만의 독특한 '문화기술'(CT: culture technology)을 바탕으로 SM 제작시스템을 만들어 실천하였으며, 그 결과 보아, HOT, 동방신기, 슈퍼주니어, 소녀시대, f(x), EXO 등과 같은 수많은 남녀 아이돌 그룹을 배출하였다(이지현, 2011). YG 엔터테인먼트의 양현석, JYP 엔터테인먼트의 박진영 프로듀서 등이 이 범주에 속할 것이다.

16) 한국의 '연습생' 제도의 모델인 일본의 연예인 양성학원은 나이가 어릴 때부터 체계적인 교육을 통하여 프로덕션의 전속계약을 도모하고 정식으로 데뷔할 때까지 '연습생'의 신분으로 프로덕션의 트레이닝시스템을 따르게 된다(장규수, 2011).

17) 한류의 초기 성공으로 대형 자본이 엔터테인먼트 기업부문으로 대거 유입되었고

예산업에서는 새로운 산업에 대한 시장상황과 조직기술이 불확실한 상황에서 성공적인 일본의 조직모형이나 국내의 선도기업 모형을 따라서 기업을 조직하는 '모방적 동형화'(mimetic isomorphism)가 왕성하게 일어났다(DiMaggio and Powell, 1983).

K-Pop 아이돌 그룹은 수년 단위(3~5년 혹은 7~8년)의 장기간, 고강도, 규율적 훈련과정으로 짜여진 연습생 제도를 거치면서 균일적인 멤버를 육성한다는 점에서, 그리하여 '부품화,' '유닛화'되어 교체가 가능한 멤버들로 편의적으로 결성된다는 점에서, 이들이 연습생 과정에서 '기예적'(acrobatic) 그룹 댄스와 부르기 쉬운 반복적인 '훅송'(hook song)을 끝없이 연마한다는 점에서 그리고 이들이 부르는 노래는 전 세계 작곡가들로부터 받은 수백 곡 중에서 취사선택된 것이라는 점에서 포드주의 원리를 차용하였다고 할 수 있다.

과학적 관리론은 제조업 부문에서 생산성 혁명을 가져왔지만, 장인들의 탈숙련(deskilling)을 통한 기계화, 노동자들의 구상과 실행의 분리, 전체 노동과정에 대한 자본가의 통제와 지식의 독점 그리고 노동과정에서 배제된 노동자들의 소외를 불러왔다(Braverman, 1974). K-Pop 아이돌 그룹들의 세련미와 현란한 테크닉이 소비자들의 즉각적인 반응을 유발할 정도로 매혹적이지만, 다른 한편으로 그룹 멤버들이 자기들의 노래로부터 소외를 경험하며, 마치 공장에서 찍어낸 '제품'

---

기업들도 대형화되었다. 이미 1990년대 중반부터 삼성(삼성영상사업단), 현대(금강기획), LG(LG소프트), 선경(SKC) 등 대기업들이 대거 연예오락부문에 진입하기 시작하였다. 특히 1990년대 후반 IMF 경제위기시에 투자처를 찾아 자본들이 대거 유입되었다(장규수, 2011: 109). 2000년 4월 SM 엔터테인먼트가 연예매니지먼트 업계 최초로 코스닥(KOSDAQ)에 상장되었고, 이후 40여 개의 기업이 상장되었다. 현재 연예매니지먼트 기업들은 아직 중소규모 회사들이 전체의 대다수를 이루고 있으며, 가수, 연기자, MC, 개그맨 등으로 업무영역을 확대하여 제작까지 겸하는 종합엔터테인먼트 기업을 지향하고 있다.

(factory girl, cookie-cutter)과 같이 몰개성적이라는 비판을 받는 소지가 바로 이러한 문화기술의 포드주의적 속성에서 비롯된다 할 것이다.[18)]

주지하는바 대중소비사회를 가능하게 하였던 소품목 대량생산 방식으로서 포드주의는 노동과정에서 소외된 생산 노동자들의 반발과 변화무쌍한 시장상황 및 소비자들의 선호에 대응하여 다품목 소량생산 방식의 후기포드주의로 전환되었으며, 유연생산체제는 이를 가능하게 한 기술혁신 중 하나이다. K-Pop 아이돌 그룹의 유닛화, 개별화, 다국적화 등 유연화 시도는 급변하는 소비자들의 선호와 기계적 획일성에서 오는 몰개성화 그리고 아이돌 그룹 내부 구성원들의 반발이라는 포드주의적 문화산업의 역기능에 대한 후기포드주의적 대응이라 할 수 있다.[19)]

### 나. 국가주도의 문화산업화

한국의 국가에게 한류는 구체적인 문화산업 정책의 방아쇠였다. 한류의 발전적 증후를 본 한국의 국가는 '관성적'으로 문화산업발전 정책을 수립하여 개입을 시작하였다. 한류 이전 정부 당국자들에게 '문화'는 규제 및 보호대상이거나 추상적인 정책구호에서 크게 벗어나지

---

18) K-Pop 비판자들은 "한국의 연예학원이 쿠키 찍어내듯 비슷한 안무와 부르기 쉬운 노래, 복장들을 완벽하게 구사하고 때로는 성형수술까지 시술하는 엔터테이너들을 길러내지만 개성이 없어 쉽게 잊혀진다"고 지적한다(The New York Times, 2013.8.9). 또한 걸 그룹들을 'Factory Girls'로 묘사하기도 한다(The New Yorker, 2012.10.08).

19) 예컨대 슈퍼주니어는 중국과 태국 멤버를 포함하고, 엑소(EXO)는 한국그룹과 중국그룹으로 별도 구성하여 같은 노래를 부르게 하며, 소녀시대는 유닛화를, Got7은 각기 개성적인 '스토리'를 갖는 다국적 멤버로 구성되었다. 이는 해외시장을 염두에 둔 구성이기도 하지만 노동과정이나 직무수행과정에서의 소외를 극복하기 위한 '직무확대,' '직무확충,' 그리고 소비자 선호 및 환경의 변동에 대응하는 유연생산체제 전략을 연상케 한다.

못하였다. 예컨대 김영삼 대통령의 문민정부(1993~1998)는 '선진문화 복지국가 진입'을 문화정책의 이념으로 삼고, '신한국 창조를 선도하는 문화창달 5개년 계획'을 수립하였다(김창수, 2009). 그러나 문화부문 예산이 정부예산의 1%를 넘지 못하는 상황에서 문화산업에 대한 지원은 정책적 '구호'에 그쳤을 뿐 실천은 제한적이었다.

그러다가 김대중 대통령의 '국민의 정부'(1998~2003)시기 문화정책 담당자들은 중국에서, 그리고 시차를 두고 일본에서 예기치 않게 일어난 한류의 불씨를 지속적으로 키워나가기 위하여 문화산업 발전 모델을 수립해야 할 필요성을 가졌고, 이전 6~70년대 발전국가가 민간부문을 선도적으로 이끌었던 제조업 중심의 '수출주도 산업화 모델'을 되살려 원용하였다. 그리하여 국민의 정부는 '21세기 문화국가의 실현'이라는 정책이념 아래 문화산업의 '국가 기간산업화'를 구체적 목표로 내세웠다. 문화산업에 대한 제도적, 재정적 지원을 강화하여 문화활동에 장애가 되는 규제개혁을 추진하였으며, 정부예산의 1% 이상이 배정되도록 예산을 증가시켰다. 1999년에는 '문화산업진흥기본법'의 제정을 통해 문화산업의 예산을 전년도에 비해 500% 이상 증액시키기도 하였다. 대통령이 스스로 '문화대통령'을 자임하고 소설가 출신을 문화관광부 장관에 임명하면서 한류에 대한 본격적인 지원 정책을 시작하였다.[20)]

---

20) 한국의 문화산업은 1999~2003년 기간 동안 급속히 성장하였다. 이 시기 한국의 국내총생산(GDP)은 매년 6.1%씩 성장한 반면, 한국 문화산업의 총매출은 매년 평균 21%씩 성장하였다. 비록 2003년 이래 전 지구적 경기후퇴에 따라 문화산업 매출 성장률도 4.2%로 낮아졌지만(문화관광부, 2003; 문화체육관광부, 2010), 같은 기간 문화산업의 수출액은 급속히 증가하였다. 한국 문화산업의 총수출액은 1998년 4.1억 달러에서 2004년 9.4억 달러로 배가되었고, 다시 2008년에 18.8억 달러로 배가되었다. 내용별로는 디지털게임 산업 58.0%, 캐릭터 12.1%, 방송 8.5%, 출판 13.8%(문화관광부, 2009), 그리고 지역별로는 2008년 현재, 북미(22.6%), 일

뒤이은 노무현 대통령의 '참여정부'(2003~2008)에서는 '문화산업 5대강국 실현'이라는 정책적 기치아래 문화산업의 경제적 효용이 강조되었다. 청와대가 발표한 '참여정부 문화산업정책 비전'에서는 한류를 전체 문화산업 발전구도에서 파악하고 있다. 2005년 초 국무총리실에서 주최한 '한류대책회의'는 한류가 문화관광부의 틀에서 벗어나 범정부적인 종합대책의 대상이 되는 계기가 되었다.

한류에 의해 촉발된 문화산업 정책은 나름의 경로의존적 자기강화 메커니즘을 가져서, 참여정부를 거쳐 마침내 이명박 정부시기에 이르러서는 '문화콘텐츠산업화'로 정점에 달하였다. 이명박 대통령 정부(2008~2012)는 한류에 관련된 콘텐츠만을 중점적인 육성대상으로 선정하고 여타 문화예술 분야는 상대적으로 배제하는 1960~70년대식 발전국가적 산업육성정책을 시행하였다(최영화, 2013: 256). 우선 2008년을 기점으로 '문화산업정책'이 '문화콘텐츠산업정책'으로 변경되었다. 문화산업 담당부서도 '문화산업과'에서 '문화콘텐츠산업실'로 그리고 '콘텐츠정책관'으로 변경되었다. 1997년부터 발간되던 '문화산업백서'도 2010년부터 '콘텐츠산업백서'로 변경되었다. 문화부는 '창조경제를 선도하는 콘텐츠강국'의 목표 달성을 위해 총리 직속으로 기획재정부 등 11개 부처가 참여하는 '콘텐츠산업진흥위원회'를 구성하고 '제1차 콘텐츠산업진흥기본계획'(2011~2013)의 이행을 위한 '2012년 콘텐츠산업진흥 시행계획'을 발표했다. 이처럼 이명박 정부는 한류를 국가전략 산업으로 등장시키는 '범국가적 콘텐츠산업 육성'을 문화산업

---

본(20.6%), 중국(20.1%), 동남아시아(19.7%), 유럽(10.2%)과 같은 분포를 갖고 있다. 한편 2010년 현재 방송 프로그램 수출의 지역 분포를 보면, 일본(53.9%)이 압도적이고, 대만(13.2%), 중국(12.0%), 동남아(9.1%), 미국(1.3%), 그리고 기타(10.45%)와 같다(문화체육관광부, 2010). 물론 한류의 강도는 문화 소비액에 정비례하는 것은 아니다.

정책으로 구체화하였다. 정부가 특정 산업부문을 전략산업으로 지정하고, 이를 육성하기 위해 정부와 기업이 제휴하여 재정을 확대하는 방식은 과거 발전국가 시기에 많이 보아왔던 산업육성 정책이다.[21)]

박근혜 정부(2013~2017)는 시작부터 4대 핵심 국정과제 중 하나로 '문화융성'을 내세우고 문화산업을 '새로운 미래 성장 동력이자 일자리 창출의 발판'으로 삼겠다고 선언하였다. 이제까지 문화는 정치나 경제영역에 비해 부차적인 것으로 간주되었던 반면에 문화를 국정기조의 전면에 내세운 것은 이 정부가 처음이었다(연합뉴스, 2016.12.13). 주무부서인 문화체육관광부는 문화산업을 발전시켜 경제 활성화와 일자리 창출을 꾀한다는 목표를 세우고, 창업 활성화 지원을 통한 신시장 창출, 글로벌 경쟁력 제고와 경쟁을 통한 시장 역량 강화로 콘텐츠시장 확대, 저작권시장 선진화를 통한 콘텐츠 보호 등의 정책을 추진해 왔다(문화체육관광부, 2015a). 특히 2015년 8월에 발표된 '국정 2기, 문화융성의 방향과 추진계획'의 세부 시행방안에 따르면, 부가가치가 큰 문화 콘텐츠 산업이 스스로 증식해 나갈 수 있는 생태계로서 '문화창조융합벨트'를 조성하기 위해 2019년까지 7,176억 원이 소요되는 예산을 책정하였다(문화체육관광부, 2015b).

### (3) 민간부문의 포드주의와 국가주도 문화 산업화의 한계

한류 발생의 결정적 계기 이후에 한류를 지속발전시키기 위해 한국의 국가 및 민간부문의 전략적 행위자들이 선택하였던 경로는 '국

---

21) 원용진・김지만(2011)은 한국의 국가와 연예기획사가 "애국, 국익, 국격, 국가브랜드 등을 한류와 연결지어 정책을 수립하고 사업을 폄으로써 한류를 성장 발전시키려는 욕망"을 '연성국가주의'(soft nationalism)로 보았다. 연성국가주의는 이와부치(Iwabuchi, 2004)가 1960년대 일본에서 국가의 지원을 받은 문화산업이 아시아 시장에 진출한 것을 개념화한 것이다.

가주도 문화산업화'와 '문화산업의 포드주의 심화'였다. 그러나 제조업의 생산성 혁신이었던 포드주의 원리가 문화산업에서 지배적으로 작용하는 양태는 모순적이며, 또한 국가가 문화산업화를 주도하면서 한류를 육성하려고 시도하는 것 역시 시대착오적이다. 그러나 이렇게 두 개의 모순적 경향이 선택되고 지속될 수 있었던 데는 제도와 행위의 부조응에 '너그러운'(tolerant) 한국 문화의 혼종성이 이러한 모순들을 용인하였기에 가능하였다. 한국의 혼종적 문화는 한국인들로 하여금 특정 제도가 요구하는 행위와 무관하게 자신들에게 유리한 문화적 자원을 결과만능적 편의에 따라 발췌하고, 조합하여, 행위전략을 세우고 '분열적'으로 행위를 하여도 무방하도록 허용해 왔다. 그리하여 한국 사회의 혼종문화는 창발성을 요구하는 문화산업의 발전을 관료제적 국가가 주도하거나, 문화산업에서 제조업 방식의 포드주의를 심화시키는 것과 같은 '제도와 행위의 모순적 부조응'을 자연스러운 것으로 용인해 왔다.

일단 이제까지 이러한 모순적 조합은 놀라운 시장성과를 가져왔다. 우선 민간 부문의 포드주의적 한류는 대량소비사회에 적합한 대중문화 생산방식으로 작용하여 문화적 할인율을 보편적으로 낮추고 근접성을 높여서 전지구적으로 다양한 층의 소비자들이 한류에서 자기 선호를 찾아 소비·향유할 수 있는 선택 여지를 폭넓게 하였다.[22] 임기응변에 능하고 상황대처 능력이 뛰어난 한국의 대중문화 생산체제는 급변하는 전지구적 환경에 순발력 있게 적응할 수 있었다. 마치 제조업 부문에서 수출기업들이 그러했듯이, 문화기업들도 소비자의

22) 문화적 할인율(cultural discount)은 국가간 문화교류에서 발생하는 '마찰 계수'라 할 수 있다. 할인율이 낮으면 문화간 교류의 장벽이 낮은 것이며, 문화 간 근접성(cultural proximity)은 높은 것이다.

선호에 맞추어 상품을 개발하고, 효율적으로 생산하여 수출하였다. 위성방송 및 SNS 등 정보통신 혁명의 결과로서 등장한 새로운 매체에 걸맞은 컨텐츠를 발 빠르게 제공하면서 수용자층의 폭을 넓혔다. TV방송 드라마와 K-Pop이 주축이 된 한류의 전방위적 역동성이 여기서 비롯된다.

그러나 발전국가가 해체된 탈발전국가 시기에, 즉 국가가 산업정책의 수립을 공식적으로 포기한 상황에서 퇴행적 발전국가가 발전국가식 정책을 수립하여 시행하려 할 때 '소리는 요란하나 실효성이 없거나' 혹은 오히려 걸림돌로 작용하는 부작용이 따랐다. 국민의 정부 초기에 중국에서 한류가 대활약하는 것에 고무된 한국정부가 대대적인 한류진흥책을 마련하여 공표하자마자, 중국 정부가 이에 즉각적으로 대응하여 한류에 대한 규제책을 마련해 실시한 것을 예로 들 수 있다(윤경우, 2006). 손승혜(2009: 127)는 "한류만큼 한국 정부가 적극적으로 지원하고 공공연하게 홍보한 정책도 드물지만, 한편으로는 정책의 효과와 효율성에 대해 그만큼 논란이 많이 제기된 현상도 드물다고 지적하고 있다." 다음은 정부가 직접적으로 한류에 개입하여 만드는 풍경을 잘 보여준다.

> 한류관련 예산을 늘리고, 해외문화홍보원 산하 문화원이 나서서 현지에서 K-Pop 연예인을 불러 이벤트 행사를 열고, 기획사에 지원금을 주는 등 요란하고 단발적인 제스처가 너무 눈에 띈다. 정부의 여러 관련 하위 문화기관은 이벤트에 모인 현지 팬들의 북적임을 마치 노력의 성과인 양 중앙정부에 보고해서 칭찬을 들으려하고, 중앙정부는 그것을 마치 정부의 문화정책이 가져온 성공인 양 국민에게 홍보하려는 것 같다(김수정, 2012: 9-10).

탈발전국가 시기 퇴행적 발전국가식 문화산업정책의 가장 대표적인 예로서 2019년까지 7,176억 원의 예산을 책정하여 '문화생태계 조성'을 시도하였던 '문화창조융합벨트' 사업을 들 수 있다. 이 사업은 박근혜 정부가 '국정 2기'에 가장 역점을 두고 2016년에 본격화한 것으로 문화콘텐츠산업 내 기획-제작-소비-재투자의 선순환 체계를 갖추는 것을 의도하였다. 이 사업은 문화창조융합센터, 문화창조벤처단지, 문화창조아카데미, K-컬처밸리, K-팝 아레나, K-익스피리언스 등 6개 시설 조성을 계획하였으며, 이를 통해 10년간 17만 명의 고용효과와 25조 원의 경제효과를 기대하였다. 그러나 문화창조융합본부 책임자가 이른바 '민간인에 의한 국정농단'에 직접적으로 연루된 것으로 밝혀지면서 주요사업이 지연, 축소되다가 본부가 해산되면서 사업자체가 무산되었다(중앙일보, 2017.3.29).

한국 정부 및 산하기관들의 문화산업에 대한 부적절하고 직접적인 개입은 이제까지 민간이 주도한 문화현상으로서 한류를 국가주의적 '문화 침투' 프로젝트의 일환으로 치환시키는 의도치 않은 효과를 낳았다.[23] 대만이나 베트남 정부의 한류방송에 대한 제한조치는 이를 잘 말해준다. 여기에 그치는 것이 아니라 수용국 국민들 간에 한국 정부가 '뒤에서 조종한다'는 오해를 불러일으켜 한국의 대중문화를 적대시하는 '염한류'나 '혐한류'를 조장하기도 하였다(박수옥, 2009; 한영균, 2013; 주정민, 2013; 심두보, 2013). 중국이나, 대만, 베트남, 일본

---

23) 「르몽드」는 유럽의 한류에 대해 "음악을 수출 가능한 재품으로 만든 제작사의 기획대로 만들어진 소년과 소녀들이 긍정적이며 역동적인 국가 이미지를 팔고자 하는 한국 정부의 대대적인 지원을 받아 진출한 것"으로 본다(2011.6.11). 「오마이뉴스」(2011.6.13)에서 재인용. 「이코노미스트」 역시 한류를 '대중문화를 이용한 국가선전'의 일환으로 간주한다(The Economist, 2012.2.18). 언론 보도뿐 아니라 학술연구도 한류를 한국 정부의 정책적 산물(government construct)로 보는 견해가 확산되고 있다(Walsh, 2014 참조할 것).

에서 일고 있는 반한류는 과도한 상업주의와 함께 과도한 국가 개입주의에 대한 문화 민족주의적 반작용의 성격이 크다. 사실 많은 나라들이 자국 문화의 해외진출을 국가 이미지 제고 및 무역 증대와 같이 국익을 신장시킬 수 있는 기회로 간주하여 직간접적인 지원을 하고 있다(양종회, 2003; 2004). 다만 이들 타국들이 비가시적이거나 우회적 경로를 통한 간접적 지원을 하는 것에 비하여 한국정부의 경우는 보다 적극적이고, 직접적이며, 과시적으로 개입하는 특징을 가지므로 역풍을 자초하는 면이 크다고 할 수 있다.

### 3) 지능정보통신기술(ICT) 산업화[24)]

발전국가 시기에 형성되었던 '국가주도-민간추수' 경로가 탈발전국가 시기에도 강력한 구심력으로 작용하면서 퇴행적 국가-기업 관계를 지속시키고 있는 부문이 정보통신 산업이다.

#### (1) 알파고와 지능정보산업 육성전략

지난 2016년 3월 초 서울에서 인간과 슈퍼컴퓨터 사이에 세기적 바둑대결이 열렸었다. 아직 바둑에서는 인공지능이 인간을 이길 수 없으리라는 모두의 예상을 뒤엎고 구글 딥마인드의 인공지능(AI: Artificial Intelligence) 알파고는 바둑 챔피언 이세돌 9단에게 4승 1패로 승리하였다. 아이러니컬하게도 이 역사적인 대결에서 이세돌이 거둔 1승은

24) 이 부분은 필자가 서울대학교 아시아센터가 주관한 국제 워크숍 "Global Capitalism and Culture in East Asia"(2016년 10월 21일)에서 발표하고, 「아시아 리뷰」(vol7, No2)에 출판된 "Making and Unmaking of a Developmental State: Institutional Innovation and change of the Korean State"에서 일부를 발췌・수정・보완한 것이다.

'인간 승리'로 간주되었다.[25)]

이 바둑대회는 단순히 인간과 AI 간의 대결이라는 호기심을 넘어서 인공지능의 무한한 가능성을 유감없이 드러내면서 의도치 않게 한국사회에서 이른바 '4차 산업혁명'에 대한 폭발적인 관심을 불러일으키는 계기가 되었다. 또한 한국은 인공지능 부문에서 다른 경쟁국에 비해 훨씬 뒤졌다는 자각과 이대로 가면 영원히 뒤처질 것이라는 우려가 매스컴을 통해 확산되었다. 이 '세기의 대결' 이후에 전개된 한국 정부의 대응은 마치 1950년대 소련의 '스푸트니크' 인공위성 발사에 충격 받은 미국 정부가 본격적으로 미소간 우주개발 경쟁에 뛰어들 각오를 다지면서 취했던 조치들을 연상케 할 정도로 신속하고 포괄적이었다.

알파고-이세돌의 바둑대결이 알파고의 거의 일방적인 승리로 끝나자 정작 가장 당혹했던 것은 국가 관료들이었으며 이들은 매우 발 빠르게 대응태세에 돌입하였다. 바둑대회가 끝나자마자 관계부처 고위관료들은 이번 바둑대결에서 드러난 "경쟁국에 비해 뒤쳐진 인공지능 기술을 따라잡기 위한 역량을 총집결하기 위한 조치"를 취하기 위해 'AI 개발 콘트롤타워(가칭)'를 설립하기로 방침을 정했고, 이를 위해 산업통상자원부, 미래창조과학부(이하 미래부) 등 관련부처 간부들이 이미 실무회의를 진행했다고 밝혔다(머니투데이, 2017.3.14). 이 컨트롤타워가 그동안 산발적으로 진행되어 온 AI관련 연구과제와 예산집행체계를 일원화하고 집중적으로 육성할 방침이라고 알려졌다. 또한 미래부 핵심관계자는 "이번 알파고의 파장이 워낙 커서 정부도 AI 정책에 대한 많은 고민을 하고 있으며," 우선 미래부 공무원 4명과 한

25) 2017년 5월 구글 알파고와 대결을 벌인 세계 바둑 1위 중국의 커제 9단은 3전 전패를 하였다. 이 대회를 끝으로 알파고는 바둑계에서 은퇴를 선언하였다.

국전자통신연구원(ETRI) 파견인력 1명으로 '지능정보산업육성팀'을 만들어 앞으로 AI 생태계 조성, 기술 확보, 규제 개선, 투자 지원을 전담시킬 것이라고 발표하였다(중앙일보, 2017.3.14).

마침내 바둑대회가 끝난지 불과 일주일이 안되는 시간에 정부는 '지능정보산업발전전략'을 마련하여 발표하였다. 미래부는 3월 17일 박대통령에게 인공지능과 빅데이터, 사물인터넷, 클라우드 등을 아우르는 '지능정보기술'을 국가차원에서 육성하겠다고 보고했다. 구체적으로 살펴보면, 삼성전자, LG전자, SK 텔레콤, KT, 네이버, 현대자동차가 참여하는 '민간연구소'인 '지능정보기술연구소'를 설립하고, 연구소 운영은 6개 기업이 담당하며, 참여기업들이 30억 원씩 출자하여 연구 인력을 50인으로 구성하고, 정부가 선도(flagship) 프로젝트 등 핵심 연구개발비를 지원한다는 것이다(연합뉴스, 2016.3.17). 나아가 정부는 첫해 1,388억 원을 시작으로 5년간 1조 원의 예산을 투자하고, 민간에서 2조 5천억 원 이상을 투자하도록 유도하겠다는 것이다.

이에 덧붙여 미래부는 여러 가지 구체적인 목표도 설정하였다. 언어지능의 경우 2019년까지 이 분야에서 세계 1위가 되는 것을 목표로 잡았다. 시각지능에서는 인공지능의 이미지인식 대회인 '이미지넷'에서 2019년 우승하는 것을 목표로 삼았다. 공간지능을 활용하여 드론, 로봇 등을 통한 재난구조 시연을 2019년에 하고, 감성지능으로는 의료 진단, 노인 돌봄 등을 2019년까지 시연해 보이기로 했다. 요약・창작지능 분야에서는 2020년까지 인공지능이 스스로 영화의 스토리를 이해해 이를 영상으로 요약, 압축하는 능력을 놓고 인간과 대결을 벌일 계획을 세웠다(연합뉴스, 2017.3.17). 정부는 슈퍼컴퓨터, 신경칩, 뇌과학・뇌구조, 산업수학 등 기초학문 분야에 대한 연구도 지원할 계획을 가졌다.

같은 날 박 대통령은 '지능정보사회 민관합동 간담회'에서 R&D 투자 분야의 새로운 컨트롤 타워인 대통령주재 '과학기술전략회의'를 신설할 것이라고 발표했다. 이 전략회의는 "관련분야 민간 전문가들과 관계부처 공무원 등으로 구성"되며, "핵심 과학기술정책과 사업부처 간 의견 대립 사안을 '톱다운' 방식으로 전략을 마련하고 조정역할을 수행하면서 우리 R&D 시스템의 근본적 혁신을 추진해 갈 것"이라고 밝혔다(연합뉴스, 2017.3.17).

바둑대회가 끝난 지 약 5개월이 지난 후, 과학기술전략회의는 9개 성장 전략을 발표하였다. 정부는 향후 10년간 1조 6천억 원의 투자를 계획하였다. 비록 정부의 투자규모는 막대하였지만 정작 산업계와 과학기술계의 반응은 냉랭하였다. 그도 그럴 것이 〈표 5〉에서 보듯이 박근혜 정부는 미래성장전략계획을 2014년 이래 매해 바꾸어 왔으며 따라서 새로운 계획의 진정성과 신뢰성이 의심되었기 때문이다.

당초 2014년에 마련된 과학기술 전략 로드맵의 구체적인 전략들은

〈표 5〉 박근혜 정부의 미래성장동력 전략

| 공표연월 | 전략계획명 | 내용 |
|---|---|---|
| 2016. 8 | 9대 국가전략 프로젝트 | 자율주행차, 스마트시티, 가상・증강현실, (초)미세먼지, 인공지능(AI), 정밀의료, 바이오 신약, 탄소자원화, 경량소재 |
| 2015. 3 | 19대 미래성장동력 | 5G 이동통신, 스마트 자동차, 심해저 해양 플랜트, 고속-수직 이착륙 무인기, 지능형 로봇, 착용형 스마트 기기, 실감형 콘텐츠, 스마트 바이오 생산시스템, 가상훈련시스템, 맞춤형 웰니스케어, 재난안전시스템, 신재생 하이브리드, 직류 송・배전 시스템, 초임계 CO2발전시스템, 지능형 반도체, 융복합소재, 사물인터넷, 빅데이터, 첨단소재가공시스템 |
| 2014. 6 | 13대 미래성장동력 | 5G 이동통신, 스마트 자동차, 해양 플랜트, 인텔리전트 로봇, 웨어러블 스마트 디바이스, 실감형 컨텐츠, 맞춤형 웰니스케어, 재난안전관리스마트시스템, 신재생 에너지하이브리드 시스템, 지능형 반도체, 미래 융복합 소재, 지능형 사물인터넷, 빅데이터 |

출처: 중앙일보(2017.3.17).

2015년과 2016년에 각기 개명되거나 재구성되었고, 충분한 설명이 없이 삭제되기도 하였다. 구체적인 전략의 총 가짓수도 2014년의 13개에서, 2015년에는 19개, 그리고 2016년에는 9개로 조정되었다. 2016년에 추가된 특기할 만한 전략은 인공지능(AI)과 증강현실(augmented reality)로서 알파고와 포켓몬의 성공을 반영한 것이다. 미래 성장동력의 구체적 전략 구성은 한국 사회가 가진 기술적 능력이나 잠재적, 문화적 자원과는 무관하게 다분히 임기응변적으로 결정되었다. 박대통령이 인공지능과 증강현실을 미래 성장동력에 포함시켜야할 이유로 들은 것은 "알파고 같이 우리에게 충격을 준 인공지능과 최근 포켓몬 열풍을 일으킨 증강현실과 같은 정보통신기술이 경제와 사회에 엄청난 변화와 혁신을 가져올 것이므로"였다(연합뉴스, 2017.3.17).

박근혜 정부의 계획에 대한 기업과 과학기술계의 반응은 의례적인 것이었다. 그간 전례로 미루어 보아 정부가 주도할 경우 단기적 성과에 급급하면서 그칠 공산이 크고, 정부가 비현실적인 목표를 설정하고 기업과 연구자들을 동원할 가능성이 크다는 것이다(조선비즈, 2017.3.15). 이러한 비판과 우려를 반영하여 정부는 민간연구소 설립을 지원하는 방식을 통해 민간기업이 투자와 R&D를 주도하고 정부가 이를 뒷받침하는 것을 지능정보산업 '지원'의 기조로 삼았다. 그러나 업종별 경쟁 관계인 참여기업들이 기술개발 내용을 얼마나 공유할 것인지, 기업들의 기존 관련 연구소는 어떻게 되는 것인지, 그리고 정부가 어떻게 민간기업으로부터 수조원대 투자를 유도하겠다는 것인지에 대해 구체적인 방안이 없었고 따라서 모두가 이 계획의 실현에 대해 회의적이었다.

지능정보산업을 국가 전략산업으로 육성하고자 시도하고 있는 한국정부의 편의적인 접근방식은 정작 사기업인 구글의 방식과 극적으로 대조된다. 구글은 지난 14년간 AI 관련 회사들을 합병하기 위해 33조 원(297억 달러)을 투자해 왔다. 구글이 2014년 딥마인드를 인수할 때 7,000억 원가량을 투입한 것으로 알려졌다. 한 관찰자의 지적은 매우 냉소적이다.

> 늘 그랬던 것처럼 정부는 부랴부랴 인공지능시대 마스터플랜 수립에 나섰다. 이 분야를 또 무슨 '전략산업'으로 키울 요량인가보다. 정작 알파고를 개발한 구글은 인공지능으로 더 나은 세상을 만들겠다고 한다. 모든 문제를 산업이나 돈벌이의 문제로만 치환해 온 정부의 오랜 패착은 개선의 여지가 없어 보인다.[26]

### (2) 정보통신기술(ICT) 산업에서 국가의 역할

정부가 발표한 미래성장동력 발전전략에 대해 과학자들이나 산업계 사람들이 냉소적이었던 이유는 이제까지 누적되어 온 정보통신 산업에서 국가가 수행한 행태와 관련이 있다. 〈표 6〉은 정보통신 산업

〈표 6〉 국가주도 정보통신기술(ICT) 개발연혁

| | |
|---|---|
| 1991 | 컴퓨터 운영체계를 MS-DOS 대신에 K-DOS로 대체시도 |
| 1996 | (1992~96) 전자통신연구원(ETRI), 국내기업들과 CDMA 기술 상용화 |
| 1996 | (1992~96) 초고속정보통신망 구축 |
| 2001 | 우리 기술로 만든 무선인터넷 표준 '위피'(WIPI) 개발 |
| 2004 | ETRI에 LINUX의 한국판인 '부요'(BOOYO)를 개발하도록 요구 |
| 2011 | 지식경제부, 구글의 안드로이드(Android) 대신에 한국식 모바일 운영체계 개발 시도, 무산 |
| 2013 | 미래부, 이메일 시스템 @ 대신에 #을 사용하는 한국 공인전자메일 시스템 개발 |
| 2014 | 미래부, 유튜브(YouTube) 대신 케이튜브(K-Tube) 개발 |
| 2016 | 미래부, K-알파고, K-포켓몬 개발개시 |

26) 이종필 칼럼(한국일보, 2017.3.13).

에서 한국의 국가가 주도한 주요 프로젝트들을 열거한 것이다.

일찍이 1991년 정부는 컴퓨터 운영체계를 MS-DOS 대신에 K-DOS로 대체하려는 시도를 하였었다. 정부주도로 한국컴퓨터연구조합은 '한국산' 운영체제(OS)인 K-DOS를 개발하였다. 모든 컴퓨터 명령어를 한글로 처리해 '컴맹'을 줄이려는 의도였다. 그러나 컴퓨터 운영체계 시장에 대한 분석없이 개발하여 보급에 실패하였다. 민간업체들이 합류해 K-DOS 3.3을 만들었으나 판매에 실패하였다. 1993년 5.0 버전을 만들었으나 결국 보급에 실패하였다.

2004년에 정보통신부(이하 정통부)는 전자통신연구원(ETRI)에 LINUX의 '한국판'인 '부요'(BOOYO)를 개발하도록 요구하였다. 개발취지는 마이크로소프트(MS)사의 영향력을 줄이고 공개 소프트웨어 기반의 안정적인 프로그램 개발을 지원한다는 것이었다. 당초 목표는 학교, 지방자치단체 등 공공기관 중심으로 '부요'의 보급을 늘리고 핵심기술도 공개해 전세계 리눅스 커뮤니티에 공헌한다는 것이었으나 아무것도 이루지 못했다. 이후 '부요'는 추가업데이트가 이루어지지 않고 있어 사장된 것으로 볼 수 있다.

2011년에는 정보통신부를 흡수통합한 지식경제부가 구글의 안드로이드(Android) 대신에 '한국식' 모바일 운영체계를 개발하려 시도하였다(경향신문, 2011.8.22). 개발 취지는 애플의 iOS와 구글의 안드로이드는 전 세계 몇 십억 명이 이용하지만 삼성 갤럭시 시리즈의 OS '바다'는 이용자가 극소수인데다가 구글이 스마트폰 제조 사업에도 참여할 경우를 고려하면 안드로이드에만 의존할 수 없다는 것이다. 정부가 나서서 삼성과 LG를 위한 OS 개발에 나서겠다는 발상은 결국 현실화되지 못했다. '한국식' 기술개발의 리스트에 독자무선 플랫폼(위피: WIPI)을 추가할 수 있다. '위피'를 강조하면서 스마트폰의 도입이 늦어졌다는 '갈라파고스 논란'이 야기되었다(전자신문, 2012.9.17).

2013년에는 이메일 시스템 @ 대신에 #을 사용하는 '한국' 공인 전자메일 시스템을 개발하였다. 그러나 예상 사용인원의 1/100에 불과한 1만 7천 명만이 사용등록을 하는 데 그쳤다. 2014년에 미래부는 유튜브(YouTube) 대신에 케이튜브(K-Tube)를 개발하였다.

이처럼 이제까지 한국의 국가가 발주한 정보통신사업들의 결과는 절망적이었다. 소수만이 이런 프로젝트가 있었다는 것을 알 뿐이었고, 활용도는 거의 무시할 수준이었다. 정부의 여러 정보통신 담당 기구들은 새로운 기술창안 상품들이 세계 지능정보통신 시장에 등장할 때마다 이를 뒤쫓아 단기적이고 가시적인 성과를 내도록 요구하였고, 아무런 괄목할 만한 성과는 나오지 않았다. 이제 한국 정부는 알파고와 포켓몬의 획기적인 성공에 자극을 받아 이를 추격하여 한국형-알파고와 한국형-포켓몬을 개발하려고 한다. 한국 정부는 앞으로 인공지능과 증강현실을 개발하는 미래성장전략 계획이 제대로 진행되면 5년 안에 알파고와 포켓몬을 추월할 수 있을 것으로 전망하였다. 거듭된 실패에도 불구하고 정보통신산업 분야에서 여전히 국가주도 경향이 두드러지며 '우리식'에 대한 집착에서 벗어나지 못하고 있는 것을 관찰할 수 있다. 왜 한국의 국가기구는 이런 시지프스적 행태를 되풀이하고 있는 것인가?

### (3) CDMA의 성공과 국가주도 경로의 형성

왜 한국의 국가는 정보통신 산업에서 '국가주도'를 고집하며 '한국식'을 강박적으로 요구하는가? 이는 과거 몇 가지 국가주도 정보통신 정책이 성공하면서 자기강화적 경로가 형성되었고, 이 경로에 대한 국가의 의존이 여러 가지 상황이 달라진 현재에도 다른 대안을 봉쇄하는 강력한 구심력으로 작용하고 있기 때문이다. 그리하여 한때는 정보통신 부문에서 국가능력의 화신이었던 한국의 국가는 탈발전국가 시기에 시행하지 못할 계획을 세우거나 무모한 일을 되풀이할 뿐인 시지프스 국가로 변환되어 있는 것이다.

적어도 정보통신에 관한 한 한국의 사례가 모델케이스가 되었던 적이 있다. 일찍이 김영삼 정부는 핵심정책으로 내세운 '세계화'를 수행하는 가장 혁신적인 수단으로서 국가 정보화를 촉진하고 정보통신 산업 육성을 '일관성 있게 효율적으로 추진하기 위해' 1994년 정보통신부(이하 정통부)를 발족하였다. 정통부는 설립 취지에 걸맞게 출범 후 몇 가지 뚜렷하고 굵직한 업적들을 산출해 냈다. 예컨대 '전전자교환기'(TDX) 상용화는 가정내 전화기 대중화를 가져와 한국이 통신자주권을 확보하면서 통신강국으로 가는 밑바탕을 그렸다는 평가를 받았다.

정통부가 1996년 미국 벤처기업 퀄컴(Qualcom)의 기술인 '코드분할다중접속방식'(CDMA)을 세계 최초로 상용화시킨 것은 국내 통신산업과 휴대전화 기업들을 세계적 수준으로 이끈 사건으로 간주된다. 한국은 1988년 올림픽 이후 92년까지 매년 93%씩 이동전화 가입자가 늘어나면서 이를 수용할 수 있는 디지털 이동통신시스템을 필요로 했다. 전자통신연구원(ETRI)이 주축이 되어 당시 세계시장을 양분하고 있던 유럽방식(GSM)과 시분할다중접속방식(TDMA)의 디지털 기술 도입을 추진했으나 어느 외국 기업도 기술을 넘겨주지 않으려 했다. 당시 한국에 통신장비 대부분을 공급하고 있던 모토로라도 한국을 시장으로 간주했을 뿐 기술개발 파트너로 여기지 않았다. 결국 아직 시장에 등장하지 않은 신기술인 코드분할다중접속방식을 개발한 미국의 신생 벤처기업이었던 퀄컴과 제휴하여 1996년 신세기통신을 출범시키면서 세계 최초로 이 방식의 이동전화 상용화에 성공하였다.[27)]

이러한 '기술 자립화' 모험의 선택은 결과적으로 큰 성과로 되돌아왔다. 세계 어느 나라에도 없던 기술이었던 만큼 국내 시장은 한국 단말기 생산업체들의 독무대가 되었다. 삼성전자, LG정보통신, 현대전자 등 제조업체들은 치열한 기술경쟁과 시장경쟁을 통해 경쟁력을 쌓아갔고, 한국은 모토로라, 에릭슨, 노키아 등 해외기업들이 시장을 제패하지 못하는 몇 안 되는 나라 중 하나가 되었다. 1999년 전자산업이 처음으로 한국 전체 수출에서 차지하는 비중이 35% 넘어 1위가 되었으며, 한국이 CDMA 단말기 세계시장 점유율 85%를 차지하면서 수출실적에도 크게 기여하기 시작하였다. 삼성전자, LG 전자 등 휴대전화업체는 CDMA 전화를 전 세계에 판매하면서 이 분야 글로벌 기업으로 성장하게 되었다. 2세대(G) 이동통신 CDMA의 성공은 3세대 이동통신, 4G 와이브로와 LTE(Long Term Evolution)로 이어지면서 한국의 무선통신 환경을 세계 최고수준으로 도약시켰다고 할 수 있다.

정통부가 주도한 초고속 인터넷망 구축 역시 두드러진 업적이다. 정통부는 1992년~96년간의 초고속정보통신망 구축에 이어 1999년에는 '비대칭형 디지털 가입자 망'(ADSL) 서비스 제공에 나서 초고속 정보통신망 구축을 국책사업으로 추진했으며, 그 결과 세계최고 수준의 초고속 인터넷 인프라를 구축하게 되었다. 이러한 인터넷망 구축은 네이버, 다음, 엔씨소프트, 넥슨 등 인터넷 벤처 신화가 탄생하는 밑거름이 되었다. 이처럼 한국사회가 'IT 강국으로 도약하는 디딤돌'이 되었던 일련의 성공적인 정보통신산업 프로젝트에서 국가의 역할은 주도적이었다. 그리하여 한국의 정통부를 벤치마킹해 정보통신 전

27) CDMA 상용화에 힘입어 퀄컴은 2015년 현재 모바일 기기 칩셋(AP) 시장의 42%를 장악했으며, 이는 아이폰에 사용된 애플 A 시리즈의 2배에 달한다.

담부서를 설치한 국가도 29개에 달할 정도였다(전자신문, 2012.9.17).

그러나 정통부는 초기의 화려한 업적에도 불구하고 후반기에 부처의 강력한 추진력이 오히려 여러 가지 문제를 일으키며 존폐론에 휩싸였다. 마침내 이명박 정권이 출범하면서 정통부는 폐지되고 정보통신의 여러 가지 기능들은 여러 정부부처로 분산 흡수되었다. 그리하여 〈표 6〉에서 볼 수 있는 '한국식' 기술 개발에 대한 집착은 과거 CDMA의 성공이 설정한 경로에 대한 의존에서 비롯되었다고 할 수 있다. 현재의 발목을 잡고 있는 '덫'의 역사라 할 수 있다. 장기적이고 기초적인 과학기술의 기반에 투자하고 축적하는 대신에 해외의 창의적인 과학기술의 성과를 뒤쫓아 '한국식'으로 개발하려는 정부의 조급함은 끝없이 무모한 도전을 거듭하는 시지프스적 행태로 나타났다.

## 5. 소결

앞에서 살펴보았듯이, 중화학공업화 과정에서 과도한 국가개입은 발전국가의 붕괴와 박정희 정권의 몰락을 재촉하였고, 이후 제5, 6공화국 정권들을 거치며 발전국가는 급속히 해체되어 갔다. 가시적으로 발전국가의 상징이었던 경제사회발전 5개년 계획과 국가주도 산업정책은 공식적으로 사라졌다. 이와 더불어 이제까지 기업에 대한 특혜적 지원과 함께 저임금 장시간 노동에 바탕을 둔 수출주도 산업화를 정당화해왔던 '선성장 후분배' 이데올로기도 더 이상 미룰 수 없는 사회적 약속이 되었으며, 이를 실천하도록 압박하는 밑으로부터의 요구가 봇물이 터진 것처럼 거세어지기 시작하였다. 오랜 군사정부 끝에 수립된 첫 문민정부로서 1993년에 들어선 김영삼 정부가 세계화 시책을 통해 이제까지 '국가주도 민간추수'의 국가정책 기조를 '민간

자율 국가지원' 기조로 '대체'하고, 나아가 문화정책 기조도 "규제에서 자율로, 중앙에서 지방으로, 문화예술 창조계층에서 향유 계층으로"를 표방하며 탈규제와 지원의 강화로 잡았던 것은 바로 이러한 시대적 요구에 부응하기 위한 것이었다(이병민, 2007).

이러한 새로운 정책기조 아래 다국적 기업화, 문화산업화, 정보산업 육성에 바람직한 국가의 역할은 민간부문의 기업가적, 문화적 창발성을 최대한 보장하면서 '병참적인'(logistic) 지원을 하는 것이겠지만, 과거로부터 축적된 한국사회의 국가-사회관계에 관한 문화적 '연장통'에는 민간에 대하여 '적절한 거리'(arm's length)를 유지하면서 지원하는 국가의 역할 모델은 없었으므로 새로이 구축되어야 했다. 그러나 발전국가 시기에 경제정책의 기조로 굳어진 '국가주도-민간추수' 경로를 '민간자율-국가지원'이라는 새로운 경로로 '대체'하려는 시도들은 결국 잔존하는 발전국가적 요소에 새로운 민간 자율적 요소들을 '중첩'시키면서 복잡성을 가중시키는 것에 그쳤다. 이 장에서 살펴본 3가지 사례들은 이러한 국가주도와 민간자율 간의 긴장관계를 잘 드러내고 있다.

한국의 다국적 기업화는 한편으로 '민간자율'이라는 새로운 정책기조 아래 세계적 기준(global standard)에 맞추어 선제적으로 규제완화를 하였으나 과거 발전국가 시기에 형성된 '국가주도 경로'에 의존한 기업들이 해외 사업을 확장시킬 기회로 파악하여 전망이 불투명함에도 불구하고 부나방처럼 해외로 러쉬하여 일으킨 '도덕적 해이'(moral hazard)와, 다른 한편으로 국가의 감시・규제 능력(monitoring and regulatory capacity) 결여가 합작하여 일으킨 문제였다. 민간기업들은 자기의 요구와 책임 아래 다국적화의 길로 나간 것이 아니라 국가가 수립한 '선진국 진입 프로젝트'의 일환으로서 세계화에 참여하는 방식으로 나아갔다. 과거 국책 프로젝트에 참여한 기업들이 국가로부터 직접적인 지원을 받았듯이, 세계화 프로젝트 참여 기업들은 국가지원을 기대하였고, 위험 역시 국가의 분담을 기대하였다. 이는 일종의 '연성적 예산제약'(soft-budget constraint)문제로서(Kornei, 1979) 기업들의 도덕적 해이를 유발하였으며, 무모한 해외투자를 부추겨 1997년 외환위기를 초래한 직접적인 원인 중 하나가 되었다.

반면에 한국의 문화 산업화는 민간부문에서 자생적으로 발생한 문화적 창발성과 역동성이 더 뻗어나갈 가능성을 국가가 부적절하게 개입하면서 '발목을 잡은' 경우이다. 과거 발전국가 주도에 의한 제조업 중심의 수출산업화 모델을 원용하여 문화 산업화 정책을 입안하고 시행하는 정부의 시각에서 민간부문은 국가주도 문화산업화의 '하위 파트너이자 산업역군'으로 간주될 뿐이었다(원용진 · 김지만, 2011). 문화산업에서 민간부문을 선도하려고 시도한 국가의 이러한 적극적 역할은 민간으로부터 발생한 한류의 창발성과 역동성을 제한하고 '원조' 민간 프로젝트를 국가 프로젝트로 왜곡시키면서 문화 수용국으로부터 민족적 반발을 유발하는 등 부정적인 효과를 낳았으며, 결과적으로 한류의 가능성을 제한하는 데 크게 기여하였다.

정보통신(ITC) 산업화 과정에서 우리는 '성공의 덫'에 걸린 국가기구가 어떻게 산업화의 방향과 내용을 자신의 방식으로 한정짓는지 살펴보았다. 국가의 정보통신담당 기구는 CDMA의 상용화 성공과 초고속정보통신망 건설 등 과거 몇 가지 성공했던 국가주도 정보통신 정책을 통해 자기강화적 경로를 형성하였고, 여러 가지 상황이 달라진 현재에도 이 경로에 의존하면서 다른 대안을 봉쇄하는 강력한 구심력으로 작용하고 있다. 그리하여 한때는 정보통신 부문에서 국가능력의 화신이었던 한국의 국가는 이제 시행하지 못할 계획을 세우거나, 무모한 사업을 되풀이 시행하는 시지프스 국가적 행태를 되풀이하고 있다. 이것이 한국의 국가가 정보통신 산업에서 국가주도를 고집하며 '한국식'을 강박적으로 요구하는 배경이다.

이 장에서 살펴본 3가지 사례는 국가기구나 민간 행위자들이 '국가지원'이라 쓰고 '국가주도'로 읽는 부조응 행태를 보이면서 국가정책의 효능감(effectiveness)을 떨어트리고 있음을 공통적으로 보여주고 있다. 탈발전국가 시기에 '민간자율-국가지원'을 표방한 산업화 시도들이 과거 발전국가 시기에 형성된 '국가주도-민간추수' 경로의 구심력을 벗어나지 못하고 맴돌면서 '국가실패'(the state failure)를 야기하고 있는 것이다. 그리하여 향후 지속가능한 대안적 국가-시민사회 지배구조를 구축하는 데서 가장 우선적으로 고려해야 할 것은 이러한 '국가주도-민간추수' 경로에 대한 의존에서 벗어나기에 충분한 원심력을 확보하는 것이다. 그리고 이것이 발전국가 '유령'의 주술에서 벗어나는 길일 것이다.

# 결 론

# 결 론

한국은 세계의 최빈국에서 가장 역동적인 나라로 거듭나게 되었다. '누더기에서 양탄자로'(from rag to rug), '배스킷 케이스에서 모델 케이스로'(from basket case to model case) 변신에 성공하였다. 한국에서 일어난 급속한 경제발전을 누구도 예기치 못했다.

한편 그동안 급속한 경제적 성장의 결과, 한국사회에서는 비록 절대적 빈곤은 해소되었으나, 사회구성원 대다수가 경제적 성과의 배분이 상대적으로 불공정하다고 느끼고 있고, 사회적 신뢰가 현저히 약화되었으며, 삶의 질은 역진적인 것으로 드러났다. 세계 최고 수준의 자살률과 최저 수준의 출산율이 지속적인 경향으로 자리를 잡은 한국사회는 이대로 지속가능하지 않을 것이다. 왜 한국의 사회는 이렇게 양적으로 팽창한 경제와 질적으로 빈곤한 사회라는 열악한 내용을 갖고서 사회 해체적인 방향으로 걸어온 것인가?

이제까지의 연구 결과는 한국의 경제발전 과정에서 전통적 유교문화와 발전국가가 중요한 역할을 수행해 왔다는 것이다. 그러나 그동안 한국 경제발전의 부침을 설명하면서 전통적인 유교문화와 발전국가의 개념이 쓰이는 방식은 국가와 문화가 함께, 또는 제각기, 성공을 설명할 때는 성공의 요인으로서 그리고 실패를 설명할 때는 실패의 요인으로서 양쪽의 경우를 모두 설명하는 '양날의 칼'(two-edged sword)로 동원되었다. 그리하여 한국의 경제발전이나 저발전 과정에서 작용한 문화와 국가의 역할에 대하여 기존의 사회과학 이론들은 아직 설명의 여지를 크게 남겨두고 있다. 이러한 설명의 공백을 한국 경제발전을 주도한 발전국가의 기원을 일제 식민통치에서 찾으려는 식민지근대화론이 채우고 있다.

이 연구는 한국 경제발전 과정에서 작용해 온 국가 및 문화의 역할이라는 오래된 질문을 신제도주의의 역사제도주의적 시각을 통해 접근하였다. 역사제도주의적 관점은 왜 어떤 제도나 유형이 역사적으로 특정한 시점과 장소에서 그리고 특정한 방식으로 일어났는지, 왜 다른 조건에서는 일어나지 않았는지를 묻는 데 적절한 문제 틀을 제공한다.

역사제도적 관점을 통해 한국에서 일어난 경제발전이라는 현상을 제대로 분석하기 위해서, 이 연구는 다음과 같은 일련의 질문을 제기하였다. 먼저 어떤 계기에 1960년대 초반 시점에서 추격적 경제성장 방식의 산업화가 시도되어 수출중심 경공업화 경로가 설정되었고, 이를 역동적으로 추진하는 과정에서 어떻게 발전국가가 형성되었는가, 왜 국가주도 산업구조심화 계획인 중화학공업화의 결과 발전국가가 붕괴되기 시작하였는가, 이와 같은 발전국가의 수립과 해체과정에서 한국의 혼종문화는 어떤 역할을 수행하였나, 그리고 이러한 역동적 과정이 배태된 한국의 혼종문화는 역사적으로 어떻게 형성되었나를 분석하였다. 나아가 과거 국가주도 추격적 성장방식이 현재 한국사회에 남긴 함의를 도출하기 위해 발전국가 시기에 형성되어 공고해진 '국가주도-민간추수 경로'가 탈발전국가 시기인 현재 국가가 산업정책을 시행할 때 어떤 기회요인 혹은 제약요인으로 작용하고 있는지 살펴보았다.

이 연구의 핵심적 분석결과를 요약하면 다음과 같다.

이 연구의 중심적 연구가설은 한국 발전국가의 수립과 특성 그리고 발전국가가 주도한 추격성장의 특징적 양상을 가져오게 한 중요한 요인은 역사적으로 형성된 한국 문화의 혼종성이라는 것이다. 한국의 문화는 조선시대 지배 이데올로기로서 유교문화의 전일화로부터 일제시대 전통 유교 교리의 파편화와 식민지 근대성의 편의적 이식, 미군정 시기의 탈식민화, 전쟁과 휴전 그리고 권위주의적 통치와 같은 다양한 정치, 사회, 경제적 계기들을 거치면서 혼종성(hybridity)이 중첩되어 왔다. 이렇게 역사적으로 구성된 한국의 혼종문화는 1960년대 군사정부가 설정한 추격성장을 수행하는 기구로서 발전국가가 형성되고 왕성하게 작동할 수 있는 조건을 제공하였다. 구체적으로, 군사정부의 전략적 행위자들은 추격성장 전략으로서 일련의 경제개발 5개년 계획을 세우고, 수출주도 경공업중심 산업화 경로를 설정하여 추진, 실행하는 과정에서 한국의 발전국가를 형성하였으며, 이 발전국가를 통해 아주 다양하고 풍부하면서 상호 모순적인 혼종문화적 구성요소들을 거리낌 없이 전략자원으로 동원할 수 있었다.

한국의 발전국가는 추격성장 과정에서 국가의 자율성과 국가의 수행능력 간 역동적 상호작용을 통해 '상호강화환류' 경로가 설정되었기 때문에 수립이 가능하였던 하나의 제도적 창안(institutional innovation)이었다. 이어서 한국의 발전국가에 의해 '수단과 방법을 가리지 않고' 추진된 추격성장은 한국 혼종문화의 중요한 구성요소인 '결과만능적 목적합리주의'에 의해 정당화되면서 지속될 수 있었다. 그리하여 발전국가의 수립은 한국의 경제발전에서 '결정적 계기'(the critical juncture)가 되었다.

그러나 하나의 제도로서 발전국가는 영속적이지 않고, 만들어지는가 하면 사라지는 속성을 갖고 있다. 한국의 발전국가 역시 국가 주도에 의한 급속성장의 결과로서 국가 자율성이 저하되고 뒤이어 국가 수행능력이 약화되는 '상호약화환류' 경로로 변환되면서 마침내 붕괴되었다. 오늘날 우리가 한국 사회에서 목도하고 있는 지대추구적 약탈국가 성향과 무기력한 '시지프스 국가'(the Sisyphean state) 성향, 그리고 사회 해체적 경향은 그동안 한국의 발전국가가 실천해 왔던 결과만능주의적 효율성의 퇴행적 결과인 '탈발전국가 증후군'(Post-developmental state syndrome)이다. 한국 사회는 탈발전국가 시기에 발전국가라는 '유령의 주술'에서 벗어나지 못하고 있는 셈이다.

그리하여 이 연구의 결과는 한국 사회가 당면한 성장과 복지라는 상충적이고 상보적인 시대적 과제를 수행하기에 적합한 국가와 문화의 배열은 무엇이고 이를 어떻게 마련할 것인가에 대해 중요한 함의를 갖고 있다. 나아가 한국 발전국가의 수립과 붕괴에 대한 하나의 역사제도주의적 해석으로서 이 연구 결과는 한국 발전국가가 일제 식민통치기구의 내리물림이라는 식민지근대화론자들의 기능주의적 주장을 상당정도 수정하고 있다는 점에서 그 의의를 찾을 수 있다.

이 연구에서 분석적으로 검토한 주요 연구가설과 결과를 쟁점별로 재구성하면 다음과 같다.

첫째, 한국에서 발전국가가 등장하고 해체된 역사제도적, 문화적 맥락은 무엇이며, 향후 지속가능한 지배구조 형성에서 어떤 현재적 함의를 갖고 있는가?

일반적으로 추격성장 모델은 앞장 선 나라를 따라 잡아야 하기 때문에 이에 필요한 인적, 물적 자원을 동원할 수 있을 뿐 아니라, 사회구성원들을 설득시킬 수 있는 이데올로기적 자원까지도 동원하여 경제성장을 수행할 수 있는 강력한 국가, 즉 유능한 발전국가의 존재를 필요로 한다. 한편으로 발전국가는 경제발전의 시점과 방식 등을 정하는 데서 고도의 국가 자율성을 갖추고, 다른 한편으로 설정된 목표를 국내외 사회경제 세력과의 상호작용을 통해, 그리고 산업구조의 전환을 통해 실행해 나가는 상당한 정도의 관료제적 수행능력을 갖춘 국가이다.

국가의 능력(state strength)은 자율성과 수행능력으로 구성된다. 국가의 자율성은 국가가 사회의 지배적 사회경제 세력의 사적, 집단적 이해추구로부터 상대적으로 독립적인 위치에 있으면서, 국가 나름의 독자적인 이해를 정책으로 설정할 수 있는 개연성(probability)을 말한다. 물론 이렇게 자율적으로 입안된 국가정책을 효과적으로 수행하여 어느 정도로 구체적인 성과를 내느냐 하는 것은 자율성과 구별되는 국가 수행능력의 문제이다. 국가의 수행능력은 국가의 독자적 이해를 물질적, 인적, 행정적, 제도적 그리고 이데올로기적 가용자원을 동원하여 사회, 경제적 과정에 효율적으로 개입하고 관철시킬 수 있는 개연성을 말한다. 국가의 수행능력은 다층적인 개념으로서 물리적 폭력의 합법적 독점에서 비롯하는 강압력(enforcing power)을 바탕으로, 사회적, 경제적 과정에 개입하여 정책을 시행할 수 있는 능력으로서 개입력(intervening power) 그리고 그 결과 사회구조 및 산업구조를 변환시킬 수 있는 전환능력(transforming power)을 포함한다.

국가능력(state strength)을 구성하는 자율성과 수행능력은 고정적인 자질이 아니라, 구체적인 역사적 국면에서 국가기구가 스스로 내부 혁신을 통하여 그리고 국가와 강력한 대내외 정치·사회·경제적 세력과의 상호작용의 결과로서 '형성되는가 하면 사라지는' 역동적 개념이다(Skocpol, 1985). 그리하여 국가능력은 선험적으로 파악될 수 있는 것이 아니라 구체적인 역사적 국면에서 경험적으로 확인해야 할 자질이다.

한국의 국가는 군사정부에서 제3공화국에 걸쳐 제1, 2차 경제개발 5개년 계획을 수행해나가면서 정책결정과 집행과정에서의 자율성과 정책 수행능력이 상호작용하면서 크게 높아지게 되었으며, 그 결과 한국은 농본사회에서 산업사회로 급속히 전환되었다. 이 시기에 국가 자율성과 수행능력 사이에 '상호강화적 환류 고리'(mutually reinforcing feedback loop)가 형성되면서 '하나의 제도이자 전략적 행위자'로서 발전국가가 수립되었다. 그리하여 1960년대 초중반 일련의 경제개발 5개년 계획의 성공적 수행은 당시에는 새로운 '발전국가'라는 형태의 국가기구(the state apparatus) 수립과 동시에 경제성장 전략으로서 '국가주도-민간추수'적 산업정책 기조(paradigm)가 하나의 '경로'로서 제도화되는 '결정적인 계기'(critical juncture)가 되었다. 나아가 이 시기 고도의 경제성장 성과는 절대적 빈곤의 해소를 통해 '보편적 이해의 수호자'로서 국가의 문화적 성향을 물질적으로 뒷받침하면서 국가가 사회에 대하여 헤게모니(hegemony)적 지배관계를 상당정도 확보할 수 있도록 하였다.

그러나 1970년대 제4공화국 시기 한국의 발전국가가 산업구조 심화 계획으로서 입안하고 시행한 중화학공업화는 과도한 국가개입으로 인하여 국가 자율성이 약화되고 이에 따라 개입력이 약화되는 '상호약화적 환류 고리'(mutually undercutting feedback loop)로 전환되는 계기가 되어, 이는 엄청난 규모의 과잉 중복투자라는 '국가실패'(the state failure)를 야기하였고, 결국 정권의 몰락과 발전국가의 붕괴를 초래하였다. 한국사회의 민간부문을 구성하는 기업과 노동, 시민사회는 그 동안 경제성장의 결과로서 더 이상 발전국가가 효과적으로 '주도'하기에는 너무나 크고 복잡해졌고 따라서 이에 걸맞게 국가와 시장, 시민사회 관계를 조율하고 통제하는 새로운 지배구조(governance structure)

가 요구되었지만 권위주의 정부는 이를 외면하였고, 이러한 지체에 따라 발생한 결과였다.

발전국가 이후 중화학산업 구조조정과 IMF 외환위기시에 전사회적 구조조정을 계기로 '국가주도-민간추수 경로'에서 '민간자율-국가지원 경로'로의 기조변환(paradigm shift) 시도가 있었지만, 두 차례 모두 제도적 '대체' 대신에 '중첩'이나 '표류'에 그쳤다. '국가 주도성'이라는 오랜 경로로부터의 이탈과 '민간 자율성'이라는 새로운 경로의 설정이라는 제도적 변환(institutional change)을 위해서는 상당한 정도의 국가 자율성과 수행능력이 요구되었지만 탈발전국가 시기의 퇴행적 발전국가는 이러한 능력을 결여하였다. 발전국가 이후 여러 정권에 걸쳐 시도된 다국적 기업화, 문화 산업화, 지능정보 산업화가 국가가 의도한 바에 훨씬 못 미치거나 심각한 부작용을 남기면서 '국가실패'를 거듭 되풀이하고 있는 이유는 이 산업들의 속성이 민간의 무한한 창발성을 바탕으로 하는 것이어서 국가가 '민간자율-국가지원'이라는 새로운 산업정책 기조를 표방하고 있음에도 불구하고, 국가나 민간부문 모두가 '국가주도-민간추수'라는 오래된 경로의 구심력으로부터 이탈하지 못하고 있기 때문이다. 이러한 의미에서 현재 한국 사회에서는 발전국가의 유령이 돌아다니고 있는 셈이다. 과연 어떻게 이 유령의 주술로부터 벗어날 수 있을 것인지가 현재 한국 사회가 당면한 핵심적 과제일 것이다.

한편, 위와 같은 발전국가의 등장과 활약, 붕괴라는 역동적인 과정은 문화적 진공상태에서 일어난 것이 아니다. 과연 한국에서 국가주도 추격성장을 성공시킨 문화적 조건은 무엇인가? 한국의 추격성장 과정에서 지대추구에 열중하던 '약탈국가'를 '발전국가'로 대체(displacement)할 수 있었던 조건은 무엇인가? 추격적 경제성장을 주도한 발전국가의 수립 및 운영과정에서 이제까지 역사적으로 형성된 한국의 혼종문화는 어떻게 작용하였는가? 한국의 혼종문화는 발전국가를 구축하고 독특한 성격을 형성하는 데서 결정적 조건으로 작용하였고, 추격성장의 양상과 방향을 설정하는 데서 중요한 조타수 역할을 담당하였다는 것이 이 연구의 중심 가정이다.

한국에서 발전국가가 구축되기 전, 한국의 문화는 조선시대 유교문화의 전일적인 지배, 일제시대 유교적 교리 및 식민지 공동체의 파편화와 식민지적 근대성의 외삽, 미군정시기의 탈식민지화와 편의적 근대성 도입, 전쟁과 휴전, 그리고 권위주의적 통치와 탈권위주의적 사회운동과 같은 다양한 역사적 계기들을 거치면서 혼종성을 중첩시켜 왔다. 어느 한 사회의 문화가 고도의 혼종성을 갖고 있다는 것은 특정한 역사적 국면에서 전략적 행위자들이 동원 가능한 문화적 자원이 개인, 집단, 혹은 사회적 수준에서 매우 다양하다는 것을 함축적으로 의미한다. 그리하여 우리는 한국사회가 역사적으로 우여곡절을 많이 겪은 만큼 전략적으로 활용 가능한 문화적 자원들이 다양하게 중첩된 혼종문화를 갖게 되었을 것이라는 역설적(paradoxical) 가정을 하였다.

이렇게 역사적으로 형성된 한국의 혼종문화는 1960년대 군사정부가 일련의 경제개발 5개년 계획을 수립하고 추격성장을 수행하는 과정에서, 발전국가가 구축되는 과정에서, 그리고 국가가 헤게모니적 지배관계를 수립하는데서 '기능적'으로 작용하였다. 그리하여 산업화 초기에 가장 절실하게 필요한 자본을 전사회적으로 동원하는 과정에서 한국 혼종문화의 결과만능적 목적합리주의 행위지향은 충효나 부국강병과 같이 '대다수의 희생에 바탕한 소수의 특혜'를 전제하는 '선성장 후분배' 정책기조를 정당화하는 문화적 이데올로기 마련에 결정적으로 기여하였으며, 이를 바탕으로 국가는 '말 그대로' 모든 가용한 자원을 동원할 수 있었다. 군사정부는 산업화에 필요한 자금조달을 위해 국내 예금은 물론이고, 재벌로부터 환수한 부정축재자금, 미국의 경제원조, 서독의 차관, 일본으로부터 식민통치의 대가로 받은 청구권 자금 그리고 베트남에 참전한 군인들의 국내송금 등 가용한 모든 자금을 동원하였다. 그래도 모자라는 자금은 수출주도 산업화로 획득한 외화를 국유화한 은행을 통해 전략적인 동반자로 초대한 수출기업과 국내 대기업에게 권위적으로 배분하였다. 동시에 노동자와 농민들에게는 저곡가와 저임금으로 희생을 요구하면서 경제개발계획을 마치 고지를 점령하는 목표를 가진 군사작전식 효율성으로 실행하였다. 이처럼 한국의 혼종문화적 바탕에서 권위주의 국가는 추격적 경제성장을 위해 모든 사회적 관계가 경제적 이해에 배태되도록 하는데 무소불위적 효능(effectiveness)을 발휘할 수 있었다.

오늘날 한국사회에서 우리가 마주하고 있는 사회해체적 증후군은 이제까지 발전국가 및 퇴행적 발전국가가 경로의존적으로 추구해 온 혼종문화에 배태된 추격적 경제성장 방식이 불러온 당연한 결과이다. 사회구성원 대다수가 행복하지 않은, 그래서 자기 사회를 비토하는 사회발전 모델은 지속가능하지 않은 것이다. 그리하여 우리는 이제 신자유주의적으로 재편되어 가는 전지구적 경제질서 속에서 경제성장과 함께 복지확충을 동시에 실현하는 '지속가능한' 사회발전 모델을 모색해야 하는 시대적 과제를 갖고 있다.

둘째, 발전국가 이후 한국사회에서 성장과 복지를 동시에 추구하는 지속가능한 '복지발전국가' 수립은 시대적 요청이다. 이러한 새로운 국가-시장, 기업 및 시민사회를 아우르는 지배구조(governance structure) 수립의 선결 조건은 무엇이고, 이를 형성하는 데서 혼종문화는 어떤 함의를 갖고 있는가?

이 연구에서 분석한 한국 혼종문화의 구성요소는 결과만능적 목적합리주의, 제도와 행위의 부조응, 사회적 관계의 경제적 배태성, 상시적 문화충돌 등이다. 바로 이러한 혼종문화적 특성에 바탕을 두고 1960년대 초반 한국의 군사정권은 국가가 주도하는 추격적 성장전략을 수립하였고, 이를 수행하는 과정에서 국내외 인적, 물적, 이데올로기적 혼종문화 자원을 '온갖' 수단과 방법을 통해 동원할 수 있었으며, 그 결과 괄목할 만한 경제성장을 거두면서 발전국가를 형성할 수 있었다. 추격성장을 위한 발전국가의 형성 과정에서 혼종문화가 결정적으로 기여한 것이다.

그러나 대다수의 희생을 담보로 소수의 특혜를 보장하는 '선성장 후분배'라는 불평등 성장전략을 충효나 민족주의 이데올로기와 같은 문화적 자원을 동원해 정당화하는 것이 발전국가의 전략적 행위자들이 경제발전을 위해 혼종문화를 활용하는 방식이었다면, 이제 경제발전의 결과로서 국가-사회 간의 관계가 변화된 탈발전국가 시기에는 이러한 방식의 문화적 동원은 더 이상 유효하지 않을 것이다. 더구나 국가주도에 의한 불균형적 추격성장이나 전략산업 육성방식은 경제성장 초기의 이른바 '투입요소에 의한 성장'(input-driven growth)[1]에서는 기능적일 수 있으나, 기업이나 노동, 그리고 시민사회를 포함하는 민간부문이 양적, 질적으로 성숙한 현재 단계에서는 한계에 봉착하기 마련이며, 이는 중화학공업화 이후 한국의 국가가 주도한 여러 가지 산업화 과정이 국가실패로 귀결되는 과정에서 잘 드러나고 있다.

그렇다면 탈발전국가 시기 한국사회에서 성장과 복지를 동시에 추

1) 쿠르그만(Paul Krugman, 1994)은 경제성장 방식을 '투입요소에 의한 성장'(input-driven growth)과 '효율성에 의한 성장'(productivity-driven growth)으로 구분하고 있으며, 전자의 대표적인 예로 한국을 비롯한 동아시아 NIES를 들고 있다.

구하는 지속가능한 국가-시장, 기업 및 시민사회를 아우르는 지배구조를 구축하는 데서 제도적 변환의 필요조건은 무엇인가? 제12장에서 분석한 산업화 사례들에서 공통적으로 볼 수 있듯이, 발전국가 이후 국가가 산업정책을 시행하는 과정에서 국가기구나 민간 행위자들이 '국가지원이라 쓰고 국가주도로 읽는' 부조응 행태를 보이면서 국가 정책의 효능(effectiveness)을 떨어트리고 있다. 탈발전국가 시기에 '민간자율-국가지원'을 표방한 산업화 시도들은 과거 발전국가 시기에 형성된 '국가주도-민간추수' 경로의 구심력을 벗어나지 못하고 맴돌면서 국가실패를 야기하였다. 제도적 변환의 관점에서 보면, 이는 과거 중화학공업화 뒷처리를 위한 '민간 자유화' 구조조정과 IMF 구조조정이 의도한바 국가주도성을 민간자율성으로 '대체'하려는 시도가 충분하게 이루어지지 않은 가운데 구제도와 신제도가 '중첩적'으로 존재하면서 혼재적으로 영향력을 행사하기 때문이다. 결과적으로 산업정책은 '표류'하였다.

따라서 향후 한국사회가 지속가능한 경제성장과 복지를 동시에 추구하는 복지발전국가를 수립하기 위해서는 무엇보다도 우선 현재 시지프스 국가의 무기력한 상황에서 벗어나는 제도적 변환을 하는 것이 선결조건이다. 〈그림 8〉(277쪽)은 국가의 제도적 변환에 관하여 시지프스 국가에게 열려 있는 3가지 가능한 시나리오를 점선으로 제시하고 있다.

시지프스 국가에게 열려 있는 첫 번째 가능성은 제자리에 머물러 있는 것이다. 일반적으로 국가는 현재의 무기력한 상황을 타개하기 위하여 여러 가지 정책들을 시도하지만, 한 국가가 해야 할 일과 해서는 안 되는 일, 잘할 수 있는 일과 할 수 없는 일을 구분하여 정책을 수립하고 필요한 인적, 물적, 이데올로기적 자원을 동원하며, 사회경제적 세력들과 상호작용을 하면서 적절하게 정책을 수행하는 것 자체가 매우 세련된(sophisticated) 국가능력이 요구되는 '국가의 일'이다. 이는 낮은 수준의 국가 자율성과 수행능력을 갖고 있는 시지프스 국가에게서 기대하기 힘든 과업이다. 시지프스 국가가 현상 타파를 위해 시도를 한다 할지라도 낮은 수준의 자율성과 수행능력 간의 악순환 고리에서 이탈할 만한 충분한 원심력을 구축하지 못하는 한 제자리에 머물 개연성이 크다.

두 번째 가능성은 지대추구적 약탈국가로 되돌아가는 것이다. 시지프스 국가가 낮은 수준의 자율성을 유지한 채 사회에 대한 상압력이나 개입력을 행사하는 수행능력을 높인다면 공공 이해의 수호자보다는 지대추구에 능한 약탈국가로 되돌아갈 개연성이 클 것이다. 국가자율성이 낮은 상황에서 수행능력의 제고를 통한 제도적 대체의 시도가 중첩이나 표류에 머무는 경우에도 지대추구 국가로 되돌아갈 개연성이 높아질 것이다.

나머지 가능성은 매우 어려운 길이지만 기대해 볼 만한 충분한 이유가 있다. 이는 시지프스 국가가 혁명에 준하는 전면적 개혁 등 여러 계기를 통해 국가자율성의 정도를 급격하게 상승시키거나, 자율성과 개입력의 상호강화환류 경로를 설정하는 제도적 대체 시도를 통해 발전국가로 재진입하는 매우 어려운 경우이다. 물론 과거와 같은 권위주의적 발전국가로 회귀하는 경우도 있겠지만 이는 이미 달라져버린 국가-기업-시민사회 관계 속에서 지속가능하지 않은 일시적 계기에 그칠 개연성이 높을 것이다. 그 대신 복지와 성장을 동시에 추구하는 형태의 '복지발전국가'는 문화적 정당성을 바탕으로 지속가능성을 확보할 수 있을 것이다. 다만 제도적 대체를 성공적으로 정착시키기 위해서는 먼저 상당한 정도의 국가 자율성과 수행능력이 전제되어야 한다는 점이 관건이자 딜레마이다. 그러나 일단 일정 정도의 국가 자율성을 확보한 뒤 시행착오를 각오한 수행을 거듭하면서 상호강화적 환류고리의 구축을 통해 경로의존성을 수립하는 것은 가능할 것이다. 여기서 '마중물'로서 국가 자율성을 제고 시킬 계기를 만드는 데서 결과만능적 목적합리성을 내재하고 있는 혼종문화가 기능적으로 기여할 수 있을 것이다.

마지막으로, 이 연구에서 본격적으로 접근한 주제는 아니었으나 아직도 우리사회에서 해결되지 않은 쟁점으로서 식민지근대화론에 대해 이 연구의 결과가 갖고 있는 함의를 짚고 넘어갈 필요가 있다.[2] 과연 식민지시기에 근대화가 일어났는가? 한국의 경제성장을 주도한 발전국가의 기원을 식민통치의 유산에서 찾는 것이 타당한가?

첫째 쟁점은 과연 식민지 시기 조선은 근대화되었는가이다.

식민지 시기 학교, 은행, 철도와 같은 근대적 제도와 사회간접자본 시설의 본격적인 도입, 조선 총독부의 근대적 식민관료제, 토지조사사업을 통한 근대적 소유관계의 수립과 세원의 확보, 근대적 농업정책을 통한 산미증식과 군수공업화를 꾀한 식민지공업화 그리고 그 결과로서 인구의 대량이주와 도시화 등은 근대화의 물리적 증후로서 충분하다고 볼 수 있다. 식민지근대화론은 이러한 일제 식민통치의 인적, 물적, 제도적 유산이 1960년대 이래 한국의 경제발전에 결정적으로 기여하였다고 보는 입장이다. 이른바 식민지 근대화와 한국의 경제발전이 '연속성'을 갖고 있다고 본다. 특히 한국 경제성장의 견인

2) 여기서 본격적으로 식민지근대화론에 대한 논의를 시작하는 것은 적절하지 않고, 이미 다른 연구들이 이를 적절하게 수행하고 있다(Haggard et al., 1997). 다만 여기서는 역사제도주의적 입장을 취하고 있는 이 연구의 결과가 식민지근대화론에 대해 갖고 있는 비판적 함의를 새로이 추가하는 데 국한할 것이다.

차 역할을 수행한 발전국가는 일제 식민통치 관료기구의 직접적인 유산으로 본다.

근대화의 정의가 산업화, 도시화, 관료제화를 포괄하는 사회변동을 의미한다면, 일제 식민지 시기 조선에서 근대화가 시작되었다고 할 수 있다. 그러나 식민지근대화론은 여기서 한 걸음 더 나아가 이들 근대적 제도와 물리적 시설들이 오직 일제 식민통치를 통해서'만'이 설치될 수 있었던 '식민통치의 유산'(colonial legacy)이라는 점을 주장하기 위해 조선사회의 '정체'를 전제한다. 그러나 앞서 살펴보았듯이, 근본적으로 조선 경제의 문제는 '정체'의 문제가 아니라 '억제'의 문제였다. 조선사회는 건국이래 유교적 이상국가를 실현하기 위해 도덕경제 원칙을 실천하였으므로, 조선사회의 문제는 경제성장의 '능동적 억제'였지 '피동적 정체'가 아니었다. '정체론'은 어느 사회가 사회유지 혹은 경제발전을 위해 어떤 노력도 시도할 능력을 갖추지 못하거나, 혹은 모든 노력을 경주하였음에도 불구하고 능력이 미치지 못하여 실패하는, 즉 무능력을 전제로 한다. 그러나 조선 정부의 문제는 어떻게 무기력한 경제를 활성화시킬 것인지가 아니라, 어떻게 통제를 벗어나 과도하게 활성화되어가는 경제를 유교적 이상에 맞게 억제할 것인가였다. 그리하여 조선은 도덕경제적 이상을 추구하기 위해, 경제발전보다는 사회유지를 목적으로 경제적 활력을 능동적으로 억제하였으므로, 조선사회가 근대적 관료제, 학교, 은행, 철도와 같은 제도와 시설들의 설치를 일제의 식민통치에'만' 의존해야 할 만큼 무기력한 정체사회가 아니었으며, 적절한 계기가 주어진다면 자력으로 근대적 제도들을 식민통치라는 '거간'(居簡: brokerage)의 개입 없이도 직접 도입, 설치할 수 있는 능력을 갖고 있었다는 의미를 함축한다.

더욱이 근대화가 단순히 물적인 조건을 넘어서 사회구성원들로 하여금 자신들의 삶을 스스로 결정할 수 있는 자유와 자율성을 보장하는 정치 및 사회문화적 제도들의 수립과 확산을 의미한다면, 식민지 조선에서 근대화는 없었다. 근대성은 "인간이 자신의 운명을 선택하고 성취할 수 있다는 존재론적 확신"[3]으로 요약될 수 있는데, 이러한 '본원적' 의미의 근대성은 식민지인들에게 자신의 땅에서 자신의 운명을 스스로 결정할 수 있는 정치적 주권과 자유가 허용되지 않았던 식민지배 체제 아래에서는 존립이 불가능하였기 때문이다. 즉 식민지 조선인들은 '근대적 조건 속에서 근대인이 될 수 없는' 구조적 모순 속에서 살았다.

둘째 쟁점은 식민지 근대화론자들의 주장처럼 식민지시기에 조선에서 일어났던 산업화가 1960년대 발전국가에 의한 산업화의 기반을 마련하였는가이다.

일제시기 산업화는 산미증식과 공업화를 중심으로 진행되었다. 일제는 먼저 토지조사사업을 통해 근대적 토지소유 관계의 수립으로 인한 세수의 확대와 시장화의 조건을 마련하였다. 그러나 일본으로의 수이출을 목적으로 한 산미증식계획에 따라 조선 농업은 단일작물 경작화(mono-cultured agriculture)되면서 일본 본토의 상황에 따라 조선의 농업이 좌우되는 전형적인 식민지 종속구조로 개편되었다. 농촌의 사회구조도 자작농 및 자소작농의 감소와 소작농의 증가 그리고 농업 대지주의 숫자 및 소유농지의 증가와 같은 양극화가 진행되었다.

일제는 중일전쟁 이후 군수산업 증진을 목표로 하는 식민지공업화를 본격화하였으며, 조선의 경제는 일제의 지정학적 전략의 일환으로

3) 그리하여 근대인으로서 "그는 여러 가지 가능한 미래를 갖고 있으며, 그가 해야 하는 것은 그 자신이 꿈꿀 수 있고 이를 실현할 수 있는 자신의 시나리오를 쓰는 것이다"(Meadows, 1971: 21).

서 일본 본토와 만주를 잇는 엔화블록의 한 지점으로서 세계 자본주의체제에 편입되었다. 이러한 지정학적 배태(geopolitical embeddedness)의 함의는 식민지 조선의 공업화가 조선지역 내에서 전후방 연관 효과를 갖는 내부지향적인 것이 아니라, 일본 제국 안에서 갖게 되는 것으로서, 조선에서 공업화가 진행되었지만 이는 근본적으로 '일본의, 일본에 의한' 만주 및 중국대륙 진출을 위한 군수공업화로서 자신들의 제국경영을 위한 것이었으며, 식민지 조선의 후생복지를 위한 것이 아니었다. 한마디로 조선의 공업화는 일본 제국의 수준에서 통합(integrated)되었지만 조선 일국 수준에서는 탈구된(disarticulated) 것으로서, 실질적으로 '비지적'(飛地的: enclave) 성격을 가졌다. 그리하여 해방과 함께 한국 경제가 일제의 엔블록 경제구조로부터 이탈하면서 맞이한 여파는 거의 파국적이었다. 이미 살핀바, 식민지 조선의 대외무역액에서 일본이 차지하는 비중은 1942년 87%에 달할 정도로 절대적이었다. 해방 후 대외무역액이 1946년 3억 9천만 원에서 1948년 98억 5천만 원으로 급증하였으나, 이는 식민지시기 최고 무역 규모였던 1941년 5,539억 원의 1.8%에 불과한 액수였다. 1946년 제조업 생산은 식민지 시기 최고 수준이었던 1939년의 25%에 불과하였다. 이처럼 산업생산에서 해방전후의 불연속성은 일제 식민지 자본주의의 특징이 본질적으로 내포적이 아니라 조선의 사정과는 크게는 무관한 '지정학적으로 배태된 경제'(geopolitically-embedded economy)였다는 점을 반증한다.

식민지 근대화론자들은 식민지공업화가 조선인 기업가들의 기업가정신을 배양하고 숙련 노동자들의 육성에 기여했다고 주장한다. 식민지시기 조선 '민족' 자본가들은 다수의 영세기업가들과 소수의 대기업 자본가들로 구성되었으며, 노동자들은 극소수의 숙련 노동자와 대다수의 미숙련·비숙련 노동자들로 구성되었다. 이러한 식민지 종속적 경제구조 속에서 조선 자본가들은 '헤게모니'를 형성하기 힘들었고, 극소수 숙련 노동자들은 해방후 탈구된 산업구조 속에서 지극히 제한적인 역할을 수행했을 뿐이다. 충주비료공장의 예에서 보듯이, 조선이 해방전 세계최대의 비료 공장을 갖고 있었음에도 불구하고 해방후 비료공장의 건설과정에서 일제의 기술적, 인적, 제도적 연속성을 전혀 찾을 수 없었다. 따라서 식민지근대화론은 해방전후의 산업화에서 연속성을 경험적으로 확인하기보다는 선험적으로 가정하고 있을 뿐이다.

셋째 쟁점은 1960년대 수립된 한국 발전국가의 기원을 일제 식민통치를 위한 관료기구의 역사적 유산에서 찾는 것이 타당한가이다.

식민지근대화론은 1960년대 한국의 경제성장에서 견인차 역할을 수행한 발전국가의 기원을 일제 식민통치를 수행한 식민관료제의 유산에서 찾고 있다. 일제의 식민관료제는 식민지 사회와 본질적으로 유리되어 밖으로부터 외삽되었기 때문에 거의 절대적인 자율성을 가졌고, 식민통치를 수행하기 위해 강압력을 바탕으로 행정조직의 말단까지 침투하면서 식민지 사회를 전환시킬 수 있는 수행능력을 갖추었다. 이러한 의미에서 일제 식민관료 기구는 식민통치를 수행하는 데서 유능한 국가였다. 식민지근대화론은 한국의 발전국가를 해방후 잠재상태에 들어갔던 일제의 식민통치 기구가 재활성화된 것으로 간주한다.

이 점에 관한 이 연구의 입장은 한국 발전국가는 일제 식민통치의 유산이 발현된 것이 아니라 식민통치의 유산까지도 가용자원으로 포함하는 한국의 혼종문화에 배태되어 발생하였다는 것이다. 현재의 어떤 제도도 역사적, 문화적 진공 속에서 존재하지 않는다. 한국의 발전국가도 역사적, 문화적 맥락에 배태되어 발생했기 때문에 현재의 시점에서 과거 식민지 시기 통치기구의 제도적, 행태적 흔적을 찾기는 어렵지 않을 것이다. 그러나 이를 식민통치의 직접적인 유산으로 보는 것은 다분히 순진하고 기계적인 역사인식이다. 발전국가의 능력을 구성하는 요소들인 자율성과 수행능력은 '오고 가는' 변인적 속성을 갖고 있다. 국가의 문화적 성향도 마찬가지로 국면에 따라 변환하는 역동적인 자질이다. 따라서 추격성장 시기에 '구성적으로 형성'(constitutively structured)되었으나 현재는 형해화되어 가는 발전국가를 일제시기에 식민통치 목적으로 활용되었던 기구의 유산으로 직접 연결하는 식민지근대화론자들의 '연속성' 주장은 매우 편의적이고 몰역사적인 것이다.

마지막으로, 일제 식민통치이래 역사적 궤적에 따라 복잡성이 중첩되어 온 혼종문화의 현재적 함의는 무엇인가?

식민지 조선에서 찾아볼 수 있는 근대화의 물리적 조건은 '파편적'인 식민지 근대화의 증후이다. 식민지 시기 조선에서 근대화의 물리적 요소인 산업화, 도시화, 관료제화 등이 진행되었고, 식민지 조선인들이 이러한 근대적 제도와 사회변동에 일상적으로 노출되었음에도 불구하고, 이들에게 정치적 참정권과 대표권이 전혀 인정되지 않았고 사회적 이동이 극도로 제한되었던 식민지 조선의 상황을 온전한 의미의 '근대사회'라 할 수 없고, 또 경제적, 사회 · 문화적 활동이 극히 제한적으로 허용되었던 조선인들을 '근대인'으로 볼 수 없기 때문이다. 이런 의미에서 '식민지 근대화'는 형용모순이다.

이러한 구조적 모순은 조선사회 내부의 요청과는 무관하게 일본 제국주의의 식민지 경영 필요에 맞추어 편의적이고 파편적으로 식민지에 이식된 근대화의 내재적 속성으로서, 이미 파편화된 유교적 전통과 중첩되어(overdetermined) '식민지 혼종문화'(colonial hybrid culture)를 구성하였다. 일제 식민통치의 문화적 함의로써 식민지 혼종문화를 살펴보면 다음과 같다. 먼저 일제의 문화통치는 유교가 누렸던 사회문화적 헤게모니를 해체하였다. 조선의 통치 이데올로기이자 사회 구성 원리로서 유교는 파편화되어, 공식 영역에서는 폐기되었으나 사적인 영역에서 윤리체계로 남았다. 통치 이데올로기로서 유교 대신에 총독부의 근대적 식민관료제도가 자리 잡았고, 사적인 영역에서는 윤리체계로서 유교가 잔존하면서 개인과 집단, 사회 수준에서 '제도와 행위의 부조응'이 일상적인 것이 되었고, 유교의 종교적 역할 실종은 한국사회에서 절대다수의 무종교와 다종교가 공존할 여지를 크게 넓히는 계기가 되었다. 이러한 구조변동의 결과 전통 유교의 지배적인 가치지향적 행태가 급속히 해체되고, 근대사회 합리성의 바탕인 성찰적 목적합리주의가 지배적인 행위유형으로 자리 잡는 대신에, 결과만능적 목적합리성이 지배적인 행위 지향으로 대체되었다.

한편 일제는 식민지 조선의 통치를 용이하게 하기 위하여 시민사회를 분할하여 식민체제에 대한 도전을 무력화시키려는 헤게모니 전략으로서 문화통치를 시행하였고, 성과를 거둔 만큼 식민지 조선의 시민사회는 파편화되었으며, 도덕적 권위 집단들은 실종되었다. 식민지 조선인들은 전통 유교의 가치지향적 행위지침이 사라진 사회적, 문화적 진공상태 속에서, 이민족의 통치에 대한 저항과 타협의 '양가적'(ambivalent) 선택을 강요받았다. 그들은 일상적인 행위전략을 짜면서 적극적 저항에서 소극적 저항, 적극적 타협에서 소극적 타협의 스펙트럼에서 어느 지점에 자신들의 행위를 위치시킬지에 대해 매번 도덕적 판단이 유보된 선택을 해야 했다. 이러한 요인 역시 식민지시기 조선인들에게 근대사회의 합리성을 확산시키는 기제로서 성찰적인 목적합리주의가 지배적인 행위지향으로 자리 잡는 것을 방해했을 것으로 가정할 수 있다. 목적 달성 여부보다는 가치추구 행위 자체에 중심을 두던 전통유교가 지향하던 가치합리주의가 무너진 상황에서, 이제 목적달성을 위해서는 수단과 방법을 가리지 않는 결과만능적 목적합리주의와 경제적 이해추구가 모든 사회적 관계에 우선하는 경제적 배태가 결합하게 된 것이다.

과거 한국의 발전국가는 이러한 혼종문화에 배태되어 추격성장이라는 목적달성을 위해 수단과 방법을 가리지 않고 인적, 물적, 이데올로기적 자원을 동원할 수 있었다. 그러나 이제 탈발전국가 시기 한국사회가 국가와 시장, 시민사회 간의 관계를 조정하고 통제하는 새로운 지배구조를 마련하면서 질적인 도약을 시도하려는 이 시점에서 혼종문화적 요소들이 발목을 잡고 있는 셈이다. 이러한 성찰을 바탕으로 이제 이를 제도적, 문화적으로 극복하는 과제가 우리에게 남겨져 있다고 할 것이다.

# 참고문헌


경남연합일보.

경향신문.

국민일보.

머니투데이.

서울경제.

세계일보.

시사인.

아주경제.

연합뉴스.

오마이뉴스.

전자신문.

조선일보.

중앙일보.

파이낸셜뉴스.

프레시안.

한국경제.

한국일보.

한성순보. 창간호. "'旬報'序."

한성순보. 제3호."亞米利加洲."

*Far Eastern Economic Review.*

*Korea Herald.*

*The Economist.*
*The New York Times.*

강동진. 1984. 『일제의 한국침략정책사』. 한길사.
강만길. 1994. 『한국현대사』. 창작과 비평사.
강철근. 2006. 『한류 전문가 강철근의 한류 이야기』. 도서출판 이채.
고영복. 2000. 『사회학사전』. 사회문제연구소.
국민호. 1999. "한국의 경제발전: 유교자본주의, 아시아적 가치와 인권." 『동아시아의 국가주도 산업화와 유교』. 전남대학교출판부.
_____. 2007. 『동아시아 발전과 유교문화』. 전남대학교출판부.
김건태. 2004. 『조선시대 양반가의 농업경영』. 역사비평사.
김관호. 1995. "일본 대미직접투자의 전개 및 평가." 『정책연구』 95(7).
김낙년. 1994. "식민지기 조선 공업화에 관한 제 논점." 『경제사학』 35.
_____. 2005. "식민지시기 공업화의 전개." 이대근 편. 『새로운 한국경제발전사: 조선 후기에서 20세기 고도성장까지』. 나남.
_____. 2006. "식민지 시기의 공업화 재론." 『해방전후사의 재인식 1』. 책세상.
_____. 2011. "식민지 근대화 재론." 『경제사학』 43.
김대환. 1981. "1950년대 한국경제의 연구." 『1950년대의 인식』. 한길사.
김명수. 1990. "종속적 산업화에서 국가의 역할." 한국사회학회 편. 『80년대 한국사회의 비판적 인식』. 나남.
_____. 1995. "국가의 개념사적 고찰." 『사회학 연구』 8.
_____. 1997. "인도의 전통적 발전과 근대적 저발전: 영국식민통치의 영향." 『전통과 현대』 2.
_____. 1998. "'시장'의 신화와 '국가'의 오해: 신자유주의 정치경제학 비판." 한국비교사회연구회 편. 『동아시아의 성공과 좌절』. 전통과 현대.
_____. 1999. "'시장'의 신화와 '국가'의 오해: 신자유주의 정치경제학 비판." 『열린지성』 가을·겨울호. 교수신문사.
_____. 2003. "한국 경제성장에서 일본 모델의 역할." 『인간과 사회』 1.

_____. 2004. “한국 기업의 다국적화: 경제사회학적 해석.” 『한국과 국제정치』 20(2).
_____. 2005. “한국 발전국가의 변환.” 『민족과 문화』 12.
_____. 2015. “‘한류’만들기: 역사제도주의적 해석.” 『한국사회학』 49(2).
김수길. 2012. “경제민주화…” 「중앙일보」(2012.7.18).
김수이. 2006. “한류, 21세기 한국문화의 국가적 아젠다: 한류의 발전방향을 중심으로.” 김수이 편. 『한류와 21세기 문화비전: 욘사마에서 문화정치까지』. 청동거울.
김수정. 2012. “‘민족’과 ‘경제’ 렌즈 빼고 제대로 들여다보자.” 『신문과 방송』 6월호.
김시윤. 2004. “국가와 경제발전: 약탈적 국가론에 대한 비판적 고찰.” 『한국행정학보』 38(2).
김영선. 1960. “경제개발 3개년 계획안 분석.” 『사상계』 3월호.
김영작. 1989. 『한말내셔널리즘연구』. 청계연구소.
김원열·문성원. 2006. “유교윤리의 근대적 변형에 대한 비판적 고찰: 박종홍(1903-1976)의 유교윤리를 중심으로.” 『시대와 철학』 17(1).
김일영. 2000. “1960년대 한국발전국가의 형성과정: 수출지향형 지배연합과 발전국가의 물적기초의 형성을 중심으로.” 『한국정치학회보』 33(4).
김의균. 1980. “한국 조선공업의 내막.” 『신동아』 8월호.
_____. 1981. “현대 대 대우.” 『신동아』 11월호.
_____. 1983. “제5공화국의 경제관료 엘리트들.” 『신동아』 11월호.
김정렴. 1993. 『한국경제정책 30년사-회고록』. 중앙일보사.
김재호. 2005. 『전통적 경제체제의 전환: 재분배경제에서 시장경제로』. 이대근 편. 『새로운 한국경제발전사: 조선후기에서 20세기 고도성장까지』. 나남.
_____. 2007. “조선후기 중앙재정의 운영: 6조 판례를 중심으로.” 『경제사학』 43.
김종필. 2016. 『김종필 증언록』. 와이즈베리.
김창수. 2009. 「문화공공성 개념에 입각한 각 정권별 문화산업정책 비교

연구: 영화와 문화콘텐츠 정책을 중심으로」. 한양대학교 대학원 신문방송학 박사학위 논문.
김혜승. 2001. “조선조 경제체제에 있어서 문제점과 그 요인.” 『한국정치학회보』 35(3).
김홍식. 1997. 『조선토지조사사업의 연구』. 민음사.
김흥기. 1999. 『영욕의 한국경제: 비사 경제기획원 33년』. 매일경제신문사.
노동청. 1972. 『노동통계연감』.
노재현. 1993. 『청와대비서실』. 중앙일보사.
대외경제정책연구원. 1998. 「해외직접투자의 경영현황과 문제점」. 정책토론회발표집(1998.3.24.).
문용식. 2001. 『朝鮮後期 賑政과 還穀運營』. 경인문화사.
문화관광부(MCT). 2003. 『문화산업백서』.
문화체육관광부(MCST). 2009. 『문화산업백서』.
____________________. 2010. 『문화산업백서』.
____________________. 2015a. 『문화산업백서』.
____________________. 2015b. 『국정2기 문화융성의 방향과 추진계획』.
박노영. 1999. “대우의 세계경영, 그 허상과 실상.” 『경제와 사회』. 겨울.
박석윤 · 박석인. 1988. “조선후기 財政의 變化時點에 대한 考察.” 『東方學志』 60.
박 섭. 1997. 『한국 근대의 농업변동』. 일조각.
_____. 2009. “근대경제에 대한 한국인의 적응: 19세기 후반부터 20세기 전반까지.” 『역사학보』 202.
박수옥. 2009. “일본의 혐한류와 미디어내셔널리즘: 2ch과 일본 4대 일간지를 중심으로.” 『한국언론정보학보』 47(3).
박이택. 2005. “조선후기의 경제체제: 중국·일본과의 비교론적 접근.” 이대근 편. 『새로운 한국 경제발전사: 조선후기에서 20세기 고도성장까지』. 나남.
박정희. 1997. 『국가와 혁명과 나』. 지구촌.
배병휴. 1980. “전경련의 실상.” 『월간조선』.

_____. 1981. "대우그룹은 괜찮은가?" 『신동아』 3월호.
백승철. 2000. 『조선후기 상업사연구 -상업론, 상업정책-』. 혜안.
베버, 막스. 2002. 『탈주술화 과정과 근대: 학문, 종교, 정치』. 전성우 옮김. 나남.
브로더젠, 몸메. 2007. 『발터 벤야민』. 이순예 옮김. 인물과 사상사.
선재원. 2001. "노동시장 제도." 안병직 편. 『한국경제성장사: 예비적 고찰』. 서울대학교 출판부.
손승혜. 2009. "학술 논문의 메타 분석을 통해 본 한류 10년: 연구경향과 그 정책적 함의에 대한 탐색적 연구." 『언론과 사회』 17(4).
송찬섭. 2002. 『朝鮮後期 還穀制改革硏究』. 서울대학교출판부.
신광영. 1999. 『동아시아의 산업화와 민주화』. 문학과 지성사.
신동화. 1998. 『외환위기 이후 한국 해외현지법인의 구조조정 실태와 애로사항: 영국』. 대외경제정책연구원.
신진호. 2005. "중국내 한류에 관한 고찰-최근의 한중언론보도를 중심으로." 『중국어문학논집』 34.
심두보. 2013. "동남아시아의 한류: 싱가포르의 경우를 중심으로" 『동남아시아연구』 23(1).
안경수. 1975. "獨立協會序." 최석채 편. 『일제하의 명논설집』. 서문문고 198.
안계현. 1970. "한국불교사." 고려대 민족문화연구소 편. 『한국문화사대계 제6권 종교・철학사』. 고려대 민족문화연구소.
안병직. 1980. "일제의 조선지배와 수탈구조." 『한국경제의 전개과정』. 돌베개.
양종회. 2003. 『영국의 문화산업체계』. 지식마당.
_____. 2004. 『미국의 문화산업체계』. 지식마당.
열암기념사업회. 1998. 『박종홍전집』 I－IIV. 증보판. 민음사.
오원철. 1995. 『한국형 경제건설 1』. 기아경제연구소.
오일주. 1992. "조선후기 재정구조의 변동과 환곡의 부세화." 『실학사상연구』 3.
원용진・김지만. 2011. "연성국가주의에 편승한 연예기획사와 한류의 미래.” 『한류 2.0시대의 진단과 분석 학술 세미나 발표집』(2018.8). 한국언론학회.

유선영. 1997. “황색 식민지의 문화정체성: 아메리카나이즈드 모더니티.” 『언론과 사회』 18.

유석춘. 1997. “유교자본주의의 가능성과 한계.” 『전통과 현대』 여름호.

_____ · 최우영 · 왕혜숙. 2005. “유교윤리와 한국 자본주의 정신: 효를 중심으로.” 『한국사회학』 39(6).

유원식. 1987. 『5.16 비록, 혁명은 어디로 갔나』. 인물연구소.

유준기. 1999. 『한국 근대유교개혁운동사』. 아세아문화사.

육성철. 2001. “국가와 시장의 갈등: 표류하는 DJ.” 『신동아』 9월호.

윤경우. 2006. “중국의 ‘한류’ 수용과 저항: 중국 문화정체성의 국제문화관계학적 함의.” 『한국과 국제정치』 22(3).

윤상우. 2005. 『동아시아 발전의 사회학』. 나남.

이기홍. 2016. “양적 방법의 지배와 그 결과: 식민지근대화론의 방법론적 검토.” 『한국사회학』 50(2).

이동연. 2014. “한류의 엔진은 시한폭탄.” 『씨네21』(2014.2.11).

이종각. 1985. “YH여공농성사건.” 『신동아』 6월호.

이동희. 1990. “유교, 개화기의 갈등과 모색.” 『유교사상문화연구』 9.

이병민. 2007. “참여정부 문화사업정책의 평가와 향후 정책방향.” 『인문콘텐츠』 9.

이수훈. 1993. 『세계체제론』. 나남.

이어령. 2002[1963]. 『흙 속에 저 바람 속에』. 문학사상사.

이영호. 2001. 『한국근대 지세제도와 농민운동』. 서울대학교출판부.

이영훈. 2005. “시장경제제도의 성립과 발전.” 이대근 편. 『새로운 한국경제발전사: 조선후기에서 20세기 고도성장까지』. 나남.

_____. 2006. “식민지시기의 경제성장과 해방 후까지의 연속.” 「고대신문」(2006.11.12).

_____. 2007. 『대한민국 이야기: 해방전후사의 재인식 강의』. 기파랑.

_____. 2016. 『한국경제사 II: 근대의 이식과 전통의 탈바꿈』. 일조각.

이영훈 외. 2006. 『해방전후사의 재인식 1, 2』. 책세상.
이와부치, 고이치. 2004. 『아시아를 잇는 대중문화: 일본, 그 초국가적 욕망』. 히라타 유키에, 전오경 공역. 또 하나의 문화.
이원보. 2004. 『경제개발기의 노동운동(1961-1987)』. 지식마당.
이지현. 2011. "이수만 SM엔터테인먼트 회장 문화산업 비법은? 소녀시대 '노예계약' 논란에 입열어." 「조선비즈」(2011.10.15).
이한빈. 1973. 『사회변동과 행정: 해방후 한국 행정의 발전론적 연구』. 박영사.
이헌창. 1999. 『한국경제통사』. 법문사.
_____. 2007. 『민적통계의 해설과 이용방법』. 고려대학교 민족문화연구소.
_____. 2011. 『조선후기 재정과 시장: 경제체제론의 접근』. 서울대학교출판부.
이형균. 2000. "유교사회의 합리화와 유교윤리의 역할: 베버의 사회합리화 분석도구로 동아시아의 사회발전 재조명." 『한국사회학』 34.
이홍락. 1997. "내재적 발전론 비판에 대한 반비판." 『역사비평』 39.
임종국. 1980. "일제말 친일군상의 실태." 『해방전후사의 인식』. 한길사.
임종남. 1984. "동일방직사건의 전말." 『해방전후사의 인식』. 한길사.
임현진. 1997. "종속이론은 죽었는가?: 한국의 발전위기에 대한 해석." 『경제와 사회』 36.
장규수. 2011. 『한류와 스타시스템』. 스토리하우스.
장명국. 1985. "해방 후 한국 노동운동의 발자취." 김금수 편. 『한국노동운동론I』. 미래사.
장시원. 2001. "식민지기의 농업정책-미곡정책을 중심으로." 안병직 편. 『한국경제성장사』. 서울대학교출판부.
_____. 2003. "일제하 지주의 유형과 성격." 『한국 농업구조의 변화와 발전』. 한국농촌경제연구원.
_____. 2005. "근현대 농업의 성장과 구조변동." 이대근 편. 『새로운 한국경제발전사: 조선 후기에서 20세기 고도성장까지』. 나남.
_____, 전강수. 2001. "식민지기의 농업정책." 안병직 편. 『한국경제성장

사: 예비적 고찰』. 서울대학교출판부.
장하준. 2004. 『사다리 걷어차기』. 형성백 역. 부키.
전성우. 2005. "근대성: 하나인가 여럿인가?: 막스베버와의 가상 대담." 『사회와 이론』 6(1).
_____. 2006. "막스 베버의 합리성에 대한 소고." 『철학사상』 22.
전쟁기념사업회. 1990. 『한국전쟁사 1』. 행림출판사.
전태국. 2010. "지구화와 유교전통: 현대한국인의 유교가치관." 『사회와 이론』 11.
정비석. 1956. "장미와 쓰레기." 「동아일보」(1956.9.14).
정수복. 2007. 『한국인의 문화적 문법』. 생각의 나무.
정연태. 2010. "일제강점기 한국인의 식민지체험과 새로운 근대 기획." 『역사비평』 90.
정운찬. 1999. "대우로부터의 교훈." 『창작과 비평』 105.
정태헌. 2010. 『20세기 한국 경제사』. 역사비평사.
조갑제. 2006. 『박정희 7』. 조갑제닷컴.
조남욱. 2008. "조선조 유교국가의 형성 기반." 『유교사상문화연구』 34.
_____. 2003. "20세기 전기 한국 유교의 존재양식." 『한국민족문화』 21.
조돈문. 2001. "대우자동차 처리과정과 정부의 실패." 『경제와 사회』 51.
조석곤. 1998. "식민지 근대화론과 내재적 발전론 재검토." 『동향과 전망』 38.
_____. 2006. "식민지 근대화론 연구성과의 비판적 수용을 위한 제언." 『역사비평』 75.
조영갑. 1993. 『한국민군관계론』. 한원.
조장옥. 2017. "거시경제학의 눈으로 본 식민지 근대화론." 『경제학연구』 65(1).
조한혜정. 2002. "동/서양 정체성의 해체와 재구성: 글로벌 지각변동의 징후로 읽는 '한류열풍'." 『한국문화인류학』 35(1).
주정민. 2013. "한류 콘텐츠에 대한 '반한류' 현상의 원인과 대응: 중국, 일본을 중심으로." 『디아스포라연구』 7(2).

중앙일보 특별취재팀. 1998. 『실록 박정희』. 중앙 M&B.
중화학기획단. 1973. 『중화학공업 육성계획』.
차명수. 2006. "경제성장, 소득분배, 구조변화." 김낙년 편. 『한국의 경제성장: 1910-1945』. 서울대학교출판부.
창원기계공업공단. 1979. 『창원기지 5년사』.
최봉영. 1997. 『한국문화의 성격』. 사계절.
최상오. 2005. "외국원조와 수입대체공업화." 이대근 편. 『새로운 한국경제발전사: 조선후기에서 20세기 고도성장까지』. 나남.
최숙희. 2005. 『외환위기 이후 저출산의 원인 분석』. 삼성경제연구소.
최영화. 2013. "이명박 정부의 기업국가 프로젝트로서 한류정책: 전략관계적 접근법을 통한 구조와 전략 분석." 『경제와 사회』 97.
최우영. 2006. "한국사회의 '근대' 해석과 대중문화 지형의 변화: 한류를 계기로." 『담론201』 9(4).
최종천. 2011. "탈식민지 문화이론의 해체론적 접근: 바바와 데리다를 중심으로." 『범한철학』 61.
커밍스, 부루스. 1986. 『한국전쟁의 기원』. 김자동 역. 일월서각.
통계청. 2009. 『사망원인통계』.
하우스만. 1991. "하우스만 회고록 16회." 「한국일보」(1991.3.27).
한국개발연구원. 1996. 『해외직접투자의 요인, 효과 및 정책방향』.
한국갤럽조사연구소. 1984. 『한국의 종교와 종교의식』.
한국경제연구원. 1975. 『중화학공업 건설을 위한 자본동원 연구』.
한국혁명재판사편찬위원회. 1962. 『한국혁명재판사』 제1집.
한국문화산업교류재단(KOFICE). 2012. 『제1차 한류나우정기세미나 자료집』(2012.12.17).
한국은행. 1967. 『경제통계연보』.
_______. 1997. 『최근 해외직접투자 동향에 대한 평가와 향후과제』.
한국일보 특별취재팀. 1999. 『대통령과 아들』. 한국문원.
한영균. 2013. "일본내, '혐한류' 현상의 실제" 『일본문화연구』 48.
한용원. 1984. 『창군』. 박영사.

허수열. 2005. 『개발없는 개발: 일제하 조선경제개발의 현상과 본질』. 은행나무.

_____. 2011. 『일제초기 조선의 농업』. 한길사.

황병태. 2011. 『박정희 패러다임』. 조선뉴스프레스.

후카가와 유키코. 2009. "선진 대한민국의 출발." 「조선일보」(2009.12.19).

Alexander, Jeffrey. 1990. "Analytical debates: Understanding the relative autonomy of culture." in *Culture and Society: contemporary debates,* edited by Jeffrey Alexander and Steven Seidman. Cambridge University Press.

Amsden, Alice. 1979. "Taiwan's Economic History: A case of Etasime and a Challenge to Dependency Theory." *Modern China* 5(3).

_____________. 1989. *Asia's Next Giant: South Korea and Late Industrialization.* New York: Oxford University Press.

Auster, Richard and Morris Silver. 1979. *The State as a Firm: Economic Forces in Political Development*. The Hague: Martinus Nijhoff.

Baran, Paul. 1957. *The Political Economy of Growth*. New York: Monthly Review Press.

Bardhan, Pranab. 1984. *The Political Economy of Development in India*. Oxford: Basil Blackwell.

Bates, Robert. 1981. *Markets and States in Tropical Africa: The Political Basis of Agricultural Policies*. University of California Press.

Bauer, P.P. 1972. *Dissent on Development*. London: Weidenfeld and Nicolson.

__________. 1984. *Reality and Rhetoric: Studies in the Economics of Development*. London: Weidenfeld and Nicolson.

Bellah, Robert. 1957. *Tokugawa Religion*. Boston: Beacon.

Bhabha, Homi. 1994. *Location of Culture*. London: Routledge.

Bhagwati, Jagdish. 1982. "Directly Unproductive Profit-seeking(DUP) Activities." *Journal of Political Economy* 90.

Braverman, Harry. 1974. *Labor and Monopoly Capital: The Degradation of Work in the Twentieth Century*. New York: Monthly Review Press.

Buchanan, James. 1982. "Rent-seeking and Profit Seeking." in *Toward a Theory of Rent Seeking Society,* edited by J.M. Buchanan and R.D. Tollison. Texas A&M University Press.

Canclini, Nestor. 1995. *Hybrid Cultures*. University of Minnesota Press.

Cardoso, Fernando, and Enzo Falletto. 1979. *Dependency and Development in Latin America*. Berkeley: University of California Press.

Carnoy, Martin. 1983. *The State and Political Theory*. Princeton University Press.

Chang, Kyung-Sup. 1999. "Compressed Modernity and Its Discontents: South Korea Society in Transition." *Economy and Society* 28(1).

Chirot, Daniel. 1985. "The Rise of the West." *American Sociological Review* 50(2).

Chodak, Szymon. 1973. *Societal development: five approaches with conclusions from comparative analysis*. Oxford University Press.

Collins, Randall. 1980. "Weber's Last Theory of Capitalism: A Systematization." *American Sociological Review* 45.

Cumings, Bruce. 1981. *The Origins of the Korean War: Liberation and the Emergence of Separate Regimes 1945-1947*. Princeton University Press.

______________. 1984a. "The Legacy of Japanese Colonialism in Korea." in *The Japanese Colonial Empire,* edited by Ramon Myers and Mark Peattie. Princeton University Press.

______________. 1984b. "The Origins and Development of the Northeast Asian Political Economy: Industrial Sector, Product Cycles and Political Consequences." *Internatioonal Organizations* 38(1).

Dahl, Robert. 1961. *Who Governs?: Democracy and Power in an American City*. Yale University Press.

Davis, Winston. 1987. "Religion and Development: Weber and East Asia Experience." in *Understanding Political Development,* edited by Myron Weiner and Samuel Huntington. Boston: Little, Brown.

DiMaggio. P. J., and W. Powell. 1983. "The iron cage revisited: institutional isomorphism and collective rationality in organizational fields." *American Sociological Review* 48.

Durkheim, Emil. 1933. *The Division of Labor in Society*. Macmillan.

Eckert, Carter. 1991. *Offsprings of Empire: The Koch'ang Kims and the Colonial Origins of Korean Capitalism, 1876-1945*. Seattle: University of Washington Press.

EPB(Economic Planning Board). 1980. *Handbook of Korean Economy*. Seoul: Korea.

Economist Intelligence Unit. 2010. *Democracy Index 2010*.

Evans, Peter. 1979. *Dependent Development*. Princeton University Press.

Evans, Peter and John Stephens. 1988. "Studying development since the sixties: The emergence of a new comparative political economy." *Theory and Society* 17(5).

___________. 1995. *Embedded Autonomy*. Princeton University Press.

Far Eastern Economic Review. 1980. *Asia Yearbook*.

Fanon, Frantz. 2005[1952] *The Wretched of the Earth*. Grove Press.

_____. 2008[1963] *Black Skin, White Masks*. Grove Press.

Fligstein, Neil. 1996. "Markets as Politics: A Political-Cultural Approach to Market Institutions." *American Sociological Review* 61.

Fredriks, Carl, et al. 1948. *American Experience in Military Government in World War II*. New York: Rinehart.

Fukuyama, Francis. 2000. "Social Capital." in *Culture Matters,* edited by Lawrence Harrison and Samuel Huntington. Basic Books.

Gayn, Mark. 1948. *Japan Diary*. New York: William Sloane Assoc.

Geertz, Clifford. 1973. *The Interpretation of Cultures*. New York: Basic Books.

Gell-Mann, Murray. 1994. *The Quark and the Jaguar: Adventure in the Simple and the Complexity*. W.H. Freeman and Company.

Gereffi, Gary, and D. Wyman eds. 1990. *Manufacturing Miracles: Paths of Industrialization in Latin America and East Asia*. Princeton University Press.

Germani, Gino. 1981. *The Sociology of Modernization*. Transaction Books.

Gerschenkron, Alexander. 1962. *Economic Backwardness in Historical Perspective*. Harvard University Press.

Gilpin, Robert. 1987. *The Political Economy of International Relations*. Princeton University Press.

Gold, Thomas. 1986. *State and Society in the Taiwan Miracle*. New York: M.E. Sharpe.

Haggard, Stephan. 1986. *Pathways from the Periphery: The Politics of Growth in the Newly Industrializing Countries*. Cornell University Press.

Haggard, Stephan, David Kang, and Chung-In Moon. 1997. "Japanese Colonialism and Korean Development: A Critique." *World Development* 25(6).

Harrison, Lawrence. 2000. "Why Culture Matters." in *Culture Matters,* edited by Lawrence Harrison and Samuel Huntington. Basic Books.

Henderson, Gregory. 1968. *Korea: The Politics of Vortex*. Harvard University Press.

Herman, Tamar. 2018. "BTS Tops Billboard 200 For Second Time This Year With 'Love Yourself: Answer'." 「Forbes」(Sep 2, 2018).

Hirschman, Albert. 1977. *The Passions and the Interests: Political Arguments For Capitalism Before Its Triumph*. Princeton University Press.

Hobson, John, and Linda Weiss. 1995. *States and Economic Development: A Comparative Historical Analysis.* Cambridge, MA: Blackwell Publishers.

Hoselitz, Bert. 1960. *Sociological Aspects of Economic Growth*. Free Press.

Huntington, Samuel. 2000. "Cultures Counts." in *Culture Matters,* edited by Lawrence Harrison and Samuel Huntington. Basic Books.

Inkeles, Alex, and David H. Smith. 1974. *Becoming Modern*; *Individual Change in six Developing Countries*. Harvard University Press.

Jang, Wonho, Kim Ik Ki, Cho Kum-Ju, and Song Jung Eun. 2012. "Multi-Dimensional Dynamics of *Hallyu* in the East-Asian Region." *Korean Journal of Sociology* 46(3).

Jeong, Ki-jun. 1980. "Achievements and Failures of the Korean Economy in the 1970's." *Korea Journal* 20(1).

Johnson, Charmers. 1982. *MITI and the Japanese Miracle: The Growth of Industrial Policy, 1925-1975*. Stanford University Press.

Kohli, Atul. 1994. "Where Do High Growth Political Economies Come From? The Japanese Lineage of Korea's 'Developmental State'." *World Development* 22(9).

__________. 2004. *State-Directed Development: Political Power and Industrialization in the Global Periphery*. Cambridge University

Press.

Kornei, Janos. 1980. *Economics of Shortage*. Amsterdam: NorthHolland.

Krueger, Anne. 1974. "The Political Economy of the Rent-seeking Society." *American Economic Review* 64.

Krugman, Paul. 1994. "The Myth of the Asian Miracle." *Foreign Affairs* 73(6).

Kim, C.I. Eugene. 1979. "Significance of Korea's 10th National Assembly Election." *Asian Survey* 19(5).

______________. 1973. "Korea at the Crossroads: the Birth of the Fourth Republic." *Pacific Affairs* 46(2).

Kim, Eun Mee. 1997. *Big Business, Strong State: Collusion and Conflict in South Korean Developments, 1960-1990*. State University of New York Press.

Kim, Key-W. 1980. "Industrial Restructuring in an Open Economy: The Case of Korea." *Paper presented at the UNIDO Conference on Indusrial Restructuring*. Lisborn: October.

Kim, Myoungsoo. 1987. *The Making of Korean Society: The Role of the State in the Republic of Korea(1948-79)*. Ph. D. Dissertation, Brown University.

______________. 2018. "Making and Unmaking of a Developmental State: Institutional Innovation and Change of the Korean State." *Asia Review* 7(2).

Lal, Deepak. 1983. *The Poverty of 'Development Economics'*. London: Institute of Economics Affairs.

Landes, David. 2000. "Culture Makes Almost All the Difference." in *Culture Matters,* edited by Lawrence Harrison and Samuel Huntington. Basic Books.

Lee, Chong-Sik. 1980. "South Korea 1979: Confrontation, Assasination and Transition." *Asian Survey* 20(1).

Leung, Lisa. 2008. "Mediating Nationalism and Modernity: The Transnationalization of Korean Dramas on Chinese (Satellite) TV." in *East Asian Pop Culture: Analyzing the Korean Wave*, edited by Beng Huat Chua and Koichi Iwabuchi. Hong Kong University Press.

Levi, Margaret. 1981. "The Predatory Theory of Rule." *Politics and*

*Society* 10(4).
Lie, John. 1997. "Sociology of Markets." *Annual Review of Sociology* 23.
Little, Ian, Tibor Scitovski, and Maurice Scott. 1970. *Industry and Trade in Some Developing Countries: A Comparative Study*. Oxford University Press.
Mahoney, James. 2000. "Path Dependence in Historical Sociology." *Theory and Society* 29.
Mahoney, James, and Dietrich Rueschemeyer. 2003. *Comparative Historical Analysis in the Social Sciences*. Cambridge University Press.
Mahoney, James, and Kathleen Thelen. 2010. *Explaining institutional change: ambiguity, agency and power*. Cambridge University Press.
Marx, Karl. 1979. "The Future Results of British Rule in India." in *Marx and Engels Collected Works Vol. 12: Marx and Engels 1853-1854,* edited by Karl Marx and Frederick Engels. London: Lawrence & Wishart.
McCune, George. 1950. *Korea Today*. London: George Allen and Unwin, LTD.
McNamara, Dennis. 1990. *The Colonial Origin of Korean Enterprise 1910-1945*. New York: Cambridge University Press.
Meadows, Paul. 1971. *The Many Faces of Change: Explanations in the Theory of Social Change*. Schenkman.
Miliband, Ralph. 1969. *The State in Capitalist Society*. London: Weidenfeld & Nicolson.
Nettle, J.P. 1968. "The State as a Conceptual Variable." *World Politics* 20.
North, Douglass. 1990. *Institutions, Institutional Change and Economic Performance*. Cambridge University Press.
Ozawa, Terutomo. 1979. *Multinationalism, Japanese Style: The Political Economy of Outward Dependency*. Princeton University Press.
Parsons, Talcott. 1951. *The Social System*. Glencoe: Free Press.
Pierson, Paul. 2000. "Increasing Returns, Path dependence, and the Study of Politics." *American Political Science Review* 94.
Pierson, Paul and Theda Skocpol. 2002. "Historical Institutionalism in Contemporary Political Science." in *Political Science: State of the Discipline,* edited by Ira Katznelson and Helen V. Milner. New

York: W.W. Norton.

Pieper, Ute, and Lance Tayler. 1998. “The Revival of the Liberal Creed: the IMF, the World Bank, and Inequality in a Globalized Economy.” in *Globalization and Progressive Economic Policy,* edited by Dean Baker, Gerald Epstein and Robert Pollin. Cambridge University Press.

Polanyi, Kahl. 1957. *The Great Transformation*. Boston: Beacon.

Porter, Michael. 2000. “Attitudes, Values, Beliefs, and the Microeconomics of Prosperity.” in *Culture Matters,* edited by Lawrence Harrison and Samuel Huntington. Basic Books.

Portes, Alejandro. 1978. “On the Sociology of National Development: Theories and Issues.” *American Journal of Sociolgy* 82(1).

Poulantzas, Nicos. 1975. *Classes in Contemporary Capitalism*. New Left Books.

Rueschemeyer, Dietrich, Peter Evans, and Theda Skocpol. 1985. *Bringing the State Back In*. Cambridge University Press.

Rueschemeyer, Dietrich, and John Stephens. 1997. “Comparing Historical Sequences-A Powerful Tool for Causal Analysis.” *Comparative Social Research* 16.

Said, Edward. 1979. *Orientalism*. Basic Books.

Scott, James. 1977. *The Moral Economy of the Peasant: Rebellion and Subsistence in Southeast Asia*. Yale University Press.

Seabrook, John. 2012. “Factory Girls.” *The New Yorker*(2012.10.8). https://www.newyorker.com/magazine/2008/10/27/factory-girls

Shim, Doobo. 2006. “Hybridity and the rise of Korean popular culture in Asia.” *Media Culture & Society* 28(1).

Skocpol, Theda. 1985. *States and Social Revolutions*. Cambridge University Press.

Smelser, Neil. 1992. “Culture: Coherent or Incoherent.” in *Theory of Culture*, edited by Richard Munch and Neil Smelser. University of California Press.

So, Alvin. 2000. *Social Change and Development*. Sage Library of Social research.

Srinivasan, T.N. 1985. “Neoclassical Political Economy, the State and Economic Development.” *Asian Development Review* 3(2).

Stepan, Alfred. 1978. *The State and Society: Peru in Comparative Perspective*. Princeton University Press.

Stiglitz, Joseph et al. 1989. *The Economic Role of the State*. Cambridge, MA: Basil Blackwell.

Suh, Sang-Chul. 1978. *Growth and Structural Changes in the Korean Economy,* 1910-1940. Harvard University Press.

Swidler, Ann. 1986. "Culture in Action: Symbols and Strategies." *American Sociological Review* 51.

__________. 2003. *Talk of Love: How Culture Matters*. Chicago University Press.

Taylor, Edward. 2013[1920]. *Primitive Culture I*. Dover Books.

Thelen, Kathleen and Sven Steinmo. 1999. "Historical Institutionalism in Comparative Politics." *Annual Review of Political Science 2*.

Thompson, Edward. 1971. "The Moral Economy of the English Crowd in the 18th Century." *Past and Present* 50.

Trewartha, Glenn, and Wilbur Zelinsky. 1955. "Population distribution and change in Korea 1925-1949." *Geographical Review* 45(1).

Tu, Wei-Ming eds. 1996. *Confucian Traditions in East Asian modernity: Moral Education and Economic Culture in Japan and the Four Mini-Dragons*. Harvard University Press.

U.S. House of Representatives. 1978. *Investigation of Korean-American Relations: Report of the Subcommittee on International Organizations of the Committee on International Relations*. U.S. Government Printing Office.

Vago, Steven. 2004. *Social Change*. Pearson.

Veblen, Thorstein. 1994[1899]. *The Theory of the Leisure Class: An Economic Study of Institutions*. New York: Penguin Books.

Wade, Robert. 1990. *Governing the Market: Economic Theory and the Role of the Government in East Asian Industrialization*. Princeton University Press.

__________. 2001. "Showdown at the World Bank." *New Left Review* 7.

Wallerstein, Immanuel. 1974. *Modern World System*. Academic Press.

Walsh, John. 2014. "Hallyu as a Government Construct: The Korean Wave in the Context of Economic and Social Development." in

*The Korean Wave: Korean Popular Culture in Global Context,* edited by Yasue Kuwaahara. Palgrave Macmillan.

Weber, Max. 1958. *The Protestant Ethic and the Spirit of Capitalism.* New York: Scribner.

Welch, Claude. 1971. "The African Military and Political Development." in *The Military and Modernization,* edited by Henry Bienen. Chicago: Aldine Atherton.

White, Gordon eds. 1988. *Developmental State in Eastasia.* New York: St. Martin Press.

Woo, Jung-en. 1991. *Race to the Shift: State and Finance in Korean Industrialization.* Columbia University Press.

Yang, Jonghoe. 2012. "The Korean Wave (Hallyu) in East Asia: A Comparison of Chinese, Japanese, and Taiwanese Audiences Who Watch Korean TV Dramas." *Development and Society* 41(1).

## 아산재단연구총서

001 전환기의 중국경제
김윤환 외 | 단국대 경제학과

002 폴란드 경제의 변천 개혁과 그 전망
김광수 | 숭실대 경제학과

003 재소한인
이광규 외 | 서울대 인류학과

004 소련산림과 임업
홍성천 외 | 경북대 임학과

005 아세안의 정치경제
김국진 외 | 외교안보연구원

006 태국의 사회변동과 경제발전
최석만 외 | 전남대 사회학과

007 중국의 사회경제 통계분석
신한풍 외 | 고려대 통계학과

008 중국의 정치와 경제
박두복 외 | 외교안보연구원

009 동유럽의 개혁과 시장경제의 도입
허만 외 | 부산대 사범대학

010 동유럽의 개혁운동
박영신 | 연세대 사회학과

011 현대 러시아 연구
기연수 외 | 한국외대 노어과

012 전략적 선택과 기업의 국제경쟁력
이장호 | 서강대 경영대학

013 협동사회의 정착과 정부의 역할
이종범 외 | 고려대 행정학과

014 한국 제조기업 생산성의 동적 분석
노부호 외 | 중앙대 경영대학

015 분배의 정의
변형윤 외 | 서울대 경제학과

016 도덕적 행동의 강화
이훈구 외 | 연세대 심리학과

017 관료부패와 통제
김해동 외 | 서울대 행정대학원

018 한국경제의 내실 있는 성장
정창영 외 | 연세대 경제학과

019 한국국민정신운동의 역사와 발전방향
박수명 외 | 부산대 사범대학

020 한국대학생의 가치성향과 상담효과
이영희 외 | 숙명여대 교육학과

021 가출청소년과 학교관리체제
안창규 외 | 부산대 교육학과

022 동북아 정세변화와 한 · 일관계
한승조 외 | 고려대 정치외교학과

023 언론과 부정부패
정대철 외 | 한양대 신문방송학과

024 한국의 고등학교 교육
이원호 외 | 부산대 교육학과

025 가족과 방송
김학수 외 | 서강대 신문방송학과

026 재정개혁의 전망과 재산세제의 개편과제
오연천 | 서울대 행정대학원

027 청소년을 위한 전자게임 프로그램의 규제 및 평가체계 개발
박혜원 외 | 울산대 가정관리학과

028 정신장애자 가족의 사회심리적 특성
이근후 외 | 이화여대 의과대학

029 가족의 관계역동성과 문제인식
이광규 외 | 서울대 인류학과

030 현대인과 한국전통음식
승정자 | 숙명여대 식품영양학과

031 기업의 초고속정보통신망활용
안중호 | 서울대 경영학과

032 지역발전을 위한 교육자치제의 개선방안
김남순 | 조선대 사범대학

033 전환기의 공무원 가치관
조경호 | 울산대 행정학과

034 지방자치와 사회복지의 과제
김영모 | 중앙대 사회복지학과

035 WTO체제하의 지방중소기업 지원정책
최명주 외 | 계명대 통상학부

036 현대한국의 시민운동
이효선 | 중앙대 사회학과

037 기업 세계화의 단계 및 정도의 측정
허영도 외 | 울산대 경영학과

038 가족복지를 위한 가족주치의 시범사업의 효과
이혜리 외 | 연세대 가정의학교실

039 한국대학생의 삶의 만족도
김재은 외 | 이화여대 교육심리학과

040 지역경제와 지역산업구조의 개편방향
정기화 외 | 전남대 경제학부

041 중국기업의 소유형태별 경영특성
노철화 외 | 부산대 무역학과

042 남북한의 인성 · 사상교육
한승조 외 | 고려대 정치외교학과

043 연계적 뇌기능 조언을 위한 의료용 멀티미디어 시스템의 설계
유선국 | 연세대 의용공학교실

044 다민족국가의 민족문제와 한인사회
최협 외 | 전남대 인류학과

045 저소득층지역 청소년 여가문화와 소집단 활성화
박문수 외 | 서강대 사회학과

046 삶의 질의 국제비교와 지역간 비교분석
이재기 외 | 울산대 경제학과

047 21세기 지역주민의 삶의 질
양종회 외 | 성균관대 사회학과

048 삶의 질에 대한 국가간 비교
조명한 외 | 서울대 심리학과

049 외국인 노동자의 노사관계와 사회적 적응
석현호 외 | 성균관대 사회학과

050 한국의 사법제도와 발전 모델
정종섭 | 건국대 법학과

051 고령화사회와 중상층 노인의 사회활동
조성남 외 | 이화여대 사회학과

052 한국의 서비스 시장 개방정책
한홍렬 | 한양대 경제학부

053 한국과 AFTA간의 교역증진 및 경제 협력방안
손일태 외 | 경희대 경제통상학부

054 물류비 절감을 위한 무역업체의 정보화전략
이영수 외 | 경북대 경제통상학부

055 사회주의 체제전환과 사회정책
오정수 외 | 충남대 사회복지학과

056 남북통일 이후 농업생산체계 개편
홍성규 외 | 건국대 농업경제학과

057 국제화와 세계화
하영선 외 | 서울대 외교학과

058 IMF 개혁정책의 평가와 한국경제의 신(新) 패러다임
조동근 | 명지대 경제학과

059 구조개혁과 실업대책
박동운 | 단국대 경제무역학부

060 21세기 신노사관계
심윤종 외 | 성균관대 사회학과

061 학교에서의 집단 따돌림
이춘재 외 | 가톨릭대 심리학과

062 한국노인의 정신건강실태와 건강증진
조맹제 외 | 서울대 의과대학

063 혁명과 개혁 속의 중국 농민
김광억 | 서울대 인류학과

064 중국의 경제환경과 한국기업의 진출 전략
지용희 외 | 서강대 경영학과

065 김대중 대통령의 시스템 사고
김동환 | 중앙대 공공정책학부

066 실업과 가족해체
최일섭 외 | 서울대 사회복지학과

067 합리적 부채비율 조정방안
오상근 | 동아대 경제학과

068 한국 중산층의 생활문화
문숙재 외 | 이화여대 소비자 · 인간발달학과

069 계층간 갈등상태에서 최적소득세
김진욱 | 건국대 경상학부

070 글로벌 경쟁력 제고를 위한 기업전략과 조직구축
이만우 외 | 고려대 경영학과

071 의료보험과 국민연금의 관리효율화를 위한 통합방안
사공진 외 | 한양대 경제학부

072 정부개혁의 과제와 전략
박우서 외 | 연세대 행정학과

073 책임운영기관 제도에 관한 비교분석
김근세 | 가톨릭대 행정학과

074 새로운 패러다임하에서의 한국기업의 바람직한 지배구조
최운열 외 | 서강대 경영학과

075 현대 한국사회의 계층구조
양춘 외 | 고려대 사회학과

076 한국의 산업정책과 산업구조조정
강인수 | 숙명여대 경제학부

077 기업구조조정
김석진 | 경북대 경영학부

078 지식경영을 위한 인적자원 개발 및 관리체계
장영철 | 경희대 경영학부

079 뉴 비즈니스 모델
전성현 | 국민대 정보관리학부

080 중산층의 정체성과 소비문화
함인희 외 | 이화여대 사회학과

081 외국관광객 유치를 위한 마케팅 전략
박상규 | 강원대 경영학과

082 한국인의 세대별 문학의식
이동순 | 영남대 국문과

083 공공부문의 효율성 평가와 측정
김재홍 외 | 울산대 사회과학부

084 한국 청소년의 정치의식과 형성요인
김광웅 외 | 숙명여대 아동복지학과

085 한국 대학생의 정치의식
배한동 | 경북대 윤리교육과

086 산업의 정보화와 산업발전
이기동 | 계명대 통상학부

087 한국 제조업의 고용조정 분석
이종원 외 | 성균관대 경제학부

088 지식자산에 대한 경영전략적 평가모형 개발
배재학 외 | 울산대 컴퓨터 · 정보통신공학부

089 관광사업을 위한 한국적 이미지의 휴식복 개발
채금석 | 숙명여대 의류학과

090 한국 정치제도의 개혁
신정현 | 경희대 사회과학부

091 e비즈니스와 아웃소싱 전략
정승화 외 | 연세대 경영학과

092 집단 따돌림의 진단 및 치료방안
홍준표 | 중앙대 인간생활환경학과

093 16대 총선과 낙선운동
조기숙 | 이화여대 국제대학원

094 부동층 유권자 행태 분석
진영재 | 연세대 정치외교학과

095 사이버 공동체의 성공요인
이재관 | 숭실대 경영학부

096 온라인 소비자 행동의 이론과 실증
윤성준 | 경기대 경영학부

097 글로벌 시대 정약용 세계관의 가능성과 한계
차성환 | 한일장신대 역사사회학과

098 러시아의 체제전환 과정에서 나타난 국가의 역할과 그 전망
이상민 외 | 부산대 정치외교학과

099 남북한의 경제발전 수준과 산업구조 비교, 그리고 경제교류 협력방향
주성환 | 건국대 경제학과

100 집단따돌림과 교육해체
한준상 | 연세대 교육학과

101 공적연금제도의 효율성과 개선방안
유금록 | 군산대 행정복지학부

102 벤처기업-대기업의 성공적인 협력 모델
나중덕 | 경산대 경영학과

103 북한의 재외동포정책
조정남 외 | 고려대 정치외교학과

104 사이버 공동체 형성의 역동적 모형
장용호 | 서강대 신문방송학과

105 기업이론과 기업의 소유지배구조
김일태 외 | 전남대 경제학부

106 가축분뇨 자원화를 위한 공동이용 조직에 대한 농가선호도 분석
유덕기 | 동국대 생명자원경제학과

107 개혁정책과 전문가 집단
이경원 외 | 제주대 행정학과

108 현대 한국사회의 이중가치체계
신수진 외 | 이화여대 가정관리학과

109 한국의 산업구조 변화와 기업집단 다각화 전략
김용학 외 | 연세대 사회학과

110 지식정보사회의 경제적 모형 설정 및 사례 연구
김범환 | 배제대 경영정보학부

111 변호사징계제도
오종근 | 한림대 법학부

112 인터넷 특허법
김순석 | 광주대 법학과

113 e-비즈니스 시대의 금융 및 재정정책의 새로운 패러다임
이종욱 | 서울여대 경제학과

114 청소년의 하위문화와 정체성
조성남 | 이화여대 사회학과

115 디지털금융시대의 금융구조변화와 정부규제 및 정책
이충열 | 고려대 경제학부

116 지식경영을 위한 기업의 조직설계방안
김경수 외 | 전남대 경영학과

117 전자금융의 발달과 경제정책의 새로운 패러다임
이명훈 | 명지대 경제학과

118 동아시아의 안보와 유엔체제
강성학 편저 | 고려대 정치외교학과

119 유료 치매노인 그룹홈의 개발과 관련 정책
최정신 외 | 가톨릭대 소비자 · 주거학과

120 소비자 지향적 문화산업 정책
홍영준 | 호남대 광고홍보학과

121 국제 · 국가 · 지방 환경규제의 연계
정준금 외 | 울산대 행정학과

122 현행 회사 합병 · 분할제도의 평가와 개선방안
옥무석 외 | 이화여대 법학과

123 배려지향적 도덕성과 정의지향적 도덕성
정옥분 외 | 고려대 사범대학

124 기업구조조정에 대한 채권금융기관 및 금융감독기관의 역할과 책임
이중기 | 한림대 법학과

125 실업대책으로서 한국의 법정기준근로 시간 단축
박영범 | 한성대 경제학과

126 프랑스어의 비분리성 소유개념 표현
노윤채 | 연세대 언어정보연구원

127 지방채의 효율적 관리방안
강태구 | 호원대 법행정학부

128 21세기 산업구조 변화와 과학기술정책
임채성 외 | 그리스도신학대 경영정보학부

129 인터넷 쇼핑몰 이용자의 불평행동
예종석 | 한양대 경영학부

130 한국기업의 성과급제도 현황, 효과 및 개선방안
김성수 | 서울대 경영학과

131 전자상거래와 소비자보호
서민교 외 | 경일대 인터넷국제통상학과

132 평생학습 사회에서의 인적자원개발을 위한 사회적 파트너십 구축
김영화 | 홍익대 교육학과

133 한국 공교육의 새로운 구상과 전략
권대봉 외 | 고려대 교육학과

134 한국의 정부개혁
김태룡 | 상지대 행정학과

135 지방정부 생산성 측정의 이론과 실제
이은국 외 | 연세대 행정학과

136 불가 시문학론
배규범 | 경희대 학술연구 교수

137 남북경제교류의 법적 문제
제성호 | 중앙대 법학과

138 경제위기와 청소년 발달
구인회 | 서울대 사회복지학과

139 생명과학기술의 응용과 기본권보호적 한계
정상기 외 | 한남대 법학과

140 경제발전과 정치환경의 한 · 일 비교분석
정갑영 외 | 연세대 동서문제연구원

141 한국 공교육의 진단
윤정일 외 | 서울대 교육학과

142 우리나라 지방자치 발전을 위한 자치단체장의 역할
정성호 외 | 경기대 사회과학부

143 의료보험제도의 개혁방안
권순원 | 덕성여대 경제학과

144 중등 도덕교육의 현실과 문제
손동현 외 | 성균관대 철학과

145 사이버공동체 발전론
이명식 | 상명대 경영학과

146 남북경협 확대에 대비한 북한 담보제도의 정비방안
박훤일 | 경희대 법과대학

147 한국 공무원 인사제도 개혁
김판석 | 연세대 행정학과

148 교사화법 교육
임칠성 외 | 전남대 국어교육과

149 세계화의 문화정치학
임혁백 외 | 고려대 정치외교학과

150 효과적인 e-SCM을 위한 의사결정조정 시스템 모형
이원준 | 성균관대 경영학부

151 환경거버넌스
김종순 외 | 건국대 행정학과

152 자동차산업의 인적자원관리
이덕로 | 서원대 경영학부

153 한국과 영국 간 지식기반산업 비교
이명호 | 한국외대 경영학과

154 한국 벤처기업의 기술네트워킹 및 기술마케팅 전략
장영일 | 인제대 경영학부

155 회사변호사의 윤리
오승종 | 성균관대 법과대학

156 미디어교육론
이정춘 | 중앙대 신문방송학과

157 조선시대 서원과 양반
윤희면 | 전남대 역사교육과

158 환경문제와 철학
박찬국 | 서울대 철학과

159 노인보건복지 이론과 실제
김명 외 | 이화여대 보건교육학과

160 북한의 법체계
권재열 외 | 숭실대 법학과

161 생명공학기술의 안전성 확보에 관한 법적 고찰
이재협 | 경희대 법학부

162 청소년복지학
김성이 외 | 이화여대 사회복지학과

163 변화하는 세계, 변화하는 복지국가
조영훈 | 동의대 사회복지학과

164 의리의 윤리와 한국의 유교문화
김낙진 | 진주교대 도덕교육과

165 미국의 통상정책과 통상법
윤충원 | 전북대 무역학과

166 사회복지 프로그램 평가
김학주 | 경상대 사회복지학과

167 환경주의와 지속가능한 발전
정대연 | 제주대 사회학과

168 무역과 환경
김기흥 외 | 경기대 경제학부

169 산업계 유해폐기물의 위험과 관리
김금수 | 호서대 경상학부

170 백범 김구의 지적 계발과정 탐색
문용린 | 서울대 교육학과

171 태평양전쟁 발발 이후 일제의 인적 지배와 그리스도교계의 대응
윤선자 | 전남대 사학과

172 거버넌스 상황에서 갈등관리를 위한 대체적 분쟁해결제도
서순복 | 광주대 법정학부

173 시장경제의 유형과 민주주의
최배근 | 건국대 경상학부

174 일본고전소설 총론
김현정 | 국립한국전통문화학교

175 국어 교육을 위한 국어 문법론
이관규 | 홍익대 국어교육과

176 율곡의 군주론
전세영 | 부산교대 윤리교육과

177 동북아시아 환경협력
정서용 | 명지대 법학과

178 기후변화협약과 기후정책
신의순 외 | 연세대 경제학과

179 인터넷과 국제 학술정보 네트워크-하이퍼링크 분석
박한우 | 영남대 언론정보학과

180 국내 기업복지의 활성화 방안
최수찬 | 연세대 사회복지대학원

181 세계화와 인간안보
김우상 외 | 연세대 정치외교학과

182 세계문화유산 종묘 이야기
지두환 | 국민대 국사학과

183 한국 평생교육의 사회철학적 과제
곽삼근 | 이화여대 교육학과

184 강점모델
정순둘 | 이화여대 사회복지학과

185 글로벌시대의 계약법
박영복 | 한국외대 법과대학

186 배심제와 시민의 사법참여
안경환 | 서울대 법학과

187 동북아공동체
김재한 | 한림대 정치외교학과

188 정치 참여와 탈물질주의
김욱 | 배재대 정치외교학과

189 퍼지전문가회로망을 이용한 금융기관의 사이버 기업여신결정 지원시스템의 개발
권혁대 | 목원대 경영학과

190 환경정책과 환경법
송인성 | 전남대 지역개발학과

191 포스트모던 시대의 평생교육학
한숭희 | 서울대 교육학과

192 현대 한국인의 세대경험과 문화
박길성 외 | 고려대 사회학과

193 서구의 근로연계복지
김종일 | 건국대 사회복지학과

194 사회복지운동론
현외성 | 경남대 사회복지학과

195 외국의 역모기지 사례
유선종 | 건국대 부동산학과

196 옛이야기와 어린이문학
이지호 | 진주교대 국어교육학과

197 노인사회복지관광의 정책과제와 방안
김창수 | 경기대 관광학부

198 복지서비스의 민간위탁 시스템 분석
김순양 | 영남대 행정학부

199 새로운 빈곤층의 대두와 정부의 정책과제
김진욱 | 건국대 경제학과

200 문화행정론
김정수 | 한양대 행정학과

201 스칸디나비아 노인용 코하우징의 계획과 적용
최정신 외 | 가톨릭대 생활과학부

202 북한의 자연생태계
공우석 | 경희대 지리학과

203 통계로 이해하는 러시아
전홍찬 | 부산대 정치외교학과

204 사회복지법인의 경영과 회계
이동규 | 충남대 회계학과

205 의약분업 정책과정
차흥봉 | 한림대 사회복지학과

206 지역공동체와 평생교육
오혁진 | 동의대 평생교육학부

207 아동보호서비스의 실제
한미현 | 백석대 사회복지학부

208 그린마케팅
박재기 | 충남대 경영학부

209 아동권리와 아동복지
이혜원 | 성공회대 사회복지학과

210 국제 이주와 인도인 디아스포라
김경학 | 전남대 인류학과

211 질병과 의료의 사회학
조병희 | 서울대 보건대학원

212 북한이탈주민의 사회통합을 위한 지역복지실천의 모색
이기영 | 부산대 사회복지학과

213 치매노인케어론
조유향 | 초당대 간호학과

214 노인상담입문
서혜경 외 | 한림대 대학원 사회복지학과

215 '통일 이후 통일과정'으로서의 독일 통일영화
이준서 | 이화여대 독어독문학과

216 중국의 사회보장
오정수 | 충남대 사회복지학과

217 환경자원의 경제적 가치와 환경오염의 사회적 비용
김재홍 | 울산대 사회과학부

218 사회복지프로그램의 경제적 평가방법
박창제 외 | 상주대 사회복지학과

219 자유의지와 결정론
안건훈 | 강원대 철학과

220 심리학자들이 쓴 행복한 결혼의 심리학
채규만 외 | 성신여대 심리학과

221 현대 해석학 강의
양해림 | 충남대 철학과

222 한국인의 주거 빈곤과 공공주택
하성규 | 중앙대 도시및지역계획학과

223 IMF 경제위기와 한국 출산력의 변화
김두섭 | 한양대 사회학과

224 동아시아의 영토분쟁과 국제법
이석우 | 인하대 법학부

225 독일 복지국가와 사회복지서비스
정재훈 | 서울여대 사회사업학과

226 사회복지사를 위한 실용 비모수통계
엄명용 | 성균관대 사회복지학과

227 피해자학 연구
이윤호 | 동국대 경찰행정학과

228 광고언어창작론
박영준 외 | 부경대 국어국문학과

229 환경규제 패러다임의 전환
한철 | 한남대 법학과

230 고령사회의 노동환경변화와 고용 시스템의 문제점 및 법적 대응
고준기 | 국립군산대 법학과

231 세계화와 소득불평등
이성균 외 | 울산대 사회과학부

232 유비쿼터스 사회의 이해
안중호 외 | 서울대 경영학과

233 국제환경책임법론
박병도 | 건국대 법학과

234 한국의 선거와 민주주의
윤종빈 | 명지대 정치외교학과

235 한국 시민운동의 구조와 동학
조대엽 외 | 고려대 사회학과

236 또래관계
송영혜 | 대구대 재활심리학과

237 해외 한국기업과 현지인 노동자
석현호 외 | 에스콰이아학술문화재단

238 독일 국가복지에서 민간복지단체의 역할과 의미
차성환 외 | 한일장신대 사회복지학부

239 청정공학
조정호 | 동양대 생명화학공학과

240 한국전통연희론
심상교 | 부산교육대 국어교육학과

241 정신장애와 가족
서미경 | 경상대 사회복지학부

242 빈곤통계의 작성과 활용
김주환 | 동국대 정보통계학과

243 인터넷과 한국정치
강원택 | 숭실대 정치외교학과

244 북한의 시장경제이행
정영화 외 | 서경대 법학과

245 시스템사고로 본 지속가능한 도시
문태훈 | 중앙대 도시및지역계획학과

246 실버산업과 유비쿼터스 컴퓨팅
고일상 | 전남대 경영학부

247 재활상담과 사례관리
나운환 | 대구대 직업재활학과

248 영유아교육기관에서의 장애 이해 교육
유수옥 | 우석대 유아특수교육과

249 장애의 사회적 의미와 사회통합
박수경 | 대진대 사회복지학과

250 경제분석의 수리적 기초
조인성 | 공주대 경제통상학부

251 비영리부문의 비교연구
김승현 | 서울산업대 행정학과

252 고등교육경제학
반상진 | 전북대 교육학과

253 과학윤리교육의 이론과 방법
조희형 | 강원대 과학교육학부

254 결혼이민자가족의 이해
김오남 | 대불대 사회복지학과

255 동아시아 국가의 공공부조
신동면 | 경희대 사회과학부

256 특수아동 진단 및 평가
이나미 | 대불대 특수교육과

257 계약형 사회복지와 권리옹호시스템
이명현 | 경북대 상주캠퍼스 사회복지학과

258 실내공기질 및 위해성 관리
양원호 | 대구가톨릭대 산업보건학과

259 충남 방언 문법
한영목 | 충남대 국어국문학과

260 교육권론
노기호 | 군산대 법학과

261 도시경관계획론
임승빈 | 서울대 조경 · 지역시스템공학부

262 교통의 새로운 패러다임
김형철 | 경원대 도시계획 · 조경학부

263 노인의 삶의 질 향상을 위한 주거환경 디자인
천진희 | 상명대 디자인대학 실내디자인전공

264 사회복지와 문화
박병현 | 부산대 사회복지학과

265 장애인복지의 이론과 실제
이선우 | 인제대 사회복지학과

266 창의성 개발을 위한 디자인교육 콘텐츠
김선영 | 인천가톨릭대 조형예술대학 환경디자인학과

267 구성주의 사회복지 실천 기술론
고미영 | 서울신학대 사회복지학과

268 장애아교육학
김기홍 | 부산교육대 유아교육과

269 지역사회복지와 자원부문
한상진 외 | 울산대 사회학과

270 환경관리회계
육근효 | 부산외국어대 회계학부

271 인권 관점에서 보는 장애인복지
유동철 | 동의대 사회복지학과

272 정신증상
송지영 | 경희대 의과대학병원 신경정신과

273 사이버공간의 사회심리학
이성식 외 | 숭실대 정보사회학과

274 노인에 대한 사회적 돌봄과 돌봄서비스의 질 보장
최희경 | 신라대 가족노인복지학과

275 아동 심리치료의 실제
신현균 | 전남대 심리학과

276 사회복지와 위험관리
노충래 | 이화여대 사회복지전문대학원

277 국제 탄소시장의 이해
양승룡 | 고려대 식품자원경제학과

278 타자의 초상
신문수 | 서울대 영어교육과

279 한국정치와 환경정치
나정원 | 강원대 정치외교학과

280 북한이주민
윤인진 | 고려대 사회학과

281 음주의 사회경제적 비용
정우진 외 | 연세대 보건대학원

282 지방정치와 동북아 도시거버넌스
박재욱 | 신라대 행정학과

283 노숙인 복지론
남기철 | 동덕여대 사회복지학과

284 유럽통합과정과 지역협력
이규영 | 서강대 국제대학원

285 사회복지재정 연구
지은구 | 계명대 사회과학대학 사회복지학과

286 지역사회 교육개혁을 위한 시민사회 조직의 참여
김영화 | 홍익대 교육학과

287 복지사회를 대비한 국민연금의 구조개혁
박영석 외 | 서강대 경영학부

288 한미 FTA 지재권 협상에 따른 의약품 분야 사회후생 변화
오근엽 | 충남대 무역학과

289 산업입지, 환경 그리고 지역경제
이기동 외 | 계명대 국제통상학과

290 감성지능 개발을 통한 삶의 질 향상
김경수 외 | 전남대 경영학부

291 교육복지론
이용교 외 | 광주대 사회복지학부

292 인간과 행복에 대한 철학적 성찰
박찬국 | 서울대 철학과

293 유럽연합의 사회통합 사례와 교훈
이무성 | 명지대 정치외교학과

294 민영화와 사회후생
이상호 | 전남대 경제학부

295 북한의 교육학 체계 연구
최영표 외 | 동신대 교육대학원

296 한국 지속가능발전의 구조와 변동
정대연 | 제주대 사회학과

297 우리나라의 공익 연계 마케팅에 관한 연구
임승희 | 전주대 경영학부

298 시각장애인복지론
김영일 | 조선대 특수교육과

299 그린에너지와 환경촉매
정석진 | 경희대 화학공학과

300 취약학교 초등학생을 위한 온라인 보건교육 프로그램
박경옥 | 이화여대 보건관리학과

301 신탁제도를 통한 고령자의 보호와 지원
최수정 | 서강대 법학전문대학원

302 사회적 약자계층에 대한 실태분석 및 정책방안
이은우 외 | 울산대 경제학과

303 한류 문화와 동북아 공동체
최혜실 | 경희대 국어국문학과

304 노동유연화와 해고보호법
권혁 | 부산대 법학전문대학원

305 사회복지 위험관리의 이해
박미은 | 한남대 사회복지학과

306 의료기관의 회계와 세무
노준화 | 충남대 경영학부

307 여성인적자원의 전문성 확보를 위한 경력개발
백지연 | 이화여대 국제사무학과

308 정신병리
강선경 | 서강대 신학대학원

309 바다의 반란 적조
윤양호 | 전남대 해양기술학부

310 한국 장애인 복지 발달사
이성규 | 서울시립대 사회복지학과

311 서양예술 속의 동양 탐색
진상범 | 전북대 독어독문학과

312 한국인의 도덕성 발달 진단
문용린 | 서울대 교육학과

313 영국정치와 국가복지
고세훈 | 고려대 공공행정학부

314 인간학적 사유를 여는 중도 · 중복장애 교육학
이숙정 | 단국대 특수교육과

315 개별화 교육과정
이소현 | 이화여대 특수교육과

316 인간의 긍정적 성품
권석만 | 서울대 심리학과

317 지방자치와 지역여성의 전망
이혜숙 | 경상대 사회학과

318 한국 현대 노년소설 연구
전흥남 | 한려대 교양학부

319 정보격차 해소를 위한 창의적 정보교육 프로그램
이영준 외 | 한국교원대 컴퓨터교육과

320 한국 가족과 젠더
손승영 | 동덕여대 교양학부

321 한국의 복지혼합
김진욱 | 서강대 신학대학원

322 사회자본과 자원봉사
김태룡 외 | 상지대 행정학과

323 농촌교육복지연구
박삼철 | 단국대 교양학부

324 사회정체성 평가 차원에 대한 국제비교조사
이명진 | 고려대 사회학과

325 캐나다 복지국가 연구
조영훈 | 동의대 사회복지학과

326 한국의 소수자운동과 인권정책
전영평 외 | 서울대 행정대학원

327 한국과 미국의 보육서비스 전달체계와 품질 비교분석
김근세 외 | 성균관대 국정관리대학원

328 한국사회의 소득불평등과 국민 의료이용
이용재 | 호서대 사회복지학과

329 정보시대의 인간안보
조화순 | 연세대 정치외교학과

330 가족의 사회경제적 특성과 아동발달
김광혁 | 전주대 사회복지학과

331 초 · 중 · 고등학생의 학업소진 진행과정 및 경로분석
이상민 | 고려대 교육학과

332 다문화사회의 사법통역
이지은 | 이화여대 통역번역대학원

333 동아시아 지역주의
유현석 | 경희대 정치외교학과

334 환경친화적 공공시설관리와 지역공동체의 삶의 질
이소영 | 중앙대 실내디자인 · 주거환경학과

335 의료보험의 법정책
김나경 | 성신여대 법과대학

336 양극화 시대 가족해체와 청소년의 적응에 관한 한국과 미국의 비교 연구
오승환 외 | 울산대 사회복지학과

337 기업의 사회적 책임과 지역경제사회 발전 연구
허영도 외 | 울산대 경영학부

338 노인의 삶의 질 향상을 위한 온라인 소셜 네트워크 구축 방안
김진우 | 연세대 경영학과

339 청소년 생활역량
윤명희 외 | 동의대 평생교육학과

340 외국인 배우자의 다양성과 국제결혼의 안정성
김두섭 | 한양대 사회학과

341 정보인권의 규범구체화
이민영 | 가톨릭대 법학과

342 한국 사회복지실천의 고유성
최성재 외 | 서울대 사회복지학과

343 스웨덴의 환경책임 실천모형
최희경 | 경북대 행정학부

344 자율운동과 주거공동체
윤수종 | 전남대 사회학과

345 한국인의 공공봉사동기
김상묵 | 서울과학기술대 행정학과

346 한국 이혼가정 아동의 성장
김혜숙 | 경인교육대 교육학과

347 동양 사상과 노인 복지
홍승표 외 | 계명대 사회학과

348 노동과 사회보장의 연계
오문완 | 울산대 법학과

349 학습장애 위험군 아동의 조기선별을 위한 읽기검사 표준화 연구
김애화 외 | 단국대 특수교육학과

350 신 · 재생에너지에 기초한 녹색성장과 사회통합
김인호 | 이화여대 법학전문대학원

351 문화교류역량과 다문화 경영이 기업 경영성과에 미치는 영향
임병학 외 | 부산외대 경영학부

352 빈곤영유아의 발달과 적응
정익중 외 | 이화여대 사회복지학과

353 민사법질서와 인권
양천수 | 영남대 법학전문대학원

354 성년후견제도와 사회복지제도의 연계
신권철 | 서울시립대 법학전문대학원

355 한국 다문화사회의 이방인
김순양 | 영남대 행정학과

356 현대 시민사회와 소비자계약법
이병준 | 한국외대 법학전문대학원

357 개인의 사회적 정보보호를 위한 공공 정보서비스 개선 연구
장항배 | 상명대 경영학과

358 여성교육투자에 대한 교육경제학적 탐색
백일우 외 | 연세대 교육학부

359 사회적 기업과 지속가능한 지역발전
임업 외 | 연세대 도시공학과

360 다문화가정 구성원에 대한 투트랙 한국어 교육방안 연구
박시균 | 군산대 국어국문학과

361 아시아의 빈곤과 한국기업의 역할
한인수 | 충남대 경영학부

362 유치원 · 초등학교 연계 환경교육
박희숙 | 공주대 유아교육학과

363 비정규 고용과 사회정책
구인회 외 | 서울대 사회복지학과

364 사생활의 자유에 관한 비교법적 연구
이창현 | 서강대 법학전문대학원

365 다중융합 환경 기반의 미디어스킨을 활용한 문화콘텐츠 디자인 적용방안에 관한 연구
오문석 외 | 광운대 미디어영상학부

366 북한이탈주민 여성의 성인식 관련 기초 조사
한인영 외 | 이화여대 사회복지학과

367 노인주택 파노라마
유선종 | 건국대 부동산학과

368 시설보호 청년의 적응
정선욱 | 덕성여대 사회복지학과

369 다수 집단과 소수 집단의 심리
김혜숙 | 아주대 심리학과

370 바이오 휴머니티
권택영 | 경희대 영어학부

371 프랑스 다문화교육의 이해
이경수 | 상명대 불어교육과

372 한 · 중 서비스산업의 비교분석과 교역 확대 방안
김상호 | 리츠메이칸 아시아태평양대 국제경영학부

373 현대의학에 있어서 생명의 시간과 인간의 존엄
김학태 | 한국외대 법학전문대학원

374 0~3세 영유아의 영상물 과몰입 실태조사 및 정신건강증진 프로그램 개발과 적용
이경숙 | 한신대 재활학과

375 복지국가의 조세와 정치
양재진 외 | 연세대 행정학과

376 청소년기 자살행위 실태와 관련 요인
박선희 | 경희대 간호과학대학

377 기술혁신에 따른 지역 간 정보격차
최정혜 외 | 연세대 경영대학

378 한국 사회의 이중구조와 생애주기적 불평등
안상훈 편 | 서울대 사회복지학과

379 소비자의 친환경행동에 영향을 미치는 사회적 · 경제적 가치에 대한 고찰
송재기 | 텍사스테크대 경영학과

380 어머니 양육행동 관련 변인들과 유아 사회정서행동 간의 구조모형 분석
심숙영 | 숙명여대 원격대학원

381 조선족 여성, 동남아시아 여성 그리고 새터민의 적응 유형 분석 및 삶의 질 향상 방안 모색
정태연 | 중앙대 심리학과

382 세계의 연금, 한국의 연금
허만형 | 중앙대 공공인재학부

383 노인요양원과 문화 변화
최재성 | 연세대 사회복지학과

384 시민사회와 국제개발협력
손혁상 | 경희대 공공대학원

385 복지국가의 변화와 빈곤정책
김윤태 | 고려대 사회학과

386 다문화가정의 미디어 이용과 사회적 자본의 관계
진창현 | 경기대 경영학과

387 사회진출 대졸 초년생의 탄력성 변화 양상
이상민 | 고려대 교육학과

388 사회자본과 경제발전 그리고 정부의 질
도수관 | 대구가톨릭대 행정학과

389 망명과 귀환이주
서장원 | 고려대 독일문화학과

390 근거기반실천과 사회복지
김유진 | 경북대 사회복지학부

391 인터넷상 정보 유통에 대한 새로운 저작권 규율 방향 모색
박준석 | 서울대 법학전문대학원

392 한국 사회의 인종차별적 담화구조
이창수 | 한국외대 통역번역대학원

393 사회복지사의 사회복지 가치 지향
김용석 | 가톨릭대 사회복지학과

394 개인정보의 국제적 유통에 따른 법적 문제와 대책
박훤일 | 경희대 법학전문대학원

395 정신장애인의 인권
서미경 | 경상대 사회복지학과

396 취약계층 비만청소년들의 체중관리를 위한 건강증진 프로그램의 효과
김영호 | 서울과학기술대 스포츠과학과

397 한국 전통의 돈의 문학사, 나눔의 문화사
서신혜 | 한양대 창의 · 융합교육원

398 와이파이 공간과 모바일 정보 격차
이건학 | 서울대 사회과학대학

399 도시정비사업의 법적 쟁점과 해설
성중탁 | 경북대 법학전문대학원

400 사회서비스 제공기관의 조직요인과 성과
신창환 | 경북대 사회복지학부

401 도시 사운드스케이프 디자인
전진용 외 | 한양대 건축공학부

402 지방의회 의원윤리연구
김택 | 중원대 경찰행정학과

403 발달장애인 자립생활 증진을 위한 역량탐색 및 주거로서의 해결과제
김라경 | 광주교육대 교육학과

404 외국인고용제도개선과 인권
김상호 외 | 경상대 법과대학

405 사회복지연구에서 질적방법과 분석
김인숙 | 가톨릭대 사회복지학과

406 현대미술에서의 예술적 성장과 창의적 인재양성
백경미 | 울산과학기술원 기초과정부

407 현대인의 삶과 문화예술교육
곽삼근 | 이화여대 교육학과

408 문화적 배경과 체화된 인지
민동원 | 단국대 경영학부

409 아동 섭식행동평가 척도 표준화 및 섭식문제 현황 조사
정경미 | 연세대 심리학과

410 잊혀질 권리: 이상과 실현
문재완 | 한국외대 법학전문대학원

411 인권의 지역화: 일상생활의 인권 증진을 위하여
김중섭 | 경상대 사회학과

412 다문화 시대 이주민의 한국어 의사소통
민병곤 외 | 서울대 국어교육과

413 다문화 시대의 문화교육 커리큘럼
윤여탁 외 | 서울대 국어교육과

414 다문화 시대의 통일교육
박성춘 외 | 서울대 윤리교육과

415 다문화 시대 사회 통합을 위한 시민 교육
이진석 외 | 부산대 일반사회교육과

416 다문화 관련 법률 및 제도
박성혁 외 | 서울대 사회교육과

417 생태복원의 인문학적 상상력
김성도 외 | 고려대 언어학과

418 다국내 출생 다문화가정 청소년의 아픔과 분투: 사회적 차별로부터의 회복과 성장
서영석 | 연세대 교육학과

419 종교심리학의 이해: 죽음인식의 논의를 중심으로
김재영 | 서강대 종교학과

420 글로벌 시대의 사회통합: 세계적 추세와 한국의 위상
장용석 외 | 연세대 행정학과

421 소규모 사회적기업과 소셜미디어 마케팅
박철 | 고려대 글로벌비즈니스대학

422 동아시아 가면극의 역사와 전승양상
전경욱 | 고려대 국어교육과

423 무엇이 우리를 행복하게 하는가?
구교준 외 | 고려대 행정학과

424 디지털 중독의 이해와 대응 방안
오원석 외 | KAIST 경영대학

425 지속가능발전목표(SDG) 시대 한국의 복지와 행복지표 측정
한준 외 | 연세대 사회학과

426 지방정부 간 사회복지 불균형과 시민 행복
장용석 외 | 연세대 행정학과

427 일 · 여가의 변화와 행복 복지
유홍준 외 | 성균관대 사회학과

428 가족시간과 삶의 질
이윤석 외 | 서울시립대 도시사회학과

429 사회복지사의 유데모니아: 사회복지의 가치와 보람, 그리고 행복
송인한 외 | 연세대 사회복지대학원

430 행복을 위한 움직임
안문경 | 국민대 교양대학

431 읽기 장애 조기 선별검사의 측정학적 적합성 연구
여승수 | 부산교육대 유아교육학과

432 문화적 다양성과 창의성: 심리학적 관점
장재윤 | 서강대 심리학과

433 내일의 종언(終焉)? 가족자유주의와 사회 재생산 위기
장경섭 | 서울대 사회학과

434 산림공유자원관리로서 금송계 연구
배수호 외 | 성균관대 행정학과

435 한국 경제발전의 문화적 기원: 추격성장, 발전국가 그리고 문화적 혼종성
김명수 | 한양대 정보사회학과

# 아산재단연구보고서

001 한국인의 도덕성 연구
배해수 | 고려대 국문학과

002 산업화와 청소년 진로
이원호 | 울산대 교육학과

003 공동체의식과 시민운동
김영섭 | 한양대 행정학과

004 한국청년의 삶의 의미 충족도와 만족적 태도
안정수 | 경희대 철학과

005 중국조선족의 사회발전과 한·중관계의 위상
손장권 | 고려대 사회학과

006 해송림 "솔껍질깍지벌레"의 천적 및 주요 종의 생태
김규진 | 전남대 농생물학과

007 사회정의와 실천윤리
박종대 | 서강대 철학과

008 동구개혁의 영향
김달중 | 연세대 정치외교학과

009 한국청소년의 의식세계
김문조 | 고려대 사회학과

010 고강도 철근 콘크리트 구조의 실용화
정헌수 | 중앙대 건축학과

011 신기술의 연관형태 및 출현예측의 구조모형
권철신 | 성균관대 산업공학과

012 민간기업의 연구개발을 위한 조세정책
권영훈 | 한양대 경제학부

013 기술개발 활성화방안
송승구 | 울산대 화학공학부

014 부패의 현상과 진단
이문조 | 영남대 정치외교학부

015 연구투자의 지역적 편중화와 부산지역의 기초과학연구 활성화방안
윤웅찬 | 부산대 화학과

016 GATT의 신구 덤핑방지협정과 그 대응 방안
전창원 | 동국대 무역학과

017 한국사회의 도덕성 제고를 위한 진단과 처방
황경식 | 서울대 철학과

018 새로운 노사관계 방향
이진규 외 | 고려대 경영학과

019 21세기 동북아 정세예측과 한국의 전략적 대응방안
최평길 외 | 연세대 행정학과

020 소련의 한국에 대한 정책목표분석
신승권 | 한양대 정치외교학과

021 메모리 커패시터용 $Pb(Zr_xTi_{1-x})O_3$ 강유전체 박막의 제작과 특성
장지근 외 | 단국대 전자공학과

022 러시아 국제법학의 전통
김용구 | 서울대 외교학과

023 유럽연합의 현황과 전망
김동현 외 | 성균관대 행정학과

024 중국의 정치동원
송영우 외 | 건국대 정치외교학과

025 산업적 활용을 위한 이동로보트 시스템의 개발
박민용 외 | 연세대 전자공학과

026 중국조선족의 정치사회화과정과 동화적 국민통합의 방향
전인영 외 | 이화여대 사회생활학과

027 공적부조의 이론과 실제
최일섭 외 | 서울대 사회복지학과

028 대외통상환경의 변화와 법제개편
서헌제 | 중앙대 법학과

029 기업금융의 국제화
최생림 | 한양대 경영학부

030 자동차부품공업의 노사관계
김호진 외 | 고려대 행정학과

031 산업화 과정에서의 한국가족의 실태와 전망
정창수 외 | 성균관대 사회학과

032 공무원 가치관 실태와 정립방안
배병룡 외 | 경상대 행정학과

033 해외귀국청소년의 국내적응연구
이장영 | 국민대 사회학과

034 초고속정보통신망에서 LAN서비스 제공방안
이재용 | 연세대 전자공학과

035 WTO체제의 정책적 대응
김병진 외 | 경희대 행정학과

036 유럽의 통합정치
최수경 외 | 충남대 정치외교학과

037 유기질폐기물을 이용한 고단백사료원인 조류의 생산공정
최정우 외 | 서강대 화학공학과

038 초고속정보통신망의 수용성과 정책방향
박영상 외 | 한양대 신문방송학과

039 중국의 강남사회와 한중교섭
조영록 외 | 동국대 사학과

040 세계화시대의 사회 · 문화의식
신행철 외 | 제주대 사회학과

041 국내 외국인 노동자의 문제와 대책
성규탁 외 | 연세대 사회복지학과

042 노인인력 활용정책과 프로그램
김정후 외 | 강원대 법과대학

043 한일간 학술교류 현황과 활성화방안
정홍익 외 | 서울대 행정대학원

044 계량모형에 의한 한일 경제관계의 이해
김명직 외 | 한양대 경제학부

045 직장인의 음주행태와 삶의 질
진기남 외 | 연세대 보건행정학과

046 유통정보 시스템의 구조와 설계
정용길 | 충남대 경영학과

047 남북통일 이후 사회통합을 위한 교육의 역할
안기성 외 | 고려대 교육학과

048 대중음악에 심취한 청소년들의 심리적 특성
김인경 외 | 연세대 인간행동연구소

049 멀티미디어 시스템을 활용한 교육환경의 개선방안
김한일 | 제주대 컴퓨터교육학과

050 탈냉전기 한일관계의 쟁점
최상룡 | 고려대 정치외교학과

051 자치시대 새로운 '삶의 질' 지표의 모색
김형기 외 | 경북대 경제통상학부

052 유럽통합의 역내외 협력과 갈등
이호재 외 | 고려대 정치외교학과

053 21세기를 대비한 신노사관계
김재원 | 한양대 경제학부

054 대학의 시간제학생 등록제
안규철 외 | 전남대 교육학과

055 21세기에 대비한 방송통신정책
한진만 외 | 강원대 신문방송학과

056 주민참여를 통한 혐오시설 관리운영방안
박균성 외 | 경희대 법학부

057 여성의 정치적 권리인식과 정치참여
전경옥 외 | 숙명여대 정치외교학과

058 한국인 위장질환과 식생활 · 환경요인 및 *H. pylori* 감염과의 관계
이양자 외 | 연세대 식품영양학과

059 학생과 시민의 자원봉사활동
윤정일 외 | 서울대 교육학과

060 동북아 환경문제와 지역환경협력의 모색
신연재 외 | 울산대 정치외교학과

061 노인 자원봉사활동을 통한 사회통합 프로그램 개발
김동배 | 연세대 사회복지학과

062 물류정보 시스템
김태현 | 연세대 경영학과

063 전자식 문서교환을 이용한 항공화물 운송체계
민재형 | 서강대 경영학과

064 청소년과 성
이근후 | 이화여대 의과대학

065 민족통합과 무궁화호 위성의 남북한 공동활용방안
방정배 | 성균관대 신문방송학과

066 채식주의가 20대 여성의 영양상태와 에스트로겐 대사에 미치는 영향
성미경 | 숙명여대 식품영양학과

067 가상정보공간을 통한 지역개발 활성화 전략
유재천 외 | 한림대 언론정보학부

068 조산아 관리현황 및 정책수립 방안
박상기 외 | 조선대 의과대학

069 남북한관의 의식조사와 통일교육 개선 방안
김동규 외 | 고려대 북한학과

070 동양 전통 자연사상 탐구
장동순 | 충남대 환경공학과

071 초고속정보망의 시뮬레이터 구현
한기준 | 경북대 컴퓨터공학과

072 유통원가 시스템의 유효성
정다미 | 명지대 경영학과

073 국악과 문화관광의 만남
정익준 외 | 동아대 국제관광통상학부

074 기업의 지식경영 활용사례
김창은 | 명지대 산업공학과

075 선진국과 한국의 직업교육 · 훈련제도의 특성과 한계
정주연 | 고려대 경제학과

076 제주지역 성인 여성의 자원봉사활동
이상철 외 | 제주대 사회학과

077 M&A와 문화충돌 관리
박원우 | 서울대 경영학과

078 폐금속광산 인근 주민들의 중금속 오염실태
정종학 외 | 영남대 의학과

079 북한 농촌 · 농업실태와 인력자원개발 시스템을 통한 북한 농민의 구호방안
박성열 | 건국대 교육공학과

080 중소 소매점의 경쟁력과 소매성과
채명수 외 | 한국외대 무역학과

081 고령자를 위한 쾌적한 실내온도와 착의량의 설정
정운선 | 안동대 의류학과

082 지역문화 이벤트 PR
박종민 | 경희대 언론정보학부

083 인터넷 지역정보화의 실태와 전략
유평준 외 | 연세대 행정학과

084 여성 삶의 질 향상을 위한 사회교육 활성화 방안
김양희 | 중앙대 가족복지학과

085 벤처기업과 벤처금융
강대석 외 | 충남대 무역학과

086 구조조정기에 있어서 실업대책과 사회 안전망 구축
박천익 | 대구대 경제학과

087 한국 유아의 조기교육
이명조 외 | 한국외대 교육대학원

088 남북한 경제공동체 형성전략
이상만 | 중앙대 경제학과

089 지방자치회계의 투명성과 주민의 알 권리
권찬태 외 | 경북대 경영학부

090 정치지도자의 정책리더십
이해영 | 경일대 행정학과

091 경제위기와 한국인의 복지의식
신광영 외 | 중앙대 사회학과

092 북한의 노동
김강식 | 한국항공대 경영학과

093 우리나라 중소기업의 정보기술 활용 현황과 경쟁력 강화를 위한 제안
정승호 | 부산외대 정보시스템학과

094 인간배아복제의 법적 · 윤리적 문제점과 그 해결방안
최병규 | 한경대 법학부

095 가치변화에 따른 투표행태
조찬래 외 | 충남대 정치외교학과

096 인터넷 경매에서의 계약체결과 소비자 보호
이기수 외 | 고려대 법과대학

097 세계화시대 남북한 통합의 방향과 과제
윤민재 | 서울대 사회발전연구소

098 글로벌 시대 지방정부의 문화마케팅 전략
박흥식 | 중앙대 행정학과

099 대졸여성실업의 실태분석 및 대학-노동 시장 간 효율적 연계방안
이은우 외 | 울산대 사회과학부

100 그린 투어리즘의 분석
이응진 | 대구대 관광학부

101 지방자치단체장의 부정부패
오일환 | 한양대 아태지역연구센터

102 산업화가 유교체제하 중국여성의 지위에 미친 영향
천성림 | 배재대 사회과학연구소

103 움직이는 말하기
유혜숙 외 | 나사렛대 교양학부

104 장애학생을 위한 특수교육공학의 활용
김용욱 | 대구대 중등특수교육과

105 지식기반사회의 평생교육 이해와 평생교육 프로그램 개발
박성열 | 건국대 교육공학과

106 N세대의 미술교육
김동철 | 대구교육대 미술교육학과

107 노후계획과 투자
권택호 | 여수대 국제통상학과

108 영화산업
양영철 | 경성대 연극영화학부

109 동유럽의 변혁과 언론의 역활
정대수 | 경남대 정치언론학부

110 환율, 임금, 물가가 국제경쟁력 및 수출입산업에 미치는 영향
하인봉 | 경북대 경제통상학부

111 일본기업의 기술혁신 전략
위정현 | 중앙대 상경학부

112 노후보장정책과 역저당연금제도
조덕호 외 | 대구대 행정학과

113 유비쿼터스 라이프와 미래 사회
김석수 | 한남대 멀티미디어공학과

114 죽음과 관련된 생명윤리적 문제들
구인회 | 가톨릭의과대 인문사회과학교실

115 경제적 세계화와 빈곤문제, 그리고 국가
김준현 | 한일장신대 인문사회과학부

116 한국의 세계불교유산
김종명 | 한국학중앙연구원 한국학대학원

117 복지레저서비스론
고태규 | 한림대 국제학부

118 자생적 철학체계로서 인간중심철학
선우현 | 청주교대 윤리교육과

119 전략적 통합과 한반도 평화체제
김승채 | 고려대 정책대학원

120 환경사법론
전경운 | 경희대 법학부

121 인터넷 자료를 통해 본 한국의 이혼 문화와 사회복지
성정현 외 | 협성대 사회복지학과

122 유럽연합의 사회정책에 관한 연구
문진영 | 서강대 신학대학원 사회복지학과

123 여성건강의 통합적 관점
김혜원 | 관동대 간호학과

124 복잡계 네트워크 과학
강병남 | 서울대 물리천문학부

125 경제적인 3세대 전원주택 개발
박근준 | 호서대 건축공학과

126 사회복지와 인적자원개발
이상일 | 인제대 국제경상학부